N
W
O
S

Insel Rügen

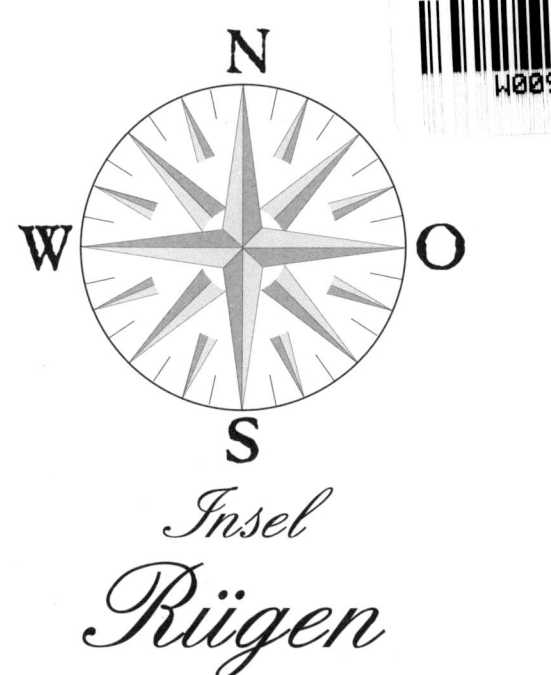

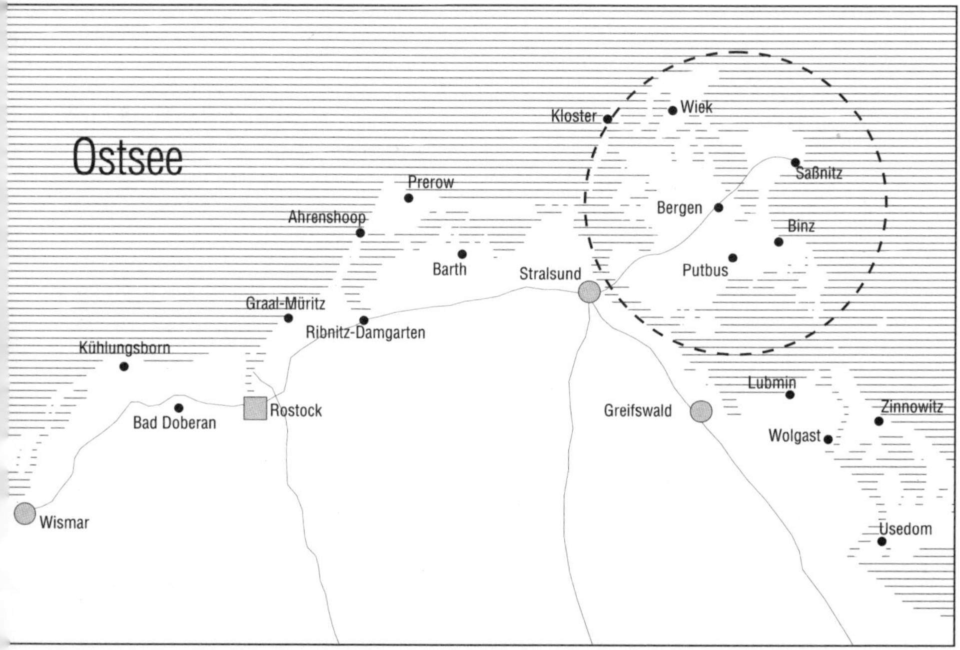
Ostsee
Kloster
Wiek
Saßnitz
Prerow
Ahrenshoop
Bergen
Binz
Barth
Stralsund
Putbus
Graal-Müritz
Ribnitz-Damgarten
Kühlungsborn
Lubmin
Rostock
Bad Doberan
Greifswald
Zinnowitz
Wolgast
Wismar
Usedom

Seydel · Rügen

RÜGEN

Ein Lesebuch

Herausgegeben von
Renate Seydel

Ullstein

Die Deutsche Bibliothek – CIP-Einheitsaufnahme

Rügen : ein Lesebuch / hrsg. von Renate Seydel. –
Frankfurt/M. ; Berlin : Ullstein, 1996
ISBN 3-550-06755-0
NE: Seydel, Renate [Hrsg.]

© 1996 by Verlag Ullstein GmbH,
Frankfurt/Main Berlin
Alle Rechte vorbehalten
Vorsatzkarte: Wolfgang Schedler
Satz und Reproduktionen: LVD GmbH, Berlin
Druck und Bindung: Grafischer Großbetrieb Pößneck,
Ein Mohndruck Betrieb
Printed in Germany
ISBN 3 550 06755 0

Gedruckt auf alterungsbeständigem Papier
mit chlorfrei gebleichtem Zellstoff

Inhaltsverzeichnis

Vorwort
11

Ernst Moritz Arndt: Heimat und Vaterland
17

Aussicht vom Rugard auf Rügen nach Jasmund
18

Renate Schaarschuh: Zur Christianisierung Rügens
Bericht des Saxo Grammaticus über die Eroberung Arkonas 1168
20

Emil Steurich: Das Meer
23

Thomas Kantzow: Die Einwohner dieses Landes …
25

Emil Steurich: Eine Pfarrinstitution
27

Gotthard Ludwig Theobul Kosegarten: Hier ist gut sein
Eine Uferpredigt, 1794
36

Gotthard Ludwig Theobul Kosegarten:
Briefe eines Schiffbrüchigen
43

Gotthard Ludwig Theobul Kosegarten:
Der Rugard im Winter
52

JOHANN CARL FRIEDRICH RELLSTAB:
Ausflucht nach der Insel Rügen
54

ALFRED HAAS: Das älteste Rügensche Bad
67

JOHANN JACOB GRÜMBKE: Streifzüge durch das Rügenland
71

KARL FRIEDRICH ZELTER: Die Hünengräber
87

KARL FRIEDRICH SCHINKEL: Das anmutige Land
89

CARL GUSTAV CARUS: Mein Freund Caspar David Friedrich
92

CARL GUSTAV CARUS: Eine Rügenreise im Jahre 1819
95

CASPAR DAVID FRIEDRICH:
Sinkend küßt das stille Meer
104

THEODOR KÖRNER: Caspar David Friedrichs Totenlandschaft
108

ADELBERT VON CHAMISSO: Die Jungfrau von Stubbenkammer
110

KARL BAEDEKER:
Mit dem Dampfschiff von Swinemünde nach Rügen
112

HEINRICH LAUBE: Zum Baden in Putbus
115

ERNST MORITZ ARNDT:
Erinnerungen an meine Kindheit in Schoritz und Dumsewitz
117

ERNST MORITZ ARNDT: Lebenstraum
121

ERNST MORITZ ARNDT: Eiland lieb und grün
127

Der Rugard mit dem Arndt-Turm
130

EDUARD DULLER: Die Rügener
133

Sinnsprüche durch das Jahr – plattdütsch
137

JOHANNES FRIEDLÄNDER:
Wie Dr. Friesen in Saßnitz Weihnachten feierte
139

RENATE SCHAARSCHUH: Johannes Brahms in Saßnitz
154

FRITZ WORM: Letzte Fahrt
156

GEORG PARIES:
Die Ostsee machte grausigen Ernst
169

GERHART HAUPTMANN: Auf Arkona
172

CÄSAR FLAISCHLEN:
Mönchguter Skizzenbuch 1894–1897
173

FRITZ WORM: Stranddistel
176

GERTRUD SALTZMANN-SIBER:
Stranddistel und Seedorn
177

CLARA VON SYDOW: Frühlingsankunft
179

»Das ganze Jahr hindurch geöffnet!«
Anzeigen aus Binz – Putbus – Garz
180

ELIZABETH VON ARNIM: Elizabeth auf Rügen
188

Unsere Heimatinsel 1908
205

ANNEMARIE KOFFLER: An der Ostsee
208

GEORG PARIES: Von den Sturmfluten der Ostsee
209

»Den geehrten Herrschaften und Touristen bestens empfohlen!«
Anzeigen aus Bergen
216

MARTHA MÜLLER-GRÄHLERT: Mine Heimat
224

GEORG PARIES: Winter an der Ostsee
226

Wat de Bur vertellt
229

HORST PRIGNITZ:
Vom Badekarren zum FKK-Strand
231

ERICH KÄSTNER: Selbstmord im Familienbad
235

KÄTE KROPP:
Paradies auf Rügen – Aus einem Tierarzthaus
236

Otto R. Gervais: Rügen und sein Rügendamm
244

Eva Zeller: Rügen 1944
249

Amanda Wesch: Rügen, mein Schicksal, meine Liebe
250

Wolfgang Schaarschuh: Insel der Zuflucht
264

Johannes R. Becher:
Hinter allem steht das Meer
268

Franz Fühmann: Das Ende der Fahrt
270

Günter Kunert:
Veränderung ist Schrecken und Glück
274

Wieland Förster: Rügenlandschaft
Hommage à Caspar David Friedrich
277

Wieland Förster: Vilmnitzer Elegie
297

Konrad Schmidt: Emanzipation im Land der Mönche
299

Hanns Cibulka: Swantow
311

Dieter Kraatz:
Breeger Hecht & Co. – Köstlichkeiten einer Inselküche
334

Heinz Knobloch: Mal kurz nach Rügen
347

WOLFGANG NAGEL: Real existierendes Rügen
349

CLAUS-PETER LIECKFELD: Von Touristen und Kranichen
364

PETER ENSIKAT: Unsere Schönste
366

FRIEDER JELEN: Für meine Insel
370

GOTTHARD LUDWIG THEOBUL KOSEGARTEN:
Dort, wo umschäumt Arkona
371

Zu den Autoren
372

Quellenverzeichnis
383

Bildnachweis
389

Vorwort

Der Eintritt von Rügen, der größten, zugleich aber, wie immer beteuert wird, der schönsten und vielgestaltigsten Insel Deutschlands, in die jüngere Geschichte ist eng verknüpft mit einem überlieferten historischen Ereignis: Man schrieb das Jahr 1168, als dänische Heerscharen unter Führung von König Waldemar I. und dessen kriegsmächtigem Begleiter Bischof Absalom die Feste Arkona eroberten und das Heiligtum der auf Rügen heimischen Wenden, das Götzenbild des Swantevit, vor aller Augen zerstörten, ohne daß sie dabei Schaden erlitten. Der christliche Glaube hatte damit auch auf der Insel gesiegt, und noch im ausgehenden 12. Jahrhundert wurde in Bergen der Grundstein für eine Kirche gelegt, der sich bald ein Kloster zugesellte. Schon in den folgenden Jahrzehnten wuchsen über die ganze Insel verstreut Kirchenbauten empor, Stein gewordenes Zeugnis dafür, daß sich die slawische Bevölkerung mehr oder weniger freiwillig zum Christentum hatte bekehren lassen.

Jahrhunderte sind seitdem vergangen. Neue Völkerstämme, vor allem die auf das Inselland zurückdrängenden Germanen, vermischten sich mit den dort lebenden Slawen, und der Wandel der geschichtlichen Verhältnisse prägte das Dasein der Inselbewohner, die den Kriegswirren mit ihren schrecklichen Verwüstungen immer wieder trotzten. Durch die Entwicklung von Handel und Gewerbe, von Ackerbau und Viehzucht, besonders aber aufgrund der Fischerei in den Küstenbereichen bildeten sich Lebensgrundlagen heraus, auf deren Fundament der einzelne, wenn auch in sehr unterschiedlicher Form, bestehen konnte. Sichtbarster Ausdruck dieser unterschiedlichen Existenzbedingungen für die jeweiligen Bevölkerungsschichten waren die Wohnstätten der Menschen, die man in zunehmendem Maße über die ganze Insel verstreut finden konnte. Neben den ärmlichen Katen der Fischer und den dürftigen Hütten der Bauern entstand in den wachsenden zentralen Ansiedlungen eine ansehnliche Architektur, die Heimstätte bürgerlichen Lebens. Die weithin sich ausdehnende Landschaft, in der sich nur knapp über dem Meeresspiegel gelegene Flächen mit reich bewaldeten Höhenzügen abwechseln, wurde immer stärker geprägt von den Herrensitzen mit ihren Gutshäusern und Schlössern. Das trotz aller menschlichen Einflußnahme jedoch bleibende Bild dieser Landschaft erfaßte schon Johann Friedrich Zöllner in seiner 1797 erschienenen »Reise durch Pommern nach der Insel Rügen ...«, wenn er auf dem Königsstuhl der Stubbenkammer nicht wußte, wohin er das Auge zuerst wenden sollte, denn »nur wenige Standpunkte in der Welt können so viel Großes und Liebliches wie hier miteinander vereinigen«.

Neue, tiefgreifende Entwicklungsimpulse erhielt die Insel im 19. Jahrhundert – zu dessen Beginn auch auf Rügen die Leibeigenschaft aufgehoben wurde – durch die Angliederung an Preußen im Rahmen der Festlegungen des Wiener Kongresses, der für ganz Europa eine Neuordnung zur Folge hatte. So entfalteten sich regere, repräsentative Formen des gesellschaftlichen Lebens, an denen allerdings nur ein durch Stand und Rang privilegierter Kreis teilhaben konnte. Der zielbewußt geplante und unter prägender Mitwirkung eines so hervorragenden deutschen Künstlers wie Karl Friedrich Schinkel zügig durchgeführte Ausbau der fürstlichen Residenzstadt Putbus zu einem Kleinod klassizistischer Stadtbaukunst ist ein glanzvolles Beispiel für diesen allgemeinen Aufschwung.

Mit der zeitgleichen Einführung des Badebetriebs im Boddengebiet gegenüber der herrlichen Insel Vilm war, nachdem fast ein Jahrhundert zuvor schon der die Gesundheit fördernde Quellenfluß in Sagard genutzt wurde, der Grundstein gelegt für die Entwicklung des Badelebens, das sich, wie in anderen Regionen der Ostseeküste, an den Stränden der Insel Rügen in den nachfolgenden Jahrzehnten entwickelte. Bis in die unmittelbare Gegenwart hinein ist es wesentliche Existenzgrundlage für das Leben der Bewohner der Insel Rügen, die Jahr für Jahr Hunderttausende von Besuchern anzieht und deren Ruf schon im vergangenen Jahrhundert nicht mehr auf Deutschland beschränkt blieb.

Bedingt durch diesen Geschichtsverlauf kann es nicht verwundern, daß die Mehrzahl der in diesem Lesebuch zusammengestellten Texte aus dem 19. und unserem Jahrhundert stammen. Auch wenn sich nicht selten der Blick der Autoren auf die entschwundene Vergangenheit richtet, aus historischer Sicht das Werden von Land und Leuten betrachtet wird, so zielt dieser Blick doch vor allem auf die erlebte Gegenwart – sicherlich persönlich und subjektiv, aber vielleicht gerade deshalb in seiner unverstellten Unmittelbarkeit so interessant und überzeugend.

Immer wieder ist es, neben den Berichten über Ereignisse des Alltagslebens, neben Reflexionen auf die geschichtliche Entwicklung und die überlieferten Traditionen, das Erlebnis der Insellandschaft, das in diesen Texten beschworen und aufbewahrt wird, wobei das die Insel umgebende Meer mit seinen vielfachen Verwandlungen die unwiederholbare Einmaligkeit der Eindrücke bestimmt.

Die in vielen Metropolen der Welt bekannten Gemälde Caspar David Friedrichs, an ihrer Spitze das Bild von den Kreidefelsen an der Ostküste von Rügen, deren erhabene Größe den Betrachter unwiderstehlich in ihren Bann zieht, geben diesem Erlebnis bleibenden Ausdruck. Andere berühmte Künstler dieser Zeit, die es auch nach Norden, auf diese nun endlich voll in ihrer ganzen unberührten Schönheit entdeckte Insel zog, haben dafür Worte gefunden. So auch Karl Friedrich Schinkel, der an seinen Freund, den Bildhauer Christian Daniel Rauch, schreibt: »Das Meer ist doch eine große Verschönerung aller Landschaften, und in so origineller Art wie es sich von Rügen zeigt, wüßte ich es nirgends anderswo gesehen zu haben...« Oder der Gelehrte und Weltreisende Wilhelm von Humboldt preist den »erhabenen Anblick« dieser Landschaft als das »Eigentümlichste und Schönste«.

Doch nicht nur die Gäste, die Fremden und Reisenden, entdeckten die ursprüngliche Einmaligkeit dieser vor der pommerschen Küste gelagerten Insel. Auf der Insel selbst wurden jene Stimmen immer lauter, die ihre Naturschönheit und ihre besonderen Reize lobten oder in Gedichten besangen. Getragen waren diese Äußerungen von einem tiefen Heimatgefühl, von einer großen Verbundenheit mit dem Leben und Wirken der Inselbewohner, vor allem mit denen, die der besonderen Anteilnahme bedurften. Schon um die Wende zum 19. Jahrhundert festigte der Pastor Gotthard Ludwig Theobul Kosegarten mit seinen Uferpredigten, die er im Angesicht des Meeres unter freiem Himmel hielt, seinen Ruf als Anwalt der Armen und Bedrückten, denen er Hoffnung und Zuversicht vermittelte, indem er ihnen die wahren Werte eines Menschenlebens vor Augen führte. Ein starkes politisches Engagement kennzeichnete wenig später das Auftreten von Ernst Moritz Arndt als Mitstreiter der nationalen Befreiungsbewegung, dessen mutiges Eintreten für die Aufhebung der Leibeigenschaft schließlich auch auf Rügen zum Erfolg führte. Er sicherte sich so einen festen Platz auf dem Podium der Geschichte, zu Recht wurde ihm mit der Errichtung des Ernst-Moritz-Arndt-Turms auf dem Rugard bei Bergen im Jahre 1877 ein bleibendes Denkmal gesetzt.

Trotz der oft beschwerlichen und mit Abenteuern verbundenen Anreise lockten die entstehenden Seebäder schon in den nachfolgenden Jahrzehnten einen wachsenden Besucherstrom nach Rügen.

Vielen wird es dabei so ergangen sein wie Elizabeth von Arnim, die kurz nach der Jahrhundertwende sich auf die Reise machte. Ausschlaggebend für die eher zufällige Wahl ihres Reiseziels war die in einem Reiseführer entdeckte Schilderung: »Vernimmst du den Namen Rügen, so befällt dich ein holder Zauber. Vor deinen Augen steigt es empor wie ein Traum ferner himmlischer Feenreiche. Bilder und Gestalten aus uralter Zeit winken dir zu aus verwunschener Landschaft, wo sie in grauen Vorzeiten lebten und die Schatten ihrer Gegenwart hinterließen. Und in dir regt sich ein mächtiges Sehnen, über diese herrliche sagenumwobene Insel zu wandern.«

Unverkennbar wirkt in dieser Schilderung die romantische Naturbetrachtung nach, prägt sie doch nachhaltig die Empfindungen vieler Besucher der Insel. Erstaunlich ist, daß selbst ein so nüchterner Betrachter wie Theodor Fontane nicht unberührt von dieser Sehweise blieb, wenn er schreibt: »Hier ist die Bucht, das da ist Binz mit dem guten Strand (aber sonst nicht viel los), und das ist Göhren, und das ist die Spitze von Mönchgut; könnten wir hier nach links hin ein bißchen um die Ecke sehen, so sähen wir auch Stubbenkammer und hätten eigentlich von dieser Bank aus die ganze Geschichte zusammen, die ganze Rügen-Herrlichkeit.« Doch weiter heißt es: »Ich bin schon sechs Wochen hier und denke noch drei zu bleiben ... Hier auf dieser Bank habe ich zusammenaddiert wohl schon eine Woche zugebracht.«

So findet sich denn für jeden Geschmack etwas in der Vielfalt der Inseleindrücke, und das ist bis in unser Jahrhundert, bis in unsere Tage hinein so geblieben. Mit dem Bau des Rügendamms in den dreißiger Jahren, der den unkomplizierten Bahn- und Autoverkehr ermöglichte und zugleich den Weg für den Transit nach Skandinavien öffnete, nahm auch der Tourismus in jeder Form einen gewaltigen Aufschwung, und auch das Wirtschaftsleben erreichte eine beachtliche Höhe. Dennoch blieb Rügen mit seinen zerrissenen Küsten und seinen nahezu unübersehbaren Boddengewässern, in die sich kleine Inseln und Inselchen einschmiegen, mit seinen gleichsam von der Öffentlichkeit abgeschiedenen Winkeln, in denen noch die Stille und die Einsamkeit zu Hause sind, in seiner ursprünglichen Wirkung auf den Besucher erhalten. Noch heute glaubt man sich in eine andere Welt versetzt, wenn man auf verlassenen Pfaden durch die Landschaft streift oder in entlegenen Buchten das Spiel der Wellen, die Reflexion des Lichts und die nirgends sonst so zu findende Vogelwelt beobachten kann.

Die Texte von Hanns Cibulka und Wieland Förster, vor wenig mehr als zwei Jahrzehnten entstanden, geben darüber Auskunft. Aus ihnen spricht das sensible Empfinden des Künstlers, der aus der unmittelbar erlebten Umwelt seine Eindrücke empfängt und vordringt zu ihren Wurzeln, zu ihrer Wesenheit. Diese Natur, einbezogen der Mensch, bleibt auch in unserem Jahrhundert für Maler, Bildhauer, Dichter, ja schließlich für alle Künstler Anziehungspunkt, das Verhältnis zu ihr wird Spiegelbild der eigenen Selbstfindung.

Dennoch, trotz aller vermeintlichen Abgeschiedenheit hinterließ das geschichtliche Geschehen auch auf der Insel Rügen tiefe Spuren. Brachte einerseits die Entwicklung von Wirtschaft und Verkehr einen sichtbaren Aufschwung mit sich, eine Verbesserung der allgemeinen Lebensverhältnisse, so blieben die Jahre des »Zwölfjährigen Reiches« nicht ohne Auswirkungen. Schließlich war es auch hier der Krieg, der tragisch in das Leben des einzelnen eingriff, wenn auch weniger direkt als in den Städten, die unter dem Bombenhagel in Schutt und Asche versanken.

Schilderungen, wie die Zeit nach dem Kriegsende überstanden wurde, sind authentische Zeitzeugnisse. Einen Blick auf »die Zeit danach« gewährt Konrad Schmidt, und er offenbart, daß bei viel Schatten auch so manche Lichtquelle vorhanden war. Die ungebrochene Ausstrahlungskraft der Insellandschaft selbst in diesen oft verdunkelten Jahren lassen nicht zuletzt die aufgenommenen Gedichte erkennen, deren Empfindungswelt sicherlich viele Menschen erreichte.

Ein gutes Zeichen ist es, daß am Schluß dieser Auswahl von Zeugnissen und Bekenntnissen, von Zeitdokumenten, zwei Gedichte eines Mannes stehen können, der als Pastor auf der Insel wirkte und heute als Bürgerbeauftragter die Interessen der Menschen von Rügen wahrnimmt.

Unbestritten ist, daß die jüngste Vergangenheit große Herausforderungen mit sich brachte – in jeder Hinsicht. Die Herausforderungen immer in Verbindung mit den Menschen zu sehen, mit den Möglichkeiten der Gestaltung seines Lebens, ist zugleich eine Verpflichtung der Allgemeinheit gegenüber. Aus dem Zusammenhang von Tradition und Gegenwart, aus den geschichtlichen Erfahrungen heraus sollten auch für die Insel Rügen sinnvolle Wege in eine Zukunft gefunden werden, an der alle teilhaben können.

Renate Seydel

Ernst Moritz Arndt

Heimat und Vaterland

O Mensch, du hast ein Vaterland,
ein heiliges Land, ein geliebtes Land,
eine Erde, wonach deine Sehnsucht ewig dichtet
und trachtet.

Wo dir Gottes Sonne zuerst schien,
wo dir die Sterne des Himmels zuerst leuchteten,
wo seine Blitze dir zuerst seine Allmacht offenbarten
und seine Sturmwinde dir mit heiligem Schrecken
durch die Seele brauseten:
Da ist deine Liebe,
da ist dein Vaterland.

Wo das erste Menschenauge
sich liebend über deine Wiege neigte,
wo deine Mutter dich zuerst mit Freuden auf dem
   Schoße trug
und dein Vater dir die Lehren der Weisheit und
des Christentums ins Herz grub:
Da ist deine Liebe,
da ist dein Vaterland.

Und seien es kahle Stellen und öde Inseln,
und wohnte Arbeit und Mühe dort mit dir,
du mußt das Land ewig liebhaben;
denn du bist ein Mensch und sollst nicht vergessen,
sondern behalten in deinem Herzen.

Aussicht vom Rugard auf Rügen nach Jasmund

Im Norden der flachen Küste Pommerns, Stralsund gegenüber, erhebt sich, gleichsam ein nordisches Arkadien, das romantische, vielbesuchte Rügen, auch von Kosegarten teilweise beschrieben und besungen, aus der umflutenden Ostsee und vereinigt mit den reizenden und malerischen Naturschönheiten den erhabnen Anblick des Meeres und merkwürdige Denkmäler der Vorzeit. Auffallend dringt von allen Seiten das Meer tief ins Land ein, so daß viele Busen und Buchten entstehen, welche daselbst Bodden, Binnenwasser, Wieken und Inwieker heißen und das Land zu Inseln, Halbinseln, Landengen und Erdzungen machen. Nördlich bildet die Tromper Wiek mit der Prorer östlich die Halbinseln Wittow und Jasmund, und der Rügensche Bodden südlich die Halbinseln Mönchgut und Zudar. Außerdem umlagern die Insel Dünen, Werder und viele kleinere Eilande, nordwestlich Hiddensee, Neubusin, Fährinsel, Oehe, Ummanz, Urkvitz, Lieps und Libitz, südöstlich die Stubber-Sandbänke, Schnackenwerder, Vilm und Ruden. Die Insel selbst hat sieben Meilen in die Länge und Breite, 28 Meilen im Umfange und ungefähr 17 Geviertmeilen Flächeninhalt, auf welchem gegenwärtig gegen 34 000 Menschen wohnen. Zahlreich ist der Adel, fast ganz von sächsischen Kolonisten seit dem 12. Jahrhundert abstammend, und die Insel mit Edelhöfen und Dörfern, Meiereien und Holländereien wie übersäet. Die Einwohner sind fleißig, gutmütig und sehr gastfrei und beschäftigen sich teils mit Fischerei und Schiffahrt, teils mit Viehzucht, Garten- und Ackerbau. Einige Gegenden der Insel sind zwar sumpfig und sandig, mit Heidekraut und Riedgras, mit Feuersteinen und Versteinerungen bedeckt; in andern aber wechseln waldige Hügel und grünende Weiden mit blühenden Gärten und üppigen Fluren, und gegen Norden besonders erheben sich schöngestaltete Kreidefelsen, vorzüglich auf Wittow und

Blick vom Rugard über den Jasmunder Bodden

Jasmund. Da gibt der fruchtbare Boden, das fischreiche Meer den Bewohnern reichliche Nahrung.

Das Klima ist indessen meist rauh, die Witterung veränderlich, die Luft gewöhnlich neblig. Den Frühling macht der kalte Ostwind unangenehm; der Sommer ist nicht selten regnerisch, der Winter unbeständig, am schönsten der Herbst, wie der Abend unter den Tageszeiten.

Flüsse hat Rügen gar nicht, kaum beträchtliche Bäche, aber mehrere kleine Landseen. Überall auf der Insel sind Altertümer: Hünengräber, Steinkisten, Denk- und Opfersteine, Versteinerungen, Mineralien, Gerätschaften und Waffen zerstreut; von letztern findet man sehenswerte Sammlungen in Bergen, Putbus, Bobbin und Sagard.

Renate Schaarschuh

Zur Christianisierung Rügens
Bericht des Saxo Grammaticus
über die Eroberung Arkonas 1168

Im Jahre 1168 eroberten die Dänen unter der Führung des Bischofs Absalon von Roeskilde die alte, berühmte Tempelburg auf Arkona, in der die slawischen Ranen dem vierköpfigen Götzen Swantevit huldigten. Anschließend unterwarfen sie die ganze Insel und bekehrten die Rüganer zum Christentum.

Augenzeuge dieser einschneidenden Vorgänge war der dänische Geschichtsschreiber Saxo Grammaticus, der im 14. Buch seiner »Historia Danica« die Ereignisse auf Rügen schildert.

Zerstörung des Götzentempels zu Arkona und Taufe der Rüganer am 15. Juni 1168

Am folgenden Tage begaben sich Esbern und Suno auf Befehl des Königs in die Burg, um das Götzenbild zu vernichten, was nicht möglich war, ohne daß es mit einem Beil umgehauen wurde. Zunächst wurden die Vorhänge, mit denen das Innerste des Tempels bedeckt war, herabgerissen, und die Diener wurden dringend ermahnt, beim Umhauen des Bildes ja recht vorsichtig zu sein, damit sie von dem Koloß nicht getroffen würden; leicht könnte es dann heißen, der Götze habe sich an ihnen gerächt. Inzwischen drängte sich die ungeheure Menge der Burgbewohner um das Heiligtum und hoffte, Swantevit werde kraft seiner göttlichen Allmacht über die Urheber so schweren Unrechts Strafe verhängen.

Und so sank das Standbild, als der unterste Teil der Schienbeine abgehauen war, nach rückwärts um und lehnte sich gegen die benachbarte Wand. Um nun das Standbild hinausschleifen zu können, befahl Suno den Dienern, die Wand niederzureißen; aber er warnte sie nochmals davor, sich aus übergroßem Eifer einer Gefahr auszusetzen und von dem niederstürzenden Standbild getroffen zu werden.

Nicht ohne lautes Krachen stürzte das Götzenbild zu Boden. Außerdem hing rings um das Gebäude massenhaftes Purpurzeug von glänzendem Aussehen, aber so morsch, daß es die Berührung nicht aushielt. Und es fehlten auch nicht ungewöhnliche Hörner von wilden, im Walde lebenden Tieren, die ebenso durch ihre natürliche Beschaffenheit wie durch ihre Verarbeitung Bewunderung erregten. Man sah auch, wie der Böse in Gestalt eines rabenschwarzen Tieres aus dem Innern des Gebäudes entwich, worauf er plötzlich aus den Augen der Umstehenden verschwand.

Der vierköpfige Götze Swantevit

Alsdann erhielten die Burgbewohner Befehl, Stricke um das Götzenbild zu legen und es so aus der Burg zu schaffen. Sie aber wollten aus Furcht vor dem ehemaligen Götzenbild ein solches Wagnis nicht auf sich nehmen und forderten die Gefangenen und die Fremden, die in der Burg Handel trieben, dazu auf, das Bild hinauszuschleppen; sie meinten, es sei besser, die Köpfe niedriggeborener Leute dem göttlichen Zorne preiszugeben, und sie waren überzeugt, daß des Götzen Hoheit, die sie so sehr zu verehren pflegten, auf der Stelle an den Feinden, die ihn beschädigten, Rache nehmen werde. Dann aber hörte man verschiedenartige Äußerungen der Einheimischen, indem die einen den Fall ihres Götzen mit Wehklagen, die anderen mit Gelächter begleiteten. Offenbar war der einsichtigere Teil der Bewohner von Scham ergriffen, als sie sahen, daß sie sich in ihrer Einfalt so lange Jahre hindurch von einem so törichten Götzenkult hatten täuschen lassen. So wurde denn das Götzenbild in das christliche Lager geschleppt und erregte hier einen Zusammenlauf des ganzen Heeres, das den Götzen mit Staunen betrachtete. Auch die Vornehmen beschauten den Götzen, aber nicht eher, als bis die gemeinen Krieger ihn genug beschaut und sich entfernt hatten. Der Rest des Tages ging hin mit der Übernahme der Geiseln, die tags zuvor noch fehlten.

Aber auch die Schreiber der Fürsten wurden in die Burg geschickt, um durch ihr priesterliches Amt das dem Götzenglauben ergebene Volk an den christlichen Gottesdienst zu gewöhnen und seinem gotteslästerlichen Sinne die Zucht der Heiligkeit einzupflanzen.

Als der Abend nahte, kamen die Köche mit Beilen, zerkleinerten das Götzenbild in kleine Stücke und legten diese auf das Herdfeuer. Jetzt mußte den Rüganern, glaube ich, ihr früherer Götzenkult doch leid sein, wo sie sahen, daß ihr von Vätern und Vorvätern überkommener Götze, den sie selbst aufs höchste zu feiern pflegten, zum Kochen der Mahlzeit ihrer Feinde verwendet wurde. Danach ließen die Dänen den Götzentempel verbrennen und aus dem für die Belagerungsmaschinen herbeigeschafften Holz ein christliches Gotteshaus erbauen, indem sie so die Werke des Krieges mit einem Hause des Friedens vertauschten und das, was sie zur Vernichtung der Leiber ihrer Feinde ausgedacht hatten, auf die Rettung ihrer Seelen verwendeten. Es wurde auch der Tag festgesetzt, an dem der dem Swantevit geweihte Schatz von den Rüganern ausgeliefert werden sollte.

Hiernach setzte Absalon den Führern das dem Karentiner Granza gegebene Versprechen auseinander und machte sich noch in der Nacht mit dreißig Schiffen auf den Weg; der König sollte ihm mit Morgengrauen folgen.

EMIL STEURICH

Das Meer

Es war in den ersten Septembertagen des Jahres 1304. Ein starker Ostwind wehte über die See und trieb die brandenden und schäumenden Wogen an die Küste der Insel Rügen. Hei, wie das Meer brüllte und wie die Wogen vom Winde gepeitscht wurden, daß der Schaum weithin aufs Land flog! Es sah so aus, als ob sich ein wildes Tier zähnefletschend auf sein Opfer stürzte. Woge auf Woge kam herangerollt, gierig beutelüstern, warf sich tosend auf den Strand, zog sich wieder zurück, schäumend, wirbelnd, brodelnd, um danach abermals mit erneutem Grimm wiederzukehren. Oft ließ die nachfolgende Woge der vorangehenden nicht Zeit, sich vom Ufer zurückzuziehen. In wilder Hast drängte sie ihr nach, brandete über sie hinweg, als fürchtete sie, sie könnte zu spät kommen, und warf sich dann laut donnernd auf das Ufer, als wollte sie mit einem Schlage die ganze Insel zertrümmern. Dazu heulte der Wind seine Melodien zu dem Grundbaß des Wasserrauschens. Bald klang es wie ein Klagelied über die, die auf dem Meeresgrunde ruhen, bald wie ein Triumphgesang nach gewonnener Schlacht. O du großes, herrliches Meer, wie schön bist du doch gerade beim Sturm! Da schöpft man Freiheitsluft! Da atmet man Ewigkeitsgedanken. Hundertmal habe ich dich so gesehen und hundertmal mit dir gejauchzet und gejubelt und mich frei gefühlt von allen Ketten der Jämmerlichkeit und erhoben über den Staub und die Schranken dieses Erdenlebens. Was ist doch gegen dich der schweigende Wald und das steinerne Gebirge! Wohl, sie erheben das Herz, denn sie predigen von der Majestät Gottes, der sie erschaffen. Bei ihrem Anblick zieht eine heilige Andacht durch unsere Seele. Aber es fehlt ihnen das Leben. Das Meer dagegen ist wie ein lebendiges Wesen und redet nicht bloß von Gott, sondern auch von uns Menschen. Denn mit seinem ewigen Wechsel zwischen Sturm und Stille und ihren mannigfachen Abstufungen ist es nicht wie ein Bild unseres Herzens, das auch bald von Leidenschaften wild erregt, bald von tiefem Frieden erfüllt ist? Oder wie ein Bild unseres Lebens, das bald von Stürmen gepeitscht wird, bald wieder still und sanft dahingleitet? Aber freilich wehe dem, der sich bei Sturm und Unwetter auf dir befindet! Wieviel blühende Menschenleben hast du schon in grimmigem Heißhunger verschlungen! Streitbare Helden, die da ausgezogen waren, um sich ein fremdes Land zu erobern; friedliche Kaufleute, die mit ihren Waren zugleich Sitte und Bildung über das Meer trugen; starke Männer, die sich von Weib und Kind losgerissen hatten, um für sie in harter, gefahrvoller Arbeit das tägliche Brot zu erringen; frohgemute Jünglinge, von denen nie wieder eine Kunde zur Mutter und zur Braut gelangte! O du großes, herrliches Meer, wie grausam bis du doch auch!

THOMAS KANTZOW

Die Einwohner dieses Landes ...

Es sind die Einwohner dieses Landes sehr ein zänkisch und mordisch Volk, daß es eben an ihnen schier wahr ist, wie das lateinische Sprichwort lautet: omnes insulares mali. Denn im ganzen Lande zu Pommern werden kein Jahr soviel vom Adel und andern erschlagen, als allein in dieser kleinen Insel. Es gibt auch dies Volk so viel Rechtgehens als das halbe Land zu Pommern. Denn alle Sonnabende hält der Landvogt samt den Ältesten vom Adel des ganzen Landes zu Bergen Gericht; da hat er von frühmorgens bis schier an den Abend genug zu tun, und er höret auch nicht gerne um des Mittagsmahles willen auf, denn so er sie weggehen läßt und nach Essen wieder bescheidet, so trinken sie sich etwa voll oder richten ein neu Alarm an, oder wenn sie wiederkommen, treiben sie solch Ungestümigkeit vor Gericht, daß der Herr Landvogt nirgends mit ihnen auskann. Darum sitzt er gerne das Gericht ganz aus, daß er die Sachen entscheide, oder so es zu lang wird, daß er sie auf einen anderen Gerichtstag verweise.

Es ist kein Edelmann oder Bauer im Lande so schlecht, daß er sein Wort nicht selbst redete, und daß er nicht sein gewöhnliches Landrecht wissen sollte. Und aus solcher Vermessenheit will einer dem andern in nichts reichen, und kommt daraus viel Haders und Mords: Sonderlich geraten sie in den Krügen oder Wirtshäusern leicht aneinander, und wenn einer von ihnen sagt: dat walde Gott und een kolt Isen! so mag man ihm wohl auf die Fäuste sehen und nicht aufs Maul, denn er ist bald an einem. Und geschieht in den Krügen so viel Schlagens und andere Injurien, daß oft ein Edelmann, der einen Krug hat, so viel von Buße und Strafgeld ein Jahr daraus gewinnt als sonst von einem halben oder ganzen Dorfe. Und wo die Rüganer gehen oder reisen, haben sie einen Schweinspieß und einen Reutling an der Seite. Wenn sie zur Kirche gehen, setzen sie die Spieße vor die Kirchentür, einesteils nehmen sie die in die Kirche mit, und soll sich bisweilen, wenn sie aus der Kirche gehen, oft ein Lärmen erheben. Gehen sie zur Kirche, so sind sie gewappnet; gehen sie zur Hochzeit, so sind sie gewappnet; bringen sie einen Toten zu Grabe, so sind sie gewappnet; und in summa, man findet sie nirgends, sie haben ihre Wehre bei sich.

EMIL STEURICH

Eine Pfarrinstitution

Es war in den ersten Tagen des Februar 1760 in der späteren Nachmittagsstunde. Drei große, mit Kisten und Kasten, Betten, Schränken und anderem Hausgerät hoch bepackte Leiterwagen, wie man sie in der Ernte gebrauchte, standen auf dem Pfarrhofe zu Groß Zicker. Sie waren eben erst angekommen, denn die Pferde standen noch dampfend in ihrem Geschirr, und die Kutscher, die die Wagen geführt hatten, stampften mit ihren Füßen auf den hart gefrorenen Erdboden und schlugen die Arme um den Leib, um erst einmal ihre Glieder, besonders die Finger, die ganz erstarrt waren, wieder etwas warm und gelenkig zu machen, bevor sie die Pferde ausspannten und in den Stall führten. Denn es war bitterlich kalt von dem schneidenden Südost, der vom Meer her wehte. Der alte Pfarrknecht, der von dem früheren Pastor als »lebendes Inventar« zurückgelassen war, half den Kutschern bereitwillig bei ihrer Arbeit.

Die Hauptpersonen stiegen von dem ersten Wagen. Es waren der neue Pastor und Pfarrherr von Mönchgut, Johann Leonhard Vahl, nebst seiner Ehefrau und fünf Kindern.

»Gelobt sei Gott, daß wir unser Ziel endlich erreicht haben.« So rief Seine Hochwürden unwillkürlich aus und wickelte sich aus den Decken heraus, die er sich trotz des warmen Pelzes, den er trug, noch um die Füße und den Leib geschlungen hatte. Er schaute aus einem ziemlich erfrorenen Gesicht, aber der Schalk blitzte ihm doch in den Augen.

»Kinder, seid Ihr denn auch noch alle da? Oder ist eines von Euch unterwegs verlorengegangen?«, so wandte er sich an die anderen Personen, die noch auf dem Wagen zusammengekauert saßen.

»Nein, Vater, wir sind noch alle da!« antworteten ihm lauter fröhliche Stimmen, und auch das jüngste, erst wenige Monate alte Söhnchen fühlte sich gedrungen, seine Anwesenheit zu melden, denn es fing jämmerlich an zu schreien, sei es vor Hunger oder Kälte oder Müdigkeit oder aus allen drei Gründen.

Die Frage des Pastors, die uns etwas verwunderlich vorkommen möchte, war aber wohl berechtigt. Denn wenn die Mönchguter Wege schon heute bei allen, die je auf ihnen gefahren sind, als »Hop-hop-Wege« im übelsten Andenken stehen, so verdienten sie diesen Ruf damals erst recht. Zu dem Damm, der jetzt von Middelhagen nah Putbus führt, war vor 150 Jahren noch kein Stein gelegt. So viel Stunden wie jetzt, so viel Tage fast gebrauchte man damals, um von Mönchgut nach einem anderen Orte zu gelangen. Jeder suchte sich seinen eigenen Weg. Zehn, zwanzig und mehr Geleise gingen da nebeneinander, aber nicht so ordentlich wie die Geleise der modernen Eisenbahn, daß der Kutscher beim Fahren schlafen konnte, sondern über Stock und Stein, bald auf eine Düne hinauf, bald in ein tiefes Loch hinunter. Von Middelhagen bis Lobbe ging es sogar eine große Strecke durchs Wasser hindurch. Deshalb waren da große Steine gelegt, aber weder Eben-Ezer-, noch Bethel-Steine, sondern richtige Steine des Anstoßes. Und wenn auch der Fußgänger unter Anwendung turnerischer Künste von einem zum andern schreiten oder springen konnte, so mußte doch der Fuhrmann wohl aufpassen, daß ihm nicht ein Rad oder die Achse am Wagen zerbrach, wenn er mit einem dieser Steine in Berührung kam. Ebenso schlecht war auch der Weg, der nach Groß Zicker hineinführt. Erst vor wenigen Jahren hat man einen hohen Damm gebaut, der auch bei dem höchsten Wasserstand nicht überflutet wird. Der neue Pfarrherr hatte also alle Ursache zu fragen, ob auch keines seiner lieben Familienmitglieder unterwegs vom Wagen heruntergestuckert wäre.

Nachdem er sich von der Anwesenheit aller seiner Lieben überzeugt hatte, ging er voran in das Haus, und die anderen trippelten und trappelten hinter ihm her. Denn die Füße waren ihnen bei der langen Fahrt kalt und steif geworden. Glücklicherweise hatte die Magd, die auch von dem Vorgänger zurückgeblieben war, für eine warme Stube und für ein loderndes Feuer auf dem Backsteinherde gesorgt. Daher konnten die Lebensgeister bald etwas aufgefrischt werden. Es tat aber auch not, denn nicht weniger als vier Tage war die Familie unterwegs gewesen. Einen Tag von Abtshagen, wo sie herstammte, nach Stralsund, von hier aus zu Schlitten über das dicke Eis des Stromes nach Altefähr, wo schon die Leiterwagen standen, die dem anziehenden Pastor von Groß Zicker aus entgegengesandt worden waren. Am zweiten Tage kam die Karawane nach Garz, am dritten Tage nach Vilmnitz und endlich am vierten nach Groß Zicker, dem Ziele der Reise. Wie froh war die Familie, als sie ihr neues Heim erreicht hatte! Mehr als ein »Gott sei Dank« entrang sich ihren Lippen, als sie endlich im wohldurchwärmten Zimmer stand,

Obgleich der Abend schon hereindämmerte, so stellten sich doch auf Bitten des Pastors mehrere Männer aus dem Dorfe ein, die »im Kirchendienst« die Sachen von den Wagen abluden und in das Haus brachten.

Als der andere Tag angebrochen war, hatte die Familie Gelegenheit, sich in ihrem neuen Heim näher umzusehen. Aber was das Auge entdeckte, war gerade nicht sehr erfreulich. Das Wohnhaus war alt und baufällig, ein elender Fachbau, dessen einzelne Fächer mit Lehmkluten ausgefüllt waren. An manchen Stellen aber war der Lehm herausgefallen, so daß Wind und Wetter freien Eingang hatten. Denn die Pfarre war über ein Jahr lang unbesetzt geblieben und daher äußerlich sehr verwahrlost. In dem Strohdache hatte der Sturm arg gehaust und hier und da Lücken gerissen, die nur notdürftig mit Stroh zugedeckt worden waren. Um das Wohnhaus aber unter dem Dach schlang sich ein starkes Tau, das mit seinem Ende an einen auf dem Westgiebel stehenden dicken Birnbaum angebunden war. Verwundert stand der neue Pfarrer vor diesem Tau und suchte sich vergeblich über seinen Zweck Klarheit zu verschaffen. Endlich fragte er den Knecht:

»Sage mal, Jakob, was soll denn dieses Tau hier? Soll das etwa eine Waschleine sein?«

»Ach nä, Herr«, antwortete Jakob mit dem unschuldigsten Gesicht, als könnte es gar nicht anders sein, im ehrlichen pommerschen Platt, »dat's blots von wägen den Storm. Dat olle Hus is all'n bäten wackelig, und dorüm heww' ick 't mit 'n Strick an den Bärenboom anbunnen. Nu steiht't liker noch 'ne Wiel.«

Es muß recht gemütlich sein, unter einem solchen Obdache zu wohnen. Noch trostloser war der Zustand, in dem sich die Wirtschaftsgebäude befanden. Sie sahen aus wie ein Skelett. Sie hingen nur noch in ihrem Holzverband. Die junge Pfarrfrau weinte, als sie diesen Zustand der Pfarre bemerkte. So traurig hatte sie ihn sich doch nicht vorgestellt, obgleich sie manches vorher darüber gehört hatte. Es mag ihr in jener Zeit recht schwer geworden sein, zu ihrem Manne zu sprechen mit Ruth: »Wo du hingehest, da will auch ich hingehen, und wo du bleibest, da bleibe ich auch«, der Pfarrer hatte genug an ihr herumzutrösten.

»Weine nicht, Eva! Unser Herr und Meister hatte nicht einmal, da er sein Haupt hinlegen konnte. Mit Gottes Hilfe wird es uns bei Fleiß, Ordnungsliebe und Sparsamkeit gelingen, die Pfarre wieder in einen besseren Zustand zu bringen.«

Schon wenige Tage nach dem Einzuge, am Sonntage, dem 9. Februar, fand die feierliche Institution oder Einführung des neuen Pfarrers statt. Zu dieser waren der Präpositus Brunnemann aus Garz, der Amtshauptmann Schevenius aus Philippshagen und die Pastoren Thüring aus Lancken, Reusner aus Patzig, Linden aus Poseritz und Kietzmann aus Vilmnitz erschienen. Das kleine Kirchlein war gedrängt voll von Gästen. Denn auch aus dem Kirchspiel Middelhagen, das bis zum Jahre 1848 mit der Pfarre zu Groß Zicker verbunden war, waren viele gekommen, um ihren neuen Pastor kennenzulernen. Dieser predigte über das Wort Luk. 9 V. 62: »Wer seine Hand an den Pflug leget und siehet zurück, der ist nicht geschickt zum Reiche Gottes.« Ach, es ist wohl jedem Pastor, der in eine neue Gemeinde kommt, so zumute, als möchte er nur zurücksehen. Denn es ist ein eigenes, zartes und doch festes Band, das sich mit der Zeit um einen Pastor und seine Gemeinde schlingt, wenn sie beide in rechter Treue zu Gottes Wort und zueinander stehen. Dieses Band wird durch die Versetzung des Pastors nicht zerrissen. Es hält über die Versetzung und wohl auch über das Grab hinaus. So fühlte sich auch unser neuer Mönchguter Pastor Vahl noch an seine frühere Gemeinde in Abtshagen gebunden. Er hatte dort mit dem Feuer der ersten Liebe gearbeitet und sich durch seine Treue im Amte große Liebe in der Gemeinde erworben. Dazu kamen die eigenartigen örtlichen und persönlichen Verhältnisse Mönchguts, die weltabgeschiedene Lage der Gemeinde und der wenig erfreuliche Zustand der Pfarre. Das alles hatte sich dem jungen Pastor schwer auf die Seele gelegt. Darum hatte er, um sich selbst zu ermutigen, den obigen Text zu seiner Antrittspredigt gewählt. Und Gott gab ihm seine alte Freudigkeit, und er konnte aus vollster Seele der neuen Gemeinde geloben, daß er nicht zurück, sondern vorwärts schauen und das vergessen wolle, was hinter ihm liege, sich dagegen nach dem strekken, was vor ihm sei. »Nee, wat kann uns'nige Pastor räden un wo weit hei dei Würd tau setten!« So ging es nachher durch die Gemeinde.

Nachdem der Gottesdienst beendigt war, ging es in das Pfarrhaus zurück. Hier fand zuerst die feierliche Stuhlsetzung statt. Der neue Pastor mußte sich auf den würdigsten Stuhl setzen, den er hatte. Dafür wurde ein hochlehniger, mit Leder überzogener Großvaterstuhl mit breiten Seitenbacken befunden. Die geladenen Gäste stellten sich, die Geistlichen in ihrer Amtstracht, im Halbkreise vor ihm auf, und der Amtshauptmann erklärte den neuen Pastor im Namen des Königs für eingesetzt in alle Rechte und Pflichten eines Mönchguter Pfarrherren. Es war ordentlich feierlich. Es fehlten nur noch Stab und Ring zu dieser Belehnung, so wäre der Bischof fertig gewesen. Übrigens hat sich diese Feier bis auf den heutigen Tag erhalten.

Nach der Stuhlsetzung lud der neue Pfarrherr zu Tische. Die junge Pfarrfrau hatte ihr möglichstes getan, um ihre Gäste zufriedenzustellen. Diese ließen sich auch Essen und Trinken vortrefflich schmecken, besonders der Amtshauptmann, ein großer, dicker Mann mit roter Gesichtsfarbe. Wenn er stand, so stieß er mit seinem Kopfe oben an die Decke des allerdings niedrigen Zimmers, und wenn er sich setzte, so krachte der Stuhl unter ihm. Der Amtshauptmann kaute mit vollen Backen. Ein vergnügtes Lächeln lag wie Sonnenschein auf seinem gerötetem Gesicht bei dem vortrefflichen Rehbraten, der aus der Granitz besorgt war. Er vergaß aber auch nicht, der Flasche zuzusprechen, die neben seinem Gedecke stand. Prüfend hielt er erst das gefüllte Glas gegen das Licht und weidete sein Auge an dem goldigen Feuer, in dem der kristallklare Wein funkelte, bevor er ihn langsam schlürfend über seine Zunge gleiten ließ.

»Wo habt Ihr diesen vortrefflichen Wein her?«, so fragte er seinen geistlichen Wirt.

»Den habe ich von meinem seligen Vater«, antwortete Vahl. »Mein Vater war Kapitän und brachte einst den Wein aus Hispania mit unter der Bedingung, daß ein Teil davon bei meiner Hochzeit, der andere bei meinen Pfarrinstitutionen getrunken werden sollte.«

»Ja, ja«, rief der Amtshauptmann, mit der Zunge schnalzend. »Es ist wohl zu merken, daß dieser Wein nicht in unserem Lande gewachsen ist.« Dabei schlürfte er wieder ein volles Glas langsam und behaglich hinunter.

Auch die anderen Gäste ließen es an »Stimmung« nicht fehlen, und das Gespräch erging sich in heiterstem Flusse. »Wenn das Eisen warm ist, muß man es schmieden«, dachte der neue Mönchguter Pfarrherr Johann Leonhard Vahl und lenkte in geschickter Weise die Unterhaltung auf den baufälligen Zustand des Hauses. Er bat den Amtshauptmann, als Vertreter einer »Königlichen hochpreislichen Regierung« bei hochderselben dahin zu wirken, daß sie das Haus wieder in einen bewohnbaren Zustand bringen lasse. Aber der Herr Amtshauptmann war gar nicht geneigt, sich die Tafelfreuden durch Regierungssorgen verkümmern zu lassen.

»Mein Lieber«, sagte er feucht schimmernden Auges und klopfte seinem Wirt, der neben ihm saß, wohlwollend auf die Schulter. »Mein Lieber, wisset Ihr nicht, was der weise Salomo einmal gesagt hat? Alles hat seine Zeit, Steine sammeln, bauen etc.?«

»Jawohl«, antwortete Vahl schlagfertig. »Aber an derselben Stelle steht auch, daß Zerreißen und Steine zerstreuen auch seine Zeit hat, und ich fürchte, daß hierfür jetzt die Zeit gekommen ist.«

»Guter Freund«, entgegnete der Amtshauptmann gemütlich, »Ihr seid ohne Zweifel ein hochgelehrter Mann, aber in praktischen Dingen seid Ihr, nehmt mir's nicht übel, etwas unerfahren. Dieses gute, alte Haus steht schon sehr lange, länger als wir beide zusammengenommen leben. Es wird auch noch länger stehen. Jetzt scheint mir vor allen Dingen die Zeit zu essen und zu trinken dazusein.« Und wie zur Bekräftigung seiner Worte leerte er sein Glas wieder mit einem Zuge. »Wirklich vortrefflicher Wein«, lobte er und gab dem Gespräch damit eine andere Wendung.

Es blitzte etwas in den Augen Vahls, als ob ihm plötzlich ein lichter Gedanke gekommen wäre. Er benutzte die Gelegenheit, als seines bibelkundigen Nachbarn Flasche geleert war, um aufzustehen und hinauszugehen. Nach einer kleinen Weile erschien er wieder mit neuem

Vorrate. Ein leichtes Lächeln lag um seinen Mund. Er nötigte seine Gäste, die Gläser zu leeren, und schenkte ihnen dann wieder ein. Darauf erhob er sich und sprach:

»Hochwohlgeborene und hochwürdige Herren, erlaubt, daß ich auf das Wohl des würdigen Vertreters einer Königlichen hochpreislichen Regierung, des Königlichen Herrn Amtshauptmanns Schevenius trinke.«

Die Gläser stießen klingend aneinander, und der Gefeierte nahm die ihm dargebrachte Huldigung wohlwollend entgegen. In diesem Augenblicke erschien der Knecht in der Tür mit etwas verstörter Miene und rief den Pfarrer heraus.

»Was gibt es denn, Jakob?« fragte Vahl hinter dem Tisch hervor.

»Ach Herr, kommet schnell heraus, es geschieht sonst ein Unglück!«

Der Pfarrer stürzte zum Zimmer hinaus, kehrte aber nach einigen Minuten wieder zurück und setzte sich an seinen Platz.

»Ihr sehet so blaß aus, Herr Bruder«, redete der Präpositus ihn an. »Es ist doch nichts Böses passiert?«

»Ach, hochwürdigster Herr«, entgegnete Vahl, »ich hoffe zu Gott, daß es weiter kein Unglück geben wird.«

»Nun, was ist denn geschehen?« drängte der Präpositus weiter.

»Ach, es ist nur unser Strick gerissen!«

Aber der Ton, mit dem Vahl dies sagte, diente durchaus nicht dazu, die andern zu beruhigen.

»Euer Strick? Welcher Strick!« fragten alle durcheinander.

»Der Strick, mit dem das Haus an den Baum gebunden ist. Aber beruhigt Euch; es ist keine Gefahr, wie ich hoffe; der Knecht bindet schon wieder einen neuen Strick an.«

Wie eine Bombe fiel diese Nachricht in die Tischgesellschaft.

»Was? Der Strick ist gerissen?« rief der Amtshauptmann erblassend aus. »Der Strick ist gerissen? Und das soll keine Gefahr sein? Den Augenblick fahr' ich nach Hause!« Er erhob sich von seinem Stuhle, um sich zu entfernen.

»O verzeihet, hochedler Herr Amtshauptmann«, antwortete Vahl und hielt seinen Gast mit Gewalt fest. »Ich verstehe allerdings zu wenig von praktischen Sachen, aber das Haus wird ja wohl noch fest genug sein, daß es nicht einstürzt, wenigstens heute nicht. Es ist ja auch kein starker Wind draußen.«

»Ei zum Kuckuck!« polterte der Amtshauptmann. »Denkt Ihr denn, daß ich mich unter den Trümmern Eures Hauses begraben lassen will?«

Hastig stand er auf, ohne des duftenden Bratens und des funkelnden Hispaniers zu achten, und ging auf den Hof, um zu sehen, ob der Strick gerissen wäre. Die anderen Gäste und Bewohner des Hauses folgten ihm. Ja, der starke Strick war wirklich gerissen! Lose hingen seine beiden Enden herunter, und ihr zerfasertes Aussehen zeigte, daß er zerrissen und nicht etwa von mutwilliger Hand zerschnitten wäre. Der Knecht bastelte daran herum und suchte die beiden Enden mit einem neuen Strick wieder zusammenzubinden.

»Dat Hus hett sik lackt«, sagte er mit der unschuldigsten Miene. »Äwer 'ne Wiel bliewt't wol noch bestahn.«

So trostreich nun diese Worte auch klangen, so konnten sie die Gäste doch nicht bewegen, wieder in das Haus zurückzukehren. Der Amtshauptmann war der erste, der seinen Wagen anspannen ließ und davonfuhr, und die anderen Gäste folgten ihm auch gleich darauf, so daß das Pfarrhaus in kurzer Zeit von den Fremden leer wurde. Der Pfarrherr aber lachte, wie er noch nie in seinem Leben gelacht hatte. Seitdem blieb es Redeweise in seiner Familie, wenn sie einen lästigen Gast losgeworden war, zu sagen: »Der Strick ist gerissen.« Die kluge List des Pfarrers hatte aber den gewünschten Erfolg. Aus den Rechnungen desselben Jahres ist zu ersehen, daß das alte Haus abgerissen und ein neues an seiner Stelle gebaut wurde, zur Freude der Frau Eva.

Johann Leonhard Vahl hielt das Gelübde, das er am Tage seiner Einführung in der Kirche abgelegt hatte. Er schaute nicht zurück auf das, was er früher gehabt hatte, sondern vorwärts auf die große und heilige Aufgabe, die ihm von Gott in seiner neuen Mönchguter Gemeinde gestellt war. Er entwickelte ein segensreiches Tun und erwarb sich auch bei den Mönchgutern eine mit den Jahren wachsende Liebe. Im Jahre 1781 wurde er von seinem Herrn in das obere Heiligtum abgerufen, wo es keine von Menschenhänden gebauten und darum hinfälligen Häuser mehr gibt. Seine treue Eva lebte aber noch bis zum Jahre 1810 in Bergen, wo sie ihren Witwensitz aufgeschlagen hatte.

Die Kirche in Groß Zicker

GOTTHARD LUDWIG THEOBUL KOSEGARTEN

Hier ist gut sein
Eine Uferpredigt, 1794

Der erste Vorzug unserer Heimat ist nach meinem Gefühl deren Abgeschiedenheit und Stille. Eben dies, was so manchen verwöhnten Gaumen ein Mangel und eine Beraubung dünken mag; eben dies, daß wir vom Geräusche der Welt getrennt, daß wir von den größeren menschlichen Vergesellschaftungen durch Ströme und Gewässer abgesondert wurden, daß wir im stillsten Schoße der Natur uns selbst und unseren Pflichten und unserer Bestimmung ohne Zwang und Störung leben können, eben dies deucht mir einer der schätzbarsten Vorzüge und eine der dankenswertesten Annehmlichkeiten unserer Lage. Ferne von jenen getümmelvollen Zirkeln, welche innerhalb des engen Ringes von Mauern und Wällen einander drängen und jagen, sind wir auch fern von dem Strudel der Torheiten, der dort über lang oder kurz auch den festeren Menschen dahinreißt, fern von den Rasereien des Luxus, welcher dort den Wohlstand so mancher friedlichen Familie untergräbt, fern von jener alles auf sich selbst beziehenden Eigensucht, zu welcher das Aneinanderreiben so mancher einander durchkreuzenden Interessen fast unausweichlich nötigt, fern von jener traurigen Verderbnis, welche die Sitten einer großen, zu eng zusammengedrängten Menschenmenge leider noch allezeit, es sei früher oder später, vergiftete. Uns ängstet nicht die Tyrannei der Mode. Uns fesselt kein steifer Sittenzwang. Uns peinigt nicht die Langeweile seeltötender Visiten. Verstreuet auf unserem stillen Lande, umgeben von einer einfachen, aber großen Natur, umgürtet von des Meeres lasurnem Gürtel, genießen wir einer goldenen Muße, eines tiefen Friedens und einer glücklichen Unabhängigkeit. Nicht so enge sind wir in unserem kleinen Lande zusammengepreßt, daß wir nicht an der Einsamkeit begeisternden Busen flüchten könnten, sobald wir das Bedürfnis des Alleinseins fühlen. Und wiederum sind wir nicht so weit auseinandergesprengt, daß wir nicht zu irgend einem lieben Nachbarn uns gesellen könnten, wenn das Bedürfnis der Gesellschaft in uns erwacht. Nicht so gar sind wir von der übrigen Welt abgeschieden, daß wir nicht die denkwürdigsten Ereignisse der Zeit, wenn auch etwas später, erfahren sollten; und wiederum sind wir derselbigen nicht so nahe, daß die zerstreuende Teilnehmung an jeder kleinlichen Tagesgeschichte unsere Aufmerksamkeit von gehaltreicheren Gegenständen ablenken könnte. So wollen wir denn zufrieden sein, liebe Nachbarn und Freunde, mit dem Lande, in dem wir wohnen. Wir wollen unseren Brüdern in der großen Welt ihren unruhigen Platz nicht beneiden. Wir wollen ihre Schauspiele, ihre Augenweide, ihre Zeitvertreibe, ihre Ergötzlichkeiten ihnen gerne gönnen. Haben wir doch auch unsere Augenweide! Die große, nie ermüdende Augenweide eines unverschleierten Himmels und einer unbeschränkten Erde! Haben wir doch auch unsere Zeitvertreibe; die Pflege unserer blühenden Gärten und den Anbau unserer fruchtbaren Fluren! Haben wir doch auch unsere Ergötzlichkeiten; das Ergötzen am Gedeihen unserer Arbeit, an dem Schmelz unserer Wiesen, an dem Wallen unserer Saaten, an der Kraft und Wohlgestalt unserer blühenden Kleinen! Und wie viel reiner, schuldloser, unvergällter sind nicht unsere Genüsse, denn jene! Wieviel herzerquickender ist der Anblick grüner Fluren, wogender Saaten, weidender Herden, flüsternder Büsche, dörflicher Hütten als die Ansicht starrer Steinklumpen, eckigter Mauern, rasselnder Gassen, siecher und blasser Menschengestalten, die im ewigen Ringelrennen nach Zeitvertreib und nach Zerstreuung ihr bißchen Kraft zersplittern und verschleudern. – Nein, meine Brüder, hier wollen wir wohnen! Hier lasset uns Hütten bauen, nicht dorten!

Unserer Heimat zweiter Vorzug ist die Güte des Klimas. – Unter dem Klima eines Landes gedenkt man sich die Beschaffenheit seiner Luft und Witterung. Diese ist keineswegs überall auf dem Erdboden dieselbe. Je nachdem ein Land unter einer höheren und geringeren Breite liegt, je nachdem es mehr oder weniger über den Spiegel des Meeres erhaben ist, je nachdem seine Oberfläche von Wäldern bedeckt, von Strömen durchschnitten, von Sümpfen oder stehenden Wassern angefüllt ist, je nachdem ist auch das Klima eines Landes rauher oder milder, kälter oder wärmer, feuchter oder trockener, der Gesundheit

Ufergottesdienst bei Vitt an der Nordküste der Insel Rügen

zuträglich oder schädlich. Es gibt Erdstriche, deren Luftmeer unaufhörlich mit Dünsten überladen ist, und wiederum andere, wo Monden lang kein Wölkchen das lautere Blau des immer heiteren Himmels trübt; Gegenden, deren Erdreich die Hälfte des Jahres hindurch von nie versiegenden Regengüssen gleichsam zerfließet, während es in der anderen Hälfte von zu großer Trockenheit birstet und spaltet; Länder, die vor Hitze verschmachten, andere, die von Frost erstarren; Länder, deren reine Luft und gemäßigte Witterung der Gesundheit der Einwohner so zuträglich sind, daß dieselben fast ohne Krankheit und Beschwerde das äußerste Ziel der menschlichen Dauer erreichen, und zuletzt so sanft von dem Leben abgepflückt werden, wie ein leiser Lufthauch den überreifen Apfel vom Zweige weht, auf welchem er geboren wurde; und wiederum gibt es andere, zum Teil mit den üppigsten Naturgaben ausgestattete Länder, deren bejammernswürdige Einwohner, von einem giftigen Klima angehaucht und ausgesogen, noch vor der Hälfte ihrer Tage in das ewig offene Grab hinunterwelken. –

Ein dritter Vorzug unseres Landes ist die Ergiebigkeit unseres Bodens. – Je nachdem das Klima eines Landes und die Erdarten, aus denen sein Boden besteht, verschieden sind, je nachdem sind auch die Güter, die es hervorbringt, verschieden. Nicht nur auf einem Erdfleck, nicht in einem Weltteile, nicht unter einem Himmelsstriche hat der weise Schöpfer alle Gaben der Natur vereinigt. Er hat sie über des ganzen Erdbodens weite Oberfläche verstreut und auf diese Weise die Nationen in die Notwendigkeit versetzt, in Verkehr und Umgang miteinander zu treten und vermittels des Umtausches ihres wechselseitigen Überflusses nach und nach in eine einzige große Familie zusammenzuschmelzen. Dieser wohltätigen Einrichtung gemäß erzeugt nun fast ein jedes Land seine eigentümlichen Schätze. Das eine liefert Salz und Früchte, das andere Öl und Wein, das dritte Seide und Baumwolle, das vierte Bau- und Brennholz, ein fünftes nähret unzählige Herden, ein sechstes versendet die auserlesensten Spezereien, ein siebentes fördert aus den Schächten seiner Berge das Metall zutage, das Gold, das Silber, das Kupfer, das Blei und das edelste aller Metalle, das Eisen. Wir unseresteils haben noch von diesem allen nichts. Und sollten wir uns darum die Ärmsten wähnen im Gedränge der Nationen? Sollten wir mit dem Alliebenden hadern, daß er uns so kärglich bedacht? Er hat mit einer Gabe uns ausgesteuert, die alle anderen Mängel ersetzt. Er hat uns gesegnet mit dem unentbehrlichsten aller Lebensbedürfnisse, mit dem Mark der Erde, mit edelem lebennährenden Getreide. Frommer Hoffnungen voll streuen wir unseren Samen in die schwarze Furche, freuen uns jedes Regenschauers, der ihn schwellt, und jedes Sonnenstrahls, der ihn befruchtet; sehen mit süßer Wonne das junge Grün seine zarten Häupter aus dem dunklen Grunde hervorstrecken, sehen täglich die schwächliche Pflanze wachsen, schossen, zur Ähre sich entwickeln, die Ähre mit einem Kranze weißer Blüten sich schmücken, bald aber die schwellende Frucht die Blüten verdrängen und aus einem weichen Schleime allmählich zum festen Korne gerinnen. Fröhlichen Mutes wandeln wir nun zwischen unseren goldenen Saaten. Fröhlichen Mutes führen wir die getürmten Fuder in unsere Scheuern; verbrauchen einen Teil unseres Vorrats für unsere Bedürfnisse und tauschen für unseren Überfluß alle jene Güter ein, die unser eigener Boden uns versaget. Und dennoch wollten wir unzufrieden sein mit unserem Lose? Glaubet mir, meine Brüder, viel lieblicher ist euch das Los gefallen als Tausenden eurer Brüder. Tausendmal mühseliger wird das Metall aus den Eingeweiden der Berge hervorgefördert, als das Getreide selbst einem undankbaren Boden abgerungen wird. Viel fröhlichere, gesundere, glücklichere Menschen sind die, welche im Schweiß ihres Angesichts das Feld bauen, als jene, welche auf den Werkstätten der Künste und Gewerbe für die Befriedigung der Weichlichkeit, der Prachtliebe und der Wollust arbeiten. Darum lasset uns zufrieden sein mit unserem Lande und mit unserem Lose!

Ein vierter Vorzug unserer Heimat ist die Nähe des Meeres! – Gewiß eine sehr wohltätige Nachbarschaft. Wohltätig für unsere Gesundheit. Denn dieses wandelbare Element ist, wie ihr sehet, keinen Augenblick in Ruhe. Unablässig wallt und wogt und strudelt es, nötigt vermöge seines mächtigen Zuges das tausendmal feinere und dünnere Element der Luft, seinen Strömungen zu folgen, und befördert auf diese Weise deren Frische und Federkraft zum höchsten Vorteile für jedes tierische Leben. Wohltätig ist die Nähe des Meeres für unseren Unterhalt. Würde auch jene stille Uferschlucht wohl bewohnt sein ohne die Nähe des Meeres? Würde nicht so manche zahlreiche Familie unseres Landes des Unterhalts ermangeln, wenn sie ihn nicht aus der Tiefe der See gewönne? Versorget diese unerschöpfliche Vorratskammer unsere Tische nicht mit so mancher schmackhaften und gesunden Speise, mit dem Lachs, dem Dorsch, dem Aal, der Scholle und dem, dem Anscheine nach so geringen, in der Reihe der Dinge aber so äußerst wichtigen Zwischengliede, dem reisenden, Nationen ernährenden Hering? Wohltätig ist die Nähe des Meeres für unseren Verkehr und unser Gewerbe. Unendlich wird vermittels seiner die Versendung unseres Überflusses und die Herbeiführung unserer Bedürfnisse erleichtert. Es regt sich ein günstiges Lüftchen. Die eilig ausgespannten Segel schwellen. Leicht und behende gleiten unsere flüchtigen Kiele auf dem glatten Element dahin und landen binnen wenig Stunden in dem gewünschten Hafen. – Liebe Nachbarn, laßt uns die Gaben Gottes nicht übersehen, weil sie so gemein und alltäglich sind. Nie müsse der erschütternde Anblick des weiten Meeres uns begegnen, ohne daß wir einen dankbaren Blick zu Dem hinaufsenden, Der das Meer aus-

Das Pfarrhaus von Altenkirchen

goß, wie man einen Becher ausgießt, und Der den Sand, den Kalk, die Kreide demselben zum festen Ufer setzte.

Und wenn vom Reiz der Landschaft und von den malerischen Schönheiten der Gegend die Rede ist, müßte dann etwa unser stilles Land zurücktreten? Müßte es vor so mancher benachbarten Landschaft erröten, welche mit einer üppigeren Mannigfaltigkeit prangt? Nein, wahrlich nicht, meine Brüder. Es fehlt zwar unserer Heimat mancher Schmuck, dessen sich die benachbarten Gebiete erfreuen. Keine malerische Abwechslung von Höhen und Tälern unterbricht die Einförmigkeit unserer Flächen; keine lieblich schlängelnden Bäche, keine Gebüsche voll Vogelgesangs und keine Wälder voll feierlichen Rauschens. Einfach ist die Natur, die uns umgibt, aber erhaben. Unsere Gestade sind hochgebürgt und schöngebogen. Unsere Buchten sind einsam und vertraulich. Unsere Vorgebürge gewähren Umsichten ins Unermeßliche. Und der nie ermüdende Anblick der See entschädigt jeden Liebhaber und Betrachter der Natur für jeden anderen Mangel. So erhebt, so erschüttert, so erfüllt keine andere Naturansicht das Auge und das

Herz, als die Ansicht des freien weiten Meeres. Indem wir jene ungemeßne, lebendige Fläche hinüberschauen, so ergreifen uns die Schauer der Unendlichkeit. Indem wir die Länge, Breite und Tiefe des ungeheuren Wasserschatzes, indem wir die Welt von lebendigen Wesen, die in ihm wohnen, zu schätzen trachten, so schwindelt uns vor der Macht und der Größe des Schöpfers. Wenn wir aus seinem kristallenen Schoße die Sonne rotglühend hervortauchen sehen, so erwacht in uns neue Kraft zu handeln und zu dulden. Wenn wir nach vollbrachter Tagesreise sie wieder groß und ruhig in ihr blaues Bette zurücksinken sehen, so stillen sich alle Tumulte in unserem Innern. Wenn mächtige Winde den hellen Spiegel seiner Oberfläche trüben, wenn Wog' auf Woge grollend und schäumend daher sich wälzet, wenn auf den Dünen unseres Strandes die tosende Brandung scheltend zerschillt, so huldigen wir staunend und schweigend dem großen Geist, dessen Odem diesen Aufruhr weckte und dessen leisester Hauch ihn wieder beschwichtigt. – Nein, wahrlich, diese unsere einfache Heimat ist nicht die verächtlichste unter den menschenernährenden Strichen. Hier wollen wir wohnen. Hier wollen wir bleiben. »Hier sei unsere Ruhe ewiglich. Denn es gefällt uns wohl.«

GOTTHARD LUDWIG THEOBUL KOSEGARTEN

Briefe eines Schiffbrüchigen

Sonntag abend, d. 30sten September 1772

Eine ganz eigne Überraschung hatt' ich heute.
 Meiner Weise nach ging ich heute mittag am Ufer spazieren. Das Wetter war, wie ich's gerne habe: lau, linde; der Himmel bedeckt. Verloren in Gedanken mancher Art wandert' ich immer stracks vor mir hin, grade auf die nordöstliche Landspitze zu. Mittlerweile senkten sich die Wolken, und es fing an zu regnen. Ich ließ mich das nicht anfechten; ging, da dem Naßwerden nun doch einmal nicht mehr zu entrinnen war, langsam vorwärts, stieg eine etwas höhere Uferspitze hinan, und sah mit einmal tief unter mir eine geräumige, vielfach gewundene Uferschlucht liegen, und innerhalb derselben etwa ein Dutzend Hütten, kleinere und größere. Zwischen den Hütten irrte eine größere Anzahl Menschen herum, als dem kleinen Dörfchen allein schien zugehören zu können. Alle waren sonntäglich gekleidet, und alle drängten in eine der geräumigeren Hütten hinein. Neugierig, die Ursache dieses unerwarteten Zusammenflusses zu ergründen, stieg ich eiligst hinab und folgte dem Gedränge in die Hütte. Diese fand ich bereits gepfropft voll Menschen, Männern und Frauen, deren einige standen, die meisten aber auf einer Reihe Bänke gedrängt da saßen. Noch begriff ich nicht, was hier beginnen sollte, als mit einmal ein einzelner schwarzgekleideter Mann in einem hellen Tenor das Lied anstimmte: *O Gott, von dem wir alles haben*...
 Der Herr Pastor ging nach geschlossenem Gottesdienst in eine der benachbarten Fischerhütten, um sich dort, uralter Gewohnheit nach, mit in Milch gebrocktem Brote und einem frischgefangenen Hering bewirten zu lassen. Ich blieb bei dem Hauswirt, der mir dann erzählte, daß dieses Dorf die Vitte sei; daß er und seine Nachbarn Fischer seien,

die des Sommers fischten; daß itzt die Zeit des Heringsfanges sei; daß sie während derselben Tag für Tag auf den lieben Hering harren müßten und also nicht Zeit hätten, das Altenkircher Gotteshaus, das fast eine Meile entfernt wäre, zu besuchen; damit sie nun doch nicht ganz des lieben Gotteswortes entbehren möchten, so sei seit undenklichen Zeiten der christliche Gebrauch gewesen, daß während des Heringsfanges acht Sonntage nacheinander bei ihnen Kirche gehalten werde, und zwar bei gutem Wetter im Berge, bei schlimmem aber, so wie heute, in seinem Hause.

Donnerstag abend, den 3ten Oktober 1772

Ich schreibe dir, Liebe, aus einem Dorfe, das an dem Fuße der berühmten Stubbenkammer liegt. Ich habe mich hier bei einer Fischerfamilie einquartiert; guten, treuherzigen Leuten; den nämlichen, bei denen Büsching auf seiner Heimreise von Petersburg nach Deutschland eine Nacht zubrachte, seine goldne Uhr vergaß, und sie tags darauf durch einen eignen Boten nachgeschickt bekam. Weil nächst dem Vergnügen, nun noch neue Landschaften zu durchwandern, das Vergnügen, meine Wanderungen zu beschreiben – und dir, Beste, sie zu beschreiben – mir über alles geht (es ist mir denn gerade so, als ob ich an deinem lieben Arme sie noch einmal durchwandre), so hab' ich mir ein kleines Taschenschreibzeug mitgenommen, und hier sitz' ich, Beste – in einem Stübchen, dessen Decke mir beinahe auf dem Kopfe liegt – unter dem Schnurren einiger übelgeölter Spinnräder – unter dem schwerfälligen Gerumpel einer Art von Wiege – unter dem Gequarre eines Kindes, das schlafen soll und nicht will, und dem abwechselnden Gekreise und Geliebkose seiner Mutter. Der ehrliche Altvater sitzt indessen in seinem Rohrstuhle am qualmenden Ofen, und bläst mit großer Gelassenheit aus einem drei Zoll langen Pfeifenstumpfe Wolken eines Tabaks von sich, den er, soviel sich aus dem wahrhaftig stychischen Geruche urteilen läßt, in seinem eignen Garten baute. – Unter solchen nicht sonderlich begeisternden Conjecturen, Beste, sitzt dein Volker hier und schreibt, so gut der wackelnde Tisch und das unsichtbare Flimmern eines dampfenden Tranlämpchens es ihm verstatten. Zwei Stunden noch vor Sonnenaufgang ließ ich von meinem fleißigen Wirte, der dröschen wollte, mich heute frühe wecken. – Fröhlich sprang ich auf, kleidete schnell mich um, erfrischte mich mit einem eiskalten Trunk aus der Quelle, und nun auf und davon. Der Tag war noch nicht angebrochen. Der Himmel hell und gestirnt. Alle meine liebsten Sterngebilde standen funkelnd vor mir ...

Es hatte gereift, und die gefrornen Grasesspitzen knirrten unter jedem meiner Fußtritte. Dies Knirren, das Pfeifen des Morgenwindes in meinen Locken und das Rollen der See, deren ganzes Vermögen, vom Ostwinde dahergewälzt, zu meinen Füßen schäumte und klatschte, fachte ein Lebensgefühl in mir an, ein Jugendgefühl, daß ich in diesem Augenblick mich der Heroen einen wähnte.

Vorüber wandert' ich die größtenteils noch schlummernden Dörflein Nobbin und Drewoldke. Dann erreicht' ich die schmale Heide, jene Landenge nämlich, die die beiden Halbinseln Wittow und Jasmund miteinander vereinigt. Sie ist so schmal und so niedrig, daß einen wundert, wie sie dem Andrange der Fluten widerstehen könne. Weiße Dünen und einiges Riedgras, das aus dem stiebenden Sande seine Halme einzeln hervorstreckt, sind alles, was man auf ihr wahrnimmt.

Während ich so die lange schmale Heide entlang auf dem festgeschlagenen Ufersande und so genau an seinem Rand wandelte, daß die brechenden Wellen mir über die Füße taumelten, verschwanden die Schatten allmählich, und der Tag brach an. Immer lichter ward es im Osten; immer gelber, glühender, purpurner der Morgenhimmel.

Aber itzt tauchte aus des Meeres blauem Schoße die holde Tagesmutter hervor. Meer und Ufer und Gestade und selbst die nackten Dünen erglänzten in verklärter Schönheit. Jeder Grashalm war eine Juwelenschnur. Jede krause Welle geschmolznes Silber. Die alte Arkona, die bisher gleich einem weißen Phantom auf den Wassern zu schwimmen schien, lag nun, mit einem sanften Rosenrot fingiert, in den düster blauen Fluten still und feiernd da. Schwärme von Wasservögeln aber, Möwen, Strandläufer, wilde Enten und wilde Gänse, stürmten empor und huldigten lautjubelnd der milden Ausspenderin alles Lebens und aller Freude.

Viel zu frühe für meinen Geschmack endigte die schmale Heide. Ich habe mehr denn einen über die ermüdende Einförmigkeit dieses Weges klagen hören. Wie einen die Welle lang werden könne, die Dünen zur Rechten, die See zur Linken, Jasmund und Arkona unter immer ändernder Ansicht vor Augen, ist etwas, das mein Fassungsvermögen übersteigt.

Nahe vor dem Ende der schmalen Heide erst ist die politische Grenze, die die beiden Halbinseln scheidet. Die Dünen beginnen hier in Weide überzugehn und gewähren zahlreichen Herden von Kühen und von Schafen eine gedeihliche und reichliche Futterung.

Das erste Dorf, was einem auf Jasmund aufstoßt, heißt Glowe. Und sogleich hebt eine ganz andre Natur an als jene, die dem einförmigen Wittow eigen ist. Hügel, Wiesen, Weiden, Seen, Äcker und Baumgruppen wechseln in immer ändernder Mannigfaltigkeit miteinander ab und gewähren dem Auge des Wanderers eine nicht minder angenehme Erholung als seinem, unter den einfacheren und erhabnern Schönheiten des ungemessenen Meers und des unendlichen Himmels beinah erdrückten Geist, eine sehr behagliche Abspannung.

Zu Glowe sprach ich in einer der ersten besten Hütten ein, um mich, wie man zu sagen pflegt, ein wenig zu vernüchtern. Dann ließ ich mir den Weg zur Stubnitz zeigen und wanderte mit frischen Kräften weiter. Manchen reizenden Landsitz, manches vertrauliche Dörflein passierte ich – Ruschvitz z.B., dessen rote Dächer eine Idee von Neuheit und Aisance gaben – Spyker, ein altes Schloß der Grafen Brahe, das am Rande eines kleinen Landsees romantisch dalag – Bobbin, ein Pfarrdorf, von dessen hochgelegenem Kirchhofe die reizenden Landschaften umher sich gar lieblich müssen überschauen lassen – Bisdamitz, ein freundliches Tal, durch dessen Krümmungen ein kristallhelles Bächlein plätschernd fortschlich – Nipmerow, davon ich nichts zu sagen weiß, und eine Menge anderer Nester, deren slavischwendische Namen auf die Tafeln meines Gedächtnisses zu schreiben mir nicht nötig schien.

Nie aber werd' ich die interessante Mannigfaltigkeit dieser malerischen Landschaften vergessen, deren stiller Reiz bisweilen auch zum Edlen und Erhabnen emporstieg. Nicht selten veredelten die Höhen sich zu schrofferen Abstürzen. Unermüdet aber hing mein Auge an der majestätischen Wasserfläche, die itzt hinter waldreichen Höhen sich versteckte, itzt siegprangend hinter ihnen hervortrat, und mitten in ihrem Schoße allezeit, blitzend in vollem Sonnenglanze, das prächtige Arkona.

Gegen zehn Uhr vormittags etwa erreicht' ich ein Dorf namens Hagen, das im Eingange der Stubbenkammer liegt. Ich nahm mir hier einen Führer, der durch die Labyrinthe der Stubnitz mich zur Stubbenkammer bringen möchte. Der Wald bedeckte die ganze nordöstliche Strecke der Halbinsel, versorgte seit Jahrhunderten die Einwohner Wittows und Jasmunds mit Brenn- und Nutzholz, schien aber itzt schon ziemlich licht und ausgehauen zu sein. Ohne die weisen Veranstaltungen des letzten Generalstaathalters, welcher die Anzahl der Fuder, die jährlich aus der Stubnitz hinausgeschleppt werden durften, fixierte, die Zweige und Äste, die man vorhin an Ort und Stelle liegen und verfaulen ließ, ebenfalls zu verbrauchen befahl und überdies mehrere Torfgruben öffnete, welche Vorrat auf Jahrhunderte versprachen – möchte die ganze Waldung binnen wenig Menschenaltern vertilgt, und Wittows Einwohner würden genötigt sein, ihr fruchtbares, aber rauhes Eiland zu räumen. Mein Führer, der selbst zu den Aufsehern des Waldes gehörte, versicherte mir, daß jährlich mehr denn zehntausend Stämme gefällt würden, daß alle das Vieh der Hagenschen Bauern, welchen unglücklicherweise die Stubnitz in ihren Contracten zur Trift angewiesen worden, ungleich mehr und den ganz jungen Anflug beinahe völlig aufriebe.

Eine halbe Stunde wanderten wir in der immer finstrer und dichter sich drängenden, zugleich auch über den Meeresspiegel immer höher sich hebenden Waldung, als mit einem Mal der Wald sich lichtete, der Boden uns ermangelte, das überraschte Auge hinunterstarrte in eine schwindelnde Tiefe und schnell sich hob, um im Anschaun des weiten hehren Meeres sich wieder zu sammeln.

»Dies«, sagte mein Führer, »ist die Stubbenkammer!« und wies in einen Schrund hinunter, dessen Eingange zwei aufrechtstehende Kreidepfeiler das Ansehn einer Pforte gaben. »Dies«, sprach er, »ist der Königsstuhl!« und zeigte mir eine Kreidezacke, die, aus der platten Wand hervortretend, zu einer unersteiglichen Zinne emporstieg. »Dies«, wollt' er fortfahren, allein ich ließ ihm nicht Zeit, seinen Spruch zu vollenden. Ungeduldig, die verschiednen Partien dieses herrlichen Gestades selbst zu erkundschaften und ihres Eindrucks ohne einen lästigen Dritten, der noch dazu den Cicerone schien spielen zu wollen, zu genießen, entlief ich ihm und eilte, die äußerste und höchste, mit weitwipfligen jahrhundertealten Buchen bekränzte Ecke des Vorgebirges zu ersteigen. Zur Rechten desselben zeigte das Gestade sich am kühnsten, malerischsten und imposantesten ...

Mein Führer fragte mich, ob ich nicht Lust habe, das Gestade von unten auf zu sehn? Allerdings, sagt' ich.

Der Pfad war hin und wieder ziemlich steil; und da es die Nacht vorher geregnet, die Kreide mithin sehr schlüpfrig war, so glitscht' ich mehr denn einmal von dem schmalen Stege herunter in eine rauschende See von abgefallnen, seit mehreren Herbsten in diesen Tiefen aufgehäuften Blättern. Auf der Hälfte des Weges machten wir einen kleinen Halt. Die Gebüsche hinderten hier alle Umsicht. Nur jene gigantische Kreidewand stand itzt prachtvoll und majestätisch über unsern Häuptern. Während ich, auf einem krummen Aste sitzend, dies Kolosseum der Natur anstaunte, ging mein Führer hin und schöpfete aus einem in der Nähe plätschernden Bache einen Trunk des alleredelsten und allerlebendigsten Wassers. Erstärkt durch seine wohltätige Kühlung, stiegen wir den Rest des Abhanges mit minderer Beschwerde hinunter und erreichten – die Sonne stand grade im Meridian – den Meerstrand. Gestein von allen Farben, Formen und Größen bedeckt ihn, mitunter auch erstaunliche Granite und Quarze. Auf einem der mächtigen Blöcke vom schönsten Korn lagerte ich mich und betrachtete den Bau und die Zusammenfügung des Ufers. Die Höhe des Ufers mag zwischen vier- und fünfhundert Ellen betragen.

Inzwischen entschloß ich mich doch, die Sache zu untersuchen. Mit Mühe und nicht ohne Gefahr klomm ich die stickele und äußerst schlüpfrige Kreidewand hinan, bis zu den Pfeilern. Ich erstaunte über ihren Bau, ihre Höhe, Menge, ihre zum Teil barocken Figuren; fand aber, wie ich's erwartet hatte, weder Höhle noch Kammern. Itzt wollt' ich wieder umkehren, und siehe da!, ich hatte mich festgeklettert. Den Weg, oder vielmehr Unweg, den ich heraufgestiegen war, wieder zurückzusteigen, war augenscheinliche Halsgefahr. Die Höhe vorwärts däuchte mir aber so schroff und schwindelnd, daß ich, der ich die Gymnastik des Kletterns wenig geübt hatte, mir kaum zutraute, sie erklimmen zu können. Indes war doch dies das einzige, was mir zu wählen übrigblieb. Um zu dem gefährlichen Gange die nötigen Kräfte zu sammeln, setzt' ich mich auf einen dürren Baumstamm, der zur Hälfte in die Kreide verschlämmt, zur Hälfte aus dem Ufer hervorragte, ein paar Minuten lang nieder und ergötzte mich an dem Gedanken, daß ich mich hier auf einem Fleck befände, welcher vielleicht noch nie durch den Fuß eines Sterblichen wäre entweihet worden. Dann stieg ich die Höhe frisch hinan. Die Ästchen, Steinchen, losen Kreidebrocken, die aus der Uferwand hervorsprangen, dienten mir zu Leitersprossen, an denen ich mit den Händen mich festhielt und mit den Füßen auf ihnen ruhte. Nicht wenige freilich brachen unter mir und rollten in die schaudernde Tiefe hinunter. Behend', und ohne hinter mich zu schauen, klomm ich dennoch glücklich vorwärts... erreichte itzt die Gegend, wo die Kreide in Lehmen übergeht... dann jene, wo der Lehmen sich zu einer lockern Dammerde veredelt. Diese glitt unaufhaltsam unter meinen Fersen zurück, so daß ich mich mit Händen und Füßen gleichsam hineingraben mußte, um nur einigermaßen festen Fuß zu fassen... Itzt sah ich die grünen Sträucher über den Abhang herunterschimmern. Ich nahm meiner Sehnen letzte Kraft zusammen und schwang mich wohlbehalten auf das sichere Gestade. Kraft und Atem aber waren mir so ganz entgangen, daß ich platt auf den Boden niederfiel und wohl eine halbe Stunde lag, eh ich wieder zu mir selber kam. – Mein Führer, welchem unbemerkt ich den mißlichen Spaziergang gemacht hatte und der nicht wußte, wo ich möchte geblieben sein, schrie und rief mir von unten. Ich antwortete ihm, soviel meine gänzliche Erschöpftheit es mir erlaubte, von oben. Nach einer Weile kam er vermittels des gewöhnlichen Pfades wieder zu mir herauf, kreuzte und segnete sich vor meinem kühnen Unterfangen und sagte, er habe es nicht für möglich gehalten.

Wir öffneten nun unsern Kober und ließen, was Gott bescherte, uns trefflich schmecken. Während mein Führer sich an seinem Fläschchen labte, lief ich hin und trank Kraft und Leben aus dem edlen Felsenquell. –

Nach genossenem Mahle und einem kurzen Mittagsschlummer auf dem feuchten Rasen ließ ich meinen Führer mich zu dem Burgwall

Gotthard Ludwig Theobul Kosegarten

und Burgsee führen. Wir erreichten sie in einer Viertelstunde. Es ist der schauerlich-schönste Fleck in der ganzen Stubnitz. Ein mächtiger Wall, gekränzt mit Buchen von ehrwürdigem Alter und Ansehn, umschließt ein ovales Revier, in dessen Bezirke zwischen halbvermoderten Wurzeln und Baumstümpfen mancherlei Trümmer von Altären und Opfermalen zerstreut umherliegen. Hart neben dem östlichen Rande des Walles fließt in einem tiefen, beinah zirkelrunden Kessel der sogenannte Schwarze oder Burgsee, umufert mit dichtbewaldeten Höhen ...

Heimlicher, verborgner, abgeschiedner konnte die gefürchtete und gefeierte Hertha schwerlich wohnen, als an den Ufern dieses Sees und in den Schatten dieses Burgringes.

Sonntag, den 7ten Oktober 1772

Heute nachmittag war wieder Ufergottesdienst, und zwar, da das Wetter schön war, diesmal unter freiem Himmel. Es ist eigentlich ein schmales grünes Tal in der Nähe der Vitte, in welcher der Gottesdienst gehalten wird. Drei Seiten desselben sind von Hügeln eingeschlossen; gegen Süden ist es offen. Mehrere hundert Zuhörer waren gegenwärtig. Die Männer lagerten sich an dem östlichen Hügel, die Frauen an den westlichen. Der Prediger stand etwas höher neben einem großen Steine fast in der Mitte des Tales. Ich und mehrere andere angesehnere unter den Zuhörern stellten uns dicht neben ihn. Dieser Standort war sehr vorteilhaft. Die stille Vitte, die See und Jasmunds blaue Gestade lagen offen vor uns. Zu unsern Füßen saß die gelagerte Gemeinde. Auf den nahen Hügeln weideten Pferde, Kühe, Schafe. Das Ganze war äußerst malerisch und interessant.

Nach geschlossenem Gottesdienst fuhr ich in Herrn Pastors Gesellschaft zu einem der benachbarten Pächter, wo wir lachten, schwatzten, jachterten, Best Bauer spielten, gewaltig viel aßen und gegen Mitternacht mit gegenseitigem herzlichen Wohlwollen auseinanderschieden.

Glück auf, liebes Mädchen! Morgen geht's nach Hiddensee, Donnerstag, so Gott will, unter Segel!

GOTTHARD LUDWIG THEOBUL KOSEGARTEN

Der Rugard im Winter

Sieh da des Alten greises Haupt
Gedeckt mit glimmerndem Kristall!
Sieh, der Gewaltige
Streckt die beeiste Felsenstirn,
Gleich einem hellgeschliffenen Schild,
Gigantisch himmelan!

Sieh, wie der Wolken drängend Heer
Sich um des Alten Scheitel schart!
Auf ihrem Fittich schwebt
Des Frostes Genius daher,
In Eis gepanzert, Bart und Haar
Und Braue schön bereift.

Sein Antlitz ist kometenrot.
Des Scheitels kahle Glatz' erglänzt
Im bleichen Sonnenstrahl.
Es blitzt im bleichen Sonnenstrahl
Sein Diadem, sein Panzerhemd
Aus grünem Gletschereis.

O Winter, Winter, Tode schloßt
Dein Odem. Deines Mundes Hauch
Versteinert Land und Meer.
Vor deinem Dräuen stirbt der Wald.
Vor deinem Schelten schweigt das Meer
Und seine Donner ruhn.

Die Sonne schauet großgeaugt
Und leichenblaß aus schwarzer Nacht
Und schauert bang zurück.
So blickt noch sterbend aufs Gefild
Voll Schlacht und Tod und Graun ein Held
Und schließt sein Aug' und stirbt.

Wie still ist es, wie leichenstill,
O hoher Rugard, rings um dich!
Im ausgestorbnen Hain,
Am hohen Ufer schwirrt kein Laut;
Kein Vogel streift; es schweift kein Wild;
Der Leben Pulsschlag starrt.

Doch plötzlich dumpf aufdonnernd kracht
das meilenweit gespaltne Meer,
Im dicken Brodem braun
Sich schwere Wetter. Horch, wie gärt,
Wie saust es in dem schwarzen Schwall!
Des Sturmes Kraft erwacht!

Das Wetter wälzt sich schwer daher,
Wildprasselnd naht es; prasselnd braust
Der Schloßen Schwall herab.
Es schwinden Erde, Luft und Meer.
Das Weltall schwindet; alte Nacht
Und ödes Chaos herrscht.

Johann Carl Friedrich Rellstab

Ausflucht nach der Insel Rügen

Mein letztes Geschäft in Stralsund war, mir am Fährtore für den andern Morgen ein großes Boot für Wagen und Pferde zur Überfahrt nach Rügen zu bestellen.

Für ein solches Boot, welches man für sich allein behält, bezahlt man 12 Gr. oder 24 Schilling dortiges Geld. Dies ist nicht viel, aber drei Schilling Brückengeld für eine 12 Fuß lange Brücke, vermittels welcher man in das Boot fährt, war nach Verhältnis sehr viel. Eine kleine Stunde dauerte diese Wasserfahrt, welche durch ihr sanftes Wogen sehr angenehm war. Gefahr ist hier nicht zu befürchten, weil, wenn die See sehr stürmisch ist, niemand übergesetzt wird.

Meine erste Äußerung über Rügen soll eine Warnung an die Reisenden sein, hier nicht mit einem Wagen mit breiter Spur zu fahren. Es gibt Örter, wo man gar nicht durch kann, und andere, die man meilenweit umfahren muß.

Ich durchschnitt die Insel nach ihrer östlichen Küste; und kam durch viele Dörfer und eine kleine Stadt, die Garz hieß, zu Mittag nach dem Schlosse Putbus. Diese Herrschaft oder Grafschaft hat einen sehr großen Umfang und sehr viele eigne Gerechtsamen. Jetzt gehöret sie der verwitweten Frau Präsidentin, Gräfin von Putbus. So hat z. B. die Besitzerin das Alleinrecht, Hirsche auf dem königlichen Territorium zu schießen. Das Schloß hat die schönste Lage, die man sich denken kann. Es liegt auf einer Anhöhe und hat eine Aussicht von vier bis sechs Meilen, über Halbinseln, Gebirge und zuletzt in die Ostsee. Unter diese Herrschaft gehören Kirch- und andre Dörfer. Man sagte mir die Anzahl; da ich sie aber nicht für richtig halte und es mir an genauerer Erkundigung fehlte, so bleibe ich im Allgemeinen.

Der Torfbau ist hier sehr beträchtlich. Auf der ganzen Fahrt sah man sehr manierlich aufgetürmte Haufen liegen. Er wird nicht bloß gesto-

Schloß Putbus

chen, sondern in Formen gemacht. Der Fleck, welchen man bearbeitet, wird erst durch Pferde ganz klein getreten, nachher in Formen geschlagen und dann getrocknet und aufgesetzt. Tausend Stück werden mit 1 Rthlr. bezahlt.

Daß Bauernweiber fahren, sieht man in der Mark auch wohl, aber hier reiten sie. Das Weib sitzt auf dem Sattelpferde und regiert ihren Vorspann, und die Mädchen reiten mit den Buben ohne Sattel um die Wette, springen auf und ab von den Pferden, als ob sie voltigieren könnten. Auf ganz Rügen ist noch Leibeigenschaft, und jedes Dorf hat seine bestimmte Anzahl Gehöfte, von denen keins an jemand anders verkauft werden kann, sondern immer in der Familie bleibt. Die Kinder bleiben bei der Herrschaft, und will ein Knecht oder Magd sich loskaufen oder ein Sohn ein Handwerk lernen und außer der Herrschaft gehn, so muß er sich, wenn das Gut königlich, bei der Kammer, und ist es adelig, bei seinem Gutsherrn loskaufen. Fünfzig bis hundert Taler wird für solches Loskaufen bezahlt.

In vielen Dörfern und Städten sind in einem Orte öfters vier Gerichtsbarkeiten, worunter dies das Besonderste ist, daß der Pfarrer des Orts auch allemal eine Anzahl Häuser unter seiner Gerichtsbarkeit hat. Man findet unter den Predigern in Rügen einige Edelleute, auch sagte mir einer von ihnen, daß sie des Vorrechts genossen, mit sechs Pferden langgespannt fahren zu dürfen.

Mein Weg ging nach Tische weiter nach Mönchgut, welches hart an der östlichen Küste der Insel Rügen liegt. Es ist ein königliches Gut, hat zwei Kirch- und zehn andre Dörfer unter sich und wird auf Zeit verpachtet. An Tracht und Manieren unterscheidet es sich merklich von den andern Distrikten. Alle Untertanen gehn hier schwarz gekleidet, mit weißen aufgeschnittenen Hemden darüber. Außer dem Feldbau treiben sie hier auch nach der Lage beträchtlichen Schiffbau, sie bauen ansehnliche Segelboote, die sie teils zur Betreibung der Fischerei, teils zur Verschiffung des Korns gebrauchen. Sie haben alle Handwerker unter sich, so daß sie an Handarbeiten nichts in den Städten auf Rügen oder in Stralsund brauchen machen zu lassen.

Eine der seltensten Gebräuche allhier ist die Art, wie die Freiwerberei getrieben wird.

Jedes Dorf hat seine Anzahl Gehöfte. Niemand darf heiraten, der nicht ein eignes Gehöft hat. Nun fällt hin und wieder eins an einen weiblichen Erben. Diese Erbin kann nun so gut werben wie ein Erbe, und dies heißt hier nach der Kunstsprache: *Jagen*. Auf folgende Art bewerkstelligt sie diese Jagd. Die Heiratslustige sucht sich unter den unverheirateten Mannspersonen eine aus, die sie zum glücklichen Besitzer ihrer Person und ihrer Güter machen will, und schickt alsdann bei Nacht und Nebel Freiwerber aus. Den Freiwerbern wird nun zur Antwort gegeben: man wolle es überlegen, bittet um Bedenkzeit, und bescheidet sie in einigen Tagen wieder, wo sie alsdann eine bestimmte Antwort erhalten. Fällt diese nun verneinend aus, wie wohl geschieht, so hüllt das begehrte Männchen den dem Mädchen gegebenen Korb hübsch in süße Worte ein, als zum Beispiel: Er habe nichts wider die werte Person, habe aber noch nicht Lust zur Heirat und sei bereits anderwärts verplempert und der gleichen mehr. Solch empfangener Korb tut der Dame dann auch weiter nichts, weder am Ruf noch am Herzen: Sie *jagt* weiter, bis sie gute Jagd macht. Trift der Fall eine Witwe, so darf solche nicht eher wieder heiraten als nach vollendetem Trauerjahr. Indessen würde aber die Wirtschaft leiden. Sie geht also zum derzeitigen Pächter der Herrschaft und sagt ihm, auf wen sie ihr noch tränendes Auge gerichtet habe. Der Herr läßt das Ziel ihrer Wünsche zu sich kommen, sondiert ihn, ob er bei der zur gehörigen Zeit angestellten Jagd der Witwe sich werde gern einfangen lassen. Verspricht er dies, so zieht der Erwählte sogleich ein und versieht die Wirtschaft und mutmaßlich auch die betrübte Witwe, um wenigstens eins der von Tränen noch trüben Augen mit hochzeitlichem Glanze zu füllen, bis beide Augen mit vollem Anstande von Hochzeitsfreuden zeugen können.

Man findet an der Küste von Mönchgut schon beträchtliche Berge, von denen man ostwärts eine sehr weite Aussicht über die See, ohne Land sehen zu können, hat; doch behauptet man, über drei Meilen könne kein Auge reichen. Diese Aussicht wird nun hin und wieder durch etwas unterbrochen, was man für ein Türmchen hält; die vorbeisegelnden Schiffe, von denen man wegen der großen Entfernung die Bewegung nicht wahrnimmt, machen mit ihren Mastbäumen diese Täuschung. Nach Süden zu sieht man Wolgast, welches drei Meilen entfernt ist. Nordwärts sieht man einige Kreidefelsen von Jasmund, in eben der Entfernung wie Wolgast, welche sich vorzüglich schön darstellen, die größten sind indes doch unsichtbar, da sie westwärts liegen, aber man hat an den nördlichen Küsten eine große Aussicht über die Meeresfläche.

Die Halbinsel Jasmund war nun heute das Ziel meiner Reise, und zwar Sagard, einem Flecken, bei welchem der dortige Prediger Herr von Willich (der auch im Preußischen einen Bruder als Major in Militärdiensten hat) einen sehr angenehm gelegenen Gesundbrunnen von neuem wieder in Anregung gebracht und auf seine Kosten und Spekulation mit sehr angenehmen Anlagen und Brunnengebäuden hat versehen lassen. Ich habe im dortigen Wirtshause oder Absteigequartier bei Herrn Steffen ein und einen halben Tag zugebracht, und so übertrieben auch sonst gewöhnlich auf jedem Brunnen die Zehrungskosten sind, so äußerst wohlfeil waren sie hier, und ich wurde noch *unter* denen vom Herrn v. Willich festgesetzten Preisen bewirtet. Betten, Speise, Zimmer, alles war gut, nur aus der übertriebenen Gesellig-

und Gefälligkeit des Wirts vermutete ich eine große Rechnung, und erhielt eine um die Hälfte weniger, als ich gedacht hatte.

Die Reise nach Stubbenkammer ist vorzüglich eine der Ursachen, warum die Insel Rügen jetzt häufig besucht wird und weshalb jetzt häufiger denn je von Gelehrten und Ungelehrten Wallfahrten dorthin angestellt werden. Dieser Ort ist ein großer steiler Kreidefelsen am Ufer der Ostsee. Einige Pfeiler von Kreide stehen ganz einzeln; der Fels ist teils mit Tannen und Buchen bewachsen, doch auch teils nackt. Hinter diesen Pfeilern findet man eine Höhle. Die Sage lautet, in der Höhle hinter den Felsen habe sonst eine Seeräuberbande ihre Wohnung gehabt, deren Anführer Klaus Störtebecker und Gödeke Michels gewesen. Hier verbargen sie ihre Beute, die sie von diesem Lauerorte den auf der Ostsee segelnden Schiffen abgenommen hatten. Im Jahre 1401 wurde die ganze Bande von den Hamburgern gefangen und 1405 daselbst 150 an der Zahl enthauptet. Bei der Hamburger Schiffergesellschaft sollen noch ihre Trinkgeschirre aufbewahrt werden.

Stubbenkammer ist von Sagard eine sehr starke Meile entfernt. Im letzteren Orte nimmt man sich einen Wagen, dessen bestimmter Preis zwanzig Gr. ist. Die Passage ist hier sehr schmal, und nur Wagen mit ganz schmalem Geleise können hier fahren, auf welchen inklusive des Fuhrmanns und des Wegweisers nur vier Personen hintereinander sitzen können. Dem Wegweiser sind acht Gr. festgesetzt.

Von Sagard aus fährt man immer allmählich bergan und kommt sehr bald in einen Wald, welcher die Stubnitz heißt, worin auf Veranstaltung des Herrn Prediger v. Willich (der noch, wie oben bewiesen worden, dafür gesorgt hat, daß Fuhrleute und Wegweiser Fremde nicht prellen dürfen) ein ziemlich guter Weg gemacht ist. Nachdem man zwei Stunden gefahren, hat man den Gipfel des Berges und den Rand des Kreidefelsens, der, vom Ufer der See angerechnet, 600 Fuß beträgt, erreicht. Dieser Gipfel ist ebenfalls ganz Waldung und mit Buchen, Tannen und anderen Hölzungen bewachsen. Von hier hatte ich nun die Aussicht über die Ostsee, und zwar in einer Weite, wie ich sie noch nicht gehabt. O was hätte ich um die Erfüllung des Wunsches gegeben, hier einen Seesturm zu sehen! Wie gefesselt stand ich vor diesem Überblick, und wie sehr gereute es mich, nicht eine Nacht

Schlaf aufgeopfert zu haben, um den Aufgang der Sonne auf dem Meere zu sehen! Etwas weiter rechts, noch etwa zwölf Fuß höher, sieht man einen einzelnen Felsenzacken aus dem Fels hervorragen, welcher der Königsstuhl heißt.

Für das Vergnügen der Besucher ist auch hier durch die Veranstaltung des Brunnenbesitzers zu Sagard gesorgt. Man findet hier oben Rasenbänke, Rasentische und eine Schaukel. Letztere Bewegungs- oder vielmehr Taumelmaschine scheint in allen hiesigen Gegenden sehr beliebt zu sein, denn man trifft sie an jedem dem Vergnügen gewidmeten Orte. Von einem etwa eine Viertelmeile vor Stubbenkammer im Wald gelegenen Hause nimmt man Gerätschaften mit sich, Kaffee zu kochen und Essen zu bereiten, Gläser, einen Tubus, ein paar Pistolen, alles Dinge, deren man sich oben bedienen kann und von denen die drei letzten notwendig sind.

Das erste Experiment, das man hier oben macht, wenn es stille ist, besteht darin, daß man einen Stein gewöhnlich so wirft, daß er zwischen zwei Pfeilern der Felsenwand durch nach dem Ufer des Meeres fällt. Da er an den hervorragenden Kreidespitzen immer leise abspringt, macht es ein angenehmes Gerassel, bis er herunterkommt. Hat sich das Auge nun hier lange genug an der schönen Aussicht geweidet, so beginnt man die Laufbahn in Begleitung eines Bechers oder Glases, den Berg herunter zu steigen. Der Besitzer des Brunnens zu Sagard hat an einer Stelle, wo der Berg nicht so steil läuft, Stufen einbauen lassen, die sich auf 600 belaufen sollen und die man nun heruntersteigt. Wenn es geregnet hat, ist der Pfad wegen des Kreidebodens etwas schlüpfrig, aber übrigens so bequem, wie dergleichen Weg nur sein kann. Auf der Hälfte des Weges, der sich immer zwischen Gesträuchen durchwindet, entspringt aus dem Berge eine Quelle, deren Wasser sehr schön und erfrischend ist. Hier labet man sich und setzt schnell den Weg weiter fort. Hat man noch einhundert Stufen zurückgelegt, so stößt man auf eine Ruhebank, und endlich kommt man ermattet unten am Meeresufer an.

Wenn man hier die steile Felsenwand aufwärts sieht, bekommt man erst einen klaren Begriff von der Höhe. Die großen Bäume, die man oben sah, haben hier das Ansehn von Sträuchern. Einige Steine, die man von oben herab für ganz unbedeutend ansah und dem Anschein

Der Herthasee – der Legende nach soll hier jährlich »ein edler Jüngling und ein edles Fäulein« ertränkt worden sein

nach auf acht Zoll und einen andern auf zwei Fuß im Umkreise schätzen konnte, fassen nun bequem neun und 24 stehende Personen.

Hier kann man nun unten das Ufer auf einem Steinauswurf des Meeres umgehen, welches unaufhörlich gegen die Brandung braust und schäumt; man sieht, wie eine Welle die andere verschlingt und, je nachdem der Wind stark oder schwach ist, die darin liegenden großen Steine überspült oder sich daran zerschlägt. Mineralisten würden hier für ihr Kabinett wohl seltene Versteinerungen finden. Der Anblick des Meeres von unten dicht am Ufer ist fürchterlich, so wie er oben großartig ist. Hier unten hört man das Tosen, oben sieht man nur die Bewegung und das Wogen der Schiffe. Wenn der Wind südwest weht, so kann man hier sehr angenehm die ganze Küste umfahren; in dem Fall kann man einen anderen Weg nehmen, dort landen und so nach Sagard zurückkehren, und dann erspart man den eingehauenen Stufenweg.

Will man aber eine große Schwierigkeit überwinden, aber auch dabei sein Leben in Gefahr setzen, so klimmt man den Kreideberg hinan, der um so gefährlicher zu besteigen ist, da die Kreidestücken losbrechen, und wer unglücklich ist, sieht nichts vor sich als den Tod in den Wellen, oder ihm geschieht, stückweise am Felsen hängenzubleiben. Herr Oberkonsistorialrat Zöllner und Herr Doktor Kosegarten haben diesen gefährlichen Spaziergang gewagt und glücklich beendigt, welchen letzterer in seiner Ode, die diese Gegen sehr malerisch beschreibt, auch gedenkt.

Beide versichern indessen, ein zweites Mal es nicht zu versuchen. Herr Doktor Kosegarten, der seinen Namen auch oben in eine Buche geschnitten hat, versicherte mir, es vier Wochen in seiner Brust gefühlt zu haben. Manchen anderen, deren Wille größer war als ihre Kräfte, hat man von oben mit Stricken zu Hilfe kommen müssen, da alle Kräfte sie verließen und sie sich nur an einen in der Angst ergriffenen Baumast zu halten vermochten. Außerdem versehen sich die Steiger zur Vorsicht mit einem Jagdmesser, stoßen dies bis an den Heft in die Kreide und halten sich, um neue Kräfte zu sammeln, am Heft. Meine starke Furchtsamkeit liebte nun die Sicherheit, und ich stieg die Stufen herauf; diese unbequeme Bequemlichkeit wurde mir indes doch, da es geregnet hatte, sauer genug, und ich versichere, ganz erschöpft und triefend naß gewesen zu sein, da ich die Oberfläche erreicht hatte.

Jetzt machte ich von den nützlichen Einrichtungen oben Gebrauch, setzte mich, in meinen Mantel geschlagen, auf die Schaukel, und unter ganz sanftem Wiegen genoß ich ein Frühstück, welches nach pommerscher Art mit einem Schnaps begann. Nach dessen Genuß nickte ich ein, welche Zeit mein Kutscher benutzte, das noch größere Wagestück zu bestehn, die Felsenwand von oben hinunter zu klettern. Es war mir sehr lieb, daß ich nichts davon wußte, und noch lieber, daß es gut abging; denn sein Arm- oder Beinbruch würde mich für meine ganze übrige Reise in große Verlegenheit gesetzt haben.

Es fehlte mir noch der Anblick von oben herunter, unten am Ufer Menschen zu sehen. Jetzt ging eine Gesellschaft hinab. Ich suchte sie lange mit bloßem Auge, endlich entdeckte ich sie mit dem Glase, und es waren Püppchen, die mir, höchstens zwei Zoll lang, unten am Ufer umherzukriechen schienen.

Jetzt war noch die Hertha-Burg zu besehen. Dies ist ein dunkles rundes Tal, welches mit einem 40 Fuß hohem Wall umgeben ist. Dieses Tal soll der Opferhain gewesen sein, und auf dem Wall ist der Opferumgang gehalten worden. Neben dem Wall ist ein runder See; über selbigen soll eine Brücke gegangen und in diesem See jährlich ein edler Jüngling und ein edles Fräulein der Hertha zu Ehren ertränkt worden sein, falls die Geschichte wahr ist, über diese schwarze Tat – unglaublich zu sagen – sind noch bis auf den heutigen Tag alle Fische dieses Sees schwarz, und er wird auch der Schwarze See genannt. Dieser See ist in der Stubnitz das einzige Wasser. Um Aegidii versammeln sich daher hier die Hirsche mit den Hindinnen und bedienen sich desselben zur Abkühlung und Erfrischung nach genossenem und ausgelassenem Liebesdrange. Es ist auch noch ein Opferstein und eine Schale hier, welche die gemeinen Leute den Pfennigkasten nennen. Auf dem Wall um den Hain befindet sich an einer Stelle ein Echo. Dieserhalb versieht man sich bei obengenanntem Hause mit Pistolen, die man hier losbrennt. Das Echo ist aber nicht beträchtlich, denn es widerhallt zwar sehr gut, doch nur einmal.

Auf meinem Rückweg nach Sagard sah ich in der Ferne Stralsund und Greifswald liegen. Letzteres war zehn bis zwölf Meilen von hier entfernt.

In Sagard wurde mir das Stammbuch von Stubbenkammer zugestellt, um meinen Namen einzuzeichnen und einen beliebigen Beitrag zur Verschönerung desselben zu leisten. Für diese Beiträge sind nun alle die Gerätschaften und Verbesserungen angeschafft worden, die ich oben erwähnt habe, und man findet darin auch Rechnung darüber abgelegt, wie sie verwandt worden sind. Die Ode Kosegartens, worin er Stubbenkammer besingt, macht dort den Anfang des Buchs. Dann folgen alle Namen derer, die von Sagard aus Stubbenkammer besucht haben. Hinten findet man eine Nachricht der ganzen Brunneneinrichtung zu Sagard. Den übrigen Teil des Tages brachte ich mit der Brunnengesellschaft in der Brunnenkoppel sehr angenehm mit Forellenfischen, Schaukeln, verschiedenen Spielen im Freien und dem Versuchen einer neuen guten Orgel vom Orgelbauer Rindten in dortiger Kirche zu.

Die Burgherrin Hertha

Zwei Meilen von Sagard, auf einem Weg, der meist immer den Seestrand lang läuft, liegt Altenkirchen, der Wohnsitz des Dichters Kosegarten. Daß ich mich schon im voraus darauf freute, ihn kennenzulernen, versteht sich. Meine Idee aber war nur hierzu eine Stunde zu verwenden, um einem immer beschäftigtem Manne nichts von seiner kostbaren Zeit zu rauben; aber ich fand einen so angenehmen Gesellschafter und so liebenswürdigen Mann an ihm, daß ich beinahe einen ganzen Tag bei ihm zubrachte. Sein Wohnsitz liegt so angenehm als seine Stelle einträglich ist, welches im ganzen alle Predigerstellen in Rügen und vorzüglich auf Wittow sind, denn die Prediger haben beträchtlichen Acker und dieser ist ganz Weizenland.

Herr Dr. Kosegarten besitzt eine schöne Kupferstichsammlung, liebt Musik, und daß er eine ausgesuchte Bibliothek hat, verdient kaum Erwähnung. Übrigens müssen seine Pfarrkinder sehr aufgeklärt sein, denn er war im Zopf und trug sein eigen Haar. Es tat mir sehr leid, daß ich ihn nicht habe predigen hören, denn er soll ein Muster von Beredsamkeit sein. Wir hatten nachmittags eine Reise nach der Küste vor, wo ehedem Arkona gelegen hat, die Besuche einiger preußischer Herren Offiziere aber hinderten uns daran. In der Ferne hatte ich den Platz, wo Arkona gestanden hat, schon verschiedene Male liegen sehn. Übrigens versicherte mich Herr Dr. Kosegarten, daß ich im ganzen nichts verlöre und nur die Idee, gerade an der äußersten Spitze Deutschlands zu sein, die Reise interessant machte. Aussichten hätte ich schon bessere als dort genossen.

In Vorhofe der Kirche zu Altenkirchen findet man noch einen der alten, sonst dort verehrten Götzen eingemauert: den Swantevit.

Der Haupttempel Swantevits stand auf Wittow zu Arkona. Im Jahr 1168 eroberte und zerstörte der dänische König Woldemar I. diese Stadt und den Götzentempel.

Dieser Gott Swantevit wurde als ein mächtiger Sieger und Prophet verehrt. Seine Bildsäule war in kolossaler Größe mit vier Köpfen, zwei vorwärts und zwei rückwärts, abgebildet, deren Gesichter den Ausdruck tiefer Überlegung hatten. In der Hand hatte er ein Horn, welches der Priester jährlich mit Wein anfüllte und aus dessen Beschaffenheit die Fruchtbarkeit oder Unfruchtbarkeit des folgenden Jahres weissagte. Die linke Hand des Götzenbildes war in die Seite gestemmt.

Mit den Füßen steckte er in der Erde, und um den Leib hatte er ein kurzes, aus Holz geschnitztes, dem Leibe genau anpassendes Kleid. Ihm wurde ein weißes Pferd gehalten, welches des Nachts, *nach Aussage der Priester*, von ihm geritten wurde; dies wurde des Morgens von Schweiß und Staub bedeckt dem Volke gezeigt. Das Pferd wurde noch zum Weissagen bei bevorstehenden Kriegen oder Seeräuberzügen gebraucht. Es mußte über eine dreifache Reihe kreuzweis in die Erde gesteckter Spieße schreiten. Trat es mit dem rechten Fuß zuerst hinüber, so geriet die Unternehmung, war es umgekehrt, unterblieb sie. Die Priester werden das Pferd indessen wohl in einer guten Manege gehabt haben, um links oder rechts nach ihrem Willen anzutreten.

Wittow hat keinen Berg, keinen Brennholzbaum, da hingegen das nah gelegne Jasmund durch die Stubnitz ganz Wittow mit Brennholz versieht.

Diese Stubnitz ist die Holzkammer von Jasmund und Wittow, und wahrscheinlich, damit diese nicht einmal an Holz Mangel leiden, soll ein Gesetz die Ausfuhr des Brennholzes aus diesen Halbinseln verbieten. Ganz Rügenland besteht aus Halbinseln, bis auf noch zwei kleine Inseln Hiddensee und Ummanz, die ich aber nicht besucht habe. Auf Hiddensee soll auch der auf Mönchgut sich befindliche *Heiratsgebrauch: das Jagen,* stattfinden, und von Ummanz erzählt man das Märlein, daß sich dort keine Ratten und Mäuse befinden, und wenn man solche hinbringt, sie entweder umkommen oder sogleich zu Wasser einen Rückweg suchen. Andere Örter, die ihre Kornböden und Scheunen vor diesem Ungeziefer bewahren wollen, nehmen Erde von Ummanz mit.

Die Halbinseln auf Rügen werden nun mit Fähren erreicht, bei denen aber die Anstalten nicht die besten sind. Man kann nicht, wie bei der Stralsundschen Fähre, von einer Brücke in das Boot kommen, sondern man muß von beiden Seiten eine große Strecke im Wasser fahren. Die Pferde müssen mit Mühe ins Boot setzen, und die Wagen leiden sehr. Es wäre wohl zu wünschen, daß in dem Fall bessere Anstalten gemacht würden. Die Fähren auf der Elbe können deshalb zum Muster dienen. Der Preis mit Wagen und Pferden ist 16 Schilling oder acht Gr. schwer Geld für die Überfahrt. Viele Küstenbewohner Rügens sind auch Lotsen und geleiten die aus Rußland, Schweden, Dänemark kommenden Schiffe durch das Binnenwasser nach Stralsund.

Die beste Stadt auf Rügen, Bergen, habe ich nicht gesehen, ich mußte sie umfahren. Bei dieser liegt noch ein hoher Berg, der Rugard, von dem man ganz Rügen übersehen kann, und es soll ein herrlicher Anblick sein. Aber auch diesen habe ich nicht bestiegen. Die äußerst angenehme Aufnahme, Gastfreundschaft und Bereitwilligkeit, mir Vergnügen zu machen, die ich allerorten fand, hatte mir schon drei, doch für mich höchst angenehme Tage in Rügen mehr gekostet, als ich für diese Insel bestimmt hatte, und ich bestieg die Fähre nach Stralsund mit dem Gefühl der angenehmsten Rückerinnerung alles genossenen Vergnügens auf Rügen.

Alfred Haas

Das älteste Rügensche Bad

Das älteste Bad Rügens ist merkwürdigerweise keins der großen Seebäder, wie sie sich an der Südost- und Ostküste entlang von Putbus und Thiessow bis Lohme hinauf erstrecken, sondern ein Mineralbad, der sogenannte Sagarder Gesundbrunnen. In der Brunnenaue zu Sagard, die auch Pfarrkoppel heißt, fließt noch heute ein Bächlein, das aus zwei Armen, der Middelbäk und Schlonerbäk, entsteht, sich an der Nordwestseite des Ortes in ziemlicher Tiefe hinwendet und sich in den nahe gelegenen Jasmunder Bodden ergießt. Das Wasser dieses Baches, welches sich auf Grund chemischer Untersuchung als stark eisenhaltig erwiesen hat, wurde vordem zu Heilzwecken benutzt.

Nach einer etwas unbestimmt lautenden Nachricht in den »Beiträgen zur Kunde Pommerns« sollen schon im XVII. und besonders im XVIII. Jahrhundert bis zum Beginn des Siebenjährigen Krieges Badegäste in Sagard geweilt haben; doch ist diese Nachricht, wie es scheint, unrichtig, da alle anderen Berichterstatter übereinstimmen, daß die Quelle erst in den fünfziger und sechziger Jahren des vorigen Jahrhunderts bis über das Ende des Siebenjährigen Krieges hinaus benutzt worden sei. Um das Jahr 1750 fingen mehrere Familien an, sich des Bades wegen einen Teil des Sommers in Sagard aufzuhalten, und es fanden sich bisweilen dreißig bis vierzig Personen zugleich ein. Da aber weder für gehörige Badeanstalten noch für Bequemlichkeit des Aufenthalts und Vergnügungen gesorgt war, so verlor sich der Zufluß der Fremden allmählich wieder und hörte um das Jahr 1765 fast ganz auf.

So war die Quelle allmählich in Vergessenheit geraten, bis im Jahre 1794 der damalige Sagarder Pastor Heinrich Christoph von Willich die ehemalige Heilquelle wiederherstellte, indem er die Brunnenaue, welche zur Pfarre gehörte, vollständig ausbaute. Die neue Anlage nannte sich »Brunnen-, Bade- und Vergnügungsanstalt«.

Karl Nernst schreibt: »Nach Aussage des Herrn von Willich und anderer einheimischer Chemiker soll diese Quelle besonders viel Luftsäure (Kohlensäure?) und in Luftsäure aufgelöste Eisenteile, dann auch absorbierende Erden, besonders Kalk und Bittersalz-Erden, desgleichen salzgesäuerte Mittelsalze enthalten. Wenigstens ist es das Resultat ihrer Untersuchungen, ihrer an der Quelle angestellten chemischen Operationen.« Die Resultate dieser Untersuchungen scheinen aber schon bei den Zeitgenossen einiges Mißtrauen erregt zu haben.

Zwei Besucher des Sagarder Brunnens, welche in den Jahren 1795 resp. 1797 dort weilten, schildern das Bad und den Aufenthalt in Sagard etwa folgendermaßen:

Mitten in der Pfarrkoppel, und zwar einige hundert Schritte von dem Flecken entfernt, quillt der Brunnen und bewässert die romantische Gegend mit silberreinen Bächen. Über der Quelle selbst ist ein hohes, turmartiges Gebäude aufgeführt, und nicht weit davon steht das Badehaus. Der Haupteingang zu letzterem Gebäude führt in einen Saal, der zum Versammlungsorte der Badenden bestimmt ist und nachmittags zugleich zur gemeinschaftlichen Belustigung der Brunnengäste dient. Zum Hintergrunde des Gebäudes ist ein Sturzbad und zur Seite desselben ein Zimmer zu warmen Bädern eingerichtet. Die rechte Seite des Hauses enthält zwei voneinander abgesonderte steinerne Bäder, die mit den nötigen Bequemlichkeiten versehen sind und nach Gefallen zu warmen und kalten Bädern gebraucht werden können, auch zum Spritz-, Tropf-, Knie- oder Fußbade.

Um das Gebäude her wechseln offene und dichte Lauben, gemeinschaftliche und einsame Sitze an freien oder schattigen Stellen, eingeschlossene und offene Plätze miteinander ab. Der kleine Bach – der übrigens vordem und auch um die Wende dieses Jahrhunderts noch durch seine Forellenfischerei berühmt war – ergötzt hier durch seine hohen Ufer, dort durch kleine Wasserfälle und an anderen Stellen durch sein sanftes Rieseln zwischen den geschlängelten Einschnitten der Wiese. Ungemein anmutig sind die beiden Spaziergänge längs der Südostseite der Brunnenaue, von denen der eine unten, der andere höher an der Berglehne fortläuft. Überall nimmt man wahr, daß Kunst und menschlicher Fleiß der Natur hilfreich Hand geleistet haben.

An Ergötzlichkeiten anderer Art, als da sind Karussell, Kegelbahn,

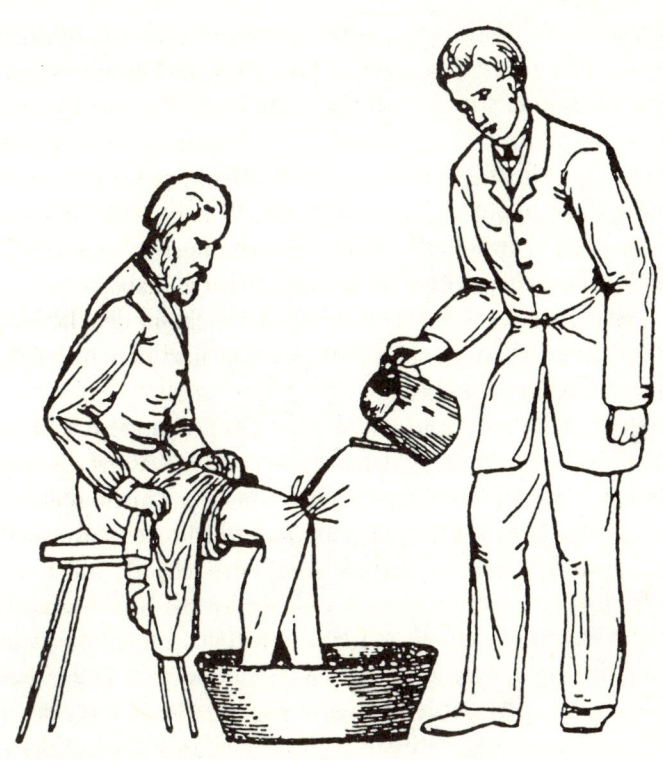

Kniegluß nach Sebastian Kneipp

Spieltische, Fortuna, Schaukel, Wippen, Scheiben, Musik und Tanz, fehlt es auch nicht, und in dem Pfarrhause ist ein großes Zimmer und ein Kabinett zweimal in der Woche zu gesellschaftlichen Zusammenkünften geöffnet. Zu weiteren Spaziergängen und Fahrten bietet die schöne Landschaft umher die reichhaltigste Gelegenheit. Auch ist man so glücklich gewesen, bisher noch immer besonders geschickte Musiker erhalten zu haben, wenngleich die versprochenen Konzerte wohl für immer nur die pia desideria eines wohlwollenden Direktoriums bleiben dürften. (Es scheint also, als wenn die Musiker nur Tanzmusik geliefert haben.)

Zum Unterbringen der Gäste diente in erster Linie ein ansehnlicher

Gasthof, »das Lindenhaus«. Dieses Gebäude enthielt verschiedene Kabinette oben und unten und wurde um 1800 durch den Anbau eines Billardzimmers und eines Tanzsaales von 37 Fuß Länge nebst zwei großen Vorzimmern erweitert. Außerdem fanden die Fremden in den Privathäusern des Fleckens hinlänglich Gelegenheit zu vorübergehendem Aufenthalte. Herr Pastor von Willich hatte deshalb mit den Hauseigentümern Verabredungen getroffen, welche die denkbar größte Bequemlichkeit bei den billigsten Preisen bezweckten. Freilich unsere Generation, deren Augen an die mit allem Komfort eingerichteten Prachtgebäude von Saßnitz-Crampas, Binz und Göhren gewöhnt sind, möchte jene Wohnungen etwas primitiv gefunden haben. Aber das vorige Jahrhundert war noch nicht so anspruchsvoll wie die Jetztzeit, und so mochten denn selbst hochansehnliche Persönlichkeiten, die zur Badezeit mit Viergespann und Vorreiter in Sagard einrückten – wie ältere Leute noch jetzt zu erzählen wissen –, sich dort ganz heimisch und wohl fühlen.

Wie lange das Sagarder Mineralbad mit seinen Badeeinrichtungen bestanden hat, läßt sich nicht genau angeben. Im ersten Jahrzehnt dieses Jahrhunderts wurde es jedenfalls noch immer leidlich gut besucht. Damals weilte Schleiermacher wiederholt als Badegast in Sagard. Hier verlobte er sich im Juni 1808 »auf der Bank in der Brunnenaue« mit Henriette von Willich geb. von Mühlenfels, der Witwe seines Freundes Ehrenfried Theodor von Willich.

Nach dem ersten Jahrzehnt dieses Jahrhunderts scheint der Besuch des Bades schnell nachgelassen zu haben, und während der Jahre 1813–1815 hörte er ganz auf. Bald darauf wurde das Seebad Putbus begründet, und als dieses gleich in den ersten Jahren sich eines lebhaften Zuspruches zu erfreuen hatte, geriet das Mineralbad in Sagard in Vergessenheit.

Johann Jacob Grümbke

Streifzüge durch das Rügenland

Bergen, den 10. August

Am Morgen machte ich eine Promenade nach Altenkirchen, das nur einige hundert Schritte von Lankensburg gelegen ist und wohin eine schnurgerade mit jungen italienischen oder kanadischen Pappeln besetzte Allee führt, um dem Doktor und jetzigen Konsistorialrat Kosegarten einen Besuch zu machen.

    Berühmte Männer und besonders Gelehrte haben oft etwas Kaltes und Abstoßendes, so daß der Fremde, der sie von Angesicht kennenlernen will, wegen der ungünstigen Aufnahme, die er bei ihnen fand, sie unbefriedigt und mit getäuschter Erwartung verläßt, wie Du wohl selber weißt. Hier erfuhr ich das Gegenteil. Ein langer Mann von mittleren Jahren, mit blassem Antlitz, schwarzem, feurigem Auge und dunklem, abgeschnittenem Haar hieß mich so gütig, und ich kann wohl sagen, herzlich willkommen, daß mir in seiner Nähe gleich wohl ums Herz ward, und die Humanität seines Betragens sowie seine geistreiche und herzgewinnende Unterhaltung vertilgten auch den kleinsten Rest einer gewissen Furchtsamkeit, die ich von Lankensburg mit hergetragen hatte. – Kosegarten spricht schnell, mit Energie, in gewählten Ausdrücken, und schon sein Äußeres verrät die Genialität seines Geistes, der einen großen Teil seiner Bildung sich selbst verdankt.

    Sein Studierzimmer ist der Sitz der Eleganz und Reinlichkeit, und dies ist auch so in der Ordnung, sintemal die Musen und Grazien ja das Schöne nur lieben, obgleich sie sich in den Wohnungen ihrer Befreundeten nicht gar selten Unordnung und Unsauberkeit gefallen lassen müssen. Daß in diesem Museum eine auserlesene Büchersammlung in allen Fächern der Gelehrsamkeit alter und neuerer Nationen den größten Raum einnimmt und täglich benutzt wird, darf ich wohl kaum erwähnen. Als Busenfreund der Musen liebt er auch die übrigen schönen Künste (in seiner Jugend hat er die Flöte geblasen, sie aber wegen seiner schwachen Brust aufgegeben), und in dem Wohnzimmer fand ich Harfe und Klavier, für welches letztere viele seiner Lieder, besonders glücklich von Zumsteg, komponiert sind.

Als ein warmer Verehrer der plastischen Künste besitzt er einen wahren Schatz von Zeichnungen und Kupferwerken, mit deren einigen er seine Zimmer dekoriert hat, andere aber, und zwar die größeren und selteneren Blätter, in Mappen aufbewahrt. Unter den Kupfern nimmt eine vollständige Sammlung von Raffaels sogenannten Logen und Stanzen den ersten Platz ein. Hieran schließen sich andere treffliche Werke der Kunst von Deutschen und Ausländern, zum Beispiel die vorzüglichsten Blätter der Chalkographischen Gesellschaft in Dessau, die besten Landschaften von Hackert ... Dazu gesellt sich eine niedliche Sammlung kleiner Kupferstiche und Vignetten aus deutschen belletristischen Werken. Unter den Zeichnungen haben drei oder vier mit ebenso viel Geist als Fleiß ausgeführte Ansichten von Arkona und Stubbenkammer – Werke eines jungen Künstlers aus Greifswald namens Friedrich – einen entschiedenen Vorrang. Eine hübsche, doch mehr seinen Kindern zum Gebrauch bestimmte Camera clara und obscura rechne ich noch zu diesen Kunstwerken.

So lebt er täglich im Anschauen und Genuß des Geistig-Schönen, Großen und Edlen, und daß diese Kalokagathie auf das Gemüt, auf die ganze Denk- und Handlungsweise dieses schon von der Natur mit vieler Geisteskraft und einer reichen Phantasie ausgerüsteten Mannes einen mächtigen Einfluß haben müsse, ist nicht zu verkennen. Dennoch besitzt er die für das Dichtergenie gewiß sehr schwere Kunst, sich herabzulassen. Obgleich ein geborener Mecklenburger, hegt er doch eine entschiedene Vorliebe für Rügen, das er sehr genau kennt und nun seit länger als zwölf Jahren bewohnt. Er empfahl meiner Aufmerksamkeit vornehmlich einige Gegenden von Mönchgut und der Putbusser Herrschaft.

Übrigens ist er ein fleißiger, arbeitsamer Gelehrter, ein liebreicher Vater, ein uneigennütziger Freund, ein rechtschaffener Seelsorger seiner Gemeinde und ein in hohem Grade wohltätiger Mann. Mit Recht besitzt er daher seine Pfründe, die für die einträglichste im ganzen Land gehalten wird.

Dies sind ungefähr die Hauptzüge von dem Bild des Mannes, der, wie ich höre, eine Zeitlang auf Rügen wie im Pommerland so sehr getadelt und verkleinert worden ist. Doch haben nicht beinahe alle Männer von Ruhm und Verdienst dies Schicksal, das der göttliche Rousseau den Fluch der Zelebrität nennt? ...

Altenkirchen ist ein wohlgebautes Dorf von etwa 50 Häusern, die meistens mit Stroh gedeckt sind, und 250 Einwohnern. Es wird auch wohl ein Marktflecken genannt, da hier jährlich einmal ein kleiner Jahrmarkt gehalten wird. Ob es seinen Namen von der alten Kirche habe, die hier nach Zerstörung des Swantevit-Tempels zuerst von dem dänischen Bischof Absalon aufgeführt sein soll, wage ich nicht zu entscheiden. Diese Kirche, welche auf einer geringen Anhöhe liegt, ist nur klein und hat, gleich der Wiecker, nur einen hölzernen Glockenturm. Ihr Inneres enthält keine Merkwürdigkeiten außer einer niedlichen, im Ton aber etwas schwachen Orgel, welche der Konsistorialrat Kosegarten vor wenigen Jahren von Herrn Rellstab in Berlin gekauft und durch den Orgelbauer Kindt hat reparieren oder eigentlich nur zusammensetzen und etwas erweitern lassen.

Nachmittags ward eine Fahrt nach dem Fischerdorf Vitt gemacht, welches von Altenkirchen eine dreiviertel Meile und von Arkona eine Viertelstunde entfernt ist. Wir nahmen den Weg durch das Land und gelangten endlich an den Rand einer Schlucht, welche in sanfter Abdachung perspektivisch bis an den Strand ausläuft, wo ein Teil des Tromper Meerbusens und der jasmundischen Ufer durchblickt. In der Mündung dieser Vertiefung ruhen in stiller Verborgenheit etliche Fischerhütten, dem Auge des Spähers entzogen durch die zu beiden Seiten sich hinanziehenden grünen Höhen, die gegen das Ungestüm der Winde das Dörflein schützen.

Vor demselben liegt ein schmales, abhängiges, begrastes Tal, und dies ist der Platz, wo einem alten Herkommen zufolge das Wort des Herrn in den auf Wittow und Rügen bekannten Uferpredigten verkündigt wird. Bei schlechtem Wetter versammelt sich aber die Gemeinde in einer Scheune. Der Predigten sind überhaupt acht, welche während der ganzen Ernte abwechselnd vom Konsistorialrat Kosegarten und dessen Diakonus, und zwar immer am Sonntagnachmittag, gehalten werden. Nach geendigtem Gottesdienst wird der Prediger mit einem Mahl bewirtet, das hauptsächlich aus Fischen mancherlei Art besteht, die auf verschiedene Weise gesotten und gebraten sind, und diese Beköstigung lassen sich die Familien des Dorfs umgehn. Schade, daß ich nicht einen Sonntag später kam, wo die erste Uferpredigt beginnen sollte, ich hätte Dir dann ein Detail dieser einfachen, prunklosen Gottesverehrung liefern können.

Wir traten an den Tromper Golf. Auch hier ist ein Lager von unzähligen großen und kleinen Steinen, mit Haffsand (grobem Seesand) vermischt. Soeben begann die Flut anzuschwellen, mit jeder Minute ward das Meer lebendiger und die Brandung lauter, indem die letzten Wogen eine Menge abgerundeter Kiesel gegen den Strand aufschleuderten und wieder mit sich zurückrissen. Ein erhabenes Seitenperspektiv bildete hier zur Linken das vorspringende grüne Ufer mit dem weißen Kap von Arkona, welches ruhig auf des Meeres Wallungen hinabblickte. So steht ein Held mit silberweißem Haar und frischem Jünglingsmut fest auf dem Kampfplatz und spricht der Gefahr Hohn, die ihn ringsum bedroht!

Nachdem wir eine Weile den geschäftigen Fischern zugesehen hatten, die, von einem Zuge zurückgekommen, ihre Boote auf den Strand zogen, die Netze zum Trocknen ausbreiteten und ihre Fische aussonderten, unter denen sich eine große Makrele befand, die sie dem Konsistorialrat oder, wie sie sagten, ihrem Doktor bestimmten, wanderten wir den Strand entlang, um noch einmal von Arkonas Scheitel das fischwimmelnde Meer zu begrüßen, und fuhren dann den Weg auf dem östlichen Ufer zurück. Zum zweitenmal, und jetzt ein wenig genauer, betrachteten wir das Hünengrab bei Nobbin und verweilten dann noch eine Zeitlang an der großen Liete. Das Ufer nämlich, das hier teils nackt, aus Lehm und Sand gemischt, teils mit einer Narbe von kurzem Gras bedeckt ist, worauf allenthalben die Schwalbenwurz (Asclepias vincetoxicum) in unzählbarer Menge steht, bildet an mehreren Stellen tiefe Einschnitte, und diese Klüfte werden auf Wittow »Lieten« genannt. Als wir Lankensburg erreichten, war leise schon der Tag in die Umarmung der Dämmerung gesunken.

Mit Anbeginn des folgenden Morgens rüstete ich mich zur Abreise.

Hünengrab bei Nobbin

Zwei Wege nach Rügen lagen vor mir, von denen der eine durch Wieck nach der großen, der andere nach der kleinen Fähre quer durch das Land führt. Ich wählte den letzteren nicht nur als den kürzeren, sondern für mich auch interessanteren, weil er mir einen ganz neuen Teil Rügens zeigte, ward von Freund Arndt bis hinter Altenkirchen begleitet und, um nicht die rechte Bahn zu verfehlen, mit einem Geleitsmann versehen. Nach einem herzlichen Abschied setzte ich meinen Weg rasch fort, ließ das Fischerdorf Breege links und die Höfe Lobkevitz und Schwantevitz rechts und kam durch das Dörfchen Steinkoppel, von wo ein Fußsteig über eine etwas sumpfige Weide nach dem Fischerdorf Kammin führt, welches an dem Binnenwasser liegt, worüber die Fähre geht.

Doch bevor ich Wittow verlasse, muß ich Dir noch im allgemeinen etwas über dieses Land sagen. Die Halbinsel Wittow, der nördlichste Teil Rügens, ist etwa zweieinhalb Meilen lang, höchstens anderthalb

Meilen breit und enthält an fünf Meilen im Umkreis. Sie dehnt sich von Südwest nach Nordost aus und ist ein ziemlich über das Meer erhobenes, aber sonst ganz flaches Land, das nur nach Arkona hin steigt. Ihre Gestalt gleicht einem an zwei Seilen befestigten Kahn oder vielmehr einem auf dem Wasser ruhenden grünen Blatt, das von zwei schwachen Ranken oder Armen gehalten wird. Der eine dieser Arme, eine magere öde Sandsteppe, führt den Namen der Wittower Schmalen Heide und klammert, indem er sich um das Meer krümmt, mit dürrer Hand sich fest an das blühende Jasmund; der andere, nicht minder sandig, doch etwas Grasung enthaltend, taucht seine Spitze gegen Hiddensee in das Meer, an dessen Grund er gefesselt ist, und wird der Bug genannt. Auf seiner Spitze, wo die nach Schweden abgehenden Post- und Paketjachten zuweilen anzulegen pflegen, wohnt ein Posthausinspektor, der aber mit seiner Familie und dem Gesinde nach Hiddensee eingepfarrt ist. Sonst ist dieser durch Schiffbrüche in üblen Ruf gekommene Bug unbewohnt und dient den Wittowern nur zur Viehweide, die solche vormals für neun Schilling auf das Jahr genossen, jetzt aber 24 Schilling dafür bezahlen.

Weiden und Wiesen gibt es auf der Halbinsel überhaupt wenig, daher es auch an Gras und Heu mangelt. Nur hin und wieder am Strand wie auch vor Wieck und um Altenkirchen trifft man einen einzelnen Anger an, wo Rindvieh grast oder ein Pferd im Tüder steht, doch wird seit einigen Jahren auf mehreren Gütern Kleeheu geworben, auch sät man Wicken, die zum grünen Futter dienen.

Die meisten Besitzungen auf Wittow gehören Adeligen, doch hat das Domanium hier auch einige Güter, und sieben Höfe und Dörfer, die sämtlich verpachtet sind, gehören dem St. Annen- und Brigittenkloster in Stralsund und stehen daher unter dem Stralsunder Kommissariat. Das ganze Land enthält etwa 3000 Einwohner, die in zwei Kaspeln (Kirchspielen) eingepfarrt sind und unter denen sich die Leibeigenen zu den Freien fast wie 100 zu 1 verhalten. Die ersteren sind zu den landesüblichen Frondiensten verpflichtet, doch nehmen die jungen Leute, wenn sie von ihrer Grundherrschaft Erlaubnis erhalten, auch oft Matrosendienste, wozu das Beispiel ihrer Freunde, der Fischfang und die Schutenfahrt und überhaupt die Nähe des Meeres sie häufig reizen, und mancher hat auf diese Weise sein Glück gemacht.

Auffallende Eigenheiten habe ich an dem Landvolk nicht bemerkt. Der größere Verkehr untereinander, die Reisen nach den Städten, der Zusammenhang mit Jasmund, freundschaftliche oder verwandtschaftliche Verbindungen auf Rügen, Besuche von Fremden und so weiter haben dies Völkchen ungleich mehr humanisiert, als ihre Hiddenseer Nachbarn es sind.

Die Kamminsche Fähre verließ ich um sieben Uhr. Sie ist etwa halb so breit wie die stralsundische Meerenge, stellenweise sehr seicht, weniger im Gange als die große Fähre, und die Anstalten sind auch schlecht, wenigstens ist an Bequemlichkeit nicht zu denken. Ein kleines Boot, das nach Beschaffenheit des Windes bald segelt, bald rudert, wird hier von einem Mann regiert, und daher geht es ein wenig langsam. Die Überfahrt meiner geringen Person dauerte beinahe eine Stunde, doch konnte dies auch wohl eine Folge meines Begehrens sein, indem ich mich nicht da, wo sonst der gewöhnliche Landungsplatz ist, sondern gleich bei dem schräg gegenüberliegenden Dorf Vieregge ansetzen ließ. Der Fährmann ist zugleich der Postbote des Wittower Landes und geht wöchentlich einmal nach Bergen, um Briefe zu bringen und zu holen, doch ist dies, gleich wie seine Fähreinrichtung, nur ein Privatunternehmen.

Bergen, den 18. August

Wie ich hier die Zeit ausfülle? Mein Tun und Treiben ist ein immerwährendes Umherschwärmen in der lieblichen Gegend, wenn ich nicht durch gastfreundschaftliche Einladungen davon abgehalten werde oder die in der Stadt gemachten Bekanntschaften durch Besuche erneuere. Vorzüglich interessant ist mir dann das Haus des Leibmedikus Dr. von Willich, eines ebenso aufgeklärten, erfahrenen und auch in der gelehrten Welt bekannten Arztes wie humanen, gastfreien und dienstfertigen Mannes, welcher zugleich Stadt-Medikus, Provinzial- und Amtsphysikus, Direktor des Lazaretts, Arzt bei der Brunnenanstalt zu Sagard und Assessor des Gesundheitskollegiums zu Greifswald ist. Hierher gehe ich oft und finde immer aufgeweckte und belehrende Unterhaltung. So habe ich bei ihm außer mehreren botanischen und mineralogischen Merkwürdigkeiten eine sonderbare in Weingeist aufbewahrte Mißgeburt gesehen, von welcher er vor mehreren Jahren eine hiesige Frau entbunden hat. Es ist eigentlich ein zusammengewachsenes Zwillingspaar weiblichen Geschlechts mit zwei Köpfen, drei Armen, von denen der dritte, zwischen beiden Köpfen befindliche zehn Finger hat, und zwei Füßen an einem Rumpf. Das Monströse dieser Frucht zeigt sich am auffallendsten in der Art der Verbindung beider Hälften.

Nachmittags und abends besuche ich gewöhnlich einige Gärten oder lustwandle im Raddas, einem die Stadt im Nordwesten begrenzenden, aus Unterholz und Gestrüpp bestehenden hügelreichen Hain, durchirre den Nesselgrund, ein schmal durchrissenes, von sanften Höhen eingeengtes, geheimes Tal, lagere mich im Schatten der Graskammer oder senke mich hinab bis an die Ufer des Nonnensees, welcher gewöhnlich das Ziel meiner Promenade ist. Ein andermal tummle ich mich auf einer anderen Seite herum, verliere mich in der Borchow oder streife bis zur Lawenitzer Quelle, steige dann die öden Heideberge hinan und ruhe aus auf dem Rugard.

Dieser Hochaltar des Landes ist allein schon würdig, daß Reisende auf ihm der Natur ein Opfer bringen, die einen Kreis von Reizen um ihn her geschaffen hat. Er ist wohl der höchste Berg auf dem eigentlichen Rügen, und da er in dessen Mittelpunkt liegt, kann man keinen besseren Stand finden, um nach allen Richtungen hin die eigentümlichen Herrlichkeiten zu übersehen, womit die Insel ausgestattet ist. Man findet sich hier von einer unbeschreiblichen Mannigfaltigkeit von Gegenständen umringt, und der Zusammenhang und die Verbindung derselben, ihr Eingreifen ineinander, ihre Trennungen und Abschnitte durch das Meer, ihre sich perspektivisch verjüngenden Lagen, ihre verblassenden Entfernungen – das alles reizt unaufhörlich das Auge, ohne es zu sättigen.

Zuweilen dehne ich meine Streifereien bis hinter den Rugard aus, wo sich mir beständig neue Schönheiten enthüllen. Die Hügelkette läuft nämlich bis an den Strand des Jasmunder Boddens hinab und wird teils von engen Tälern, in denen Vieh weidet, teils von Äckern unterbrochen, und diese bald nackten, bald mit Buschwerk überzogenen Hügel öffnen mir, indem ich weitergehe, plötzlich neue Durchsichten. Am interessantesten ist die Seite nach Süden, welche zu untersuchen ich einmal einen ganzen Nachmittag hinbrachte. Die Natur ist hier zugleich wild und lieblich, die Höhen sind bemoost oder mit Feldgebüsch umkränzt oder kahl und mit Steinen bedeckt. Auf einem dieser Hügel fand ich unvermutet sogar eine sogenannte Steinkiste, welche aber nur klein und schlecht erhalten war. Das Fundament war gewichen, und der Deckelstein, der ungefähr drei Ellen Länge und anderthalb Ellen Höhe enthielt, lag schief darüber.

Bergen, den 3. September

Ein herrlicher stiller Abend, nur von sanft fächelnden Etesien begleitet, die in diesem Land eine Seltenheit sind, lockte mich nicht lange nach meiner Zurückkunft von Jasmund nach dem Rugard, den ich noch nie in solcher Pracht gesehen hatte. Die Luft war äußerst rein, die Erleuchtung des ganzen Zauberrings der Gegend von der Abendsonne erhöhte den Reiz der Gegenstände und dieser die Stimmung meines Gemüts. Mehrere Male umging ich den Wall, um mich an allen Lieblichkeiten recht zu weiden. Noch nie waren mir die gegen Süden hin zerworfenen Berge mit ihren mäandrischen Tälern in so wunderbaren Formen erschienen, noch nie hatte ich an dem Meer eine so reine Bläue, an den Hintergründen so bestimmte Konturen wahrgenommen. Über die zu meinen Füßen ausgebreitete Inselwelt war ein rosenfarbener Schmelz ausgegossen, wodurch sie jenen unbeschreiblichen Ausdruck von hoher Anmut und Weichheit erlangte, welche die Maler ihren Werken anzubilden oft vergebens ringen, und ich glaube, daß für den Charakter dieser Gegend die Abendbeleuchtung die vorteilhafteste sei. Wenigstens habe ich gefunden, daß am Vormittag die Blendungen des Sonnenlichts und ihr Abglanz auf dem Gewässer das Auge trüben und verwirren. Am Fuße des Berges schimmerten freundlich die weißen Häuschen des Dörfleins Tetel und die Halmendächer des in Gebüsch versteckten Dorfes Zittvitz. Die Wiesen und Felder, die nach allen Richtungen hin, wie in Rauten zerschnitten, einer bunten Farbendecke ähnelten, die düsteren Waldungen des Klosters und der Granitz, das freundliche Pulitz mit seinem

Silberwasser, das hohe Jasmund mit seinen bunten Ufern, die Windungen der Inwieken, die klaren Ovale der Landseen, weiterhin eine weite Fläche, mit einer Saat von Menschenwohnungen, durchstreifenden Hainen und Feldgebüsch verziert, und endlich an der Abendgrenze des Hiddenseer Hochlands Nebelberge – das alles flammte vom Abendschein wie entzündet. Nur die Stadt Bergen, von welcher die Aussicht gegen Südwest ein wenig beschränkt wird, lag im Schatten.

Bergen, den 15. September

Den Augenblick einer begeisternden Erinnerung ergreifend, eile ich, Dir von einer neuen Wanderung Rechenschaft abzulegen. Allein der Zuschnitt dieses Briefes ist wieder so, daß ich fürchte, er werde das Maß überschreiten und Dich ermüden, ehe Du das Ende erreichst. Und doch kann ich nicht anders, denn mir sind Herrlichkeiten erschienen, die ich nie nach Würden werde preisen können und welche ich allem, was Rügen mir Schönes gezeigt hat, vorziehe, Pulitz und Stubbenkammer ausgenommen.

Dieses Lob gilt dem östlichen Teil der Insel, den ich jüngst durchzogen bin, eigentlich nur in der Absicht, das mir angerühmte Mönchguter Ländchen zu besuchen. Allein Umstände wirkten zu meinem Glück so, daß ich diesen Streifzug weiter ausdehnte, doch höre.

Nachdem ich mir auf der Karte, die ich immer bei mir führe, die Route genau hatte angeben lassen, trat ich, vom ersten Morgensonnenstrahl freundlich begrüßt, die Reise an. Der Weg von Bergen senkt sich, auch an dieser Seite an steilen Höhen hinablaufend, zu einer beträchtlichen Tiefe. Dann steigt er und führt durch eine sandige, steinbedeckte Ebene, die nur mittelmäßiges Getreidefeld enthält.

Etwa eine halbe Meile von der Stadt in der Nähe des Gutes Silvitz erblickte ich die erste Merkwürdigkeit. Ein gewaltiger Steinklumpen von aschgrauer Farbe lag zur Linken hart am Weg auf einer kleinen Anhöhe aufgetürmt. Es war ein Hünengrab oder Steinbett, das größte dieser Art, das ich bis jetzt gesehen habe. Mächtige Blöcke sind hier so aneinander gefügt, daß sie eine länglich eckige Höhlung bilden,

Blick auf die kleine Insel Vilm

und darüber liegt ein drei Ellen langer Schlußstein von Osten nach Westen.

Wer hat nun, wird jeder Forscher fragen, diese Masse auf des Grabes Tür gewälzt? Wenn auch die Körperkraft der Vorfahren noch weit vermögender war, als historische Mutmaßungen angeben, so muß man beim Anblick eines solchen Werkes dennoch zweifeln, daß sie es durch bloßen Gebrauch ihrer Arme fördern konnten. Vielmehr sieht man sich genötigt zu glauben, daß den Alten gewisse uns unbekannte Kunstgriffe der Mechanik zu Gebote standen und daß sie von einigen Maschinen, die zur Bewegung schwerer Massen erforderlich sind, eine bessere Kenntnis hatten, als gewöhnlich angenommen wird.

Einen eigenen Namen hat dieser rohe Sarkophag nicht. Ich bestieg den Deckel desselben und genoß von der Höhe eine gute Umsicht. Vor allem lieblich zeigte sich links das bewaldete Pulitz in seiner ganzen Länge zwischen einem lustigen Vordergrund von Saatfeldern und Dörfern und dem zart überflorten Hintergrund von Jasmund. Nicht minder trugen auch die übrigen Partien, die Stadt Bergen mit den mächtigen Furchen ihrer braunen Berge, die Putbusser Waldung mit dem Tannenberg und die Kirchdörfer Vilmnitz und Zirkow mit ihren grünen Höhen zur Bereicherung dieser Landschaft bei, in welcher man den unliebsamen Fleck des Sumpfes Garvitz gern unbetrachtet läßt. Das letztgenannte Dorf, welches noch eine halbe Meile von dem Hünengrab entfernt ist und von Bergen gegen Osten liegt, wählte ich zum ersten Ruhepunkt.

Ich ging zu dem Prediger, dessen Gastfreundschaft ich empfohlen war, erquickte mich an einem ländlichen Mahl und machte Bekanntschaft mit einem jungen Maler, der wie ich nach Mönchgut wollte.

Nach Tische machten wir uns auf nach dem sogenannten Jagdhaus, welches eine gute Viertelstunde von Lanken auf einem Berg der Granitz liegt. Ein ziemlich steiler Pfad führt durch die Waldung hinauf zu dieser Solitüde, welche, von stolzen Buchen eingeschlossen, auf einem ebenen, fast viereckigen Rasenplatz liegt und aus einem Hauptgebäude besteht, das an beiden Seiten neben sich noch zwei ähnliche kleine Häuschen oder Pavillons hat. Es ward 1726 von einem vormaligen Grafen Putbus erbaut, der ein starker Jagdliebhaber gewesen sein und sich hier oft und lange aufgehalten haben soll. Seit jener Zeit scheint es wenig benutzt worden zu sein, denn die Tapeten und Mobilien der Zimmer waren sehr veraltert, und überhaupt konnte ich das Ganze so wenig merkwürdig finden, daß ich insgeheim schon unwillig auf meinen Gefährten ward, der mich zu dieser unlohnenden Berg-Aszension beredet hatte.

Aber bald löste mein Unmut sich auf in ein Wohlgefühl, das ich fast Begeisterung nennen möchte, denn seitwärts gegen Süden schimmerte durch das Buchengrün ein kleines weißes Gebäude, das mich freundlich zu sich einzuladen schien. Dem stummen Wink folgend, stieg ich den von hohen Buchen überwölbten Pfad hinan, der höchstens ein paar hundert Schritte beträgt, der Maler folgte, und bald standen wir vor dem Gebäude. Es ist ein kleines achteckiges Tempelchen, leicht gebautes Fachwerk, weiß übertüncht und auf einem der höchsten Berge der Granitz aufgeführt. Wir finden die Tür unverschlossen, gehen hinein, ersteigen eine Treppe und kommen in ein kleines leeres Gemach, wo an allen Wänden und Fenstern hundert Namen geschrieben und gekritzelt sind. Schon aus den Fenstern dieses Zimmers genießt man einen herrlichen Überblick, aber noch eine Treppe höher im dritten Stock unter dem Dach, aus welchem nach den vier Himmelsgegenden kleine Klappfenster gehen, ward mein Maler ganz wie unsinnig. Er fühlte sich recht eigentlich in den dritten Himmel entrückt. ...

In der Tat liegt auch hier ein Reichtum von Reizen zur Schau, die die Sinne entzücken, die Seele begeistern und die Brust zu freierem Atmen sich heben lassen. Jedes Fenster schließt eine wunderschöne Landschaft auf, vorzüglich nach Osten und Süden. Nur gegen Norden wird das Auge beschränkt durch die Buchen, über deren Wipfel Jasmund zu schweben scheint. Wäre auch diese Seite frei, so möchte die ganze Umsicht jene vom Rugard übertreffen, mit der sie schon jetzt wetteifert. Der Blick reicht hier teilweise noch weiter als dort, fliegt über Auen und Wälder, wird einen Moment aufgehalten durch das am Fuße des Bergwalls bescheiden sich senkende Lanken, dann eilt er weiter, verfolgt die Krümmungen der Buchten und Golfe, sucht den Ausweg aus diesem Irrgewinde, bald über Mönchgut, bald über Rügen hingleitend, entdeckt hier im Großen Rügianischen Bodden den weiß schimmernden Ruden, darüber im Hintergrund das blau dämmernde Gestade von Pommern und der Insel Usedom, dort das anachoretische Eiland – die Greifswalder Oie –, verliert sich dann in des Meeres unendlichen Räumen und hat allgemach ein Ganzes umspannt, das jeder näheren Beschreibung hohnspricht.

Der Maler war nicht zu ersättigen, hing wie festgebannt aus den Fenstern und tat mir den Antrag, hier eine Nacht zuzubringen. Dazu hatte ich aber nicht Lust. Ich wollte mich noch in der Granitz umsehen und bat ihn, mich zu begleiten. Ungern riß er sich los, und welcher Mensch von reinem Natursinn verläßt wohl mit Gleichgültigkeit diesen höchst interessanten Naturtempel? Wir gingen nach der Wohnung des Aufsehers des Jagdhauses, welche seitwärts nahe beim Hauptgebäude liegt, und baten ihn um einen Wegweiser durch die Granitz nach der äußersten Uferspitze.

Der Mann war so gefällig, uns selbst zu begleiten. In mancherlei Windungen lief der Weg über Höhen und durch tiefe Täler, erst in der Granitz, dann neben derselben hin an dem einsiedlerischen Landsitz Granitz oder Grantzke vorüber, dann wieder durch wilde Waldung, wovon ein Teil die Quaßnitz heißt, und erst nach Verlauf einer Stunde erreichten wir das Ufer oder den sogenannten Granitzer Ort. Dies Vorgebirge ist äußerst wild, oben und an seinem Abhang mit Buchen und schlanken Tannen bewachsen, auch ziemlich hoch und steil, jedoch nicht so zerfetzt und voller Spalten wie die vorbeschriebenen Uferspitzen. Es besteht fast bloß aus gelbem Sand, gewährt aber dennoch einen pittoresken Anblick. Zugleich übersieht man hier die Seeseite der Schmalen Heide mit ihren weißen Dünen, einen ziemlichen Teil Rügens, und gerade vor uns türmen sich die Jasmunder Gestade im Hintergrund auf. Nicht weit vom Ufer findet man auch einen Schwarzen See, der aber weder so groß noch so merkwürdig ist wie jener in der Stubnitz.

Wir stiegen hinab zum Strand und erstaunten über die Menge und Größe der Steinklumpen, die sich gegen die pochenden Wogen stemmten. Die größten dienen dem Seehund zum Lager, der im Frühling und Herbst, sich auf ihnen sonnend, zuweilen einschläft und dann von vorsichtigen Jägern beschlichen und geschossen wird. Zu dieser Absicht lag hier ein Boot, um die verwundete Robbe, die sogleich untertaucht und, soviel sie noch vermag, das Weite zu gewinnen sucht, zu verfolgen.

Indem wir dies von unserem Führer vernahmen, zeigten auf der Uferhöhe sich ein paar Hirsche, die uns neugierig angafften und gar nicht scheu gegen unser Geschrei wurden. Ihre Dreistigkeit ist eine Folge der Schonung, die sie hier genießen, denn da das gräfliche Haus Putbus seit 1785 das Regal der hohen Jagd gegen ein jährliches Rekognitionsgeld von 80 Reichstalern gepachtet und dadurch den alleinigen Besitz dieser Jagdgerechtigkeit auf 20 Jahre erworben hat, darf sonst niemand im Lande bei Strafe von 10 oder 20 Reichstalern einen Hirsch schießen. Nur der Graf Brahe hat in seinen Jasmunder Forsten das Recht der Hirschjagd.

Wohl eine Stunde blieben wir an diesem Ort, dann ging es einen anderen, etwas kürzeren, aber auch beschwerlichen Weg durch den Wald zurück nach dem Jagdhaus, wo wir noch einmal des Tempels Zinne erstiegen, um der Gegend zum letzten Mal zu huldigen. – Man kann die Granitz mit Recht ein Waldgebirge nennen, denn man erblickt hier stolze Höhen, welche in der Tat den Namen von Bergen verdienen, und die durchgreifenden Täler sind eng, tief, schauerlich und wie die Höhen eine Freistatt für Schlangen, deren es hier in Menge gibt, so daß der Wanderer sich wohl vorzusehen hat, damit er von ihnen nicht in die Fersen gebissen werde.

Bergen, den 16. September

Von Putbus wandte ich mich nach dem nahe gelegenen Vilmnitz, um die dortige Schloßkirche zu besehen, die auf einer kleinen Anhöhe liegt. Sie ist zwar auch ein altes Gebäude, aber ihr Inneres hell und rein. Verschiedene Monumente vormaliger Herren von Putbus zieren sie, auch hat sie eine kleine Orgel und behauptet unter den Landkirchen den nächsten Rang nach der Gingster. Auch hier teilt der Pfarrer, der, wie gemeldet, zugleich gräflicher Kaplan ist, mit den Grafen den Schmalzzehnten, wie in Lanken. Zu ihm ging ich am Nachmittag, fand dort eine zahlreiche Gesellschaft und in derselben einige Bekannte aus Bergen, die so gütig waren, auf einer Lustpartie nach dem Vilm, wozu der Pastor mich einlud, mir einen Platz im Wagen anzubieten.

Wir fuhren bei der Goor, einer längs dem Ufer auf einer Anhöhe liegenden Waldung, vorbei an den Strand, wo einige bestellte Boote bereitlagen. Der durchfließende Bodden, dessen Breite hier wohl eine halbe Meile beträgt, warf so hohe Wellen, daß die kleinen Fahrzeuge heftig schaukelten, wodurch die Überfahrt sehr verzögert ward. An der Nordwestseite, wo wir landeten, liegt eine herrschaftliche Holländerei (das Inselchen gehört nämlich auch zur Herrschaft Putbus), worin wir abtraten, uns an mitgenommenen Erfrischungen labten, einen Fleck vor dem Wohnhaus untersuchten, wo unter Bäumen und Holundergebüsch noch das Fundament oder der Schutt einer alten Kapelle liegt, die vor alters hier stand, und dann nach der Waldung aufbrachen, welche das Haupterzeugnis der Insel ist, obgleich sie auch etwas Ackerland und schöne Wiesen hat. Mächtige Buchen und Eichen heben sich hier aus mutigem Unterholz, doch ist die Waldung auf dem hinteren Teil der Insel minder kraftvoll als auf dem vorderen, wo wir unter anderm zu einigen Eichen von wirklich ungeheurem

Wuchs geführt wurden, die vielleicht die größten des Rügenlandes sind. Der dem Anschein nach sehr gesunde Stamm der ansehnlichsten ward gemessen, und kaum vermochten sechs Männerarme ihn zu umspannen. Wahrlich, majestätischer konnte die Eiche Yggdrasil in Walhall nicht sein als dieser König der Vilmer Waldung. Um eine andere Eiche von gleicher Dicke daneben schlingt sich, gleich einer Schlange, ein starker, halb verdorrter Efeustamm, und eine dritte, an Umfang ihren Nachbarinnen gleich, hat mit ihren verworren durcheinander gekrümmten Ästen und ihrem krausen Laub eine höchst malerische Gestalt.

Auf einer angenehmen, ziemlich steilen Uferhöhe, von welcher man über das Wasser einen freien Anblick von Mönchgut und der Granitz genießt, ruhte man eine Weile aus und zerstreute sich dann hier- und dorthin, bis gegen Abend uns die Holländerei zum Sammelplatz diente. Um auch das Ende der Insel kennenzulernen, gesellte ich mich zu einigen anderen, und wie Strauchdiebe durchschwärmten wir alle Waldwinkel, Uferkrümmungen und Vorsprünge, welche letztere uns herrliche Wasserprospekte darboten. Das Meer habe ich nun schon über hundertmal von verschiedenen Standpunkten, in der Ferne und Nähe, bei hellem und trübem Wetter zu allen Tageszeiten beobachtet und seine Farbe fast immer verändert gefunden, bald himmelblau, bald purpurfarbig, bald wie geschmolzenes Gold, bald wie poliertes Silber oder auch wie eine Smaragdfläche, dann wieder hell und dunkel gestreift und gleichsam marmoriert, zuweilen trübe, bald ins Aschgraue, bald ins Lehmgelbe spielend oder auch düster und voll Wogen, die wie weiße Flocken auf dunklem Grund zu tanzen scheinen, gleicht es einem Chamäleon, und mit Recht haben die Dichter von ihm das Bild des Unbestandes entlehnt, wiewohl es auch zugleich das Gemüt mit dem Gedanken der Unendlichkeit erfüllt.

Spät am Abend verließen wir die Vilminsel, die mit allen ihren Annehmlichkeiten doch den Reizen des Pulitzer Eilandes weichen muß. Die Rückfahrt ging über Vilmnitz nach Bergen. Da sie aber im Dunkeln geschah, so weiß ich Dir weiter nichts darüber zu sagen, als daß der Weg von Putbus nach der Stadt, der eine gute Meile beträgt, anfangs durch Gehölz und dann neben dem Dörfchen Dolgemost hinführte. Vale.

KARL FRIEDRICH ZELTER

Die Hünengräber

An Johann Wolfgang von Goethe

30. August 1820
Vorgestern habe ich im Gedanken an Dich die aufgehende Sonne von der Stubbenkammer aus begrüßt. Diese Landspitze gegen Morgen ist, so wie Arkona, ein Kreidefelsen, der vom Meere gegen vierhundert Fuß hoch dicht am Strande liegt. Die Meereswellen haben von unten und von oben wie Regenströme die wunderlichsten Gestalten in der Kreidemasse ausgebildet. Arkona sieht sich von hier aus sehr schön an, und segelnde Schiffe geben von Zeit zu Zeit Erinnerung an das Verhältnis menschlicher Kunst und Kraft zu dem unendlichen Meere, und endlich läßt ein so vollkommen heiterer Abendhimmel mit Sternen besät, wie gestern, wieder vergessen, was unten ist. Wie sich ohne Anstrengung der Geist beim Anblicke solcher Gegenstände ausstreckt, ist nicht zu sagen; ich weiß nur, daß ich es so rein und bequem noch nicht empfunden habe. Bei einem Landgeistlichen namens Franke, in Bobbin wohnhaft, sprachen wir ein. Hier fand ich nun den Inhalt rügischer Hünengräber, welche sich in kleinen Bruchstücken in der Welt umhertreiben, weil sie bei ungeschickter Ausgrabung meistens zerstört werden. Eine Urne war ganz unversehrt herausgenommen, sie war fünfzehn Zoll hoch und im Bauche acht Zoll im Durchmesser, schwarz von gebranntem Ton, in schönster Proportion, mit verbrannten Knochen halb angefüllt. Daß sie auf einen Mann deutete, bewiesen die daneben gelegen gewesenen Streitäxte von Feuerstein, aufs glatteste und schärfste ausgebildet. Eine kleinere Kinderurne war etwa ein Viertel so groß, mit Knochen gefüllt, und ganz leichte kleinere Waffen daneben. Die Hünengräber, welche man in Menge sieht, bestehn aus Hügeln, wie sie wohl die Strömung der Flut mag gebildet haben, von ver-

Hünengrab »Himmel« bei Groß Schoritz

schiedenen Dimensionen von fünfzehn zu fünfzig Fuß Diameter und anständiger Höhe. In diese Hügel sind die Gräber eingegraben, inwendig mit Graniten ausgesetzt und oben mit einem Deckstein versehn, darüber dann Erde, in welche ein Baum gepflanzt, und ringsherum von größern und kleinern Kolossen von Granitblöcken bewacht.

KARL FRIEDRICH SCHINKEL

Das anmutige Land

An Christian Daniel Rauch

Stettin, den 1. September 1821

Ihre freundschaftlichen, lieben Zeilen haben uns alle in die größte Freude versetzt, und selbst die Kinder haben jede Silbe mit Gierigkeit verschlungen. Wir empfingen Ihren Brief, als ich eben mit meinem Schwager von Rügen zurückgekehrt war, wohin mich meine Familie nicht begleitet hat, denn die Geschäfte meines Schwagers ließen uns nur sieben bis acht Tage auf die ganze Reise verwenden, und da wir deshalb auch die Nächte beim Fortkommen zu Hilfe nehmen mußten, so wäre dies für Frau und Kinder zu fatigant gewesen. Von Kunst kann ich Ihnen nicht soviel von meiner Fahrt sagen als Sie mir von der Ihrigen aufgeführt, indes habe ich große Freude an den alten Kirchen von Stralsund gehabt, die aus schönem Backstein mit höchst originellen Figuren ausgeführt sind und außen so wie innen große Wirkung machen. Aber das anmutige Land von Rügen wird mir gewiß lange im Gedächtnis bleiben, ich bin soeben dabei, eine Aussicht von Stubbenkammer in eine Ölskizze zu endigen, die Sie sehen werden und sich dann allenfalls einen Begriff von dem Charakter des Landes machen können. Das Meer ist doch eine große Verschönerung aller Landschaften, und in so origineller Art, wie es sich von Rügen zeigt, wüßte ich es nirgends anderswo gesehen zu haben. Wenn nun gleich die Denkmäler der nordischen Vorzeit formlos sind und wir oft genug darüber einig geworden sind, daß sich daraus nicht viel weiterbilden läßt, so ist es doch nicht zu leugnen, daß die Menge von Hünengräbern, welche man in Rügen auf allen Höhen erblickt, die höchst sonderbaren Erdwälle, die ehemals die Heiligtümer einschlossen, und

Leuchtturm auf Arkona nach den Entwürfen von Karl Friedrich Schinkel deren Lage in Wäldern, an tiefen Seen oder an der hohen Meeresküste, auch wohl auf den höchsten Punkten des inneren Landes etwas Dunkel und Abenteuerliches hat, in diesem Lande mit der ganzen Natur so in Harmonie treten, daß das Ganze doch gewissermaßen als ein sonderbares, aber großartiges Kunstwerk wirkt und die Stimmung aufs Gemüt nicht verfehlt. Hierzu tritt der Kontrast des Landes im jetzigen Zustande mit seinen friedlichen Bewohnern, welcher etwas Idyllisches hat und deshalb von der andern Seite wieder angenehm empfunden wird. Die dort von mir gebrauchten Seebäder sind mir vortrefflich bekommen, und wenn ich so fortfahre, mich wohl zu befinden, so werden Sie mich wie einen Zigeuner braun und mit Bakken, die das weitläufige Hängewerk, welches sonst mein Schwager Berger nur am Kopfe trägt, weit hinter sich lassen.

In kurzem sehen wir uns wieder und können dann unsere Reisebeschreibung mündlich vollständiger ausführen.

Grüßen Sie herzlich Agnes, Tieck und Mlle. Lieberkühn von Ihrem Schinkel.

CARL GUSTAV CARUS

Mein Freund Caspar David Friedrich

Was meinen verewigten Freund Caspar David Friedrich betrifft, so waren wir schon um das Jahr 1818 einander nähergekommen. Er stand damals in den vierziger Jahren, und die Schärfe seiner Individualität war eben um diese Zeit leiblich und geistig am entschiedensten ausgeprägt. Gebürtig vom Strande der Ostsee, eine recht scharfgezeichnete norddeutsche Natur mit blondem Haar und Backenbart, einem bedeutenden Kopfbau und von hagerm, starkknochigem Körper, trug er einen eigenen melancholischen Ausdruck in seinem meist bleichen Gesicht, dessen blaues Augenpaar so tief unter dem stark vorspringenden Orbitalrande und buschigen, ebenfalls blonden Augenbrauen verborgen lag, daß darin schon der Blick des die Lichtwirkung im höchsten Grade konzentrierenden Malers sehr charakteristisch sich erklärt fand. Friedrich erfuhr als Jüngling das Schreckliche, daß beim Schlittschuhlaufen ein besonders geliebter Bruder, mit dem er sich bei Greifswald auf dem Eise befand, vor seinen Augen einbrach und von der Tiefe verschlungen wurde. Kam nun hinzu ein sehr hoher Begriff von der Kunst, ein an sich düsteres Naturell und eine aus beiden hervorgehende tiefe Unzufriedenheit mit seinen eigenen Leistungen, so begriff man leicht, wie er einst wirklich zu einem Versuche des Selbstmords sich verleitet finden konnte. Er hüllte dies immer in ein tiefes Geheimnis, aber man wird fühlen, wie gerade eine solche schon begonnene, obwohl noch zu rechter Zeit gehinderte Tat notwendig eine dumpfe und dunkle Nachwirkung auf eine Individualität dieser Art ausüben mußte. Seine ersten Studien hatte er auf der Akademie zu Kopenhagen gemacht, und im Jahre 1795 kam er nach Dresden, wo er 1817 zum Mitgliede der Akademie und später zum Professor der Landschaftsmalerei erwählt wurde. In Dresden hatte er sich stets sehr abgesondert gehalten, an keinen der damaligen Professoren sich angeschlossen und so allmählich einen eigenen tiefpoetischen, doch oft auch etwas finstern und schroffen Stil der Landschaft sich ausgebildet. Wie in der Kunst, so war er auch im Leben; von strenger Rechtlichkeit, Geradheit und Abgeschlossenheit – deutsch durch und durch –, nie hatte er auch nur versucht, eine der fremden modernen Sprachen zu erlernen, aller Ostentation ebenso fremd wie jeder luxuriösen Geselligkeit. Man sah ihn fast nie unter Menschen, und ich erinnere mich eines einzigen Abends, da es uns gelungen war, ihn in einem kleinen Familienzirkel bei uns festzuhalten. Die Dämmerung war sein Element, früh im ersten Morgenlicht ein einsamer Spaziergang und ebenso ein zweiter abends bei oder nach Sonnenuntergang, wobei er indes die Begleitung eines Freundes gern sah: das waren seine einzigen Zerstreuungen; übrigens brütete er in seinem stark beschatteten Zimmer fast fortwährend über seinen Kunstschöpfungen. Man kann denken, daß diese Natur mich reizte, und ich darf sagen, auch er hatte mich bald liebgewonnen und folgte ebenso meiner Art von Natur- und Kunstanschauung mit aufrichtiger Teilnahme.

Es war mir von großer Wichtigkeit, Friedrichs Verfahren bei Entwerfung seiner Bilder kennenzulernen. Er machte nie Skizzen, Kartons, Farbentwürfe zu seinen Gemälden, denn er behauptete (und gewiß nicht ganz mit Unrecht), die Phantasie erkalte immer etwas durch diese Hilfsmittel. Er fing das Bild nicht an, bis es lebendig vor seiner Seele stand, dann zeichnete er auf die reinlich aufgespannte Leinwand erst flüchtig mit Kreide und Bleistift, dann sauber und vollständig mit der Rohrfeder und Tusche das Ganze auf und schritt hierauf bald zur Untermalung. Seine Bilder sahen daher in jeder Stufe ihrer Entstehung stets bestimmt und geordnet aus und gaben immer den Abdruck seiner Eigentümlichkeit und der Stimmung, in welcher sie ihm zuerst innerlich erschienen waren.

»Ein Bild soll nicht erfunden, sondern empfunden sein«, war sein Grundsatz, und man darf sagen, alle seine Bilder sind auf diese Weise entstanden.

Mein Freund war dann im Jahre 1818 einmal wieder in seiner Vaterstadt Greifswald gewesen und hatte auch die Insel Rügen wieder durchwandert und mannigfache Studien mitgebracht, welche mich nicht wenig ergriffen und sehr den Wunsch rege machten, diese Gegenden und namentlich das Meer selbst kennenzulernen. Das nächste Jahr daher gelang mir wirklich die Erfüllung dieses Wunsches, und so danke ich Friedrich auch dort Eindrücke, die, selbst nachdem ich späterhin so viel Größeres und Reicheres gesehen, immerfort eine eigentümliche Tiefe und Schönheit bewahrt haben, mich aber zugleich auch immer deutlicher verstehen ließen, was eigentlich bei seinen Bildern der Magnet war, der mehr oder weniger ihrer aller Richtung bestimmte. Ich werde darauf noch kommen, wenn ich ausführlicher meiner Rügenschen Wanderung gedenke.

Sehr überrascht waren Friedrichs Freunde, als er um diese Zeit sich verheiratete, denn dem menschenscheuen melancholischen Künstler hatte niemand diesen Entschluß zugetraut. Er wohnte da an der Elbe, man nennt es den Elbberg, und eine Bürgerstochter aus seiner Nähe – er hatte sie wohl beim Stellen lebender Bilder kennen gelernt, welches die jüngeren Künstler zuweilen veranstalteten – war seine Wahl; eine einfache stille Frau, die ihm nach und nach einige Kinder gebar, übrigens aber sein Leben und sein Wesen in nichts änderte.

Seine Bilder waren damals sehr gesucht, und er erhielt viele Besuche hoher und geringer Kunstfreunde, wobei es denn zuweilen auch an wunderlichen Begegnungen nicht fehlte, indem manche seiner Werke geradezu von kältern Naturen gar nicht verstanden werden konnten.

CARL GUSTAV CARUS

Eine Rügenreise im Jahre 1819

Zur Fahrt nach Rügen – über den breiten Rügenschen Bodden hinüber – hatten wir eine kleine Schifferjacht gemietet, und bei schönem Morgenhimmel am 14. August legte ich denn also aus zu dieser ersten Seefahrt. Ein leichter Landwind trieb uns bald in offene See, die Wellen kräuselten sich an dem kleinen Fahrzeuge, und wir verfolgten die vorüberstreifenden Jollen und Fischerboote mit ihren gelblichen oder rotbraunen Segeln und malerischen Formen häufig mit dem Zeichenstift auf dem Papier. Die schillernden Farben einer leise bewegten Seefläche, im Sonnenlicht mit Wolkenschatten unterbrochen, wurden mir jetzt zum ersten Male sichtbar, und nun erst verstand ich, warum die Alten den Proteus, den stets die Erscheinung Wechselnden, zum Gott des immer in neuen Farben erglänzenden Meeres erschaffen hatten!

Schon waren die Türme von Greifswald am Horizonte tief hinuntergesunken, und wir verhofften in kurzem die wenigen Meilen des Meerbusens zwischen der pommerschen Küste und der Gegend von Putbus überschifft zu haben, als der Wind mehr und mehr abnahm, unsere kleinen Segel regungslos hingen und das Schifflein auf dem spiegelglatten Bodden vollkommen zu ruhen begann. Unsere zwei Schiffsleute ließen den kleinen Anker nieder, ermahnten zur Geduld und kochten uns einige Kartoffeln, ich aber setzte mich auf das Verdeck, um in der Abendsonne die Örtlichkeit des Schiffes selbst, mit allem seinem einfachen Segelwerk und seinen Einrichtungen aus der Kindheit der Schiffahrt säuberlich zu zeichnen. Ich habe diese Zeichnung späterhin einmal als Mondschein ausgeführt und endlich das fertige Ölbild vor Jahren dem König Friedrich August verehrt, so daß denn vielleicht noch in später Zeit Kunstfreunde dieses kleine Werk, welches eine ganz artige Wirkung macht, in der Galerie moderner Kunstwerke auf dem Dresdner Schlosse gewahr werden können. Nach und nach kam die Nacht heran; wir kochten uns Tee, wozu etwas schwarzes Schifferbrot leidlich mundete, dann hüllten wir uns unter dem niedern Verdeck in dort liegende Bastmatten und schliefen einige Stunden, bis früh das letzte Mondviertel aufstieg, ein leiser Wind zu wehen anfing, unsere Schiffer den kleinen Anker aufgehoben und wir nun der Küste entgegentrieben, welche wir endlich gegen 6 Uhr erreichten.

Es war damals Rügen im ganzen noch wenig von Fremden besucht, und eine größere Einfachheit herrschte dort. Statt eines zum Empfange wohl eingerichteten Hotels etwa lag da unter verstreuten Granitblöcken eine rauchige Fischerhütte, die dem Anlangenden eben nur Befriedigung der nächsten Bedürfnisse bot. Ich fand es sehr originell, als die Wirtin, um unser Frühstück zu besorgen, aus dem großen Rauchfange gleich neben der sogenannten Gaststube, von den in dichten Reihen dort hängenden Flundern und Zungen (Pleuronectes solea) sofort eine Anzahl herunterholte und uns zum Kaffee auftischte, aber die Praxis war gar nicht übel, und die zarten, wohldurchräucherten Seebewohner mundeten wirklich gut. Alles war eine neue Welt für mich, und mit Lust ging ich immer wieder hinaus an den Strand, atmete die prächtige Seeluft und fühlte von Stunde zu Stunde mich frischer.

Gegen Mittag wanderten wir nach dem nicht weit abliegenden fürstlichen Schlosse von Putbus. Seine kleine Kunstsammlung enthielt einige Marmorstatuen Thorwaldsens, ein paar Landschaften von Philipp Hackert, wobei ich der Goetheschen Schilderungen dieses auf Rügen selbst zuerst sich ausbildenden Meisters gedenken mußte, und einige jener sinnigen Bilder Friedrichs, die mir hier, gleichsam wie in ihrem eigentlichen Vaterlande, noch näher traten als sonst. Doch nicht Kunstbetrachtens halber war ich auf dies Inselland gekommen, sondern um in seinen Buchten und Wäldern mir wieder völlige Gesundheit und Kraft zu holen. Ich stürzte mich noch auf einige Minuten in die blauen Wellen, die über den Ufersand zwischen einzelnen Granitblöcken das anmutigste Spiel trieben, und nach einfachem Mahle zogen wir aus, das Rügensche Land zu umkreisen.

Der nächste Punkt war die kleine bewaldete Insel Vilm, die ein paar Stunden östlich von Putbus im Bodden liegt und von welcher wir dann nach Mönchgut hinüberzufahren gedachten. Es war ein prächtiger Sommernachmittag, das kleine Boot, nur von einem Fischer gerudert, glitt leicht über die schaukelnden Wellen, und bald waren wir unter den mächtigen Buchen und Eichen von Vilm gelandet. Ich kann sagen, ich habe kaum jemals wieder dies Gefühl so ganz reinen, schönen und einsamen Naturlebens gehabt wie damals auf dem kleinen Eilande, das sonst niemand zu sehen pflegt, der Rügen besucht. Wie malerisch drängt sich dort über das am Ufer gehäufte Gestein die frischeste Vegetation des Gebüsches, wie ungestört und ehrwürdig sind da Eichen und Buchen zu ungewöhnlichem Umfange aufgewachsen! Ich traf eine uralte Eiche inmitten der Insel, sie war fast ganz abgestorben, und die ungeheuren Äste streckten sich abgewettert und glänzend grau in die blaue Luft, aber statt der eigenen Blätterfülle hatte sich nun ein gewaltiger Efeu hineingerankt und umgab die fast Verdorrte mit Behängen erneuten Lebens. Nicht weit davon stand eine alte Rotbuche, die Zweige, reich mit Blätterfülle belastet, hingen laubenartig bis auf den Rasen um den alten Stamm herum. Kurz, wohin man sah, reiche, kräftige Urnatur des Nordens! Ich habe späterhin in einem größeren Bilde: Erinnerung an eine bewaldete Insel der Ostsee, einiges aus dieser Szenerie mir geistig zu reproduzieren versucht, und manche Betrachtende haben sich noch an diesem Schattenbilde erfreut; möchten die, die es verdienen, sich an dem Urbilde (wenn es noch so wie damals bestehen sollte, woran ich jedoch sehr zweifle) ebenfalls erquicken können! Eine einzige kleine Meierei lag auf dem Inselchen, deren Bewohner von Zeit zu Zeit ihre Produkte an Käsen, Butter, Schinken und dergleichen nach Greifswald hinüberschifften zum Verkauf. Wie wenig indes diese Leute dabei mit der Welt in Berührung kamen, erfuhren wir, als wir uns dort mit etwas Milch und Schwarzbrot stärkten, im Gespräch; denn alles was da drüben in der Geschichte sich ereignet hatte, selbst Napoleons Vertreibung und Absetzung, war ihnen ganz unbekannt geblieben.

Die sinkende Sonne mahnte aber zur Abfahrt, und so schifften wir nun, während die leuchtenden Farben der Abendsonne mit Gold und Violett die Wellen überzogen, nach Mönchgut hinüber. Ein Seehund tauchte ein paarmal unweit unseres Bootes aus den Wellen und verschwand ebenso rasch, erhöhte aber doch durch sein Erscheinen das Neue dieser heitern Fahrt. Es begann bald nach der Landung zu dun-

Carl Gustav Carus »Meeresküste mit Mondschein«

keln, und wir hatten einige Mühe, den Weg nach Middelhagen zu finden, wo wir Gastfreiheit forderten und auf Stroh übernachteten. Am andern Tage wanderten wir denn wieder hinab an den Meeresstrand, um das Vorgebirge Perd herum, und über Sellin und Lanken endlich nach Bergen wieder hinauf. Dieser Weg war so recht bezeichnend für die Rügensche Natur! Still und träumerisch wie eine altschottische Ballade, zur Rechten das Meer, oft weit hinaus am Strande mit unzähligen Granitblöcken bestreut, welche urweltliche Fluten mit ihrem alten Eise einst von Skandinavien herüber auf diese Küsten geführt haben, dazwischen mitunter auf die Fischerjollen einfache hölzerne Landungsbrücken, weit hinausgebaut, oder lange Linien von Netzen zum Trocknen aufgehangen. Zur Linken stiegen dann die gelben Lehmwände von Perd auf oder streckten sich Dünen von feinem weißen Sand, mit der violettblühenden Mannestreue und Weidenbüschen verziert, weit an der Küste daher. Dabei nun diese lautlose Stille, kaum vom leisen Anschlage der kleinen Wellen unterbrochen; zuweilen der

Flug einer Möwe oder Seeschwalbe, und immer die lange, lange Horizontlinie der Ostsee, an deren Rande manchmal ein kleines Segel sich zeigte; ich wüßte gar keine Gegend so geeignet, sich seinen Gedanken und Gefühlen ganz dahinzugeben, als diese. Wir setzten uns mehrfach nieder zum Zeichnen, und als wir endlich den Strand verlassen mußten, um wieder nach dem Innern der Insel zu ziehen, trafen wir das erste größere Hünengrab, aus vier mächtigen Granitblöcken gehäuft, und nahmen auch davon den Kontur in unseren Mappen mit. In Wahrheit, ich würde schwerlich alles Detail dieser kleinen Wanderung hier, wo es mehr darum zu tun ist, von meiner gesamten geistigen Entwicklung ein treues Bild zu zeichnen, so ausführlich aufgenommen haben, wenn nicht wirklich diese Erscheinungen einen eigentümlich bleibenden Eindruck in mir zurückgelassen und an meiner inneren Fortbildung teilgehabt hätten, als welches ja auch allein macht, daß ich ihrer noch jetzt mit dieser Deutlichkeit mich erinnere. Liegen doch hunderterlei Fähigkeiten im Menschen und warten dann auf eine oder die andere Einwirkung von außen, um dadurch oder daran endlich zur tatsächlichen Offenbarung hervorzutreten! Und so waren es also auch hier namentlich zwei Momente, welche gerade nur infolge dieser Rügenschen Phantasmagorien zur Entwicklung gelangen sollten, einmal die tiefere Fühlung des eigentümlich norddeutschen romantischen Elements und ein andermal das vollkommenere Verständnis dessen, was man in der Zeichnung die *Linie* nennt. Doch ich habe nun noch zweier großer Erscheinungen auf damaligen Wanderungen zu gedenken, bei welchen ebenfalls das Kapitel von der Linie die reichste Anwendung finden muß – nämlich des Besuchs von Stubbenkammer und des von Arkona.

Am 17. August zogen wir von Bergen fort, nachdem wir noch auf der Anhöhe in der Nähe der kleinen Stadt – dem Rugard – dem höchsten Punkte der ganzen Insel, wo in grauer Vorzeit die Burg des alten Fürsten Jaromer gestanden, und die etwas einförmige Aussicht betrachtet hatten, und wendeten uns über die Jasmunder Fähre und Sagard nach der schönen und weiten Buchenwaldung, welche das gepriesene Stubbenkammer ankündigt. Hier gegen Abend verabschiedeten wir das leichte Bergensche Fuhrwerk und wanderten nun den Fußweg durch die grünen Laubgänge, indem von weitem schon das

Zur Erntezeit auf dem Rugard

Schloßgarten von Putbus

Rauschen des Meeres mit dem nahen Spiel des Windes in den Blättern sich mischte. Mit eins öffnet sich der Wald, wir stehen an den jäh abstürzenden Kreideklippen des Königsstuhls, junge Rotbuchen wehen mit ihren weit hinabhängenden Ästen über der tief unten brausenden Brandung, und in breiter Ausdehnung bis an die feine Linie des Horizonts dehnt sich der blaugraue Spiegel der Ostsee, während feiner Regen herabsprüht und unter fernem Donner ein Regenbogen östlich über der Wasseroberfläche sich aufbaut. Wie jemand, der mit viel Sinn für Musik sich immer an leichten Melodien und heitern Gesängen hat begnügen müssen und dem nun mit einemmal eine große vollständige Beethovensche Symphonie ins Ohr dröhnt, so ungefähr war mir, und man wird es um so mehr verstehen, wenn ich sage, daß ich von dieser Reise manche für immer nachwirkende Naturanschauungen heimgebracht habe.

Wir übernachteten in dem kleinen Fremdenhause unter diesen Buchen. In tiefer Dunkelheit ging ich noch heraus, um bei dem fast phosphorähnlichen Leuchten der Kreidewände dem Brausen der See in der Tiefe zu horchen, sowie früh ich der erste war, der die Morgensonne auf diesen weißen Klippen und dann unten am Strande begrüßte. Hier traf ich eine Stelle, wo der Ostwind stärker die Fluten herantrieb, hoch und braun die Wogen anrollten und, schäumend sich überschüttend, ja immer neu sich gebärend, auf dem Küstensande zerschellten. Ich wollte Studien zeichnen, aber kaum hatte ich ein paar Striche gemacht, als ich die Mappe weit wegschleuderte in der Überzeugung, hier sei jeder Strich nur eine Lästerung dieses ganz überschwenglichen Phänomens, und dann nur in höchster Bewegung dem wunderbaren Kampfe des Elements zustarrte. Gerade dadurch hatte ich ihn indes tiefer der Seele eingegraben. Ich habe im folgenden Jahre dann ein Bild von dieser Brandung gemalt, dem ich die Fühlung eines eigenen Naturlebens noch jetzt zusprechen muß und welches vielleicht verdiente, einmal eine etwas sorgfältigere Aufstellung zu erfahren, als ich ihm gegenwärtig, wo es unter altem Plunder vergraben hängt, eben gewähren kann.

Nachdem übrigens die Gewalt all dieser ersten Eindrücke etwas sich gemäßigt hatte, fing doch auch an, das geologische Phänomen jener merkwürdigen Kreidebildung sein Recht auf mich geltend zu machen. Solche meilenweit dahingestreckt zwischen 400 und 500 Fuß hohen, seltsam zerklüfteten Kreidewände, mit den Millionen eingeschichteter Feuersteine, gaben allerdings über ihre Entstehung vieles zu denken! Noch wußte man damals nicht, was Ehrenberg später entdeckt hat, daß alle diese ungeheuern Massen wunderbaren, nur mikroskopisch erkennbaren kleinen Geschöpfen (Polythalamien) und deren schneckenartig gewundenen Gehäusen ihre Entstehung verdanken, man wurde nur durch tausendfältige, größere, eingeschlossene Körper, Seeigelschalen und Stacheln, Muscheln, Korallen und Sepienstücke darauf hingewiesen, dies alles als Absetzung früherer Flutperioden des Planeten zu betrachten, indes es war darum nicht weniger merkwürdig; bleibt es ja doch in gewissem Sinne zuletzt immer unbegreiflich! Der Strand war erfüllt mit losen und teilweise zertrümmerten Feuersteinen, die sich ebenfalls bald deutlicher, bald undeutlicher als Versteinerungen zu erkennen gaben, und so sah ich neben den Schönheiten der Form in Linie und Farbe nun auch in manches Geheimnis der Wissenschaft gegenständlicher und heller hinein!

Ich verweilte den ganzen Vormittag an dieser merkwürdigen Küste, stieg nach Klein-Stubbenkammer hinauf, zeichnete noch viel und durchstrich die Waldung der Stubnitz bis zu dem kleinen dunklen See in ihrer Mitte, in dem man das heilige Gewässer wiederfinden will, aus welchem zu beglückter Jahreszeit die Göttin Hertha ihren Wagen emporhob zu ihrem segenbringenden Zuge durch das Land und worin sie ihn dann wieder verbarg. Ich war doch noch nie so nahe von der alten Sagenwelt unseres nordischen Stammes berührt worden als hier, und wieviel späterhin die Kritik auch an dergleichen zurechtzulegen hat, in der Gegenwart weht immer ein besonderes Gefühl aus solchen Dingen zu uns.

Auf dem Wege zum letzten Glanzpunkte von Rügen – Arkona – hatten wir am nächsten Tage eine sonderbare flache, schmale Landzunge zu überwandern, welche zwei große Inselteile, Jasmund mit Wittow, verbindet. Auf einer Seite hat man die weite offene Ostsee, deren Wellen, wenn sie hoch gehen, oft die ganze flache Strecke überspülen, von der andern Seite dehnt sich ein breites Binnengewässer weit in die Insel hinein. Es ist ein sonderbarer Anblick, der schmale, von den Wellen festgeschlagene feine weiße Sandboden, nur mit wenigem Weidengesträuch und Büschen des grauen Dünengrases (Elymus arenarius) überwachsen, auch hoch vom angeschwemmten Seetang (Fucus vesiculosus) überstreut! Bei stürmischem Wetter, wenn die Wogen hoch heranrollen und den Weg überspülen, mitunter kaum zu passieren. Etwas reizte mich jedoch auch hier besonders, was ebenfalls weit in die alte Geschichte hinaufdeutet, nämlich dieser Strand war ein berühmter Fundort des Bernsteins. Wir suchten denn auch selbst eifrig zwischen dem ausgespülten Seetang, und wirklich, einige Fragmente des vorweltlichen verhärteten Baumharzes belohnten die Mühe des Suchers. Von diesen weit entfernten nordischen Küsten also hatten Römer und Griechen schon diesen feinen goldgelb und braunen Schmuck sich geholt. Ich habe diese kleinsten kostbaren Fragmente lange aufbewahrt.

Arkona selbst war damals ein ganz öder, wüster Punkt; wir übernachteten in dem ihm zunächst gelegenen Puttgarten in einer Scheune, standen dann früh auf und gingen hinaus zu jener äußersten nördlichen Spitze deutschen Landes, wo drei Vierteile des Horizonts durch die freie weite Ostsee gegeben sind und in nebellichter Ferne im Westen die Kreidewände der dänischen Insel Möen gesehen werden. Arkona ist ein rechter Gegensatz zu Stubbenkammer, ebenso breit und weit und öde, als diese hoch, bewaldet und in den Formen unterbrochen ist. Diese lange Linie seltsam zerbrochener Kreidewände, zum Teil mit unzähligen Schwalbennestern bedeckt, der breite hallende Strand mit seinem unendlichen Feuersteingeröll und die weite stahlgraue Fläche der See: es machte mir alles den eigentümlichen Eindruck echter und ungestörter Urnatur.

Von nun an wendete sich unser Weg rückwärts: wir berührten Altenkirchen, das durch Kosegarten bekannt gewordene, wo jetzt ein Freund Friedrichs, Pastor Schwarz, seine Stelle verwaltete, eine treue, gute, etwas breite Natur, der Kunst dilettantisch zugeneigt und selbst schriftstellernd in diesem Sinne. Wir widerstanden der Einladung zu längerm Verweilen, hatten jedoch noch eine schöne Abendstunde an dem weiten Binnengewässer, welches hinter Altenkirchen gegen Jasmund sich ausstreckt und wo merkwürdige alte Runensteine ein langes Hünengrab, oder auch wohl nur einen geheiligten Hügel einfassen.

CASPAR DAVID FRIEDRICH

Sinkend küßt das Stille Meer

Der Morgen

Selig, wer vom Schlaf erquickt,
Wer mit frohem Auge blickt
Dankend zu dem Herrn.

Selig, wer mit stillem Sinn
Schaut auf seine Arbeit hin
Und beginnt mit Freuden.
Selig, wer, was er vollbringt,
Wenn es ihm nach Wunsch gelingt,
Dient zum Heil der Menschen.

Caspar David Friedrich »Frau am Meer«

Der Abend

Stille, horchet, stille!
Nicht einmal die Grille
Zirpt im hohen Gras.

Alles ruht und schweiget.
Selbst die Blume neiget
Sanft ihr Haupt herab.

Auch ich will mich schlafen legen,
Gottes Schutz und Gottes Segen
Wird beschirmen mich.

Selig, wer mit frommem Herzen
Ohne all Gewissens Schmerzen,
Ohne Not und frei von Pein
Schlummert sanft und ruhig ein.

»Küstenlandschaft im Abendlicht«

Caspar David Friedrich »Kreidefelsen auf Rügen«

Sinkend küßt das stille Meer

Sinkend küßt das stille Meer
Die Sonn' mit ihrem Strahlenheer
Und wirft den letzten frohen Blick
An Jasmunds Königsstuhl zurück.

Bald verschwind't des Purpurs Schimmer
Und des Abendsterns Flimmer
Deckt ein nächtlich dunkles Grau
Übers ganze Himmelblau.

Winde sausen, nordwärts her
Brausend schäumt das wilde Meer,
Wogen überwälzen sich,
Tod verkündend schauerlich.

Gottes Donner rollt von oben,
Und des Wassers grauses Toben
Sagt's dem Seemann, daß er heute
Sich zur Ewigkeit bereite.

Schwan und Möwen Klagelieder
Ertönen am Ufer hin und wieder,
Rettung, Hilfe, wehe, weh!
Ruft's aus ungestümer See.

Zischend kreuzen Blitze sich
Durch die Wolken fürchterlich,
Aus den Wogen sieht man kaum
Noch des Wimpels blauen Saum.

Sieh! da liegt, der stark sich dachte!
Und des Sturmes Wüten lachte,
Jetzt am Ufer kalt und bleich
Nichtig da, wie eine Leich'.

THEODOR KÖRNER

Caspar David Friedrichs Totenlandschaft

Die Erde schweigt mit tiefem, tiefem Trauern,
Vom leisen Geisterhauch der Nacht umflüstert;
Horch, wie der Sturm in alten Eichen knistert
Und heulend braust durch die verfall'nen Mauern.

Auf Gräbern liegt, als wollt' es ewig dauern,
Ein tiefer Schnee, der Erde still beschwistert,
Und finstrer Nebel, der die Nacht umdüstert,
Umarmt die Welt mit kalten Todesschauern.

Es blickt der Silber-Mond in bleichem Zittern
Mit stiller Wehmut durch die öden Fenster;
Auch seiner Strahlen sanftes Licht verglüht!

Und leis' und langsam durch des Kirchtors Gittern
Still wie das Wandern nächtlicher Gespenster,
Ein Leichenzug mit Geisterschritten zieht.

Und plötzlich hör' ich süße Harmonien,
Wie Gottes Wort, in Töne ausgegossen,
Und Licht, als wie dem Kruzifix entsprossen,
Und meines Sternes Schimmer seh' ich glühen.

Da wird mir's klar in jenen Melodien:
Der Quell der Gnade ist in Tod geflossen,
Und jene sind der Seligkeit Genossen,
Die durch das Grab zum ew'gen Lichte ziehen.

Selbstbildnis Caspar David Friedrichs

So mögen wir das Werk des Künstlers schauen.
Ihn führte herrlich zu dem schönsten Ziele
Der holden Musen süße, heil'ge Gunst.

Hier darf ich kühn dem eig'nen Herzen trauen:
Nicht kalt bewundern soll ich – nein, ich fühle,
Und im Gefühl vollendet sich die Kunst.

ADELBERT VON CHAMISSO

Die Jungfrau von Stubbenkammer

Ich trank in schnellen Zügen
Das Leben und den Tod
Beim Königsstuhl auf Rügen
Am Strand im Morgenrot.

Ich kam am frühen Tage
Nachsinnend einsam her
Und lauscht' dem Wellenschlage,
Und schaute übers Meer.

Wie schweifend aus der Weite
Mein Blick sich wieder neigt,
Da hat sich mir zur Seite
Ein Feenweib gezeigt.

An Schönheit sondergleichen,
Wie nimmer Augen sahn,
Mit goldener Kron' und reichen
Gewändern angetan.

Sie kniet' auf Felsensteinen,
Umbrandet von der Flut,
Und wusch mit vielem Weinen
Ein Tuch, befleckt mit Blut.

Umsonst war ihr Beginnen;
Sie wusch und wusch mit Fleiß;
Der böse Fleck im Linnen
Erschien doch nimmer weiß.

Da sah sie unter Tränen
Mich an und bittend fast;
Da hat ein heißes Sehnen
Mich namenlos erfaßt.

»Gegrüßet mir, Du blendend,
Du wundersames Bild!« –
Sie aber, ab sich wendend,
Sprach schluchzend, aber mild:

»Ich weine trüb und trüber
Die Augen mir und blind;
Gar viele ziehn vorüber
Und nicht ein Sonntagskind.

Nach langem, bangem Hoffen
Erreichst auch Du den Ort –
O, hättest Du getroffen
Zum Gruß das rechte Wort!

Hätt'st Du *Gott helf!*, gesprochen,
Ich wär erlöst und Dein;
Die Hoffnung ist gebrochen,
Es muß geschieden sein!«

Da stand sie auf, zu gehen,
Das Tuch in ihrer Hand;
Und wo die Pfeiler stehen,
Versank sie und verschwand.

Ich trank in schnellen Zügen
Das Leben und den Tod
Beim Königsstuhl auf Rügen
Am Strand im Morgenrot.

KARL BAEDEKER

Mit dem Dampfschiff von Swinemünde nach Rügen

Das Boot verläßt Swinemünde und fährt nun durch die Molen, lange ins Meer spitz auslaufende Steindämme, 1829 vollendet, zum Schutz gegen das Versanden der Swine, an deren Ende sich ein Feuerturm befindet. Dann verkündet ein je nach Wind und Wetter mehr oder weniger fühlbares Schwanken des Bootes die offene See. Bei heiterer windstiller Luft ist das Meer selbst nervenschwachen Naturen nicht gefährlich, unter andern Umständen aber erleiden wohl Stärkere selbst auf dieser kurzen Fahrt einen Anfall der Seekrankheit. Das einzige Mittel, sich vor derselben zu schützen, besteht darin, sich beim Annähern derselben flach auf den Rücken zu legen, so daß das Schwanken des Bootes nicht fühlbar wird.

Zur Rechten schweift das Auge über die unermeßliche Wasserfläche, während links die waldbedeckte Küste von Usedom, weiterhin das pommersche Festland mit den Türmen von Greifswald und Wolgast, und vor dem Einflusse der Peene die kleine Insel Ruden, nur von einigen Lotsen bewohnt, erscheinen. Zur Rechten tauchen die steil abfallenden Ufer der Greifswalder Oie (Aue, Insel) aus dem Meere auf, im Hintergrunde tritt immer deutlicher die Insel Rügen in die Erscheinung, namentlich der östlichste Punkt, das Vorgebirge Perd auf der Halbinsel Mönchgut. Das Boot durchfährt nun den Rügischen Bodden (Bucht) bei der kleinen Insel Vilm vorbei und landet zu Lauterbach, wo stets Wagen bereit stehen, um die Ankommenden nach dem eine halbe Stunde entfernten Putbus zu bringen.

Putbus (Bellevue mit schöner Aussicht, Logierhaus) ist in neuerer Zeit als Seebad sehr in Aufnahme gekommen. Die Lage des Ortes an der Bucht, im Angesichte der kleinen Insel Vilm durch hohe waldbewachsene Ufer und langgedehnte Vorgebirge geschützt, ist wahrhaft reizend und hat entfernte Ähnlichkeit mit der Bai von Neapel. Ort und

Mit dem Dampfschiff unterwegs nach Rügen

Bad gehören dem Fürsten Putbus, der hier ein ansehnliches Schloß besitzt, in welchem einige gute Gemälde und Marmor-Bildwerke sich befinden, namentlich von Thorwaldsen, dann eine Sammlung von Altertümern, die auf der Insel gefunden wurden. Auch die prächtige Schloßkapelle und der fürstliche Marstall sind sehenswert. Neben dem Schloß ist der Salon mit Wirtstafel, Gesellschaftszimmer für Badegäste, Theater, Park und dergleichen.

Rügen ist die größte deutsche Insel, 28 Meilen im Umfang, südwestlich durch die kaum eine Meile breite Meerenge Gellen vom Festlande getrennt. Über diese Meerenge fahren zwei Fähren, die eine von Stralsund nach der alten Fähre, die andere von Stahlbrode zwischen Stralsund und Greifswald nach der Glewitzer Fähre, die erstere bei stürmischem Wetter für Fuhrwerk bequemer, die andere für Schnellpost-Reisende von Greifswald aus näher. An beiden Fähren kann man zu jeder Tageszeit übersetzen. (Personenboot sechs bis zehn Sgr., großes Boot für Fuhrwerk 17 Sgr.) Das Stralsunder Dampfboot, welches (1846) montags früh aus Stralsund abfährt, nimmt Reisende an der Glewitzer Fähre auf, die beste und sicherste Reisegelegenheit ist indes das Putbus-Stettiner Boot.

Das Meer, die prächtigen Wälder, die mythischen Spuren des altdeutschen Herthadienstes, die geschichtlichen Erinnerungen – das kleine Eiland und die benachbarte Küste von Pommern war die Wiege Odoakers und der Rugier, die das römische Reich nach einem zwölfhundertjährigen Bestehen stürzten – gewähren Rügen, besonders für den Bewohner der flachen sandigen Marken, einen eigentümlichen Zauber, der aber nicht allenthalben auf der Insel vorhält. Doch bleiben immer Stubbenkammer und Arkona zwei Punkte von hoher Schönheit, besonders der erstere. Da indes die schönen Punkte etwas entfernt voneinander sind (von Putbus nach Stubbenkammer vier, von da nach Arkona ebenfalls vier Meilen), das dazwischenliegende Land aber weniger bietet, so nimmt man am besten einen Wagen, deren in Putbus, Bergen und Altefähr, Stralsund gegenüber, in Glewitz bis Putbus oder Bergen immer zu haben sind.

HEINRICH LAUBE

Zum Baden in Putbus

Vom Meeresstrand aus öffnet sich ein hübscher Blick zwischen dem Vilm und der schräg überliegenden Küste hinaus auf das Meer. Weit draußen auf der Wasserfläche sieht man die Türme von Greifswald schimmern.

Angesichts dieser Stipendienstadt, wo trotz Hering und Stipendien immer so wenig Studenten waren, daß die Professoren äußerst ökonomisch mit ihnen umgehen mußten, um lesen zu können; wo auch der mathematische Grundsatz erfunden wurde: »Tres faciunt collegium«, angesichts dieser edlen Stadt stürzten wir uns ins Meer. Ich kann mir wohl denken, daß diese Türme, die man bei gutem Wetter und mit gesunden Augen am Horizonte sieht, dem Seebade Putbus nachteilig wurden: es hat etwas Schamverletzendes, von Türmen im Stande der Unschuld betrachtet zu werden. Wie leicht könnten Studenten, die nächst den Referendarien und den Damen des Serails am meisten Zeit haben, tubusbewaffnet auf diesen Türmen erscheinen und das größte Unglück anrichten!

Sonst ist das stille Meer, das heißt, die stille Ostsee, daran schuld, daß dieses Seebad nicht so besucht wird. Einmal nämlich ist die Bucht überall vom Lande eingeschlossen und nur nach dem Süden zu teilweise offen, dann sind auch die Südwinde seltener und immer schwächer und kommen obendrein vom Lande her. Es fehlt also ganz und gar am Wellenschlag, diesem geheimnisvollen Reiz eines Seebades. Die Oberfläche des Wassers ist glatt wie ein Teich. Man hat wegen des mangelnden Wellenschlages schon vorgeschlagen, an der sogenannten Granitz, wie dieser waldige Teil der Insel genannt wird, ein Seebad einzurichten, indessen paßt aller übrige Zuschnitt, der mit großem Aufwande für Putbus geschieht, nicht dafür. So wurde denn Putbus ein heiterer Sommeraufenthalt ohne besondere Betonung seines Charakters als Seebad.

Der Weg zu diesem Ort führt zwischen Feldern über eine mächtige Anhöhe hinauf. Wir traten sogleich in den Park- und Schloßbereich, der sich an den Hügellehnen hinzieht. Es war ein milder, sonniger Tag. Unter den schönen großen Bäumen war es still, im stattlichen Schloß saßen die Besitzer bei der Tafel. Alle Eingänge und Wege waren sauber und vornehm. Dick und behaglich lehnte der Portier am Schloßeingange, sein großer Hund, der neben ihm ruhte, blinzelte uns schläfrig an.

Von der Seite lockte samtgrün ein schöner Grasabhang, auf dem das Gewächshaus steht. Sanft wird das Auge von hier hinabgeleitet auf Strand und Meer. Alle Ruhe und Behaglichkeit eines schönen und sorglosen Lebensstils umfing uns mit weichem Hauche. Wir legten uns auf den Rasen und träumten von schönen Versen, von treuen Augen, von weichen, streichelnden Händen und von sanfter Musik. Der tiefe Schatten des schönen Parkes mit seinen weißen Gebäuden führt noch weiter zum Tiergarten, wo große Hirsche in bequemer Gefangenschaft ihr Leben verträumen. Diese Anlage ist noch sehr jung, ursprünglich war sie ein Wald, in dem das Putbusser Steinhaus lag. Daraus wurde ein Schloß, der Wald lichtete sich zum Park. Jetzt bewegt man sich unter diesen Bäumen, als sei man in Altengland auf dem müßigen, reich gepflegten Boden eines Millionenlords, der Wald und Meer zu seinem Behagen nötigen kann.

Nach der Saison hat das weiße Städtchen in seiner Leere etwas Totes. Man hört die eigenen Schritte. Ich kaufte mir für zwei Silbergroschen einen Eichenstab und begleitete meinen Gefährten aus dem offenen Örtchen hinaus nach dem Walde und den Bergen zu.

ERNST MORITZ ARNDT

Erinnerungen an meine Kindheit in Schoritz und Dumsewitz

Schoritz war höchst anmutig hart an einer Meeresbucht gelegen, welche die Halbinsel Zudar von der größeren Insel abschneidet; ein neues, noch glänzend geschmücktes Haus; ein großer Blumengarten und mehrere Baumgärten; dicht daran eine ganz kleine Halbinsel, die aber bei hoher Sturmflut oft zu einer Insel ward, mit hohen Birken und Eichen bepflanzt, worauf wir unsre Sommerspiele zu halten pflegten; gegen Osten des Hofes ringsrum ein prächtiger Eichenwald, in welchem Tausende von Ackerraben ihren horstenden Wohnsitz zu haben pflegten; ein Viertelstündchen weiter der größere Wald Krewe.

Auch sind mir noch mehrere Freuden erinnerlich, besonders die freundlichen Gaben, welche zwei Menschen uns Kindern fast allwöchentlich zutrugen. Der erste war mein Oheim und Pate Moritz Schumacher, damals Verwalter des Hofes zu Putbus. Dieser segelte oder ritt nie nach Stralsund oder Greifswald, ohne daß er bei uns etwas abweges ansprach und Gebäck und Süßigkeiten und anderes Schönes aus seiner Tasche schüttelte. Der zweite war ein alter preußischer Hauptmann von Wotke aus Hinterpommern, der mit seinem grauen Gemahl auf dem Schoritzer Nebengute Silmnitz eine halbe Stunde von uns wohnte. Noch heute schwebt mir das alte gutmütige und rosig heitre Gesicht dieses Greises vor, der fast alle Abende zu uns kam und mit dem Vater eine Partie Karten oder Damenbrett spielte. Am besten aber hatten wir Kinder es, wenn er den Vater nicht zu Hause traf; dann nahm der freundliche Alte mich und meinen Bruder Karl auf die Knie und erzählte uns Kriegs- und Mord-Geschichten und andere wundersame Abenteuer, worauf wir mit unbeschreiblicher Lust horchten. An Sonntagen erschien dann auch die Frau Hauptmannin, immer im vollen Staat nach der damaligen Weise, und der Alte dann meistens in Montur, mit herrlich gepuderter Perücke, den Degen an der Seite und

Geburtshaus von Ernst Moritz Arndt

die silbernen Sporen an den Stiefeln. An solchen Galatagen und vorzüglich an den hohen Festen bescherte er den Kindern sehr reichlich, und mit Recht schwebt sein liebes Bild nach mehr als sechzig verlidenen (vergangenen) Jahren als das Bild eines milden und freundlichen Christengels vor meinen in Wehmut dämmernden Augen. Denn dieser gute Greis war neben den Gaben auch ein Friedensengel und hat mich und meinen Bruder Karl öfter von verdienter Züchtigung befreit.

In Schoritz wurden also die ersten Kinderspiele durchgespielt. Es war im Jahr 1775 oder 76, da zog der Inspektor Arndt von Schoritz ab, eine halbe Stunde weiter, und ward nun sein eigener unabhängiger Herr. Der Graf verpachtete nämlich diese Güter an mehrere Pächter, und mein Vater ward Pächter von Dumsewitz und Ubechel nebst einigen Dienstbauern. Weder er noch die Mutter hatten zu solchem Unternehmen hinreichendes Vermögen. Freunde in Stralsund, deren Vertrauen er verdient hatte, schossen ihm dazu die nötige Summe vor.

Wir wohnten nun zu Dumsewitz fünf oder sechs Jahre, ich meine, bis zum Jahr 1780. Wir waren ein Viergespann von Buben, und es kam hier bald noch eine Dirne und ein Knabe hinzu, so daß in Dumsewitz das halbe Dutzend voll ward, das späterhin noch um zwei Geschwister vermehrt werden sollte. Dies hier sind die Jahre der aufdämmernden Kindheit, und aus diesen sind mir die anmutigsten und idyllischsten Lebensbilder übriggeblieben, und auch glaube ich, sie haben meine glücklichsten Tage enthalten. Was nun das Äußere betrifft, so waren wir freilich aus dem Palast in die Hütte versetzt. Dumsewitz war ein häßlicher, zufällig entstandener Hof, mit einem neuen, aber doch kleinlichen Hause; indessen doch hübsche Wiesen und Teiche umher, nebst zwei sehr reichen Obstgärten, und in den Feldern Hügel, Büsche, Teiche, Hünengräber, alles in dem unordentlichen, aber romantischen Zustande eines noch sehr unvollkommenen und ursprünglichen Ackerbaues. Die Natur war, mit Goethe zu reden, gottlob noch nicht reinlich gemacht und ihre ungestörte Wildheit mit Vögeln, Fischen, Wild und Herden desto lustiger; auch streiften wir, dem fröhlichen Jäger, dem Vater und seinen Hunden folgend, oft darüber hin. Das hatten wir alles zu genießen, behielten aber Schoritz, wo uns ganz nahe befreundete Leute wohnten, und das nahe Silmnitz, worauf Ohm Moritz Schumacher als Pächter gezogen war, eigentlich immer noch als unsre Heimat, weil die Nachbarn und Nachbarskinder immer wöchentlich, oft auch täglich zusammenliefen. Dies geschah am meisten in dem Walde Krewe, wovon ein Teil zu Dumsewitz gehörte und worin wir bei der Vogelfängerei und Vogelstellerei meistens freundlich, zuweilen auch feindlich zusammenstießen. Wir hatten überhaupt ein glückliches Leben. Es war die zwanzig bis fünfundzwanzig Jahre nach dem Siebenjährigen Kriege eine stille heitere Zeit, und die Menschen fühlten sich außerordentlich wohlig und wählig und ließen bei Besuchen, Zusammenkünften und Festlichkeiten und bei Reisen zu entfernten Verwandten die Kinder an allem freundlich mit teilnehmen. Das Beste aber war, daß wir mit keinem frühen Lernen gequält wurden und auch diese Dumsewitzer Jahre so spielend durchspielen durften. Das hatte seinen guten Grund.

Es hatte nicht seinen Grund in der Ansicht oder in dem Willen der Eltern, sondern in den engen und kleinen Umständen derselben. Es gab keine Schule in der Nähe, und ein rechter studierter Hauslehrer wäre ihnen zu teuer geworden. Einmal kam freilich einer an, ein alter, verlegener Kandidat, Sohn eines Kantors in der Stadt Bergen, namens Herr Krai. Ich erinnere mich dieser Krähe noch mit Schaudern. Er war früher mit unserm werten Hausfreund, Herrn Pastor Krüger zu Swantow, mehrmals als Gast bei uns gewesen, wo wir über seinen wunderlich zugeknöpften Rock und seine gelbe Perücke gelacht hatten: ein langer, dürrer, griesgrämiger Mensch mit einer ungeheuren Nase und tiefliegenden schwarzen Augen. Welche Angst aber, als er wirklich bei uns einzog und uns in seinem kleinen Zimmer zusammenkniff! Da waren die wilden Vögel eingefangen. Aber diese Angst nahm glücklicherweise ein baldiges Ende. Er verließ unser Haus zu unserem Jubel etwa nach acht Tagen, indem er meinem Vater in einem Briefe erklärte, er könne nicht bleiben, wo man dem Lehrer der Kinder so wenig Achtung erweise: Meine Tante Sofie habe ihn einen guten Morgen kaum angeknixt, und meine Mutter habe gestern statt *Herr Krai*, wie sich gebühre, *lieber Krai* gesagt.

Indessen liefen wir doch nicht wie die rohen Wildlinge herum, sondern wurden, wie ich noch meine, für dieses Alter vom sechsten bis zehnten Jahre recht gut erzogen.

ERNST MORITZ ARNDT

Lebenstraum
der Künftigen gemalt zu Reichenbach im Sommer 1813

Still hält der Wagen, es stehn die Gedanken im rollenden Leben
   Mit ihm still und erbaun flugs sich ein freundliches Nest,
Sich und der Liebe ein Nest, von längst verschienenen Jahren
   Einen anmutigen Traum, welcher noch immer sich träumt.
So ist das Herz, im Getümmel begehrt es der friedlichen Stille,
   Und aus der Stille sogleich will es ins Wilde hinaus.
Wohl erkenn' ich hierin das wechselnde Schicksal der Menschen,
   Wohl erkenn' ich hierin, wie es mir selbst ergeht.
Schon ist der Mittag des Lebens im Wechsel von Freuden und Leiden
   Näher dem Untergang mir über die Scheitel gerollt,
Und von dem eignen Gemüt, von dem, was Gott aus der Höh' schickt,
   Ward über Land, über Meer vielfach getrieben mein Lauf.
Doch der Wagen hält still, flugs kommt mir Sehnsucht und Liebe
   Und noch mit ihnen ein Bild, welches mich nimmer verläßt.
Haltet, Gedanken, denn still und lasset ein Hüttchen uns bauen,
   Reinlich und dicht und bequem, sicher wie niedriges Glück.
Wohin ziehen wir, Liebling? Wohin? Zur Insel der Heimat?
   Oder zum heiligen Rhein? Rede! Was liebest du meist?
Liebster, antwortest du mir, wie kann ich Unkundige wählen?
   Schildre die Orte und dann frage dein Liebchen zuletzt;
Oder erwähle du selbst: denn baust du das Häuschen in Wüsten,
   Wird es mir wahrlich mit dir doch der glückseligste Ort.
Also zur Insel der Heimat zuerst – du liebliches Rügen,
   Was meine Seele nur spinnt, knüpfet sie immer an dich,
Freundliches Eiland im Meer voll frommer und gastlicher Menschen,
   Voll auch der Schönheit, die Gott über die Fluren gestreut.
Hier an dem fernsten Gebirg' der östlichen Marken von Deutschland
   Grüß' ich die glückliche Zeit, die schon Vergangenheit heißt,

Jedes anmutige Tal und jedes umbrauste Gestade,
   Jeglichen Hügel und Busch, wo ich als Knabe gespielt,
Über mir hebt aus dem Dunst der blauen Dämmrung der Riese,
   Welcher die Berge benennt, glänzend den Gipfel voll Schnee,
Aber ihn sehe ich nur, euch fühl' ich mit Herzen und Seele,
   Ferne Gestade, wohin ewig die Sehnsucht entfliegt.
Jetzt sind wir angekommen. – Es steigt in Mitte der größern
   Insel ein Inselchen auf, stiller von Fluten umspielt;
Pulitz heißt es, es war die Liebe des sehnenden Jünglings,
   Und wie ein seliger Traum schwebt es dem Manne noch vor.
Süß ist das Eiland, geschirmt durch Höhen und Wälder vor Stürmen,
   Schauet es über das Land, über die Küsten hinaus
Fern auf das wogende Meer, wo Schiffe wie reisende Vögel
   Glänzender Fittiche Flug spreiten dem hauchenden Wind.
Aus dem Eden hinaus wie traulich schaut sich's ins Wilde!
   Aus der geschirmten Hut in die umbrauste Gefahr!
Siehe, ein grünes Juwel, vom Silber der Fluten umgossen,
   Funkelt es hell wie das Licht, bräutlich und jugendlich schön.
Und wir bauen das Häuschen uns hin, das Nestchen der Liebe,
   Reinlich und dicht und bequem, sicher wie niedriges Glück,
Hart am Haine der Eichen, der heiligen Bäume der Freiheit,
   Wo sich zum Süden hinab sanfter das Inselchen neigt.
Da erfasset uns nie der Samum des Landes, der Ostwind,
   Beißet der Nord uns nicht scharf, wann er mit Flocken erbraust.
Bald ergrünet daran ein Gärtchen voll lustiger Bäume,
   Wenige Jahre, so schwillt schon an den Zweigen die Frucht;
Früher umzieht deine Hand das freundliche Häuschen mit Blumen,
   Unter den bunten erblühst, Blume der Blumen, du selbst.
Dies ist gemacht für die Lust, die spielend auf kindlichen Schwingen
   Gleich einem Vögelchen gern tändelt dem Neste zunächst.
Treibet uns höherer Ernst und tiefere Wehmut und Liebe,
   Rauschen die Eichen nicht fern und der beschattende Hain,
Welche zum Himmel empor mit ahnenden Seelen entwehen,
   Welche wie Geistergespräch lispeln in Stille der Nacht,
Welche das süße Geheimnis bedecken errötender Küsse
   Und das Geflüster, das hold säuselt wie Taubengegirr.

Oder es locken die spielenden Wellen die spielenden Seelen
    Oft ans Gestade hinaus, und auf der rollenden Flut
Wiegen die Geister sich fort, sehnsüchtige Geister der Liebe,
    Und an das klopfende Herz sinkt mir mein liebendes Weib.
Öfter noch lockt uns die Nacht zur seligen Feier der Sterne,
    Und in den himmlischen Glanz müssen wir brünstig hinaus:
Daß uns der Wonnen so viel' der Geber des Guten beschieden,
    Knien in Demut wir hin, Schweigen ist höchstes Gebet.
Willst du das Nützliche sehn, des gern der Mensch sich erfreuet
    Und gespeiset von Gott dankende Hände erhebt,
Wandeln wir hin durch die Felder, die mäßigen Umfangs der Ähren
    Uns und dem Kindlein genug tragen und kleinem Gesind';
Oder auch lustiger noch durchstreifen wir blumige Wiesen,
    Wo uns die Herde der Hirt treibt entgegen dem Pfad;
Oder noch, wenn es dem Liebchen gefällt und linde die Luft geht,
    Stoßen den Nachen wir ab hoch auf die wallende Flut,
Werfen das Netz nach dem Barsch und stellen dem Aale die Reusen,
    Ködern die Angel dem Hecht, spießen bei Fackeln ihn auf.
Herbstlich auch bahnen wir uns mit schneidenden Messern die Steige
    Labyrinthischen Laufs rings durch das Wäldchen hindurch,
Stellen die Schlingen mit Beeren drin auf den reisenden Vögeln;
    So wird der Köchin in Not öfter ein Braten beschert.
Nun, was meinest du? Ist dies Leben nicht Freude und Liebe?
    Sind nicht der Gaben von Gott, sind nicht der Wonnen so viel?
Nimmer welket noch altet das Herz, das Gott und Natur liebt,
    Aber das Herz nur, das liebt, weiß auch von Gott und Natur.
Liebliches Pulitz, du hast im Frühling Lieder der Schwäne,
    Die sich in lenziger Lust sammeln ringsum auf der Flut,
Liebliches Pulitz, du hast der Nachtigall Wundergesänge,
    Hast den erhabnen Gesang immer, der brauset vom Meer:
Wohl ein Nestchen der Liebe, die einsam gerne und still wohnt,
    Wohl für die Unschuld ein Sitz, welcher der Lärm nicht gefällt.
Doch bedarf der gesellige Mensch zuweilen des Menschen,
    Doch bedarf er zu gehn aus ihm selber heraus.
Siehe, wir schirren den Wagen uns an und suchen uns Menschen,
    Suchen auf andrer Flur andres Gesicht und Gefühl.

Herrlich raget nicht fern der Rugard, das Auge des Landes,
  Wo in verdämmerter Zeit weiland die Herrscher gethront,
Bergen, das Städtchen daran, bewohnt von gastlichen Menschen,
  Wo uns der redlichste Freund, wo uns der Bruder begrüßt;
Putbus im grünenden Schmuck der prangenden Hügel und Haine
  Und der anmutige Vilm sind nur zwei Stunden von uns:
O der Vilm, das liebe und süße Gedächtnis der Kindheit!
  Wann die Mutter mit uns abendlich trat an das Meer,
Wo ich geboren bin, zu Schoritz, der freundlichen Stelle,
  Wies sie uns fern in der Flut seinen hochschimmernden Hain.
Wollen wir weitere Fahrt, so winken uns Gräber der Helden,
  Gräber der Väter, die ernst mahnen an frühere Zeit,
Mahnen an tapfere Männer, die Freiheit mit Eisen beschirmten,
  Die in dem Handschlag die Treu' trugen, im Schwerte die Macht.
Siehe, du findest sie rings auf der Insel, die Mäler der Vorzeit,
  Jenes Gigantengeschlechts, welches die Zwerge erstaunt,
Magst du in Krakows Hain im Schauer der Gräber wandeln
  Oder beim heitern Rambin sehen die Hügel getürmt,
Mag dich auf Patzigs Höhn, auf Ossians Campischen Heiden
  Wehmut der nichtigen Zeit, worin du atmest, umwehn.
Locket dich weiter der Trieb, wir schaun das reizende Mönchgut,
  Paradiesischen Sitz mitten in brausender Flut,
Schauen das fruchtbare Land, wo ragt die alte Arkona,
  Wo den Fürsten der See türmten Genossen das Grab.
Segeln nach Hiddensee, der Heimat friedlicher Menschen,
  Welche auf stürmischem Meer stellen den Fischen den Tod,
Weiterhin lockt uns der Hain, der schauerlich düster den See schwärzt,
  Den mit dem Kühegespann Hertha, die Göttin, befuhr, –
Wo von der Stubbenkammer herab der Blick auf dem Meere
  Zahllose Segel erspäht, weißes Geflügel der See,
Wo sich die hohe Natur ein ewiges Denkmal gegründet,
  Königstuhl nennt es das Volk, weil sich der König der Welt,
Weil sich der Mensch, im Graun von Himmel und Erde versinkend,
  Aus der Anbetungen Staub fliegend zu Sternen erhebt.
So hat der himmliche Vater uns gnug des Glücks und der Schönheit
  Hier mit dem lustigen Saum rauschender Wogen umfaßt;

So verrollt sich im wechselnden Tanz der blühenden Horen
  Fröhlich das Leben, doch rollt nimmer die Liebe sich ab.
Wählst du das Eiland, sprich, das Stillen geziemt und Zufriednen?
  Oder gefällt es dir mehr, wo es lebendiger ist?
Dann komm mit mir zum Rhein, zum heiligen Strom der Germanen,
  Wo an den Ufern der Glanz blühender Reben sich hebt,
Wo sich mit lichterem Blau ein milderer Himmel erwölbet,
  Wo sich ein reges Geschlecht fröhlicher Menschen bewegt.
Dort ein Hüttchen gebaut, von grünenden Ranken umwunden,
  Wovon der Weinstock oft Trauben ins Fenster dir senkt;
Dort uns Bäume gepflanzt und duftige Blumen gepfleget,
  Dunklere Lauben gewölbt, welche der Mond nur durchscheint,
Welche die Nachtigall sucht für einsame Klagen des Abends:
  Mond und Nachtigall sind liebenden Seelen vertraut.
O der zu glückliche Traum! Schon hör' ich's trommeln und blasen:
  Das klingt Reise und Krieg, selige Stille, fahr wohl!
Her rollt der Wagen, es fliegen dahin die frommen Gedanken,
  Alles wird wild um mich her, alles wird wilder in mir;
Sausender rollt auch das Rad des Glückes heute denn jemals
  Hin auf dem schlüpfrigen Pfad ewig begossen mit Blut.
O der zu glückliche Traum! Wo fänden wir trauliche Stätte,
  Welche nicht Schrecken und Wut mordischer Waffen umtost?
Dienstbar trauert der Rhein, der heilige Strom der Germanen,
  Und auch mein heimisches Land heißet noch heute nicht frei;
Rings tobt Trug und Gewalt, ein grimmer Tyrann schwingt die Geißel,
  Könige stehen gebückt, staunend gehorchet das Volk.
Hat wohl dein liebender Freund, wohin er das Haupt mag legen,
  Flüchtig, geächtet, weil Recht besser als Lug ihm gefiel?
Findet er jemals die Ruh'? Die Ruh' des engeren Lebens?
  Findet er jemals die Ruh' träumender Sehnsucht mit dir?
Sicher ist nichts, kein Thron und Palast, kein Berg und kein Eiland,
  Sicher ist nichts als allein, was nicht Besitzes bedarf.
Dies laß uns halten, was tief im innersten Busen uns brennt,
  Dies, was mit kühner Gewalt fernste Fernen verknüpft.
Siehe! Das Häuschen, es steht, die Laube grünt und der Garten,
  Mondstrahl schimmert darauf, Nachtigall klinget darin –

Erde vergeht, und Irdisches flieht, o laß uns den Busen
 Dehnen zum himmlischen Raum, welcher es alles umfaßt.

Der Dichter Ernst Moritz Arndt

ERNST MORITZ ARNDT

Eiland lieb und grün

Heimweh nach Rügen

O Land der dunkeln Haine,
O Glanz der blauen See,
O Eiland, das ich meine,
Wie tut's nach dir mir weh!
Nach Fluchten und nach Zügen
Weit über Land und Meer
Mein trautes Ländchen Rügen,
Wie mahnst du mich so sehr!

O wie, mit goldnen Säumen
Die Flügel rings umwebt
Ein Märchen und mit Träumen
Erinnerung zu mir schwebt!
Sie hebt von grauen Jahren
Den dunklen Schleier auf,
Von Wiegen und von Bahren,
Und Tränen fallen drauf.

O Eiland grüner Küsten!
O bunter Himmelschein!
Wie schlief an deinen Brüsten
Der Knabe selig ein!
Die Wiegenlieder sangen
Die Wellen aus der See,
Und Engelharfen klangen
Hernieder aus der Höh'.

Und deine Heldenmäler
Mit moosgewobnem Kleid,
Was künden sie, Erzähler
Aus tapfrer Väter Zeit,
Von edler Tode Ehren
Auf flücht'gem Segelroß,
Von Schwertern und von Speeren
Und Schildesklang und -stoß?

So locken deine Minnen
Mit längst verklungnem Glück
Den grauen Träumer hinnen
In alter Lust zurück.
O heißes Herzenssehnen!
O goldner Tage Schein,
Von Liebe reich und Tränen!
Schon liegt mein Grab am Rhein.

Fern, fern vom Heimatlande
Liegt Haus und Grab am Rhein
Nie werd' an deinem Strande
Ich wieder Pilger sein.
Drum grüß' ich aus der Ferne
Dich, Eiland lieb und grün:
Sollst unterm besten Sterne
Des Himmels ewig blühn!

Europa

Weise Vorhersehung,
Welche das Alte vernichtet,
Damit das Neue werde!
Welche bloß einzelne Ruinen
Übrig lässet,
Deren Anblick die Nachwelt erinnere,
Daß sie mehr tun soll,
Als gedankenlos auf ihnen grasen!

Europa,
Das sich kindisch so lange
Mit Blut befleckt hatte
Bilde sich
In Gemeinschaft
Zur Menschheit!

Der Rugard mit dem Arndt-Turm

Ungefähr zehn Minuten von der Stadt Bergen entfernt erhebt sich der Rugard. Eine breite Allee führt den Wanderer unmerklich den Berg, der eigentlich nur ein Burgwall ist, hinauf.

Der Rugard hat eine fast runde Gestalt. Die alte Umwallung auf seinem Gipfel ist wahrscheinlich eine schon alt-slavische Befestigung, die aber auch noch von den späteren Rügenfürsten zu Anfang des 14. Jahrhunderts als Burg benutzt wurde. Von dieser Residenz, inmitten des Landes gelegen, wurde die Insel regiert. Zahlreiche Sagen und Märchen aus dieser Zeit der Herrschaft der rügenschen Fürsten umweben den Rugard. Wer kennt nicht die schöne Sage von dem Fürstenschloß auf dem Rugard oder dem Mägdesprung? So schön der Rugard aber auch ist, so ist er doch erst durch den Arndt-Turm von Bedeutung geworden, der hier unserm berühmten Landsmann, dem Freiheitssänger Ernst Moritz Arndt, unweit seines Geburtsortes und mitten auf der Insel errichtet worden ist. – Der hundertjährige Geburtstag Arndts im Jahre 1869 sollte als deutscher Festtag durch feierliche Grundsteinlegung jenes Denkmals begangen werden. Das deutsche Volk wurde zur lebhaften Teilnahme an dem Unternehmen aufgefordert. In einem Aufruf heißt es: »An das deutsche Volk! Am kommenden 26. Dezember vor 100 Jahren ward Ernst Moritz Arndt auf Rügen geboren. Es geziemt sich, daß wir diesen Tag feiern, um des deutschen Mannes zu gedenken, der sich nicht beirren ließ in der Begeisterung für seines Vaterlandes Einheit und Stärke; es geziemt sich, daß wir ihm jetzt, wo erfüllt wird, was er standhaft begehrte, dankbar die Siegespalme weihen für sein deutsches Lied und sein deutsches Leben. – Inmitten seiner schönen Heimatinsel Rügen laßt uns den Vater Arndt in einer Ehrenhalle auf dem Rugard hoch erheben zum freien, stolzen Blick über deutsches Meer mit deutscher Flotte und hinüber über das geeinigte

Ernst-Moritz-Arndt-Turm auf dem Rugard bei Bergen

deutsche Vaterland!« – Von einer Ehrenhalle, wie man solche zuerst errichten wollte, wurde später Abstand genommen, und man entschloß sich für die Aufführung eines Turmes, der dem urwüchsigen Geiste jenes Mannes mehr gerecht wurde. Von allen Seiten gingen die Beiträge ein, jeder wollte dazu beisteuern, daß der Turm des Wächters der deutschen Ehre und Freiheit recht hoch werde. So kamen aus weiter Ferne Geschenke: von Graz in Steiermark ging mit einer schönen Gabe ein Marmorblock mit der Inschrift ein: »Treu und fest wie unsere Berge«, und ein Edelweißstrauch von den steirischen Alpen mit einem Gedicht. Auch aus China ging ein grünlicher Steinblock, die Inschrift »China« tragend, von einem Sohne Pommerns ein. Beide Steine wurden später im unteren Erdgeschoß über Türöffnungen eingemauert. Bei so reger Beteiligung konnte, wie es auch beabsichtigt war, schon am 26. Dezember 1869 mit der Grundsteinlegung begonnen werden. Die Feier verlief unter Teilnahme der Behörden und der Bevölkerung äußerst stimmungsvoll. Der Bau des Denkmals wurde hierauf fleißig in Angriff genommen, mußte aber wegen des Krieges zwischen Deutschland und Frankreich während der Jahre 1870/71 ruhen. Im Jahr 1876 konnte die dritte Etage und Kuppel errichtet und letztere gedeckt werden, so daß im darauf folgenden Jahre der Turm äußerlich und innerlich im wesentlichen, so wie er jetzt dasteht, fertiggestellt werden konnte.

So war das Denkmal geschaffen – stolz und kühn! Von seiner Höhe aber kann man alle die zahlreichen Halbinseln, Landengen und Buchten überschauen. Über wogende Felder, blühende Fluren und grünende Wälder gleitet der Blick über das unvergleichlich schöne Rügenland, die weite See, in weiter Ferne zum pommerschen Sund mit den Städten Stralsund, Greifswald, Wolgast und den Inseln Usedom, Ruden und Oie. Die ganze Landschaft liegt wie eine Karte malerisch schön zu des Beschauers Füßen ausgebreitet. Beim Anblick dieser herrlichen Natur geht einem das Herz auf.

Eduard Duller

Die Rügener

Die alten Rügener schildert Kantzow als ein »sehr zänkisch und mordisch Volk«, es würden »im ganzen Land zu Pommern kein Jahr so viel vom Adel und andere erschlagen, als allein in dieser kleinen Insel«.

Wie Kantzow sie geschildert hat, so sind die rügischen Bauern noch heute: das nicht allzu hohe, noch schön gebaute, aber breitschultrige und kraftvolle Geschlecht mit scharf ausgeprägten Zügen, blauen Augen und hellem Haar; hartnäckig, das zu behaupten und durchzufechten, was jeder für sein Recht hält; bei allem bedächtigen Ernst doch leicht im Zorn aufbrausend; wenig geneigt, sich von Höheren was gefallen zu lassen, dabei emsig in Land- und Seemannsarbeit; am alten Volksglauben noch mit großer Anhänglichkeit haftend, von der neueren Kultur weniger berührt, ja sogar nicht ohne Mißtrauen und Abneigung dagegen. Es sind aber die rügischen Bauern nach langer, unsäglich bitterer Leibeigenschaft – die hauptsächlich vom 16. Jahrhundert ab immer mehr statt des früheren freien und glücklichen Zustandes aufgekommen ist, von deren Greueln man in Ernst Moritz Arndts »Versuch einer Geschichte der Leibeigenschaft in Pommern und Rügen« lesen muß – erst im Jahre 1810 durchwegs freie Männer geworden, zu dem Zeitpunkt, von dem der Schwedenkönig Gustav Adolf, der 1806 die Leibeigenschaft in Pommern und Rügen aufhob, die Umzugszeit der vormaligen Leibeigenen beginnen ließ.

Am eigentümlichsten sind die Hiddenseer, die fast alle blauäugig, blond, von gelblicher, gesunder Gesichtsfarbe, viele lang und schlank von Statur, Fischer und Seeleute – daher ist ihre Tracht aus selbstgefertigtem Warp und Zigöt eine seemännische –, wenig wohlhabend, nicht frei von Habsucht und Eigennutz, mit vorherrschender, tiefwurzelnder Heimatliebe sind; ferner die ziemlich isolierten Ummanzer, unter denen auch viele lange, ansehnliche Gestalten mit kräftigem Körperbau sind (meist Ackerbauern, Viehzüchter und Fischer).

Festtagskleidung der Mönchguterinnen

Endlich die Mönchguter; und in diesen hat sich das meist Charakteristische erhalten, sowohl was die Mundart als was Sitten, Bräuche, Lebensart, Denk- und Handlungsweise und Tracht betrifft. Unter den Männern ragen viele große, breitschultrige Gestalten hervor; auch die Frauen sind von Statur nicht klein, manche Gesichter auffallend durch starke Züge, gebogene Nasen, gelbliche, mitunter frische Farbe; ein unverdrossen fleißiges, frommes, mildtätiges, friedfertiges, dabei derbes, fest am Alten hängendes, gegen Fremde mißtrauisches, unter sich selber aber wahrhaft verbrüdertes Geschlecht geborener Seeleute, das sich gleichwohl in starker Heimatliebe auf seinem Fleck Erde abschließt – so gehen die Mönchguter stattlich einher in ihrer unverändert von alters her beibehaltenen Bauerntracht. Die Männer tragen meistens weite schwarze Jacken aus einem selbstgewebten Zeug »Dreiling« (Drill, Drillich), mit Knöpfen aus Kokosnußschale oder schwarzem Horn, zwei Paar Hosen übereinander und darüber wieder sehr weite weißlinnene Fischerhosen, die bis auf die Waden herabreichen und wie ein Schurz um die Beine flattern (bei feierlichen Gelegenheiten sind auch die Überhosen schwarz) – im Sommer und zur Erntezeit auch weißlinnene Jakken und bei der Feldarbeit noch ein weißlinnenes Überhemd über der anderen Kleidung -; braun- oder schwarzwollene Strümpfe und Schuhe, mit »Senkeln« gebunden; endlich einen runden Hut mit breitem, niederhängendem Rand.

Viel eigentümlicher ist die weibliche Tracht. Den Kopf bedeckt ein weißleinenes Mützchen, darüber eine schwarze, kegelförmig zulaufende, dick mit Wolle gefütterte Mütze, die tief auf die Stirn herabreicht und zugleich das Unterscheidungsmerkmal zwischen Ehefrauen und Jungfrauen bietet (die ersteren tragen nämlich ein von vorn nach hinten über die Mützenspitze hinlaufendes, breites schwarzseidenes Band); auf dieser Kegelmütze sitzt nun noch ein Strohhut. Das Hemd hat keine Ärmel, darüber aber tragen sie ein kurzes Überhemd mit Ärmeln von etwas feinerer Leinwand; der Brustlatz ist gewöhnlich von selbstgefertigtem, buntgestreiften Wollzeug, oben mit einem blauen oder grünen breiten Band besetzt und mit gleichfarbigem schmalen kreuzweise zugeschnürt, zum Putz aber von rotem Seidenzeug mit breiten Gold- oder Silberspitzen besetzt, doch ist der Brustlatz bei feierlichen Gelegenheiten nie sichtbar. Die Braut trägt (außer dem besonderen Abzeichen einer blauleinenen Schürze mit blauen Bändern) einen eigenen bunten und schimmernden Hochzeitslatz vor der Brust, der über dem zusammengehakten Kamisol an seinen vier Ecken befestigt ist; das bunte Busentuch liegt, wenn der Staatslatz angezogen wird, unter einem dichten, weißen gestreiften Tuch, muß aber am Hals doch ein wenig sichtbar sein; hierüber wird dann ein schwarzes Kamisol oder die oben herum mit breitem schwarzseidenem Band besetzte Joppe ganz über die Brust zugehakt und die weiße gestärkte Schürze drübergebunden. Bei der Abendmahlsfeier, bei Trauungen und beim Gevatterstand trägt die Mönchguterin (»Mönnichgauderin«) stets eine schwarzwollene, mit schwarzen Seidenbändern besetzte Schürze.

Den feierlichen Anzug vollendet ein faltenreiches, aber ärmelloses und nur bis zum Ende der Taille reichendes, mit schwarzen Atlasbändern mehrmals besetztes schwarzes Mäntelchen. Um den Leib läuft am schwarzen Mieder ein dicker, mit Hede ausgestopfter Wulst von Leinwand, der den vielgefalteten schwarzen Rock trägt und ihn vom Leib abstehen macht; die Strümpfe sind hochrot oder blau, die Schuhe plump mit hohen Absätzen, mit ledernen Riemen gebunden.

Das hochgewachsene Geschlecht wohnt in meistenteils engen und sehr niedrigen »Dünsen« (so heißen die Wohnstuben der mönchgutischen Dorfkaten); nicht selten kann ein Erwachsener kaum zwischen den Balken aufrecht stehen; der Boden ist selten gedielt, meist aus Lehm; der ohnehin beschränkte Raum wird durch das hochgepolsterte Ehebett, zu dessen Füßen die Bettstellen der Kinder befestigt sind, durch den Milchschrank, den Eßtisch, die Bänke sowie den altväterlichen Webstuhl noch mehr verengt. Als Wahrzeichen des Hauses dient das bestimmte Handzeichen des Besitzers, das er auch statt der Namensunterschrift und als Marke für Gerätschaften, Säcke, Leinwand und so weiter zu gebrauchen pflegt.

Sinnsprüche durch das Jahr – plattdütsch

In 'n Januar Riep
un keenen Schnee,
deet de Böm
un alle weh.

Is de Februar
kolt un klar,
givt' een godes
Roggenjohr.

Kümmt Tied, kümmt Rat,
kümmt Sommer, kümmt Saat,
sä' de Buer
un har nix seicht.

Quaken de Frösch
in 'n April,
noch Schnee un Rägen
kamen will.

Rägen in 'n Mai
givt för't ganze Johr
Brot un Heu.

Is de Juni
warm un god,
givt in 'n Winder
keene Not.

In 'n Juli
mütt dat düchdig braden,
sall't in'n September
god geraden.

De Morgendak
deet denn August so not,
wie jedermann
dat däglich Brot.

Dunnert'
in 'n September noch,
licht de Schnee
to Wihnacht hoch.

Is de Oktober
schon dägt kolt,
höllt he Rupen
af von't Holt.

Bringt de November
Rägen un Frost,
dit de Saat
dat Läben kost.

Wihnachten
in 'n Kleewer,
Ostern
Schneegestöwer.

Johannes Friedländer

Wie Dr. Friesen in Saßnitz Weihnachten feierte

Dr. Friesen war um 1850 der einzige Arzt auf der rügenschen Halbinsel Jasmund. Ein Kollege hatte sich zwar einmal etwa zwei Jahre hindurch in Sagard niedergelassen, war dann aber fortgegangen, da es, wie er sagte, niemand, der sich zu den Gebildeten rechnete, es in dieser weltverlorenen Einsamkeit aushalten könnte.

Diese war aber gerade dem Dr. Friesen recht. Er hatte sich in Saßnitz ein Häuschen gekauft und einfach eingerichtet. Von hier aus besuchte er, auf seinem Braunen reitend, treulich die Kranken. Dr. Friesen und sein »Nickel« waren überall gern gesehen, selbst dann, wenn ein Unfall oder eine Krankheit den Besuch veranlaßte. Beider Namen waren so miteinander verschmolzen, daß, wenn der Arzt in ein Dorf hineinritt, die Kunde sich verbreitete: »Nickel ist da!«, und manch einer nicht wußte, ob mit dieser Benennung der hagere Doktor oder aber sein wohlgenährter vierbeiniger Gefährte gemeint sei, und den Arzt selbst wohl mit »Doktor Nickel« anredete.

Schmunzelnd ergab sich der stets freundliche Mann in diese Verwechselung von Mensch und Tier. Wollte sich einer wegen des Irrtums bei ihm entschuldigen, so sagte er wohl: »Lieber Freund, mein Nickel ist klüger als ich. Wenn ich in der Finsternis den Weg nicht finden kann, lege ich ihm die Zügel einfach auf den Hals und bin dann noch immer sicher nach Hause gekommen.«

Warum sich's Dr. Friesen in der Weltferne gefallen ließ, ja, jede Berührung mit der über sein ärztliches Gebiet hinausgehenden Welt zu meiden schien, wußte niemand. Hatten ihn traurige Erfahrungen in die Einsamkeit getrieben? Enttäuschungen? Verschmähte Liebe? Verzagen an der Kraft, einem größeren Kreise zu dienen? Niemand konnte es sagen. Er selbst äußerte sich nie darüber. Er war immer in gleicher Weise freundlich. Nicht einmal von einer Narbe, die doch jedesmal Ereignisse solcher ernsten Art in der Menschenseele zu hinterlassen pflegen, war etwas zu merken. Daher wurde er als ein Sonderling angesehen, war aber allgemein geliebt und verehrt.

Manche Anekdote aus seinem ärztlichen Leben ging in der Bevölkerung von Mund zu Mund. Die alte Frau des Fischers Christian Hauer sollte sich einmal einer Operation unterziehen und jammerte sehr, ihr sei davor so bange, und sie fürchte sich über die Maßen. »Hauersch«, sagte da Dr. Friesen, »sehen Sie, wenn ich schneide, auf nichts anderes als auf mein Gesicht. Darin werden Sie lesen können, ob die Sache gutgeht.« Und die Sache ging nicht nur gut, sondern Hauersch meinte auch nachher, sie wollte sich gern noch zehnmal »operieren« lassen, wenn's immer so schmerzlos abginge wie diesmal.

Als ein andermal die Frau Apotheker Appelbom in Sagard, die sich stark zu den Gebildeten der Gemeinde rechnete, an einem lang dauernden Fieber litt und Dr. Friesen sie nicht schnell genug davon befreite, glaubte sie, dem Doktor dies sagen zu müssen, und fügte hinzu: »Wenn der alte Anschütz noch lebte, würde es schneller gehen.«

Da lachte Dr. Friesen und antwortete: »Sie, Frau Appelbom, gehören doch zu den Gebildeten, urteilen Sie nun selbst. Sehen Sie, die alte Schule gab ein Mittel gegen das Fieber. Das half auch bald, das Fieber schwand. Aber der eigentliche Schaden blieb; er kam irgendwo am Leibe wieder zum Ausbruch. Wir neueren Mediziner suchen aber die Ursache des Fiebers zu erkennen, greifen da ein, bestreben uns dabei, die ganze Konstitution des Kranken zu heben, damit sie helfe, die Krankheit zu überwinden. Das geht freilich langsamer, hilft aber besser und sicherer. Nach welcher Methode soll ich Sie nun kurieren? Nach der alten oder nach der neuen?« – »Nach der neuen«, antwortete Frau Appelbom eilig.

Für jeden, für jung und alt, für schwermütige und für frohe Naturen hatte der Doktor ein gutes Wort, hie und da auch ein ernstes, das auf Gottvertrauen oder auf Umkehr des Lebenswandels hinwies. »Denn«, meinte er, »eines Arztes ermahnendes Wort hat oft einen stärkeren Nachdruck als das eines Pastors.« Nach dem Gesagten versteht es sich von selbst, daß Dr. Friesen ein Wohltäter und Berater der Armen war.

So schien ihm nichts am stillen Glück zu fehlen, und doch hatte auch er sein Kreuz, und zwar eines, das am schwersten drückt, nämlich ein Hauskreuz.

Er stand allein in der Welt. Die Mutter war schon während seiner Studienzeit heimgegangen; eine Schwester, die ihm hätte die Wirtschaft führen können, hatte er nie besessen, und wie sehr bedarf gerade ein Landarzt der fürsorgenden, pflegenden Hand. Wenn er sich mit seinem Nickel morgens auf den Weg machte, wußte er nie, wann er zum Mittagessen nach Hause kommen würde. Wie oft wurde er aber auch nachts herausgeklopft! Sollte er dann ohne eine Tasse Tee in die Kälte hinauswandern? Sollte er, wenn er ermüdet, naß, durchgefroren heimkehrte, sich erst selbst mühsam etwas bereiten, was ihn erquickte? Er bedurfte weiblicher Pflege und Bedienung.

Ein Studienfreund, ein Pastor, der geheiratet hatte, hatte ihm seine alte Haushälterin empfohlen. »Adelheid ist ein Juwel, dem gerade dein Haus die rechte Fassung geben wird.« Auf diese Empfehlung hin war Adelheid in Dr. Friesens Haushalt eingetreten. Sie hatte auch wirklich große Tugenden. Sie war eine sparsame Wirtschafterin, eine saubere Frau, eine gute Köchin – aber »Schwachheit, dein Name ist Weib!« Das Wort paßte gerade nicht auf Adelheid. Grobknochig von Gestalt, hatte sie auch in ihrem Wesen etwas Grobes, Knochiges, obwohl sie es von Herzen gut meinte, besonders mit »ihrem« Doktor. Es dauerte nicht lange, so hatte sie vollständig das Regiment. Der Doktor mußte sich einfach fügen. Er war nicht mehr Herr in seinem Hause. Er fürchtete sich vor seiner Adelheid und wagte keinen Widerspruch und keinen Widerstand gegen ihre Anordnungen. Das war sein Hauskreuz. Nur in einem Stück war er unbeugsam: wenn es seinen Kranken galt. In seinen herrlichen Beruf ließ er sich nicht dreinreden, auch wenn Adelheid zehnmal sagte: »Aber, Herr Doktor, jetzt schon so früh!« oder »jetzt noch so spät!« oder »jetzt bei diesem Wetter!«

So war denn der Weihnachtsabend eines der fünfziger Jahre des vorigen Jahrhunderts gekommen. In den mittleren Dezembertagen hatte von der See her ein scharfer Ostwind geweht, der zuletzt zum Sturm geworden war, dann aber am 23. sich nach Westen gedreht hatte. Dadurch war ein massenhafter Schneefall eingetreten. Die Hohlwege waren bis obenan verschneit; alle Straßen für Fuhrwerk waren unwegsam, kaum daß an ihren Rändern oder auf dem Acker sich ein starker Mann durcharbeiten konnte. Nickel hatte einen sauren Vormittag gehabt, denn sie hatten schon einen entfernt wohnenden Kranken besucht. Das

Tier stand nun, wohl abgerieben, an der vollen Krippe. Der Doktor brummte: »Rechtes Weihnachtswetter! Nehmen wir es als ein gutes Omen! Weiße Weihnachten geben grüne Ostern!« Und es wurde ihm ordentlich andächtig zumute, als er in warmer Stube nach seinem Mittagbrote so behaglich auf dem Sofa saß und ihm die und jene unter seinen Patienten vor die Seele traten, die gerade am Heiligen Abend ihre Armut und ihre Krankheit besonders schmerzlich fühlen mußten.

»Was hat dich, Herr, bewogen,
Daß du mich vorgezogen?«

ging es durch seine Seele. Aber ob diese frommen Gedanken, die den Einsamen wehmütig bewegten, echt waren, dafür sollte bald die Probe kommen.

Mit heftigem Gepolter kam eben einer durch die Haustür auf den kleinen Flur, klopfte sich durch wiederholtes lautes Stampfen mit den Füßen den Schnee von den schweren Transtiefeln und kam in die Stube hinein. Hinter dem Eintretenden stand aber auch schon Adelheid.

»Her Doktor«, sagte der Mann, »Kapitän Stöwer im Schwirenzer Baumhaus läßt Sie bitten, heut noch heraufzukommen. Er ist gestern nach Hause gekommen und hat seine Frau ganz unbesinnlich gefunden. Er meint, es könnte mit ihr zu Ende gehen. Darum möchten Sie man schnell heraufkommen.«

»Schon gut, Jochen Ruge«, sagte der Doktor. »Ich danke Ihnen, daß Sie die Botschaft gebracht haben. Es steht aber wohl schlecht mit dem Durchkommen da oben?«

»Ja«, sagte der Fischer, »die Wehen gingen mir oft bis zu den Achseln; aber Sie sehen, ich bin ja doch noch durchgekommen.« Und dabei entfernte er noch Schnee aus den Knopflöchern seiner Jacke.

»Mann«, rief Adelheid, »Sie können doch nicht verlangen, daß der Herr Doktor sich noch heut auf den Weg machen soll! Es ist doch heut Heiligabend, wo jeder Christenmensch zu Hause bleibt!«

»Je«, sagte Jochen kleinlaut, »ich habe es ja nur bestellen sollen.«

»Und jetzt ist es bald drei Uhr«, fuhr Adelheid fort. »Um vier Uhr ist es stockfinster.«

Jochen kratzte sich hinter den Ohren.

»Und das Pferd ist außerstande, noch einmal einen so schweren Ritt auszuhalten, wie es heute schon einen nach dem Hülsenkruge und Wostevitz gemacht hat.«

Jochen sah verlegen den Doktor an. Wer sich mit Adelheid in ein Wortgefecht einließ, der zog, das wußten beide, den kürzeren. Aber Doktor Friesen kam dem Boten jetzt zu Hülfe.

»Adelheid, die langen Stiefel her!«

Adelheid schlug die Hände über den Kopf zusammen.

»Sie wollen dorthin?«

»Adelheid, die Stiefel!«

»Und mit Nickel, dem guten, treuen Tier haben Sie gar kein Erbarmen?«

»Adelheid, die Stiefel und den langen wollenen Shawl von oben! Er liegt in der Truhe auf der Bodenkammer.«

»Und an sich denken Sie gar nicht? Das heißt ja, sich mutwillig in die Grube bringen!«

»Adelheid, die Stiefel und den Mantel aus der Küche. Er wird wohl nun am Feuer getrocknet sein.«

»Und um das verdrehte Frauenzimmer, die Stöwer, wollen Sie den weiten Weg machen? Sie wissen ja, wie oft sie Sie genarrt hat. Nichts fehlt ihr. Was sie immer von ihren Nerven sagt, ist Unsinn. Davon weiß hier niemand das geringste –«

Nun ward aber dem Doktor doch die Geduld gerissen. Er hatte sich schon zurechtgemacht, seinen kleinen, mit den nötigsten Arzneimitteln versehenen Kasten und sein Besteck, ohne das er nie ausging, in die Rocktaschen gesteckt und drehte sich nun kurz um.

»Adelheid«, rief er bestimmt, »heute ist Weihnachten! Heut' ist der gekommen, der ein Neues in die Welt gebracht hat: Mühselige zu erquicken und Kranken zu helfen. Heut soll es mir doppelt und dreifach eine Lust sein, ein Liebeswerk zu tun. Ich danke ihm, daß er mich dazu ruft.« Und da Adelheid verstummt war, wandte er sich an den Fischer: »Jochen Ruge, tun Sie mir den Gefallen, zäumen Sie Nickel auf und führen Sie ihn vor die Tür, Sie wissen ja Bescheid.«

Es dauerte nur einige Minuten, so saß Dr. Friesen auf dem Pferde. Adelheid stand vor dem Hause. »Welch ein Mann!« murmelte sie. »Und welch ein Christ!« fügte Jochen Ruge hinzu, der ihre Worte gehört hatte.

Der Doktor ritt zuerst die Dorfstraße hinauf und dann rechts ab beim Kreidebruche vorbei, dessen glänzende Weiße gegen den blauschwarzen Himmel grell abstach, in den Wald, um zunächst in die Straße einzubiegen, die den ganzen Stubnitzwald vom Lenzberge bis nach Stubbenkammer durchquert. Still und schweigend standen die hohen Buchen, deren Wipfel nur durch den Westwind leise hin- und herbewegt wurden. Der Boden war gleichmäßig mit tiefem Schnee bedeckt. Wo der Weg eine Waldwiese durchschnitt, hatte der Wind zum Teil recht hohe Schneewehen zusammengetrieben. So oft der Doktor an eine solche schwierige Stelle kam, klopfte er auf den Hals seines Braunen, und es schien, als verstünde das unvernünftige Geschöpf, was sein Herr damit sagen wollte. Sie kannten, ja, sie liebten sich schon manches Jahr. Nickel nahm dann nach solcher Aufmunterung, mühsam sich durch die Schneemassen hindurcharbeitend, die Wehen. Diese wurden, je weiter sie kamen, desto größer. Mitten in einem Haufen stand das Pferd still, sich verschnaufend, aber ein Klopfen an seinen Hals gab ihm neuen Mut und neue Kraft. »Für dich ist auch Weihnachten da«, sagte der Doktor, still vor sich hinsinnend, »denn auch die Kreatur soll frei werden vom Dienste der Vergänglichkeit«, und er erinnerte sich, in der Schule von einem Worte Luthers gehört zu haben, der in seiner humorvollen Weise seinem verletzten Hündchen ein goldenes Schwänzchen im Paradiese verhieß.

Der Doktor mußte lächeln. Kindheitserinnerungen stiegen in ihm auf. Vater und Mutter standen vor seinen Augen, wie sie in zartester Liebe darauf gesonnen hatten, durch ein Geschenk das Herz ihres Kindes zu erfreuen. Nur gering an Wert war die Gabe, aber kleine Hand wird ja leicht gefüllt. Und der Heilige Abend, an dem er seinen Weihnachtsspruch hersagen mußte, ehe es durch den dunklen Flur in die helle Stube mit dem brennenden Baume ging. Und dann kam der erste Weihnachtstag ohne den Vater, da die Mutter sagte: »Ludwig, heut müssen wir zeigen, daß wir wissen, warum wir Weihnachten feiern, und müssen bei aller Trauer uns doch des heiligen Gottessohnes freuen.« Und da war auch der alte Pastor mit seinem freundlichen Gesicht, dessen Liebling er war, und der durchaus wollte, daß er auch ein Pastor werden sollte, und der ihm, um ihn für das heilige Amt vorzubereiten, bei der Weihnachtsvesper in der Kirche immer die Rolle des Engels zu-

Die Stubbenkammer auf der Halbinsel Jasmund

Der Königsstuhl auf Stubbenkammer

erteilte, der in die erleuchtete Kirche, auch genau an der rechten Stelle, hineinrufen mußte: »Siehe, ich verkündige euch große Freude! Euch ist heute der Heiland geboren!« Und dann kamen die einsamen Weihnachtsfeste in der harten Studienzeit! Und wie einsam war er auch jetzt! Aber nein, einsam war er nicht. Sie waren alle bei ihm, die alten, lieben Gesichter aus der Kindheit und der Jugend. Und jetzt, da er allein mit sich, mit seinen Geliebten, mit seinem Gotte war, dessen Nähe er fühlte, dankte er noch einmal aus innerstem Herzen, daß er in die Stille des sinkenden Tages hineingerufen war, um andern zu dienen. Und es war wie eine Antwort auf sein tiefstes Sehnen und Danken, daß gerade jetzt kurz nach dem frühen Sonnenuntergang die Glocken der Kirchen von Sagard und Bobbin ihre feierlichen Klänge ertönen ließen.

Doktor Friesen hatte mittlerweile den Herthasee erreicht. Er umritt ihn und gelangte in schnellem Trabe an das Schwirenzer Baumhaus, wo Kapitän Stöwer wohnte. Dieser trat ihm schon in der Tür entgegen und reichte ihm beide Hände dar. Der Arzt sprang schnell vom Pferde, das ein Junge fürsorglich in Obhut und Pflege nahm.

»Willkommen zu Hause!« rief der Doktor. »Ich glaubte nach ihrem letzten Briefe kaum, daß Sie das Fest daheim feiern würden.«

Tief bewegt antwortete der alte Seemann: »Weihnachten zu Hause! Es ist mir selbst wie ein Wunder! Sie wissen, Doktor, ich hatte eine Ladung von Kopenhagen nach Wismar. Sie haben ja die Stürme der letzten Tage gehört. Ich war unterwegs. Die Wogen des Meeres schüttelten meinen Schoner wie eine Nußschale. Wir fuhren dahin, wie wenn wir in die Tiefe des Meeres versenkt werden sollten. Mein Schiff schien verloren. Der allmächtige Gott hat es aber mit allen, die darauf waren, erhalten!« Und gedenkend an die Schrecken der letzten Nacht vor dem Einlaufen in den Hafen, erhob der Kapitän beide Hände und rief: »Großer Gott, und nun bin ich Weihnachten zu Hause!« Es klang gerade so, als wenn er gesagt hätte: »Großer Gott, nun bin ich im Himmel!« »Aber«, fuhr er fort, »meine arme Frau hat leiden müssen. Die Angst um mich, den sie in diesen Sturmtagen auf der See wußte, hat sie zu sehr mitgenommen. Sie bedarf Ihrer. Kommen Sie herein, Doktor, helfen Sie, daß wir Heiligabend fröhlich feiern können!«

Beide Männer traten ins Haus ein und gingen in das Zimmer, in dem die Kranke sich befand und das spärlich von einer Lampe erleuchtet war. Das Auge mußte sich erst an die Dämmerung gewöhnen, um zu erkennen, was in der Stube vorhanden war. Sie war niedrig, mit einigen Bildern geschmückt, die auf den seemännischen Beruf des Bewohners Bezug hatten. Von der Decke hing ein bis in die kleinsten Teile kunstfertig hergestelltes Schiff herunter und hinderte die freie Bewegung in dem Raume. An den Wänden liefen Bretter entlang, auf denen porzellanene Gegenstände standen: blaue Tassen, roh gearbeitete Figuren und – was in keinem Seemannshause Rügens fehlt – zwei weiße Pudel mit goldenen Ohren, Tatzen und Maul. An der einen Seite befand sich ein großes Himmelbett mit roten Kattunvorhängen. In ihm lag Frau Stöwer.

Als der Doktor in die Stube trat, richtete sie sich auf und schaute ihn mit großen Augen an. Über ihre Lippen kamen wirre Reden, die von der Seelenangst Zeugnis gaben, die sie während der letzten Tage ausgestanden hatte. Kaum aber hatte sie den Arzt erkannt, so legte sich die Kranke matt zurück in die blendend weißen Kissen und schloß die Augen.

Friesen trat heran, sprach einige beruhigende Worte und legte seine Hand auf die fieberheiße Stirn der Kranken. »Ach, das tut gut«, murmelte diese, »der gute Doktor wird mich wohl wieder zurechtflicken, wie er es schon so oft getan hat.«

In der Tat, schon die bloße Anwesenheit des Arztes wirkte heilsam. Doktor Friesen setzte sich auf einen Binsenstuhl neben dem Bette, ließ sich erzählen, was die Kranke erlebt hatte und jetzt fühlte, und sagte dann mit der Zuversicht, die Zuversicht erzeugt: »Das wollen wir bald kriegen!«

Aus dem mitgebrachten Arzneikasten holte er ein Pulver, mischte es selbst mit Wasser und reichte es der Kranken, indem er noch einige Worte der Freude über die Rückkehr des Mannes äußerte. Nach kurzer Zeit bewiesen die ruhigen Atemzüge, daß die Kranke eingeschlafen war. Doktor Friesen stand auf, gab noch einige Weisungen, besonders über die Nahrung der Kranken, übergab dem Kapitän Stöwer noch ein Pulver, aber »nur für den Notfall,« und rüstete sich dann zum Aufbruche.

Inzwischen hatte der Wind den Himmel reingefegt. Die Sterne leuchteten in der Klarheit, die ihnen bei scharfer Winterkälte eigentümlich ist, und bald umfing wieder der dunkele Wald Reiter und Roß, das, da es nun wußte, daß es heimwärts ginge, in schnellerem Laufe dahintrabte. Auch in dem Reiter wurde, durch die Begrüßungsworte des Kapitäns angeregt, das Wort »zu Hause« lebendig und erweckte in ihm mancherlei wehmütige oder liebe, sehnsüchtige und dankbare Gedanken. Mit ihnen beschäftigt, achtete er kaum auf die Außenwelt, konnte er sich doch auf seinen treuen Nickel verlassen.

Da war es ihm, als ob er hinter sich rufen hörte. Er hielt an und horchte. In der Tat, es kam jemand hinter ihm gelaufen; eine Kinderstimme rief aus atemloser Brust mehrmals seinen Namen. Er wandte sein Pferd. In schnellem Laufe, mit den Armen winkend, näherte sich ein etwa vierzehnjähriger Junge in ärmlichem Anzuge, die Pudelmütze auf dem Kopfe. Er fiel stolpernd ein paarmal in den tiefen Schnee, raffte sich aber immer wieder auf und kam endlich zum Arzt.

»Doktor Nickel«, sagte er, »Sie sollen gleich nach Holzkoppel kommen.«

»Warum denn, mein Junge?«

»Die blaue Mine stirbt!«

»Was fehlt ihr denn?«

»Sie hat sich mit dem Beil den Leib aufgeschlitzt.«

»Wie kam sie denn dazu?«

»Na, sie wollte für ihren Jungen eine Gräne als Weihnachtsbaum abhauen und schlug fehl. Mit aller Gewalt fuhr ihr das Beil in den Leib. Sie blieb liegen und konnte nicht weiter. Der alte Grimm fand sie, als er vom Verladen am Kieler Bach nach Hagen ging. Sie haben sie nun in ihre Wohnung gebracht. Wir hörten, Sie seien in Schwirenz, und ich wurde ausgesandt, um Sie zu holen, da ich doch der schnellste in Holzkoppel bin.«

Beredsamkeit ist nicht die Tugend der Rügener, insonderheit nicht der Schuljugend. Es ist eine wortkarge Art. Aber der Doktor freute sich, wie Not und Liebe dem jungen Burschen die Zunge gelöst hatte.

»Geh nur voraus!« sagte er freundlich. »Ich komme mit dir.«

Es ging nun bis zum Grenzgestell zurück, dann links ab bis zu den paar Häusern, die, noch im Walde gelegen und für die Waldarbeiter errichtet, den Namen »Holzkoppel« führten. Es waren kleine, strohgedeckte Hütten. Aus einer derselben leuchtete Licht hervor. Zu dieser eilten die beiden.

Sie traten in eine Stube voll schwüler, dumpfer Luft. Frische Luft ist kalt, darum öffnet man auf dem Lande die Fenster nicht, aus Sparsamkeit. Vier, fünf Männer waren in dem kleinen Raum versammelt. Auf einem ärmlichen Lager war die blaue Mine hingestreckt, ein Weib, hoch in den Zwanzigern, hager und knochig, jetzt mit bleichem Angesicht und halb geöffnetem Munde. Den Namen, unter dem sie allen bekannt war, hatte sie von der blauen Farbe ihrer Kleidung bekommen. Die Rügener lieben es, mit besonderen Namen Häuser, Orte, Personen zu benennen. Nur leicht bekleidet, lag die Ächzende da und warf sich unruhig hin und her. Dann und wann schwand ihr das Bewußtsein. Kam sie zu sich, so versuchte sie, sich aufzurichten und nach einer roh gezimmerten Wiege zu sehen, die in einer Ecke stand, und in der, ungestört durch das, was um ihn her vorging, ein etwa anderthalbjähriger Knabe schlief. Mit tiefem Seufzen legte sich dann die Leidende wieder zurück, um in Halbschlaf zu verfallen.

Der Doktor erkannte sogleich, daß die Sache sehr gefährlich war. Er untersuchte die Verletzte und erschrak. Die Wunde war tief, der Blutverlust war stark gewesen. Es mußten edle Teile verletzt sein. Als er die Stube betreten hatte, hatte das leise Gespräch und Gemurmel der Anwesenden aufgehört. Mit lautloser Stille wurde das ganze Benehmen des Arztes beobachtet. Als er die Decke wieder über den Leib der im Bett Liegenden breitete, schüttelte er den Kopf, und unwillkürlich entfuhr ein Seufzer seiner Brust.

»Es geht zu Ende; sie stirbt; er kann nicht mehr helfen«, so ging es von Mund zu Munde. Es wurde dann noch stiller. Es war, als ob ein Rauschen der Ewigkeit durch den Raum ginge. Man sah den sonst rauhen Mienen der Waldarbeiter die tiefe Erregung an, die in entscheidenden Augenblicken die Herzen derer, die ein einfaches Leben führen, mehr ergreift als derer, die gewohnt sind, sich zu beherrschen.

Doktor Friesen ließ frisches, kaltes Wasser holen, befeuchtete ein zusammengelegtes Tuch damit und legte es der Verwundeten sorgsam auf den Leib. Dadurch erwachte sie wieder aus dem Halbschlummer und versuchte, sich aufzurichten. Der Arzt hinderte sie aber daran mit sanfter Gewalt. Doch konnte er es nicht wehren, daß sie sich plötzlich herumwarf. Mit lautem Schrei: »Mein Junge, mein armer Junge!« streckte sie sich dann aus. Ihre Seele war entflohen.

»Kann keiner beten?« fragte der Doktor.

Keiner antwortete.

Da faltete er selber die Hände, die andern ahmten ihm nach. Er wußte nicht, was er beten sollte. Da fiel ihm ein, daß ja heute Weihnachten sei. Er sprach laut den Weihnachtsspruch: »Also hat Gott die Welt geliebt.« Ein Vaterunser folgte.

Durch sein lautes Wort war nun der Knabe in der Wiege doch aufgewacht, hatte sich aufgerichtet und rief in einem fort weinend: »Mutting, Mutting!« Doktor Friesen trat zu ihm. Es war, soviel er beim spärlichen Licht erkennen konnte, ein blonder, kräftiger Knabe. Mit tiefem Mitgefühl sah er ihn an. Dann drehte er sich zu den Männern, die in der Stube waren, herum und fragte: »Wer wird sich des Jungen nun annehmen.«

Keine Antwort.

»Nun«, sagte der Doktor, sich an den Ältesten wendend, »Malte Grimm, wie denkt Ihr darüber?«

»Sie wissen, Herr Doktor«, erwiderte der Angeredete, »ich bin bald siebzig, und meine Alte ist nicht viel jünger. Wir taugen nicht mehr dazu, solch ein kleines Menschengewächs großzuziehen.«

»Und Thesenvitz?«

»Ich habe schon sieben Mäuler am Tisch sitzen, und mein Verdienst ist gering.«

»Und Möller?«

Der schwieg völlig. Da drängte sich ein Kluger hervor.

»Dies ist doch sicher ein Fall, wo die Armenpflege eintreten muß. Wozu zahlen wir denn unsere Abgaben? Bringt den Jungen zum Schulzen Maaß in Hagen, der muß für ihn sorgen.«

»Krehmke hat recht!« sagten die andern.

Es schien die Entscheidung über das Los des Sohnes der blauen Mine gefallen zu sein. Aber der Doktor wußte zu gut, was das für ein Los sein würde. Er kannte manch ein Pflegekind, das, dem Mindestfordernden überlassen, ohne das Sonnenlicht der Liebe aufwuchs und die Folgen davon fürs ganze Leben an Seele und Leib mit sich herumtrug. Und wieder gedachte er des heutigen Festes. Er sah im Geiste das Kind in der Krippe und Maria liebevoll darüber gebeugt und gedachte daran, wie Jesus nachher als Mann die Kinder so lieb gehabt und von ihnen gesagt hat: »Wer eins von ihnen aufnimmt, der nimmt mich auf.«

»Ich werde den Jungen mit mir nehmen«, sagte er leise für sich, als wenn er sich scheute, es vor andern auszusprechen.

Er ließ das Kind in eine wärmende Decke hüllen und sich, nachdem er das Pferd bestiegen, zureichen. Der Junge war schwer. Verwundert über alles, was mit ihm geschah, sah er mit seinen braunen Augen um sich. Das Herz von einer Freude erfüllt, wie er sie nie vorher gekannt, ritt nun der Doktor nach Hause, sorgsam darauf achtend, daß das Pferd in gleichmäßigem Schritt ging, damit der Kleine nicht beunruhigt würde. Dank dieser Fürsorge schlief der Knabe auch bald ein.

Hatten den Doktor bei seinem Herwege liebe Erinnerungen aus der Vergangenheit begleitet, so umgaukelten ihn jetzt auf dem Heimwege freundliche Zukunftsbilder. Ein weites Herz hatte er immer gehabt; aber es war doch etwas anderes, die Fürsorge für ein einziges Menschenleben zu übernehmen, dessen Wohl und Wehe mitzudurchleben und gar mitzubestimmen, als an die Krankenbetten fremder Menschen zu eilen, die die Fürsorge nur für kurze Zeit in Anspruch nehmen. Wahrhaft beglückt doch die Liebe erst dann, wenn sie ein Herz gefunden hat, dem sie sich ausschließlich zuneigen kann. Leichter, als er es gehabt, sollte es des Doktors Pflegling haben. Vermeiden sollte dieser die Klippen, an denen ihm selbst manch Lebensglück gescheitert war. Reicher sollten sich ihm des Lebens Schatzkammern auftun, zielbewußter sollte er seinen Lebensgang einrichten.

Schon glänzten in der Tiefe die Lichter von Saßnitz. Er suchte sein Haus, und da erst fiel ihm ein, wie er dort wohl von seiner Haushälterin empfangen werden würde. Je näher er seiner Wohnung kam, desto mehr verlangsamte er den Schritt seines Pferdes. Es war ihm ganz recht, daß er unbemerkt vor die Haustür kam, daß er still eintreten und das schlafende Kind sanft auf eine alte Truhe betten konnte, die im Hausflure stand. Dann trat er wieder ins Freie, führte das Pferd auf den Hof, der hinter dem Hause lag, und rief mit lauter Stimme nach dem Jungen, der dazu gemietet war, jenes zu besorgen, wenn der Arzt abends von seinen Ritten heimkehrte. Die Tür der Küche tat sich auf, der Junge erschien, um seine Pflicht zu tun. Hinter ihm war aber auch schon Adelheid erschienen, die, scheltend über das lange Ausbleiben des Doktors, ihm den Mantel abnahm und ihn in das an die Küche stoßende Hinterzimmer führte.

»Ich bin lange ausgeblieben«, begann Doktor Friesen etwas bedrückt nach einer Pause.

»Freilich«, erwiderte Adelheid in ihrer groben Art. »Aber ich bin es ja schon so gewöhnt, daß, wenn ich gedacht habe, heut könntet Ihr einen gemütlichen Abend haben, irgend etwa dazwischen kommt.«

»Ich habe auch etwas erlebt, was mich tief bewegt hat«, sagte der Doktor.

»Sie wissen, Herr Doktor, daß ich nicht neugierig bin und daß ich Sie über Ihre Besuche nie ausgefragt habe«, sagte Adelheid spitz.

»Aber diesmal ist es etwas ganz Einzigartiges«, sagte der Doktor.

»Das kommt wohl darauf an, wie man es ansieht«, meinte Adelheid mit angenommener Gleichgültigkeit.

Der Doktor merkte, daß er auf diese Weise nicht weiterkommen und daß es ihm nicht gelingen würde, eine Brücke zu bauen und Adelheid zum Fragen und zur Anteilnahme an seiner Erzählung zu bringen. Er beschloß daher, den geraden Weg zu gehen.

»Als ich schon auf der Heimkehr begriffen war«, begann er, »wurde ich noch nach Holzkoppel zu Mine Peyer gerufen.«

»Die blaue Mine«, kam es fast verächtlich über Adelheids Lippen.

»Ganz recht«, sagte der Doktor. »Sie hatte sich schwer verletzt.«

»Gewiß wieder beim Holzdiebstahl«, warf Adelheid dazwischen.

»Ich konnte ihr nicht helfen«, sprach der Doktor.

»Verdient sie auch nicht«, sagte Adelheid hart.

»Ich konnte nur ihre letzte Bitte hören«, fuhr der Doktor fort.

»Und die war?« fragte Adelheid, deren Teilnahme doch erweckt war.

»In einer Wiege lag ihr kleine Knabe«, erzählte der Doktor weiter. »Der war ihr letzter Gedanke. Sie hätten nur hören sollen, liebe Adelheid, wie sie mit der letzten Kraft noch ausrief: Mein Junge, mein Junge! Die Stube war voll von Leuten. Sie sahen alle die quälende Sorge der Mutter, aber keiner erbarmte sich des Kindes.«

»Und das konnten Sie natürlich auch so ruhig mit ansehen, ohne Erbarmen«, sagte Adelheid nicht gerade in liebenswürdigem Tone.

Der Doktor ließ sich aber durch diese Bemerkung nicht stören. Er erzählte weiter, als wäre er nicht unterbrochen worden:

»Dazu sei die Armenpflege da, sagten die Leute, um für die verlassenen Kinder zu sorgen.«

»Na ja, das kennen wir schon! Und das nennt sich dann christliche Nächstenliebe!« rief Adelheid spöttisch.

»Ja, was sollte man denn aber anfangen?« fragte der Doktor, sich kühl stellend.

»Doktor Friesen!« rief Adelheid in größter Bewegung, »man müßte ja ein Herz von Stein haben, wenn man nicht ... – nein, über die Mannsleute! Man muß sich doch wirklich über sie ärgern! Ob sie wohl etwas vernünftig machen können! Morgen hole ich mir den Jungen und werde schon Mittel und Wege finden, ihm eine Stätte der Liebe zu verschaffen.«

Kaum war dies gesagt, da klang die weinende Stimme des Knaben vom Flur her; recht als wenn dieser es geahnt hätte, daß von ihm geredet und über ihn entschieden würde, erhob er seine Stimme, die eindringlicher war als alle Worte, die andere für ihn sprachen. Betroffen schaute Adelheid den Doktor an, und mit einer Stimme, aus der alles Harte und Grobe geschwunden war, rief sie: »Sie lieben, das erfahre ich wieder, Überraschungen, bei denen Ihnen der Schalk im Nacken sitzt. Während ich noch überlege und nachdenke, haben Sie schon gehandelt! Ja, Herr Doktor, wir behalten das Kind. Neben meinem Bette soll seine Wiege stehen. Ich will ihm die Mutter ersetzen, so viel ich es vermag. Das gelobe ich.«

»So holen Sie den Jungen herein«, sagte Doktor Friesen, ihr erfreut die Hand reichend. »Ich will gleich unser Weihnachtsbäumchen anzünden, und dann wollen wir in gewohnter Weise Heiligabend feiern, und doch in neuer Weise, nun selbdritt.«

Und so geschah es. Ein neues Leben war in das Haus des Doktors eingezogen. Adelheid, die Strenge, Harte, war wie umgewandelt. Das hat das kleine Kind der blauen Mine getan. Und jedes folgende Weihnachtsfest ward tiefer und heiliger und gesegneter. Wer je mit heranwachsenden Kindern unter dem Weihnachtsbaum gestanden hat, wird das verstehen. Und das hat das Kind von Bethlehem getan!

Renate Schaarschuh

Johannes Brahms in Saßnitz

Während der Sommermonate erschien zweimal wöchentlich der in Putbus gedruckte »Bade-Courier für Saßnitz und Crampas«. Er enthielt die »Bade-Listen«, in denen die Gäste mit Namen, Herkunft, Beruf, Anreisedatum und Quartiergeber aufgeführt waren. Unter den tonangebenden Fabrikanten, Beamten, Kaufleuten, Gutsbesitzern und Offizieren findet man vereinzelt auch Gelehrte und Künstler, unter ihnen Brahms, Scharwenka und Henschel. Insgesamt mögen etwa 2000 Gäste im Sommer 1876 in Saßnitz geweilt haben.

Freilich durfte man bei der An- und Abreise keine Strapazen scheuen. Anschaulich schildert Scharwenka in seinen Erinnerungen die Fahrt mit der Familie Gousseff von Berlin nach Saßnitz: »Zwei Möbelwagen brachten am Abend vor der Anreise die 36 Koffer, deren Inhalt die Damen notwendig zu gebrauchen vermeinten, zum Stettiner Bahnhof. Auch ein Piano wurde mitgenommen. Schon vorher war das ganze Haus des Fischers Hahlbeck in Beschlag genommen worden, denn unsere Gesellschaft war sehr zahlreich ... in summa acht Personen. In Greifswald mußte das Gepäck – man erinnere sich: 36 Koffer und ein Piano – vom Bahnhof zum Schiff befördert werden. Es gelang ja schließlich, doch konnte der Dampfer nur mit einstündiger Verspätung seine Fahrt antreten. Am Landungsplatz in Lauterbach dieselbe Katastrophe. Dann kam die fünfstündige Wagenfahrt im Schneckentempo. Gegen Mitternacht langten wir in Saßnitz an, die Wagenburg – drei Leiterwagen und zwei Landauer – wurde ihres Inhalts entledigt, und wir kamen erst bei Sonnenaufgang zur Ruhe. Einige Stunden Schlaf brachten uns wieder in Ordnung, und die gebratenen Flundern beim Frühstück ließen uns die ausgestandenen Strapazen vollends vergessen.« Am nächsten Morgen um 6 Uhr zieht es Scharwenka sogleich an die Ostsee. Nach einem Bad »in den sanft

bewegten Wogen« begegnet ihm Georg Henschel, der seinem Freund Johannes Brahms nach Saßnitz nachgereist ist. Scharwenka berichtet: »Seine erste Frage nach unserer Begrüßung war: ›Haben Sie schon Brahms gesehen? Nein? Nun, dann kommen Sie heute abend ins Hotel Fahrenberg!‹ Voller Spannung begab ich mich, nach kräftigem Morgenimbiß, zur Vormittagspromenade in den herrlichen Buchenwald ... auf schmalem Fußsteige traumverloren dahinwandelnd, bemerkte ich in einiger Entfernung ein menschliches Wesen, mir entgegenschreitend, mittelgroß, untersetzt, bartlos, in einem Jackettanzug von unmöglichem Schnitt und unbestimmter Farbe; hervortretend war ein mattes Rötlichbraun, kleinkariert. Beinkleider sehr ausgiebig, aber zu kurz, Kopfbedeckung in der Hand. Der einsame Wanderer ging lautlos vorüber ... Den ganzen Tag kam mir die Begegnung mit diesem eigentümlich ausschauenden Menschen nicht aus dem Sinn. Abends pilgerte ich zum ›Fahrenberg‹. Henschel kam mir entgegen und führte mich zu dem Braunkarierten. Herr Gott, welche Überraschung! Es war Johannes Brahms. Wir plauderten nun gleich wie alte Bekannte. Auf seine Frage, ob ich Frühaufsteher sei, was ich bejahen konnte, forderte er mich auf, ihn am folgenden Morgen zum Flundernfang zu begleiten. B. wollte mich früh Schlag 3 Uhr abholen ... So schieden wir, es war wohl 11 Uhr abends geworden. Er verschwand im Dunkel der Nacht gen Krampas hin, während Henschel ins Hotel zurückkehrte. Bald schlief ich ein. Von der Reise ermüdet und von so manchem Glas Pilsener eingelullt, mag mein Schlaf wohl ein ziemlich fester und dauerhafter gewesen sein. Da plötzlich ein wahnsinniges Poltern, ein entsetzliches Krachen und Klirren zerbrochener Fensterscheiben. Mit fürchterlichem Schreck fahre ich empor aus süßen Träumen. Eine Männerstimme ben marcato con energia tönt von der Straße herauf: ›Raus aus den Federn; der Hahn hat zum drittenmal gekräht!‹ Richtig. Ich hatte die verabredete Zeit verschlafen; es war Punkt 3 Uhr! Was war geschehen? Brahms hatte, um mich zu wecken, mit einer Bohnenstange die Fensterscheiben eingeschlagen. Ein echter Brahms. Rasch war ich in den Kleidern. Gemächlich schlenderten wir zum Strande, wo uns der gute Hahlbeck mit dem Boot erwartete.
   Abends genossen wir unsere ›in Grün‹ zubereitete Beute an der gastlichen Tafel meiner gütigen Wirtin.«

Fritz Worm

Letzte Fahrt

Eine wahre Erzählung aus dem Seemannsleben

Im Herbst des Jahres 1881 war's, da zog der junge Kapitän Niemann aus der alten Hansestadt am blauen Sunde eines Abends sein trautes Lieb noch einmal in die Arme, noch einmal an seine Brust und flüsterte bittend zu ihm hernieder: »Sei still, sei still, mein liebes gutes Kind! Deine Tränen machen mir den Abschied noch bitterer und schwerer. Denk ans Wiedersehen übers Jahr. Die wenigen Monde schwinden bald dahin, und dann – dann, Schatz, komme ich wieder zu dir herüber aus der nahen Stadt auf deine wunderschöne Heimatinsel Rügen und – o wird das eine Freude, wird das ein seliges Glück sein – dann, Lieb, schmücken dich treue Jugendgespielinnen mit dem grünen Myrtenkranze und dem langen, weißen Schleier, und dann ziehen wir in fröhlichem Zuge hinauf zum alten Kirchlein, und der ehrwürdige Pastor spricht an Gottes Altar den Segen zum schönen Bunde, der uns einen soll bis in Ewigkeit. Denk stets des schönen, kommenden Tages, Marie, und du wirst den Abschied um so leichter überwinden.«

Das schöne Mädchen schlang in leidenschaftlicher Glut ihre weichen Arme um den Hals des Geliebten und schluchzte: »Ja, wenn du nur nicht aufs Meer hinauszögest, dann – dann wollte ich schon die Tränen unterdrücken, aber die See, du mein Liebster, du mein ein und alles, die See ist oft so falsch, so tückisch! O Theo, wie so manches süße Glück hat sie schon unbarmherzig vernichtet und begraben. Ich bin nicht eher wieder ruhig, bis ich dich mit meinen Armen fest umschlinge.«

»Scheiden und Meiden ist des Seemanns Los; doch ob auch Meere uns trennen, so bleiben wir doch in treuer Liebe eng verbunden. Und nun denn leb wohl, mein Lieb, auf Wiedersehn!«

Fischerhaus in Thiessow

> Und komm ich zurück übers Jahr,
> Und hat sich bewährt dein Lieben,
> Und bist du mir treu geblieben:
> Dann treten wir zum Altar.
> Übers Jahr, mein Schatz, übers Jahr.
> Übers Jahr, mein Schatz, übers Jahr!

Hei, wie die »Adelgunde«, der schmucke Raaschoner, vor dem Westwinde dahinflog! Kapitän Niemann stand selber am Steuer und drehte es mit kundiger Hand bald rechts, bald links. Englands Küste war längst den Schiffsleuten aus dem Gesichtskreise entschwunden. An Norwegens und Schwedens Gestaden war die »Adelgunde« wie im Fluge vorübergerauscht, und nachdem nun die dänischen Inseln sich wie im blauen Dunst aufgelöst hatten, tauchte auch schon Deutschlands schönstes Eiland, das herrliche Rügen, aus dem blauen Meer empor. Arkonas weiße Kreideufer sandten die ersten Grüße dem heimkehrenden Schiffer hinüber. Und da – da die weiße Küste mit den dunklen Wäldern, das ist der Saum der vielbesungenen, sagenumwobenen Halbinsel Jasmund.

Der Wind frischte mehr und mehr auf und wurde bald zur steifen Brise, und pfeilschnell jagte er das Schifflein vor sich her.

»Käppen, müssen wir auch Segel bergen?« fragte der Steuermann.

»Ich denke, in einem Stündchen wird uns der Sturm mit vollen Backen zu unserer Heimkehr aufspielen.«

»Was, Segel bergen! I wo, Steuermann! Ich denk' nicht dran. Die Ladung ist gut verstaut, das Schiff ist dicht, Segel und Tauwerk sind stark und neu, was fragen wir nach einer Mütze voll Wind! Gleich ändern wir den Kurs und fahren unter dem Schutze der lieben, heimatlichen Insel südwärts. Die Rüganer sollen merken, daß alte Hanseaten am Steuer stehen, die Sturm und Meer zu zwingen verstehen.«

»Ollreit, Käppen, mir ist's auch recht. Ich meine nur so!«

Und bald wurde das Ruder nach Steuerbord gelegt und herum ging's um die weißleuchtenden, prächtigen Uferpartien Stubbenkammers. Saßnitz, Binz, Sellin, Göhren wurden nacheinander passiert, dann drehte das Schiff in den Wind, und rasselnd sanken die Anker auf der Reede vor dem Lotsenorte Thiessow auf den Grund. Hier mußte zum größten Leidwesen der Seeleute leider die Fahrt vorläufig unterbrochen werden; denn bei dem heftigen Weststurm war gar nicht dran zu denken, daß der Lotse das Schiff durch das schmale Landtief in den Bodden brachte.

Als der junge Schiffer sein prächtiges Fahrzeug gut verankert wußte, ließ er sich von dem Jungmann im Boote ans Land setzen, um in Thiessow noch ein paar trauliche Stunden mit seinem lieben Freunde Heinrich Brandt zu verleben, der mit ihm vor Jahren zusammen auf einem Schiffe Freud und Leid geteilt und dann auch mit ihm zugleich die Schifferschule besucht hatte.

Heinrich Brandt war seit kurzer Zeit wohlbestallter königlicher Seelotse und hatte heute gerade seinen dienstfreien Tag. Von der Höhe, die sich hinter dem Dorfe erhebt, auf welcher der Wachtturm und der Signalmast stehen, hatte er schon längst den Schoner bemerkt und mit Freuden erkannt.

Kaum lief der Kiel des Bootes auf den Strand, da trat auch schon der junge Lotse dem aussteigenden Kapitän zu seiner größten Überraschung entgegen, und mit inniger Rührung schüttelten sich die beiden Freunde nach langer Trennung wieder einmal die Hände.

»Ist das aber nett, alter Schwede, daß du dich wieder einmal in Thiessow sehen läßt! Das hätte ich mir über Nacht gewiß nicht träumen lassen, daß ich heute noch vor abend meinem Herzensfreunde Theo die biedere Hand drücken würde. Und was wird meine Liesbeth erst sagen, wenn ich ihr einen so lieben Gast zuführe.«

»Alle Wetter, Heinrich«, polterte recht komisch der so herzlich in Empfang genommene Kapitän, »Heinrich, solltest du mir wirklich vorgekommen und schon glücklich mit vollen Segeln in den so heißersehnten Hafen der Ehe eingelaufen sein. Das wäre doch zu stark!«

»Du weißt doch«, entgegnete keck der Lotse, »jung gefreit, hat niemand gereut. Ich hätte meine Liesbeth am liebsten schon vor zehn Jahren gefreit. Ein Prachtweib!«

»Ih, Junge, du machst mich aber gespannt, daß ich bald vor Neugierde platze.«

»Behüte, das darf und soll nicht geschehen. So komm und schaue mein Glück.«

Unter heiteren Gesprächen erreichten die einstigen beiden Schiffsgenossen das kleine, weiße Häuschen mit dem roten Ziegeldach und dem freundlichen Vorgärtchen. Zwischen den blankgeputzten Scheiben und vor den weißleuchtenden, faltigen Fenstervorhängen stand ein Blumentopf neben dem andern, da prahlten mit ihren üppigen Kronen Geranien in hellem und dunklem Rot, wohlduftende Mandelblüten senkten dazwischen bescheiden ihre lieblichen Blüten, und eine weiße und eine rote Rose schauten sinnig auf ein Meer von blauen Blüten hernieder – Männertreu nannten die Bewohner dieses überaus zarte Pflänzchen.

Am Fenster hinter den Blumentöpfen beugte sich ein allerliebstes rosiges Antlitz über eine Näharbeit. Als die junge Frau die beiden Männer erblickte, barg sie hastig das kleine, weiße Hemdchen und eilte den Ankommenden freundlich entgegen.

»Sieh hier, Schatz, bringe ich dir einen lieben, lieben Gast. Den nimm mir aber fein auf und biet ihm, was Küche und Keller nur hergeben können.«

»Gewiß doch, Heinrich, nichts soll zu gut sein. Ich will gerne geben, was ich habe; denn du weißt: den du lieb hast, den lieb' auch ich schon wieder um deinetwegen. Willkommen, Herr«, und damit reichte das schmucke Weib ungeniert dem eintretenden Gaste ihr kleines Händchen.

»Ja, mein Lieb, nun rate aber einmal, wer denn der liebe Mann ist«, neckte Heinrich schelmisch sein junges Gesponst.

»Ih, Heinrich, ich glaube, das wird mir gar nicht so schwer. Nach der Freude, die dir ja aus den Augen lacht, kann der liebe Besuch nur einzig und allein dein Busenfreund Niemann sein.«

»Recht geraten, junge Frau«, bestätigte der erfreute Kapitän. »Der Heinrich hat mich mir nichts, dir nichts am Strande weggekapert und in sein allerdings so überaus trauliches Heim verschleppt, wo er mir nun die Annehmlichkeit seines jungen Eheglücks so recht deutlich vor Augen führen will.«

»Sieh, sieh, also auch ein ausgelernter Seebär kann die artigsten Schmeicheleien sagen«, lachte die muntere Lotsenfrau.

»Freund«, lachte der Lotse, »ich will dich nur ein bißchen reizen und dir den Mund wässerig machen, damit du Anstalten machst, auch so schnell wie nur möglich das eigene Nest zu bauen.«

»Natürlich, Heiner, ich kenne ja dein gutes Herz. Und ich halte scharf Kielwasser. Will's Gott, so feiern wir in vier Wochen die fröhlichste Hochzeit, die je auf Rügen stattgefunden hat. Ich setze voraus, daß du und dein schmuckes Weibchen als die liebsten unter meinen Gästen weilen werdet. Sobald die »Adelgunde« im Hafen von Stralsund vertäut ist, eile ich zum treuen Lieb hinüber nach Altefähr und bestelle freudigen Herzens das Aufgebot.«

»Hurra, Theo, es lebe die Liebe und die Liebste! Darauf trinken wir gleich noch eins.«

»Mit Vergnügen, du durstige Seele!«

Und nun mußte es sich der Gast in der Sofaecke bequem machen, Heinrich holte den echten »Importierten« herbei, und auch eine Flasche Madeira fehlte nicht, die jedenfalls vor Jahren schon, bevor Heinrich »Königlicher« wurde, so aus Versehen unverzollt ins liebe, deutsche Vaterland gekommen war.

Während die rührige Hausfrau nun draußen in der hellen Küche mit flinken Händen beim Herd hantierte, saßen die treuen Freunde beieinander, und noch einmal zogen die Jahre an ihrem Geiste vorüber, die sie gemeinschaftlich auf demselben Schiffe und in den verschiedensten Häfen verlebt hatten.«»Weißt du noch, Theo« – »Ih, gewiß, Heiner, gewiß weiß ich das noch« und »Heiner, weißt du noch –?«

So begann Rede und Gegenrede fort und fort, und die Freunde wurden nicht müde, in den alten Erinnerungen zu schwelgen.

Ohne daß sie es gemerkt hatten, war die Dämmerung hereingebrochen, und als die junge Frau ins Zimmer trat, um den Tisch für die Abendmahlzeit zu decken, da wunderte sie sich nicht wenig, daß die beiden noch im Dunkeln saßen. Doch nickte sie auch, als der Gast meinte: nichts sei schöner als so in traulicher Dämmerstunde alte, liebe Erinnerungen wachzurufen.

»Aber es hilft nichts, lieber Herr Niemann«, sagte lächelnd Frau Liesbeth, »ich muß trotzdem jetzt für Licht sorgen. Jedem das Seine. Haben sich eben Herz und Gemüt erquickt, so muß jetzt auch der arme Magen haben, was ihm zukommt.«

»Ei, sieh, Frauchen, wie du wieder den Nagel auf den Kopf triffst«, lobte Heinrich sein verständiges Weibchen.

Bald saßen nun die drei an der kleinen Tafel und ließen's sich gut schmecken. Liesbeth hatte aufgetragen, daß der Gast schmunzelnd meinte: der Tisch müsse knacken oder gar brechen. So gut hatte es dem Kapitän lange nicht geschmeckt, und er genierte sich durchaus nicht – Seeleute sind in der Regel nicht schüchtern – und hieb seine beste Klinge; doch dem Hausmütterchen aß er immer noch nicht genug. Hiervon und davon müsse er unbedingt noch nehmen, und der Gast – um der freundlichen Spenderin nicht weh zu tun – aß – aß, bis er zuletzt aufrichtig versicherte: er sei nun tatsächlich so vollgestopft, daß er auch kein Kosthäppchen mehr essen könne, und er hätte nun vielleicht auf acht Tage genug.

Nachdem die junge Frau den Tisch abgeräumt hatte, folgte sie willig den Bitten der beiden Männer, sich nunmehr im trauten Verein an der Unterhaltung zu beteiligen. Helles, munteres Lachen im Diskant und tiefes Kullern im Baß zeugten bald davon, daß die kleine Gesellschaft sich gar prächtig unterhielt. Die Mitternachtsstunde war nicht mehr fern, als der Kapitän mit Schrecken aufsprang und sich vielmals entschuldigte, daß er so unverschämt gewesen sei, die lieben Leutchen solange in ihrem Heim belästigt zu haben.

»Na, nu sag aber bloß noch Spickaal«, wetterte Heinrich, »dann sollst du doch mal sehen, wie dir hier der Kopf geschoren wird. Bereitest uns mit deiner Gegenwart die größte Freude und willst dann faseln von belästigen!«

»Schon gut, schon gut, alter Brummbär«, beschwichtigte Theo den wetternden Freund, »ich will dann auch nichts gesagt haben.«

Liesbeth begleitete den Gast bis vor die Tür, während ihr Mann dem Freunde noch bis zum Strande das Geleit gab. Der Jungmann, der sich noch einen Kameraden mit ins Boot genommen hatte, war erst vor kurzer Zeit gelandet und brauchte nun nicht lange auf den Käppen warten.

Mit der Verabredung, daß Theo, falls der Weststurm noch länger anhalten würde, am nächsten Tage seinen Besuch wiederholen sollte, schieden die einstigen treuen Gefährten.

Der Sturm ließ nicht nach, sondern er wurde von Stunde zu Stunde nur noch ärger.

So gerne Theo auch in der traulichen Häuslichkeit seines Freundes weilte, so sehnte er doch mit kaum zu zügelnder Ungeduld das Umspringen des Windes herbei. Wußte er doch, wie sich nur wenige Meilen von ihm ein Herz in Sehnsucht nach ihm verzehrte, nach dem ihm selber in gleichem Sehnen bangt. Sowie er in der Nacht an Bord gekommen war, setzte er sich hin und schilderte in einem langen, innigen Schreiben seinem treuen Lieb seine Ankunft vor Thiessow und seine Aufnahme bei seinem Busenfreunde und seine große Sehnsucht nach seinem einzigen, treuen Schätzel. Mit glühender Begeisterung erzählte er von dem häuslichen Walten der munteren Liesbeth und daß er nichts sehnlicher wünsche, als auch bald so im eigenen, traulichen Neste daheim zu sein.

Herzliche Aufnahme fand Theo auch bei dem alten, biederen Vater seines Freundes, der seit Jahren als Oberlotse seines Amtes in Thiessow waltete. Alle gaben sich die größte Mühe, dem lieben, ungeduldigen Gast den unfreiwilligen Aufenthalt so angenehm wie nur möglich zu machen.

Endlich, endlich drehte der Wind langsam nach Nordwest. Käppen Niemann kam voller Freude in seinem Boote an Land, um hier noch einige Geschäfte zu erledigen und vor allen Dingen seiner Marie ein Telegramm zu senden, daß in kurzer Zeit die Segel zur frohen Heimfahrt gesetzt würden, sie solle nur in einigen Stunden fleißig Auslug halten, dann würde sie die stolze »Adelgunde« wohl den Strom hinaufkommen sehen.

Es traf sich gut, daß gerade Heinrich Brandt den »Törn« hatte, das Schiff nach Stralsund zu lotsen.

Um keine Zeit zu verlieren, ließ er sich von seinem Kameraden mit dem Lotsenboot an das Schiff bringen, während Theo seine Angelegenheiten am Lande besorgte. Sowie Heinrich an Bord war, wurden die Segel gehißt, die Anker gehoben, und frohgemut steuerte der kundige Lotse um das Südperd herum. Inzwischen wurde auch seelenvergnügt der Kapitän vom Südstrande aus an Bord gesetzt. Die Flagge senkte sich zum Abschiedsgruß dreimal, und wagemutig ging's in das schmale Landtief hinein.

Doch der Mensch denkt – und Gott lenkt!

Die lustige Fahrt hatte noch nicht zehn Minuten gedauert, so sprang der Wind auf West zurück, um bald darauf mit orkanartigen Böen über die See dahinzubrausen.

In gewaltiger Wucht warfen sich die langen, weißmähnigen, grollenden Wogen dem Fahrzeug entgegen, um seinen Lauf zu hemmen. Hoch übers Verdeck spritzte der dampfende Gischt. Die kühnen Schiffer versuchten den vereinten, böswilligen Elementen zu trotzen und sie zu bezwingen, aber – aber wie gering und ohnmächtig ist der Mensch gegen die furchtbare, grimmige Naturgewalt!

Die noch vor kurzem so hoffnungsfrohe Schar an Bord der »Adelgunde« mußte niedergeschmettert den Kampf mit Sturm und Wogen aufgeben. Das Schiff wendete und hielt wieder in See hinein. Im Wachtturm stand der Oberlotse Brandt mit dem langausgezogenen Fernrohr und schaute mit besorgten Mienen auf das wildwogende Meer hinaus.

Wie war das so stark gebaute, prächtige Schiff doch jetzt so ganz und gar den Wellenbergen preisgegeben, die es hoben und senkten, ganz nach ihren Launen. Weiter und weiter trieb der Schoner auf das Meer hinaus. Eine Möglichkeit gab es noch für die Schiffer, sich der entfesselten Wut des Sturmes zu entziehen, und der erfahrene Oberlotse zweifelte auch nicht daran, daß sein Sohn und dessen Freund unbedingt bestrebt wären, diese zu erreichen. Wenn die Bedrängten versuchten, hinter der kleinen Insel Oie zu ankern, und die Anker mit ihren Spaten nur fest eingriffen, dann, ja dann waren sie einstweilen geborgen und – gerettet. Und richtig – Vater Brandt hatte sich nicht verrechnet. Die »Adelgunde« verschwand nach einiger Zeit hinter dem kleinen pommerschen Eilande und ließ jedenfalls hier im Schutze des Landes die Anker fallen, und die Matrosen bargen gewiß mit einem »Gott sei Dank« die zerfetzten Segel.

Der Sturm hielt den ganzen Tag und auch die darauffolgende Nacht mit ungeschwächter Macht an, erst gegen Mittag des nächsten Tages ließ die Wucht nach. Da der Wind plötzlich südlich drehte, so hoffte Vater Brandt bestimmt darauf, daß nun bald die »Adelgunde« neben der Oie zum Vorschein kommen würde. Mit dem Glase in den zitternden Händen, so stand er fast ununterbrochen im Wachtturme. Endlich! Hinter der kleinen Insel tauchten jetzt die weißen Segel wieder auf. Das Schiff richtete den Kurs nach Süden. Der Oberlotse sah und sah, wischte bald die Augen, bald putzte er die Gläser und setzte dann das Fernrohr wieder an, aber nein, das Schiff war die »Adelgunde« nicht; aber sieh da, nordwärts der Oie steuert noch ein Schiff. Hm, hm! Vater Brandt beobachtet's nicht lange. Ohne Zweifel, das sind die Verschlagenen. Hastig steckte er das Glas zusammen und eilte ins Dorf.

»Mutter, Mutter, nun man keine Sorge. Uns' Heinrich is in Sicht un bald ward hei mit dat stolze Fohrtüg an Thiessow voräwerstüren«, tröstete er sein liebes Weib, das in banger Sorge die Stunden verbracht hatte. Dann eilte der alte Mann zur zagenden Schwiegertochter, die er mit verweinten Augen still weinend in dem traulichen Stübchen fand, das sonst so oft ihr helles, munteres Lachen gehört hatte. »Liesbeth, min Dirn, nu wes still un lat das Rohren. Mak di ficksing farrig un kumm mit na'n Torm, dor kannst dat Fohrtüg seihn, up dat din leiwer Mann mit faster Hand an't Stüer steiht. Ja, ja uns' Heinrich is'n Seemann, as so licht kein tweiter funnen ward. Jungedi, beide Exams hatt hei up de Schipperschaul mit Utteiknung makt, un dorbi glöwten wi nu bina all likerst, hei sull hier sotauseggen up Heimatsbodden tau Grunnen gahn. Doch kumm Dirning.«

Liesbeth hatte indes ein Tuch um Kopf und Schulter geschlungen und eilte nun freudigen Herzens die Höhe hinan. Der alte Vater konnte dem leichtfüßigen Dings unmöglich so schnell folgen. Endlich stand auch er oben neben der schnellatmenden Schwiegertochter.

»Forschend suchte das besorgte Weib den Horizont ab«

»Sühst, min Döchting, dat Schipp, wat südwärts stürt, gelt di nicks an. Na Nurden kik! Dor, dat is de »Adelgunde«. Ick dacht alldägs, sei wirn all wider; äwers de oll Wind mallt so, hei weit nich, wat hei will.«

»Ach, Vadding, mi dücht, dat süht dort in'n Südosten so schwart ut. Wenn blots kein Gewitter dorhinner steckt.«

»Ja, hm, min Dirning, schön süht't dor nicht ut, äwers dat ward doch so lang'n tägern, bei Heinrich irst in'n Bodden is.«

»Vadding, mi dücht, dat grummelt all.«

»Ih ne, dat dücht di man so!«

»Dor Vadding, hest nu hürt? Mi dücht, ick heww't uck lüchten seihn.«

»Du magst Recht hewwen, min Leiwing. Doch Heinrich hett all

ihrer eis'n Gewitterstorm up See dörchschmurt. Du büst nu man so verschüchtert, ängst di man wider nich!«

»Ach Gott, Vadding, ick kann di gor nich seggen, woans mi hüt tau Maud is. De Angst un Sorg schnüren mi bina de Kehl tau. Wenn Heinrich doch man irst wedder bi mi stunn.«

Düsterer und düsterer überzog sich der Himmel. Hier und da ballten sich lange, weißliche Wolken zusammen, schnell flogen sie dahin, wie die leichte Reiterei wohl vor der schweren Heeresmasse vorauseilt. Langsam zogen anfangs die dunklen Wolken hinterher, dann aber nahmen auch sie ein schnelleres Tempo an. Dumpfgrollend zogen sie näher und näher. Hei, wie jetzt die erste Bö übers Meer daherstürmte! Weiß wallte es unten auf! Da schon wieder eine neue Bö! Und nun – grau zog es heran über die schäumenden Wogen! Bald war nichts mehr von der gegenüberliegenden pommerschen Küste zu sehen.

»Kinding, kumm rin in'n Torm. Hier döcht dat nich mihr. De Hagel kümmt. Hagel un Regen. Süh, wo hei dampt. Kumm rin!«

»Ne, Vadder, un wenn de Welt unnergeiht, ick wik nich. Hier bliew ick«, versicherte das arme fröstelnde Lotsenweib. »Ach Gott, Vadder, wo it dat Schipp? Ick seih't nich mihr! Nu is't weg! Min Glück, min ganzes Glück verschlungen vör minen sichtlichen Oogen. Vadder, Vadder, ick möt em na. Hier von baben dal!«

»Min leiwes, leiwes Kind, wo kannst du woll so unnütz reden! Dat Schipp is in de Gewitterschwark un in de Hagelbö un dorüm känen wi't nich seihn. Mag uns' Herrgott en nu all behäuden un bewohren! Un nu kumm rin! Du möst wider denken, min Kind.«

Liebevoll erfaßte der arme Vater die jammernde Tochter und brachte sie hinauf in die Wachtstube. Wie gebrochen sank sie hier zusammen.

Plötzlich fuhr sie empor: »Vadder, hei röppt! Dat wir Heinrich sin Stimm! Hast du 't nich hürt?«

»Still, still, min Dirn, dat hett di man so dücht.«

»Ne, ne Vadder, ick kenn sin Stimm tau gaud. Liesbeth, rep hei, Liesbeth!«

»Süh mal, Dirning«, erklärte der Alte, »Heinrich is tau Tid so wid von'n Strann', dat hei uck mit dat beste Sprakruhr sick nich mal mit verstännigen kunn. Büst doch ne Lotsenfru un möst dat weiten. Du büst so upgeregt, un nu hett di hat so dücht.«

»Und kehr' ich nicht heim über's Jahr ...«

Allmählich ließ die Wut des Unwetters nach, und es klärte auf. Die Luft über Meer und Land wurde ungemein klar und sichtig.

Angestrengt schaute der Oberlotse mit seinem Glase wieder hinaus auf die See. Auch sein Kollege strengte seine scharfen Augen an. Doch so sehr auch beide Männer spähten, sie entdeckten kein Schiff – auch nichts vom Schiff, weder Topp noch Takel.

»Vadder, giww mi dat Glas«, und forschend suchte das besorgte Weib den Horizont ab. Doch so sehr sie sich auch anstrengte: kein Schiff, kein Segel bot sich ihren Blicken dar. Vater Brandt nahm ihr endlich das Glas aus der Hand und sagte: »Min Kind, sei sünd ut Sicht. De Storm hett ehr verschlagen, äwers dat ward so lang'n nich durn, denn kriegen wie ehr wedder tau seihn. Nu kumm, nu will'n wi beid na Muddern gahn un de vertellen, woans dat hier steiht.«

Stunde um Stunde bestieg der Oberlotse die Höhe und spähte hin-

»... dann hat mich die See verschlungen«

aus auf die See; aber immer wieder mußte er melden: Noch nicks tau seihn! Auch am nächsten Tage ging keine Stunde hin, in der er nicht nach den Vermißten Ausschau hielt, doch immer vergeblich, immer vergeblich, so auch an den folgenden Tagen. Endlich mußte er schweren Herzens eingestehen: »Uns' Hoffnung is ut! De Herrgott hett em tau sick nahmen!«

Da gab's viel, viel Trauer in den beiden Lotsenhäusern, aber auch einige Meilen weiter westwärts am Strome gab's ein Häuschen, in dem saß eine junge, bleiche Braut und wartete vergebens auf die Heimkehr des Liebsten. Mit welch inniger Freude hatte sie das Myrtenbäumchen gepflegt, und mit welcher Wonne hatte sie des kommenden Tages gedacht, an welchem das Bäumchen ihr seine zierlichen Zweige zum grünen Brautkranze spenden sollte.

Alles, alles war zur Hochzeit, zur frohen Feier bereitet – doch der Bräutigam blieb aus. – Wie hatte er doch noch in der Abschiedsstunde zu ihr gesagt:

»Und kehr ich nicht heim übers Jahr,
Wenn der Kuckucksruf verklungen,
Dann hat mich die See verschlungen –
Dann leb wohl auf immerdar ...«

Georg Paries

Die Ostsee machte grausigen Ernst

Auf dem Wege von Thiessow nach Klein Zicker, jenseits des Schutzdeiches, liegt ein einzelnes, rohrgedecktes Haus. Niedrig, auf ödem Dünensand gebaut, zwei Familien dürftige Unterkunft gewährend, erzählt es wie ein Überlebender aus einem Schiffbruch die Leidensgeschichte seiner Bewohner und ihrer einstigen Nachbarn.

Vor der November-Sturmflut 1872 lagen insgesamt fünf Häuser auf dem Dünengelände zwischen Thiessow und Klein-Zicker. Die Besitzer waren die Bootsführer Pisch, Niemann, Dieckmann, der Gastwirt und Kaufmann Schuhmacher und der Fischer Karl Looks, letzterer auf Mönchgut unter dem Namen »Fiedelkorl« bekannt und geehrt. Schon oft waren diese Häuser durch Hochwasser überflutet worden, aber immer war das Unglück noch gnädig abgegangen. Wiederholt hatten die Behörden die Hausbesitzer aufgefordert, ihre Wohnstätten zu verlassen und sich auf der höher gelegenen Halbinsel Klein-Zicker anzusiedeln. Die Regierung wollte ihnen sogar mit Geldunterstützungen behilflich sein, wenn sie der Aufforderung nachkämen. Sie gingen aber nicht darauf ein. Teils war es Bequemlichkeit und Gleichgültigkeit. Es war bisher immer noch gut abgelaufen, und es würde – so dachten sie – in Zukunft nicht anders sein. Teils hatten sie auch ihre Scholle zu lieb und mochten sich von ihr nicht trennen. So blieben denn die Häuser auf der alten Stelle stehen.

Am 12. November 1872 trat das längst Befürchtete und Vorausgesehene ein. Es wehte zuerst ein mäßiger Wind aus Nordwest, der aber langsam nach Nordost umging und an Stärke zunahm. Sämtliche Häuser lagen bald inmitten brodelnder Wasserfluten, die in die unteren Räume eindrangen und sie ausfüllten. Und noch immer stieg das Wasser mit großer Schnelligkeit höher und höher.

Die Bewohner, die erst zu spät die große Gefahr erkannten, schlepp-

Die bedrohten Bewohner flüchteten in den Dachstuhl

ten nun eiligst Möbelstücke und Hausrat auf die Böden. Ein Verlassen der Wohnplätze war nicht mehr möglich. Die hohen, jenen Gehöften als Windschutz dienenden Bocksdornhecken waren den mit unheimlicher Macht dahinstürmenden Wogen bald kein ernstes Hindernis mehr. Die Strömung wühlte die Lehmwände auf und riß die Umfassungsmauern nieder. Die Leute flüchteten auf die Böden. Aber auch hier waren sie bald nicht mehr sicher, denn die Wellen gingen schon über die niedrigen Strohdächer. In diese wurden durch den Sturm große Lücken gerissen, teils wurden sie ganz abgedeckt, so daß die armen Leute schutzlos dem Unwetter preisgegeben waren. Die alten, schon baufälligen Häuser drohten einzustürzen. Die Dielen, mit denen die Hausböden abgedeckt waren, wurden von den Wellen losgerissen, und die bedrohten Bewohner mußten schließlich in das Sparrenwerk des Daches steigen. Die Familie des Kaufmann Schuhmacher klammerte sich an den obersten Dachbalken hinter dem Schornstein fest. Aber wie lange konnten sie sich wohl in dieser Stellung halten? Der rasende eisige Sturm nahm ihnen alle Kraft aus den erstarrten Gliedern. Was nützten ihnen jetzt ihre Boote, die sie vom nahen Strand hochgezogen und an der windgeschützten Hausseite angebunden hatten, um sie für den Fall der höchsten Not zu ihrer Rettung benutzen zu können! Der

Sturm steigerte sich und erreichte Orkanstärke; die Ostsee machte grausigen Ernst. Möbel und Hausrat stürzten um und schwammen fort. Die Kaufmannswaren des Schuhmacher wurden samt Branntwein- und Sirupfässern nach Thiessow fortgeschwemmt, wo man noch einige Sachen bergen konnte. Das Vieh ertrank. Tote Schweine lagen später am Thiessower Oststrande; der Küstenstrom hatte sie hierher geführt. Die Gewalt des Nordostorkans war so stark geworden, daß von dem im Zickersee liegenden Fahrzeug des Schiffers Steffen die Ankerketten brachen. Das Schiff wurde nach Klein-Zicker getrieben, setzte über die einen Meter hohe Hofmauer des Andreas Tietz'schen Grundstücks hinweg und riß unter großem Gepolter dessen Wohnhaus ein. Zwei lange Tage und zwei noch längere Nächte haben die Bedauernswerten in dieser furchtbaren Gefahr geschwebt. Als in der zweiten Nacht ein unheimliches Knistern und Knacken durch das dünne Gebälk eines seiner letzten Lehmwand beraubten Hauses ging, stimmten die Bewohner das Kampflied Luthers an: »Ein feste Burg ist unser Gott«. Die Familien der übrigen Häuser stimmten mit ein, und schauerlich klangen die einzelnen vom Orkan abgerissenen Töne dieser Melodie über das aufgeregte, schäumende Wasser. Ein Wunder ist's gewesen, daß das schwache Balkengerippe der Häuser soviel Widerstand aufgewiesen hat, um nicht mitsamt dem Sparrenwerk der Dächer von den Wogen niedergelegt und fortgerissen zu werden. Am dritten Tage flaute der Sturm ab, aus Klein Zicker nahte Rettung. Bei Ankunft der Boote erscholl das »Nun danket alle Gott.«

Die drei Bootsführer und der Kaufmann Schuhmacher ließen nach der Sturmflut ihre Häuser abbrechen und zogen nach Klein Zicker. Der Fischer Karl Looks erneuerte dagegen sein Haus und verkaufte die eine Hälfte an seinen Bruder und die andere an den Fischer Wallmann. Er selbst zog wie seine Leidensgenossen ebenfalls nach Klein Zicker.

Das von ihm aufgegebene Haus hat bei späteren Sturmfluten für seine neuen Besitzer ähnliche Erlebnisse gebracht, so bei den Sturmfluten von 1883, 1904 und 1913. Im Jahre 1904 wurden die Bewohner von dem mit Lotsen bemannten Rettungsboot aus Thiessow in Sicherheit gebracht. – Auf dem Wege nach Klein Zicker erkennt man heute noch an Mauerresten und Bocksdorngestrüpp die Stellen, wo jene vier, jetzt verlassenen Wohnstätten gelegen haben.

GERHART HAUPTMANN

Auf Arkona

Meerumschlungen
und kreidegrün,
märendurchklungen
und heldenkühn,
Herden im Hage,
reifendes Feld,
flüsternde Sage,
Lug in die Welt.

Arkona, den 30. Juli 1885

Otto Serner »Bei Göhren auf Rügen«

CÄSAR FLAISCHLEN

Mönchguter Skizzenbuch
1894 bis 1897

Am Fenster

Oben, unterm Dach, bei den Schwalben, klein und niedrig ...
ein Tisch, ein Stuhl, ein Bett ...
aber den ganzen Tag voll Sonnenschein und blauem Himmel
und Schwalbenzwitschern ...
und draußen das Meer mit dem leisen Rauschen seiner Wellen den wunderbaren Bogen des Lobber Strands entlang ...
weiß ... grün ... blau und immer blauer sich zum Horizont
aufwölbend ...
und das Land mit seinen Höften und Buchten bis in die
heimlichste Falte seines Herzens hinein sonnenoffen ...
Und ich träume hinaus in den goldenen Tag, und auf weißen
Möwenflügeln wiegt sich meine Seele durch die schimmernde Luft ... über Wasser, Berg und Wald und Wiese
und keine Uhr mahnt an die verrinnende Stunde ... keine
Sorge ... kein Wunsch ... kein Verlangen ...
Alles ist Sonnenschein, blauer Himmel, Schwalbenlied und
Wellenrauschen.

Die Mühle

Steigende Abendwolken ... blei-grau-blau-schwer ... wie ferne
Alpen sich auftürmend ... die sinkende Sonne dahinter, die
Ränder mit blendendem Gold umkantend ...
Auf der Hügelhöhe mitten im glühenden Feuer des Abendrots
eine Mühle,
langsam die Flügel drehend,
als schaufle sie der Sonne rinnend Gold in ihre Tenne.

Sonne, Wind und Welle

Im warmen Sande lieg ich
nackt ... und brenne in der Sonne ...
und wie mit sammetweichen Tüchern flaggt der Wind mir
über die gelösten Glieder.
Ich höre auf das Lied der Wellen nebenan, und langsam fallen
mir die Augen zu, und gold- und purpurfarbene Wolken
sinken auf mich nieder ...
Ich bin nicht Mensch mehr ... will nicht Mensch mehr sein ...
ich bin nur Sonne, Wind und Welle ...
ein flüchtiger Zusammenklang von Tönen ...
und wenn der Tag verrinnt am weißen Strande, verklinge ich
zu neuem Lied, wie Sonne, Wind und Welle,
leidlos, wunschlos in die blaue Nacht.

Heddy

Und doch ...
man müßte hier zu zweit sein, nicht allein! ... man müßte
jemand haben, dem man sagen könnte: wie wunderbar das
alles ... das waldige Höft, das buchtige Land, das blaue
Meer rundum und diese großen einfachen Linien, diese
ruhigen freien Formen und dieser wunschlos tiefe heitere
Frieden überall ...
und wie prächtig es ist, wenn die Wellen so angerauscht
kommen, mit langen weißen Kämmen, und sich über den
Sand werfen und zerschäumen, mit immer neuer Lust, sich
zu zersprudeln ...
jemand, mit dem man den Strand hinginge, Muscheln
suchen, und die stillen Wege durch den Wald ...
jemand, dem man die Hand drücken könnte: Ist das nicht ...
schön? ist das nicht den Menschen selber groß machend,
befreiend und erlösend ... ist das nicht etwas, das ihm alle
eigene Weisheit niemals geben wird!...

jemand, mit dem man dann auch schweigen könnte, schweigend sitzen und hinausträumen ... auf dem schaukelnden Nachen aufwallender Sehnsucht! ...
Und wenn es Abend wird und all die Boote draußen heimwärts in den Hafen suchen und wenn der rote Schein erlischt und aus dem Wald drüben die Schatten kommen und alles sich fester hüllt in seine Mäntel ...
dann sollte man jemand haben, den man lieb hätte und sollte nicht so allein heimgehen müssen!

Die Fischerhütten

Fest wie aus Eisen stehn die Fischerhütten in der dunkeln Nacht, die Hügelhöhen entlang ...
und machtlos prallt der Sturm an ihnen ab ...
Gleich großen, mächtigen Fittichen breiten sie die strohgedeckten übermoosten Dächer schützend über den stillen Herd ...
traulich, treu und trotzig ...
und froh und freundlich leuchten ihre Giebelfenster in die Straßen: Seid unbesorgt, wir halten gute Wacht!
Nur auf den Städter, der des Weges kommt, sehn sie voll Mißtraun und voll Argwohn ... feindselig drohend fast, als schliche sich was Fremdes mit ihm ein, das ... den Frieden des stillen Herdes stören könne, den sie schirmen ...
und sich zu einem Sturm aufheben, dem auch sie nicht mehr gewachsen.

FRITZ WORM

Stranddistel

Öde sind die Dünen,
Öd und gar so leer,
Nicht ein duft'ges Blümchen
Find' ich rings umher.

Nur die harten Gräser
Seh' ich einzeln steh'n,
Und auch die sind dürre
Werden bald vergeh'n.

Aber dort am Fuße
Jener Dünenreih'n
Seh' ich doch ein Pflänzchen
Wunderbar gedeih'n.

Duftlos ist das Blümchen,
Jedes Blättchen sticht,
Wenn die Hand des Menschen
Frevelnd es wohl bricht.

Aber seine Farbe
Liebe ich so sehr,
So, so bläulichgrüne
Glänzt das nahe Meer.

Mußt' im Sturme ringen
Distel hart am Strand,
Spürst nie zarte Pflege
Hier von Menschen Hand.

Gott hat dich zum Sinnbild,
Pflänzchen, ausersehn:
Wer am Meer will leben,
Muß im Sturm besteh'n.

GERTRUD SALTZMANN-SIBER

Stranddistel und Seedorn

Ein Märchen

Die Tür des Musikzimmer öffnete sich, die Herrin trat hinein und stellte drei frisch gepflückte Rosenknospen auf den Tisch.

Von hohem Simse schaute eine Stranddistel in tönerner Vase herab.

»Nein, das ist doch zu stark, muß man hier das Zimmer teilen mit einer trockenen, alten Stranddistel, wir, die Königinnen unter den Blumen!«

»Was Ihr nicht wißt, Gelbschnäbel Ihr«, sprach die Stranddistel, »könnt Ihr mitreden? Wenn Ihr wüßtet, was ich erlebt habe!«

»Huh, das klingt ja ganz schaurig«, sprach die kleinste der Rosenknospen, »erzähle doch, Stranddistel, was hast du erlebt?«

»Ja«, riefen nun auch die Andern, »erzähle, Stranddistel, erzähle!«

Und die Stranddistel begann: »Fern am blauen Ostseegestade ist meine Heimat. Dort stand ich jahraus, jahrein mit meinem väterlichen Freunde, dem Seedorn, und beschützte das Thiessower Höft. Eines Tages – es war gerade eine große Sturmflut vorüber, und ich hatte mit dem Seedorn alles aufgeboten, das Thiessower Höft zu schützen – gingen zwei Männer vorbei. Ich war von der ausgestandenen Anstrengung noch etwas erregt und erschauderte beim Anblick derselben. Aber mein Freund Seedorn sagte: Olle Bangbüx von einer Stranddistel, das ist doch der Baurat mit seinem jungen Begleiter! Die tun uns nichts zu leide, der Baurat liebt uns wie seine Kinder, und besonders mich hat er in sein Herz geschlossen, denn erst neulich hat er sich über meine Schönheit und meinen üppigen Nachwuchs gefreut. – Doch das ist nicht wahr, entgegnete ich betroffen, mich hat der Baurat am liebsten, denn mich hat er in sein Skizzenbuch gezeichnet, als er das letzte Mal unsere Küste besuchte. – Aber die Zeiten wurden schlechter. Eines Tages – es war wohl zur Zeit der Sommerferien, denn in der Schlucht blühten gerade die Heckenrosen – hörte ich lautes Gelächter über mir.

Zwei Kinder, Knabe und Mädchen von etwa sechs und acht Jahren, kamen lachend und schreiend den Abhang des Lotsenberges heruntergesprungen, große Mengen von Steingeröll und Sand vor sich herstoßend. Huh, welch schreckliche Barbarenkinder, erschauerte ich, die werden mich mit Stumpf und Stiel ausrotten! Doch mein Freund, der Seedorn, beruhigte wieder und sagte: Das sind doch die Kinder vom Baurat, die rotten keine Stranddisteln aus; die wissen, was sie uns zu danken haben, denn wenn wir nicht jahraus, jahrein das Thiessower Höft beschützten, könnten sie nicht allsommerlich so schöne Wochen hier verleben. Doch immer schlimmer wurden die Zeiten. Der freundliche Baurat mit den hellblauen Augen war gestorben, seine Kinder groß geworden und in die Welt gegangen. So ereilte auch mich eines Tages mein Schicksal. Es war wieder ein schrecklich großer Dampfer an unserer Insel angekommen, denn der ganze Strand wimmelte von fremden Menschen, die ein entsetzliches Kauderwelsch sprachen. Eine Dame mit einem großen Schleier um den Kopf trat auf mich zu, zog eine Schere aus ihrem Beutel und schnitt mich ab, um mich hierher zu verpflanzen. Nun muß ich hier in tönerner Vase trauern und kann nur noch im Traum in meine Heimat entfliehen, in meine schöne, sonnige Heimat am blauen Gestade der Ostsee!«

Erschüttert hatten die Rosenknospen gelauscht, die kleinste war vor Ergriffenheit ganz aufgebrochen.

»Ach«, riefen sie dann alle drei im Chor, »wer doch auch eine Stranddistel sein könnte, eine Stranddistel an der fernen blauen Ostsee!«

CLARA VON SYDOW

Frühlingsankunft

Leise! – Herz,
Klopf nicht so laut!
Er kommt,
Er naht!
Feuchte Schleier
Hüllen ihn ein,
ganz verstummt
ist der Wind. –
Sternenlose Nacht
Hält ihn im Arm.
Horch! Die Knospe springt.
Die Vögel erwachen. –
Leise! – Der Frühling
ist da.

»Das ganze Jahr hindurch geöffnet!«
Anzeigen aus Binz – Putbus – Garz

Mittag ohne Weinzwang –
Elektrisches Licht in allen Fremdenzimmern –
Haupt-Niederlage der Schokoladenfabrik –
Kognak und feinste Tafelweine –
Amerikanische Kopfwäsche –
Atelier für feinere Zahntechnik –
Geräumige saubere Pferdeställe –
Sämtliche Fahrradzubehörteile

A. Schmidt, Garz a. Rügen.
Fernsprecher 7.
Manufaktur- Kolonial- und Kurzwaren-Handlung.
Kaffee-Rösterei.
Briketts, Anthracit und Steinkohlen. — Lager von Zigarren und Tabak.
Generalvertreter der Reichsfreiherrlich von Maltzan Hertha-Quelle f. Rügen.
Agentur der Neuvorpommerschen Spar- und Kredit-Bank.

Binz a. Rügen.
Ostsee = Hotel

Fernruf No. 2   Fernruf No. 2

Geschäftsreisenden und Touristen bestens empfohlen!

Gute Küche!   Mittag ohne Weinzwang!

Gute Betten!

Elektrisches Licht in allen Fremdenzimmern.

☞ Zivile Preise! ☜

Das ganze Jahr hindurch geöffnet!

Besitzer: **Christian Malchin.**

Binz auf Rügen vis-à-vis dem Familienbad
Fr. Th. Most
begründet 1856

Cigarren- und Cigaretten-Einfuhr- und Versandhaus. Cigarren-Fabrik

Telephon 378.

Stralsund.
Filiale in Binz.

Sehr empfehlenswerte Marken:
Golondrinas 150 Mk. — Grandeza 100 Mk. — Estrella 80 Mk.
per Mille.

☞ **Vorzüglich gelagerte Qualitäten!** ☜

A. Hesse's *Buchdruckerei Ostseebad Binz a. R.*

Anfertigung von Drucksachen in moderner und geschmackvoller Ausstattung zu billigen Preisen.

Landwirtschaftsschule
zu **Eldena** in **Pommern.**

Die Anstalt gibt eine gute Vorbildung für künftige Landwirte, Gärtner, Techniker und Ingenieure. Mit dem Reifezeugnis der Anstalt wird die Berechtigung zum einjährig-freiwilligen Dienst erworben und zugleich eine zureichende Schulbildung für alle Zweige des Subalterndienstes nachgewiesen. Nähere Auskunft erteilt

der Direktor **Dr. Koch.**

Allee-Straße 20.   Putbus auf Rügen   Telephon Nr. 30.
Carl Behm
Kolonialwaren,
Delikatessen, Konserven, Südfrüchte.

Haupt-Niederlage der Schokoladen- und Kakao-Fabrik
Otto Rüger, Dresden.

Wein-Handlung.
Rum, Arak, Kognak und feinste Tafelweine
als:
franz. Rotweine, Rhein- und Moselweine, Madeira, Portwein, Malaga und Sherry, deutsche Schaumweine, griechische, ungar. und kalifornische Weine.

ff. Tafelliköre.
Reichhaltiges Lager
bestgepflegter Zigarren, Zigaretten und Tabake.

Kaufhaus
Heinrich  Albrecht
Putbus   Putbus

Mitglied der Norddeutschen Einkaufs-Vereinigung von 87 Firmen, deren Umsatz viele Millionen beträgt.

☞ **hält sich bestens empfohlen.** ☜

Patent Hornung   Prämiirt 8 guld. Medaillen.

Gesunde Haarpflege mit Tannin-Wasser.

Amerikanische Kopfwäsche.

Gesellschafts-, Ball-, Kostüm- und Braut- } **Frisuren.**

Ausbildung
im Damen-Frisieren und Selbst-Frisieren.

Künstliche Haararbeiten.   Ankauf von Haaren.

☞ **Perücken-Verleihung.** ☜

Prämiiert: Berlin 1898. — Karlsruhe 1899. — Leipzig 1906.

Ernst Friedrichs, Coiffeur,
Markt 29.   **Putbus.**   Fernsprecher Nr. 42.

Wilhelm Schätzgen
PUTBUS
Buch- und Akzidenzdruckerei

Verlag der amtlichen „Garzer Zeitung" und des „Rüganers."

PUTBUS auf Rügen.
Buchbinderei, Buch- und Papier-Handlung
Reiseandenken, Ansichtskarten, Leihbibliothek.
Journal-Lesezirkel.
Stets Eingang von Neuheiten in **Postkarten.**

H. Th. Bussert, Inh.: H. Berli.

PUTBUS auf Rügen.

Fernsprecher 21.   **Ernst Brekenfeld**   Fernsprecher 21.
vorm.: H. Bischoff
Kolonialwaren-, und Delikatessen-Handlung.
Kohlen-Handlung. Bahn-Spedition.
Agentur der Neuvorpommerschen Spar- und Kreditbank A.-G. in Stralsund.
Spezialgeschäft in feinen Delikatessen und Gesellschaftsartikeln.
Reichhaltiges Lager in Wein, Likören und Zigarren.

Putbus auf Rügen
Allee No. 24.
Max Brandt
Zahnkünstler
Atelier für feinere Zahntechnik.
Plombierungen, Zahnziehen.

Friedrich Walther
Uhrmacher
Luisenstr. 37   **PUTBUS**   Luisenstr. 37
hält sein grosses
Uhrenlager, Ketten und optische Sachen
bestens empfohlen.
== **Reparaturen aller Art** ==
werden prompt und billig ausgeführt.
Neu aufgenommen: Briefpapier, Schreibutensilien u. sämtliche Papierwaren.

Carl Kasten, Garz a. Rügen.
Manufaktur-, Konfektion-, Kolonial- und Kurzwaren-Handlung.
===== Tapeten- und Brikett-Lager. =====
Rabattmarken werden ausgegeben.

R. Freiberg, Garz a. Rügen.
Uhren-, Fahrrad- u. Motorradhandlg.

Moderne Freischwinger, Regulatoren.
Damen- und Herrenuhren in Gold und Silber.
Uhrketten in Gold und Silber, Doublé und Nickel.
Reparaturen werden prompt und sauber ausgeführt.

===== Sämtliche Fahrradzubehörteile =====
stets vorrätig.

ELIZABETH VON ARNIM

Elizabeth auf Rügen

Der erste Tag

Von Miltzow nach Lauterbach

Jeder, der zur Schule gegangen ist und sich noch daran erinnert, was er dort gelernt hat, weiß, daß Rügen Deutschlands größte Insel ist und daß sie in der Ostsee vor der Pommerschen Küste liegt.

Um eben diese Insel wollte ich in diesem Sommer wandern, doch keiner wollte mitkommen. Wandern ist die vollkommenste Art der Fortbewegung, wenn man das wahre Leben entdecken will. Es ist der Weg in die Freiheit. Denn wenn man sich anders als auf seinen eigenen Füßen vorwärts bewegt, so geht das viel zu schnell, und man versäumt tausend kleine zarte Freuden, die am Wegrand warten. Fährt man mit einer Kutsche, so ist man durch eine Vielzahl von Dingen, auf die man Rücksicht nehmen muß, gebunden; die acht wichtigsten davon sind die Pferdebeine. Und was ein Auto angeht, so war der Sinn meiner Unternehmung nicht, schnell anzukommen, sondern lange dortzusein.

Nacheinander forderte ich die geeignetsten meiner Freundinnen auf – mindestens ein Dutzend –, mit mir zu wandern. Alle miteinander gaben mir zur Antwort, das würde sie ermüden, auch sei das einfach langweilig. Wenn ich versuchte, den ersten Einwand zu entkräften, indem ich ihnen sagte, wie enorm gesund es für die deutsche Nation sein würde – und besonders für den Teil davon, der erst geboren werden sollte –, wenn die Frauen öfter um Rügen herumwanderten, sahen sie mich mit großen Augen an und lächelten.

Daher fuhr ich mit der Kutsche, und zwar rund um Rügen herum.

Die Sache fing damit an, daß ich an einem heißen Nachmittag in der Bibliothek herumstöberte und nichts richtig las, sondern nur an den Büchern fingerte, mal hier eins herausnahm und mal dort hinein-

Hügelige Waldlandschaften und einsame Buchten verzaubern den Wanderer

lugte und mir überlegte, welches ich als nächstes lesen wollte. Dabei stieß ich auf Marianne North's »Recollections of a Happy Life« und auf die Stelle, wo sie anfängt, von Rügen zu erzählen. Sofort war mein Interesse geweckt, denn liegt Rügen mir nicht näher als jede andere Insel? Ich vertiefte mich in ihre Beschreibung des Badens an einem Ort namens Putbus, wie köstlich das war in einer sandigen Bucht, deren Wasser stets ruhig war. Dort also schwamm man auf einer kristallklaren Wasserfläche, und wundervolle Quallen oder Medusen leuchteten wie Sterne in den reinsten Farben. Ich warf das Buch beiseite und durchstöberte die Regale auf der Suche nach einem Reiseführer durch Rügen. Gleich auf der ersten Seite stand folgender bemerkenswerte Satz:

»Vernimmst du den Namen Rügen, so befällt dich ein holder Zauber. Vor deinen Augen steigt es empor wie ein Traum ferner himmlischer Feenreiche. Bilder und Gestalten aus uralter Zeit winken dir zu aus verwunschener Landschaft, wo sie in grauen Vorzeiten lebten und die Schatten ihrer Gegenwart hinterließen. Und in dir regt sich ein mächtiges Sehnen, über diese herrliche, sagenumwobene Insel zu wandern. So schnüre denn dein leichtes Bündel, beherzige Shylock's Rat und tu Geld in deinen Beutel und folge mir, ohne die Seekrankheit zu fürchten, die dich während der kurzen Überfahrt befallen mag, sie hat noch niemandem mehr geschadet als ein rasch vergehendes Unbehagen.«

Ich wußte, es war nur ein klein wenig Energie nötig, und ich könnte in ein paar Stunden ebenfalls zwischen den Medusen im Schatten der Klippen dieser legendenumwobenen Insel schwimmen. Und war es nicht noch besser, statt an diesen erstickend heißen Tagen von Sagen umwoben zu sein, selbst im Meer gewiegt zu werden? Und in was für einem Meer! Kannte ich nicht seine einzigartige Durchsichtigkeit, seine göttliche Bläue, wo es tief war, sein klares Grün, wo es seicht war, wo es sich gezeitenlos vor bernsteingoldenen Küsten dehnte? Schon die Karte vorn im Reiseführer machte mich durstig, das Land darauf war von so üppigem Grün, das Meer ringsum so schmeichelnd blau. Und wie faszinierend ist die Insel auf der Landkarte, eine Insel voller Windungen und Kurven, mit kleinen Inlandmeeren, Bodden genannt. Seen und Wäldchen und viele Fährschiffe; vor den Küsten kleinere Inseln, wie dahingetupft; zahllose Buchten und ein riesiger Wald, augenscheinlich großartig, der sich an der Ostküste entlangzieht und ihren Windungen folgt, der an manchen Stellen bis zum Meer hinabreicht, an anderen hinaufsteigt bis zu den Kalkfelsen, die er mit der besonderen Pracht der Buchen krönt.

Es dauert nie lange, bis ich einen Entschluß gefaßt habe. Noch schneller war mein leichtes Bündel geschnürt, da es jemand anders für mich schnürt. Zwei Tage nachdem ich Marianne North und den Reiseführer entdeckt hatte, stiegen meine Jungfer Gertrud und ich aus dem erstickend heißen Zug und wurden von der kühlen Frische der Roggenfelder nahe der See umweht. So begann unsere Reise ins Unbekannte. Eine kleine Station an der Strecke Berlin – Stralsund, Miltzow genannt, ein einsames rotes Haus am Rande eines Kiefernwäldchens waren Zeugen vom Beginn unserer Reise. Die Kutsche war schon am Tage vorher hingefahren.

Wir befanden uns an der Stelle, die Rügen am nächsten liegt. Fast alle Touristen, meist deutsche, gehen zuerst nach Stralsund, fahren samt Eisenbahn auf der Dampffähre über den schmalen Wasserstreifen und setzen ihre Reise ohne umzusteigen fort, bis sie die offene See auf der anderen Seite der Insel bei Saßnitz erreichen. Oder aber man fährt mit dem Zug von Berlin nach Stettin und dann mit dem Dampfer die Oder hinab, überquert die offene See in vier Stunden und steigt – vermutlich etwas beklommen, da die Boote klein und die Wellen oftmals hoch sind – in Göhren an Land, dem ersten Landungsplatz an der Ostseite der Insel.

Wir waren andere Touristen. Da wir in Miltzow ausstiegen, waren wir unabhängig von langweiligen Beschwernissen wie Eisenbahnen und Dampfern. Wir konnten zurückkehren, wann immer wir dazu Lust hatten. Von Miltzow aus wollten wir drei Meilen bis zur Fähre an einem Ort, Stahlbrode genannt, fahren, dort eine Meile Wasser überqueren, an der Südküste der Insel landen und noch am selben Nachmittag zu den Quallen weiterfahren, die Miss North uns in Putbus versprochen hatte und die mir von der legendenumwobenen Insel aus unwiderstehlich zuwinkten.

Kein Ort kann unschuldiger und harmloser aussehen als Stahlbrode – ein zusammengedrängter Haufen von Bauernhäusern auf einer Grasfläche, die sich bis ans Wasser erstreckt. Es war leer und still. Am Ende eines schmalen Dammes aus Holz, der von der sumpfigen Küste bis zur Fähre führte, war ein großes Fischerboot mit zusammengerollten braunen Segeln vertäut. Ich stieg aus und ging hinunter, um zu sehen, ob dies die Fähre sei und ob der Fährmann da war. August und die Pferde sahen mir mit alarmiertem wachsamen Ausdruck nach, als ich in den Rachen des Meeres wanderte. Selbst die unbewegliche Gertrud legte ihren Strickstrumpf beiseite und stellte sich neben die Kutsche, um mir nachzusehen. Die Bohlen des Dammes waren nur grob zusammengefügt und so schmal, daß die Kutsche nur knapp hinaufpassen würde.

Die Küste, auf der wir standen, war flach und leuchtend grün, die Küste von Rügen gegenüber war flach und leuchtend grün, und die See dazwischen war von reizendem glitzerndem Blau. Am Himmel trieben lockere perlfarbige Wolken. Der leichte Wind, der die Ähren bei Miltzow so sanft bewegt hatte, tanzte auf den kleinen Wellen und warf sie vergnügt plätschernd gegen die hölzernen Pfosten, wie von frischer Kraft erfüllt. Das Boot war leer, ein Ding mit steilen Seitenwänden und einem gewölbten Boden, und es war sicher nicht dafür geplant, eine Kutsche mit Pferden überzusetzen. Weit und breit war kein anderes Boot zu sehen. Auf beiden Seiten der Wasserstraße sah man nur flache grüne Küsten, tanzende Wellen, den weiten Himmel im milden Licht des Nachmittags.

Wie ich gefürchtet hatte, kippte die Kutsche ums Haar um, als sie über den Rand des Boots fuhr. Ich saß aufrecht im Bug und sah voller Grauen zu, ich erwartete jeden Augenblick, daß die Räder zu Bruch gingen – und damit unsere Ferien. Der optimistische Fährmann versicherte, daß alles ganz leicht ginge – die Kutsche sei wie ein Lamm, behauptete er mit viel kühner Phantasie. Er hatte zwei ganz ungeeignete Bretter über den Rand des Boots geschoben. Er und August, beide ohne Hut, ohne Jacke, atemlos, hoben den Wagen darauf. Ein schrecklicher Moment. Die Vorderräder verdrehten sich und schienen so nahe daran, abzubrechen, wie es Räder nur sein können. Ich wagte nicht, August anzusehen. Wie recht hatte er, zu behaupten, daß die Sache nicht ginge. Aber dort lag Rügen, und hier waren wir, und irgendwie mußten wir hinüber.

»Wir machen so was täglich«, bemerkte der Fährmann und wies heiter mit dem Daumen auf die Kutsche.

»Fahren denn viele Leute mit dem Wagen nach Rügen?« fragte ich erstaunt, denn die Bretter waren offensichtlich behelfsmäßig.

»Viele Leute?« schrie der Fährmann. »Wahrhaftig – jede Menge!« Er versuchte, mich damit glücklich zu machen. Jedenfalls beruhigte er August mit dieser enormen Schwindelei.

Unterdessen hatten wir Fahrt gewonnen, ein frischer Wind trieb uns fröhlich übers Wasser dahin. Der Fährmann steuerte, August stand bei seinen Pferden und redete beruhigend auf sie ein. Oh, es war himmlisch, so im Sonnenschein zu sitzen und sich einstweilen sicher zu fühlen. Das braune Segel war mit braunen, roten und orangefarbenen Flicken besetzt und ragte hoch auf gegen den Himmel. Der riesige Mast schien die kleinen weißen Wolken zu streifen. Neben dem Plätschern des Wassers konnten wir Lerchen an beiden Küsten vernehmen.

Die Augen des Fährmanns hatten ihre Wachsamkeit, die sie an Land gehabt hatten, verloren. Er stand am Steuer und schaute träumerisch auf die Wiesen von Rügen im Nachmittagslicht. Es war vollkommen. Nach der Fahrt im Zug, dem Getrappel der Pferde auf der staubigen Landstraße und all der Hitze und Aufregung beim An-Bord-Gehen wurden wir eine köstliche Viertelstunde lang sanft plätschernd im Sonnenschein hinübergeschaukelt, und für all diese Schönheit zahlten wir nur drei Mark, die Mühe des Ein- und Ausladens inbegriffen. Der Fährmann bekam noch etwas darüber und war derartig beglückt, daß er mich bat, bestimmt auf demselben Weg zurückzukommen.

An der Küste in Rügen stand ein einziges Haus, dort wohne er, sagte er, und von dort würde er nach uns Ausschau halten. Wir erblickten kein lebendes Wesen außer einem kleinen Hund, der uns wedelnd entgegenkam. Die Kutsche benahm sich auf diesem Ufer wirklich wie ein Lamm, und ich fuhr dahin, höchst zufrieden, daß wir den schwierigsten Teil der Reise hinter uns hatten. Der Fährmann mit der weichen Stimme wünschte uns glückliche Reise.

So waren wir nun auf der legendenumwobenen Insel. »Heil dir, du Märcheninsel, mit deinen winkenden Gestalten«, flüsterte ich vor mich hin.

Ungefähr anderthalb Meilen vor uns lag Lauterbach, es bestand aus einigen verstreut liegenden Häusern am Wasser, und ganz für sich, abseits, eine Meile links von Lauterbach, erblickte ich das Hotel, in das wir gehen wollten, ein langgestrecktes weißes Gebäude, etwa wie ein griechischer Tempel mit einem Säulengang und einer Treppenflucht, auffallend weiß vor dem Hintergrund der Buchen. Wälder und Felder und Meer und eine entzückende kleine Insel nahe der Küste, Vilm genannt, badeten im goldenen Schein der untergehenden Sonne.

Also war wohl Lauterbach und nicht Putbus der Ort der leuchtenden Quallen, des kristallklaren Wassers und der bewaldeten Buchten. Eine kleine Bahn führt bis an die Küste. Wir überquerten die Geleise und fuhren zwischen Kastanien und grünen Böschungen zum griechischen Hotel.

So bezaubernd der Eindruck war, als wir aus dem tiefen Schatten in die offene Weite vor dem Haus gelangten, so deutlich war nun zu sehen, daß die Zeit es nicht geschont hatte. Die See war einen Steinwurf entfernt jenseits einer grünen, sumpfigen Wiese. Wir fuhren bis an die

»Vernimmst du den Namen Rügen, so befällt dich ein holder Zauber«

Stufen, aber es rührte sich keine Seele. Wir warteten einen Augenblick, als hofften wir, eine Glocke läuten zu hören und Kellner herbeistürzen zu sehen. Doch niemand erschien.
»Soll ich mal reingehen?« fragte Gertrud.
Sie stieg die Stufen hinauf und verschwand hinter Glastüren. Gras wuchs zwischen den Steinen der Stufen, die Mauern des Hauses waren von nahem feuchtgrün. Die Decke des Säulenganges war in Vierecke geteilt und himmelblau bemalt, aber stellenweise waren Farbe und Gips abgefallen. Dies alles und die Stille verliehen dem Ort ein seltsam verödetes Aussehen. Man hätte meinen können, es sei geschlossen, wenn man nicht in dem Säulengang einen Tisch mit einer rot-weiß karierten Decke und einer ermutigenden Kaffeekanne erblickt hätte.
Gertrud tauchte wieder auf, von einem Kellner und einem kleinen Buben gefolgt. Der Kellner versicherte mir, daß gerade ein einziges Zimmer für mich noch frei sei, und durch einen besonders glücklichen Zufall eines daneben für das Fräulein. So folgte ich ihm die Stufen hinauf, durch eine geräumige getäfelte Halle. Ein schmaler Tisch

an der einen Seite sah aus, als sei dort gerade zu Abend gegessen worden. Weiter ging es durch verzwickte Gänge, über kleine Innenhöfe mit Hecken und grünen Gewächsen. Fliederbüsche in kleinen Tonnen schienen die Aufgabe zu haben, wie Orangenbäumchen in Italien auszusehen, und die weißen Gipswände, an vielen Stellen verschimmelt, wie Marmorwände eines klassischen antiken Bades. Es ging wunderliche Treppen hinauf, die sich beunruhigend nach einer Seite senkten, bis der Kellner eine der vielen kleinen Türen aufriß und stolz vekündete: »Hier ist das Zimmer, ein großes, ein prachtvolles Zimmer.«

Das Zimmer war von der Art, daß der Gast, dem es gezeigt wird, augenblicklich fest entschlossen ist, eher zu sterben, als es zu bewohnen. Nein, nie würde ich in dieser düsteren Nische schlafen. Eher würde ich den örtlichen Behörden trotzen, meine Reisetasche zum Kopfkissen nehmen und die Nacht bei den Grashüpfern verbringen. Obwohl der Kellner, zu Ehren des Hauses, versicherte, dies sei das einzige noch freie Zimmer, sagte ich mit fester Stimme: »Zeigen Sie mir etwas anderes.« Es erwies sich, daß beinah das ganze Haus zu meiner Verfügung stand. Kaum ein Dutzend Gäste hielt sich darin auf. Ich wählte ein Zimmer, dessen Fenster auf den Säulengang hinausgingen und von dessen Bett aus ich eine Reihe friedlicher ländlicher Bilder sehen konnte. Die Dielen waren schmucklos, und das Bett war mit einem vielfarbigen Deckbett versehen, das offenbar von Flecken ablenken sollte. Ja, der griechische Tempel war entschieden kümmerlich und fand sicher nur bei den einfachsten und anspruchslosesten Touristen Anklang. Hoffentlich bin ich einfach und anspruchslos. Jedenfalls fühlte ich mich so, als ich mir das Zimmer ansah, in dem ich aus freiem Willen schlafen – ja nicht nur schlafen, sondern sogar sehr zufrieden sein würde.

Gertrud war hinuntergegangen und kümmerte sich um das Gepäck. Ich lehnte mich aus einem meiner Fenster und genoß die Aussicht. Ich war ganz nahe bei den himmelblauen Vierecken an der Decke der Säulenhalle, ich konnte das grasbewachsene Pflaster von oben sehen und den Kopf eines sinnenden Touristen, der unter mir sein Bier trank. Der Säulengang rahmte gen Norden Himmel und Felder und eine entfernt liegende Kirche ein; das Südende zeigte ein Bild mit leuchtendem Wasser, das durch Buchenzweige schimmerte; vor mir schlossen zwei Säulen die Landstraße ein, durch die wir gekommen waren, und die letzten weißen Häuser von Putbus zwischen dunklen Bäumen.

In meiner Freude muß ich laut vor mich hin gesprochen haben, denn Gertrud, die mit der Reisetasche hereinkam, fragte: »Haben gnädige Frau etwas gesagt?«

Unmöglich, meine verzückten Worte vor Gertrud zu wiederholen; ich verwandelte sie in die bescheidene Bitte, sie möge das Abendessen bestellen.

Heute, da ich dies schreibe, mit trauervollen Novemberfeldern vor den Fenstern, erinnere ich mich wehmütig der Schönheit dieser Mahlzeit. Nicht etwa, daß ich wundervolle Dinge zu essen bekam. Weitschweifige Beratungen mit dem Kellner führten nur zu Eiern. Doch man brachte sie an einen abgelegenen geschützten Platz unter den Buchen am Wasser, und dieser kleine Schlupfwinkel an gerade diesem Abend war der hübscheste der Welt. So verzehrte ich begeistert meine Eier und murmelte dabei: »O goldner Überfluß der Welt ...« Was machte es aus, daß das Tischtuch feucht war und noch andere Unzulänglichkeiten aufwies? Was schadete es, daß die Eier sofort kalt wurden, und kalte Eier sind mir stets verhaßt gewesen. Und was machte es, daß der Kellner den Zucker zum Kaffee vergessen hatte, der mir doch sonst so wichtig ist? Mein Tisch war fast auf der gleichen Höhe wie die See. Eine Entenfamilie paddelte langsam dahin, hinterließ kleine Rillen im stillen Wasser und gab ein zufriedenes Schnattern von sich. Die Enten, das Wasser, die Insel Vilm gegenüber, die Landestelle von Lauterbach, eine halbe Meile über der kleinen Bucht, von Fischerbooten umgeben – alles glühte in rotem strahlendem Licht. Die Sonne war eben untergegangen, der Himmel hinter den dunklen Wäldern von Putbus war ein Wunder feierlicher Herrlichkeit. Die Buchen warfen schwarze Schatten aufs Wasser. Ich konnte die Stimmen der Fischer an der Landungsstelle hören und den Ruf eines Kindes drüben auf der Insel. Ich war mir all der Schönheit noch kaum bewußt, da erlosch das rosige Licht auf der Insel, lag noch einen Augenblick auf den Masten der Fischerboote, dann erstarb es überall. Der Himmel verblaßte zu einem hellen Grün, ein paar Sterne blitzten auf, ein Licht blinkte in dem einsamen Haus von Vilm, und der Kellner kam herunter und fragte, ob er eine Lampe bringen solle. Eine Lampe! Als ob man nur den kleinen Kreis auf seinem Tisch um sich her brauchte, um die Zeitung zu lesen oder Ansichtspostkarten an seine Freunde zu schreiben. Ich habe eine eigene Fähigkeit, nichts zu tun und dabei glücklich zu sein.

Der zweite Tag

Lauterbach und Vilm

Abgesehen vom Kopfkissen, das ich gehabt hätte, wenn ich nicht mein eigenes mitgebracht hätte, abgesehen ferner von dem bunten Deckbett, vom Waschwasser, das in einem sehr kleinen Kaffeetopf gebracht wurde, und vom Frühstück, das so kalt und so schlecht war, wie manche Leute in gewisser Laune die Welt finden, waren meine Erfahrungen in diesem Hotel angenehm. Allerdings verbrachte ich die meiste Zeit außerhalb des Hauses, wovon ich gleich berichten werde.

Das Baden in Lauterbach ist himmlisch. Man wandert am Rande niedriger Felsen dicht am Wasser auf einem Fußpfad, den von der Hoteltür bis zu den Badehütten die Buchen beschatten. Gegenüber liegt die Insel Vilm, die ferne Landspitze von Thiessow davor ist eine duftige violette Linie zwischen dem zarten Blau von See und Himmel. Zu Füßen Moos und Gras und süße wilde Blumen, auf die tanzende Lichter und Schatten der Buchen im Sonnenlicht fallen.

»Oh, wie schön ist es hier«, rief ich Gertrud zu – an einem solchen Morgen muß man einfach jemandem etwas zurufen. Sie ging hinter mir auf dem schmalen Pfad, beide Arme voller Handtücher und Badesachen. »Willst du später nicht auch baden, Gertrud? Kannst du widerstehen?«

Gertrud konnte sehr wohl widerstehen. Sie betrachtete die lebendige Einsamkeit des Meeres, wie man eine Sache ansieht, die trockne Leute naß macht. Sie sei erkältet, sagte sie.

»Nun, dann morgen«, sagte ich optimistisch, sie meinte aber, ihre Erkältungen dauerten immer tagelang.

»Dann eben, wenn du sie hinter dir hast«, meinte ich beharrlich und

»Vor deinen Augen steigt es empor wie ein Traum«

ekelhaft hoffnungsvoll, wogegen sie prompt prophezeite, sie werde sie nie loswerden.

Die Badehütten stehen in einer Reihe und weit vom Ufer entfernt im tiefen Wasser. Man wandert auf einer kleinen Bretterbrücke hinaus und findet eine sonnengebräunte Frau, freundlich, wie es offenbar alle Menschen sind, die im tiefen Wasser zu tun haben. Sie kümmert sich um die Badenden, deren Sachen sie trocknet, und versorgt sie mit allem und jedem, was vielleicht vergessen wurde; zum Schluß verlangt sie zwanzig Pfennige für all ihre Gefälligkeiten – samt Bad.

Die beste Hütte ist die am weitesten vorn liegende, die man zu kriegen versuchen muß – ein wertvoller Rat. Sie ist sehr geräumig und hat ein Sofa und einen Tisch und einen hohen Spiegel. Ein Fenster geht nach Süden und eins nach Osten. Durch das Ostfenster sieht man die lange Linie der niedrigen Klippen, darüber Wälder, die mit der grünen Ebene verschmelzen. Durch das Südfenster erblickt man die kleine Insel Vilm. Darauf steht ein einziges Haus, von Kornfeldern umgeben.

Gertrud saß strickend auf den Treppenstufen, während ich zwischen den Quallen herumschwamm und an Marianne North und ihr Buch dachte. Wie genau hatte sie das Baden, die Farben und die kristallene Klarheit des Wassers hier in der sandigen kleinen Bucht beschrieben. Die Badefrau lehnte am Geländer und sah mir wohlwollend zu. Sie trug eine weiße Sonnenhaube, die so hübsch gegen den blauen Himmel abstach, daß ich mir wünschte, ich könnte Gertrud bewegen, auch so eine zu tragen anstelle ihrer langweiligen, ehrbaren schwarzen Hauben. Stundenlang hätte ich so, vollkommen glücklich, auf dem glitzernden Wasser dahintreiben mögen, und ich blieb auch beinah eine Stunde darin. Die Folge davon war, daß eine unterkühlte und betrübte Frau auf die Klippen kletterte. Später, als der Kellner das Frühstück brachte, besah ich meine blauen Fingerspitzen und dachte, wie jämmerlich es doch sei, blaue Fingerspitzen zu haben, statt nach zehn Minuten Schwimmen vergnügt zu sein, einfach nur darüber, daß es so herrlich ist, an einem solchen Morgen überhaupt zu leben.

Der kalte Tee, die kalten Eier und die harten Semmeln erwärmten mich auch nicht. Ich saß unter den Buchen, wo ich am Abend zuvor gesessen hatte, und zitterte in meinem dicksten Mantel. Die Julisonne brannte auf das Wasser und schlug leuchtende Farben aus den Segeln der vorbeigleitenden Fischerboote. Der Hotelhund bummelte mit hängender Zunge über den Kies und warf sich neben mir in den Schatten. Aus Putbus kamen Gäste zu ihrem Morgenbad und fächelten sich mit ihren Hüten Luft zu.

Diese Gäste aus Putbus kommen jeden Morgen in einem offenen Kutschwagen mit Längsbänken, sie baden und wandeln dann langsam den Hügel hinauf zum Mittagessen. Nach dieser Anstrengung glauben sie, genug für ihre Gesundheit getan zu haben, und verbringen den Rest des Tages schlafend, oder sie sitzen draußen und trinken Bier oder Kaffee. Eine gute Art, seine Ferien zu verbringen, wenn man das Jahr hindurch hart gearbeitet hat. Mein Hotel hier in Lauterbach war eine Kleinigkeit teurer oder, besser gesagt, nicht ganz so billig wie die Hotels in Putbus. Der Reisende braucht die Rechnung jedenfalls nicht zu fürchten. Als ich unsere Zimmer mietete, war der Kellner erstaunt, fast ärgerlich, daß ich nicht, wie alle Herrschaften, Vollpension nehmen wollte. Er hoffte nur, daß mir fünf Mark pro Tag nicht zu teuer wären. O nein, ich fand es angemessen und ausgezeichnet – und freute mich auf mein Zugvogel-Dasein.

Nach dem Frühstück zog ich aus, um das Goor zu erkunden, ein Buchenwaldstück, das sich von der Pforte des Hotels an der Küste entlangzieht. Frisch machte ich mich auf den Fußweg am Rande der Klippen, um mich warm zu laufen, so daß Touristen, die bereits warm waren und schwer atmend unter den Bäumen saßen, mir vorwurfsvoll nachsahen.

Das Goor ist wundervoll. Ich hatte einen Weg gewählt, der in vielen Windungen durch dichten Schatten führt und schließlich am Rande des Waldes an der See in eine sehr heiße geschützte Bucht mündet. Dort brennt die Sonne den ganzen Tag auf den Kies und das kurze harte Gras. Eine einsame Eiche, alt und sturmzerzaust, steht ganz für sich am Wasser, gegenüber sieht man die bewaldete Seite von Vilm, und wenn man ein paar Meter auf dem Kies weitergeht, kommt man auf eine grasbewachsene Ebene, wo sich zarte lila Skabiosen im Winde wiegen. Auf dem Kies lag ein altes schwarzes Fischerboot auf der Seite, seine Bretter waren von der Sonne blasig gebrannt. Diese tiefe Schwärze und die dunklen Umrisse der einsamen Eiche hoben sich scharf ab von dem flutenden strahlenden Sonnenlicht. Was für ein köstlicher Winkel, um den ganzen Tag mit einem Buch dort zu liegen. Keine Touristen verirren sich dorthin, denn der Pfad endet unversehens im harten Gras und Kies – schmerzvoll für leicht ermüdende Füße. Wer genug Energie besitzt, nimmt den üblichen Weg im Norden durch das Goor – er ist weder lang noch anstrengend. Dort führt der Weg bis zu einem Kleefeld, hinter dem sich das kleine Dorf Vilmnitz zwischen Bäume und Korn duckt. Er führt sanft, bequem und beschattet zurück zum Hotel – meine Wendung nach rechts jedoch führt bloß bis zum Kies, dem alten Boot und der einsamen Eiche. In diesem heißen Winkel zog ich gleich meinen Mantel aus; wer Hitze liebt und blaue Fingerspitzen verabscheut, der lege sich auf den Kies, ziehe den Hut über die Augen und lasse sich genießerisch braten, was ich tat.

Gegen zwölf Uhr vertrieb mich die Sonne. Meine Handrücken fühlten sich an, als ob sie demnächst Blasen werfen würden. So stand ich auf, wanderte zum Hotel zurück und bereitete Gertrud darauf vor, daß ich voraussichtlich länger fortbleiben würde. Ich hatte nämlich die Absicht, irgendwie hinüber auf die Insel Vilm zu gelangen. Ich sagte Gertrud, sie möge sich nicht aufregen, falls ich nicht vor Schlafenszeit zurück wäre, nahm den Reiseführer und machte mich auf den Weg. Der Pfad zum Landungsplatz führt durch eine Wiese am Wasser entlang, auf einer Seite von Weiden, auf der anderen von Binsen umgeben. Nach zehn Minuten hat man Lauterbach erreicht, hat ein paar kleine neue Häuser gesehen, in denen Touristen wohnen, hat etliche entzückende alte Häuser von Fischern gesehen, hat dann am Landungssteg einer lächelnden Frau zehn Pfennige Zoll bezahlt und hat gemerkt, daß es nutzlos ist, liebenswürdig mit ihr zu sprechen, denn sie ist total taub. Nun geht man bis ans Ende des Steges und fängt an zu überlegen, auf welche Weise man hinüberkommt. Fischerboote ankerten auf der einen Seite, eine Brigg aus Schweden wurde entladen. Ein kleiner Dampfer lag am anderen Ende, er sah aus, als ob er demnächst irgendwohin fahren wolle.

Ein Fischer bummelte in der Nähe herum, lehnte sich gegen einen der Pfosten und starrte ebenfalls ins Leere. Ich wandte mich gerade ab, als er sich aufraffte und fragte, ob ich sein Boot benutzen wolle. Dabei deutete er hinaus auf ein großes Boot mit leuchtendbraunen Segeln. Es wehte nur eine schwache Brise, aber er sagte, er könne mich in zwanzig Minuten hinüberfahren, werde dort den ganzen Tag lang auf mich warten, und das alles für drei Mark. Nun, drei Mark für ein ganzes Fischerboot mit goldenen Segeln und einem kräftigen Fischer mit goldenem Bart und blauen Augen, dessen Vorfahren sicher Wikinger waren! Ich stieg ohne weitere Erörterungen in sein Dingi und wurde zu seinem Segelboot hinübergerudert.

Dabei gibt es auf Vilm rein gar nichts, was den Eiligen anlocken könnte; um so mehr für den verträumten Touristen. Zwar kann man die ganze Insel in drei viertel Stunden umwandern. In drei viertel Stunden kann man sämtliche Aussichten sehen, die für schön gelten, und auf den entsprechenden Bänken sitzen. Man sagt: »Dort ist ja Thiessow«, wenn man nach Osten schaut, und: »Oh, dort ist ja Putbus«, wenn man übers Meer nach Westen blickt, und wenn man weit draußen im Süden Kirchtürme aus dem Wasser ragen sieht, so sagt man: »Oh, das muß doch Greifswald sein.« In drei viertel Stunden hat man Zeit, über die primitive Badehütte am Oststrand zu lächeln, die dort hingekritzelten Namen früherer Badegäste zu studieren oder Verse, Abschiedsworte und Zitate.

Ein ganz anderes Vilm wurde mir zuteil: mit weiten Blicken auf See und Himmel, auf mächtige Buchen, dichte Farne, blumenerfüllte Wiesen, enzianbewachsene Höhen.

Einer der Förster von Fürst Putbus führt das Gasthaus, oder wohl mehr seine freundliche und gefällige Frau.

Sie erzählte, die meisten ihrer Gäste wären Maler, und sie könnte vierundzwanzig mit ihren Frauen aufnehmen. Sie versuchte herauszubringen, ob ich Malerin sei, unterdessen kam mein Essen; ja, und warum ich denn so allein sei und nicht zu einer Gruppe gehöre nach Art der bürgerlichen Frauen. Vom Essen will ich nur sagen, es war sehr reichlich.

Der Roggen wuchs einen Meter weit von meinem Tisch und bildete einen zitternden goldenen Streifen von Licht gegen das blaue Funkeln der See. Darüber schaukelten weiße Schmetterlinge. Die Brise wehte

Die Natur kennt viele Sprachen – ausgewaschene Wurzel am Steilufer

süße ländliche Düfte in mein Gesicht. Die Kastanienblätter, die mich beschatteten, rauschten und flüsterten. Die ganze Welt war heiter und frisch und duftete.

Das Baden in Vilm ist nicht im gleichen Atem zu nennen mit dem köstlichen Baden in Lauterbach. Keine lächelnde Badefrau in weißer Sonnenhaube wartet darauf, dem Gast seine Sachen abzunehmen, sie zu trocknen, die Schwimmerin zu rubbeln, wenn sie fröstelnd aus dem Wasser kommt, und, falls nötig, auch hineinzuspringen, um zu helfen, falls jemand zu ertrinken droht. In Vilm liegt die Badehütte am Oststrand, man erreicht sie auf dem Weg durch eine Wiese – zugegeben, das himmlischste Wiesenstück mit weidenden Kühen und mit der See vor Augen. Jeden Augenblick könnten die Töchter des Lichts über den Butterblumen daherkommen und ihre Kleider in der Sonne noch weißer bleichen. Auf der Insel gibt es keinen richtigen Spazierweg außer dem einen vom Landungssteg zum Gasthaus. Um die Badehütte zu erreichen, muß man stracks in das Wiesengras eintauchen und darf sich nichts daraus machen, wenn Heuschrecken in die Kleider hüpfen. Das Wasser ist so seicht, daß man eine gefährlich aussehende lange Strecke waten muß, ehe man schwimmen kann. Während man watet, ist es unmöglich, wie jedermann, der einmal gewatet ist, weiß, die Schritte zu beschleunigen. Man errötet, wenn man an die vierundzwanzig Maler denkt, die vermutlich auf den Felsen sitzen und zuschauen. Und watet man zurück, so errötet man natürlich noch mehr. Noch nie sah ich einen so freien und offenen Badeplatz. O ja, er ist wundervoll, doch wer ist schon gern ein so auffallendes Objekt, und zwar ein klägliches, das mutterseelenallein dasteht und aus dem Wasser ragt, das kaum die Knöchel bedeckt.

Ich saß im Schatten der Klippen, als zwei Mädchen herabkamen, um zu baden. Ich sah ihnen zu, sie schienen sich überhaupt nicht zu genieren und planschten mit Geschrei und Kreischen und Gelächter im Wasser herum. Die Mädchen legten keinen Wert auf Würde und waren nicht befangen. Wahrscheinlich waren ein oder zwei der vierundzwanzig Maler ihre Väter, und dadurch fühlten sie sich ganz zu Hause. Als ich sie beobachtete, kam mir der Verdacht, daß sie noch lieber von denen gesehen wurden, die nicht ihre Väter waren. Jedenfalls tanzten und lachten sie und schrien einander zu und sahen sich oft herausfordernd um, und wirklich waren sie sehr niedlich in ihren roten Badeanzügen in der azurblauen See.

Lange Zeit saß ich noch dort, nachdem die Mädchen sich angezogen hatten und lärmend die grasige Böschung hinauf in den Schatten der Buchen gegangen waren. Wieder herrschte nachmittägliche Stille, man vernahm nichts als das leise Plätschern am Fuß der Klippen. Hin und wieder hoppelte ein Kaninchen im Gras, einmal hörte man den Schrei eines Falken hoch droben in den Wolken. Die Schatten wurden länger, die Schatten der Felsen auf dem Wasser streckten sich beinah bis Thiessow, bevor die Sonne unterging. Draußen auf dem Meer, fern vom in Dunst gehüllten Festland, lag ein langer Rauchstreifen über der Fahrrinne eines Dampfers auf der Fahrt nach Rußland. Könnte ich doch meine Seele auf Vorrat anfüllen mit der heiteren Klarheit eines solchen Nachmittags.

Vilm besteht aus zwei bewaldeten Hügeln, die durch einen langen, schmalen Landstrich miteinander verbunden sind. Dieses Stück Land ist nur mit hartem Gras, Steinen und kleinen Muscheln bedeckt. Hier und da stehen wilde Obstbäume beisammen, als wüßten sie, wie hart der Lebenskampf ist. Im Winter überschwemmt sie das Wasser, der Wind weht hart aus Osten. Ich hatte mich durch dieses Stück gekämpft, hatte alle paar Schritte die Muscheln aus meinen Schuhen geschüttelt, da gelangte ich auf unebenen Grund mit weichem grünem Gras und wunderschönen Bäumen – eine wirklich liebliche Stelle am Fuß des Hügels im Süden. Ich setzte mich, nahm die letzten Muscheln aus meinen Schuhen und war einfach glücklich.

Unsere Heimatinsel

1908

Rügen ist die größte und, wie hinzugesetzt werden kann, auch die schönste deutsche Insel. Wenn man sie auf der Landkarte betrachtet, so bekommt man einen seltsamen Eindruck von ihr. Zerrissenheit ist der Charakter, der ihr aufgeprägt ist. Auf allen Seiten hat sich das Meer, zahlreiche Buchten bildend, tief in ihr Land hineingefressen. Die Insel sieht aus wie ein Skelett, an dem nur noch die Knochen übriggeblieben sind, während es seines Fleisches beraubt ist.

Kommt man von Süden her, so steigt das Land allmählich an, bis es in den Kreidefelsen von Stubbenkammer seine höchste Höhe erreicht. Kommt man von Norden oder von Osten her, so erheben sich die Höwts und die Berge von Saßnitz und Stubbenkammer an steil aus dem Meere empor. Die Insel hat einen Flächeninhalt von 967 qkm. Der größte Längendurchmesser von Süden nach Norden beträgt 49 km, die größte Breite von Osten nach Westen ziemlich ebensoviel, nämlich 45 km. Dennoch ist kein Ort mehr als eine Meile vom Wasser entfernt. Das machen die vielen Buchten, die sich tief in die Insel hineinziehen. Rügen kann in ein Hauptland eingeteilt werden, das sich um Bergen gruppiert, und in vier größere Halbinseln: Wittow, Jasmund, Mönchgut und Zudar. Dazu kommen dann noch mehr als zwanzig Inseln, die mit Ausnahme der Nordostküste, die keine Inseln hat, an der ganzen übrigen Küste ihrer größeren Schwester oder Mutter vorgelagert sind. Der schönste Teil Rügens ist die Halbinsel Jasmund, die in weitem Bogen in die See hinausspringt. Hier sind die majestätischen Kreidefelsen und die wundervollen Laubwaldungen, die alljährlich das Ziel zahlloser Reisenden sind. Neben Jasmund in zweiter Linie ist die Halbinsel Mönchgut wegen ihrer eigenartigen Schönheit hervorzuheben. Ihre hohen Berge, die durch schmale Landzungen miteinander verbunden sind, bieten die größte Abwechslung von herrlichen Fernsichten über Land und Wasser. Auch hierhin ziehen alljährlich viele Tausende von Fremden. Außer seiner Naturschönheit hat Mönchgut noch seine eigenartige Bevölkerung, die sich in Tracht, Sitte und Sprache vielfach noch so erhalten hat, wie sie in alten Zeiten war. Der übrige Teil der Insel ist, mit wenigen Ausnahmen, kahl und reizlos, hat aber vor den schon genannten beiden den Vorzug großer Fruchtbarkeit.

Die Hauptstadt der Insel ist Bergen, die Sitz des Landratsamtes, eines Amtsgerichts und neuerdings auch einer Realschule ist. Neben Bergen ist Putbus als Residenz des Fürsten mit seinem herrlichen Schloß und Park und mit seinem Pädagogium, einem Gymnasium und seinem Schauspielhause bemerkenswert. Früher hatte es mit seinem Hafen bei Lauterbach auch als Badeort Bedeutung. Seitdem sich aber die Fischerdörfer an der Ostküste zu Badeorten entwickelt haben, hat Putbus diese Bedeutung verloren. Garz und Sagard sind zwei kleine Ackerstädte. Zu erwähnen ist noch, daß auf Arkona, dem nördlichsten Vorsprung Rügens, ein Leuchtturm steht, der in neuester Zeit mit dem besten Leuchtfeuer ausgestattet ist. Ein kleinerer Leuchtturm befindet sich auf der Insel Hiddensee. Thiessow, der südöstlichste Ort Rügens, hat eine große Lotsenstation. Zwischen den vielen Dörfern der Insel zerstreut liegen zahlreiche einzelne Gutshöfe. Die Bevölkerung zählt 47 023 Seelen. Ihr Hauptnahrungszweig ist Landwirtschaft. Daneben wird an der Küste aber auch Fischerei getrieben.

Der Verkehr auf Rügen hat in den letzten Jahren außerordentlich zugenommen. Nicht bloß im Sommer kommen Zehntausende von Fremden zu längerem oder kürzerem Aufenthalt auf unsere Insel, sondern auch in den übrigen Jahreszeiten ist ein lebhafter Verkehr, der von Jahr zu Jahr zunimmt, nachdem die Bahn von Altefähr bis Saßnitz verlängert und von dem Hafen des letztgenannten Ortes aus eine zweimalige Dampferverbindung täglich mit unserem nördlichen Nachbarreiche Schweden hergestellt ist. Außer der Bahn zwischen Altefähr und Saßnitz besteht noch eine kürzere Bahnverbindung zwischen Bergen und Lauterbach sowie zwei Kleinbahnen von Altefähr über Putbus und Göhren und von Bergen nach Altenkirchen. Ebenso findet, wenigstens im Sommer, ein lebhafter Verkehr auf dem Wasser statt. Von Stettin, Greifswald und Stralsund führen mehrere Dampferlinien nach unserer Insel, und zahlreiche Dampfer und Motorboote stellen die Verbindung zwischen den einzelnen Badeorten an der Ostküste her. Industrie findet sich auf unserer Insel nicht. Nur sind viele und ergiebige Kreidebrüche auf Jasmund und Wittow und in anderen Gegenden der Insel. Rügen ist ein starker Schutzwall für die dahinter liegende festländische Küste. Wäre unsere Insel nicht, so würde das Hinterland durch die Sturmfluten des Meeres unendlich leiden.

Rügen ist also für unser Vaterland von großer Bedeutung. Seit wenigen Jahrzehnten erst herausgerissen aus der Einsamkeit und Abgeschiedenheit, in der es sich früher befand, macht sich seine Bedeutung nicht bloß in realen Werten geltend, sondern ebenso auch darin, daß es durch die Stärkung und Auffrischung, die es durch seine landschaftliche Schönheit, durch seine gesunde Luft und durch seine herrlichen Bäder allen seinen Gästen verleiht, wesentlich mit dazu beiträgt, unsere Nation lebensfrisch und kräftig zu erhalten. Möchte es in letzterer Beziehung immer mehr an Bedeutung gewinnen!

ANNEMARIE KOFFLER

An der Ostsee

Wellen netzen den Strand,
kommen von Westen her,
tragen salzigen Ruch
über das weite Meer.

Wälder säumen das Land,
Wiesen breiten sich aus,
unter das falbe Dach
duckt sich ein Fischerhaus.

Muscheln, Steine und Tang,
Sand, der die Spur verweht,
Dünen, auf deren Grat
knorriges Krummholz steht,

Möwen im jähen Flug,
Sonne, Wolken und Wind –
Kamst du als Gast hierher,
lebtest du hier als Kind,

ach, das Herz wird dir weit,
faßt soviel Schönheit kaum ...
Horch, das Rauschen der See
füllt den unendlichen Raum!

GEORG PARIES

Von den Sturmfluten der Ostsee

Die Sturmfluten sind die großartigsten und gewaltigsten Naturereignisse, die in kürzeren oder längeren Zeitabschnitten wiederkehren und in verheerender Weise unsere Küsten heimsuchen; sie sind die Meilensteine, mit denen die Ostsee das im ewigen Einerlei dahinfließende Leben in den einsam gelegenen Strandnestern unterbricht. Die größte aller Sturmfluten, die an unserer Halbinsel wütete, war die vom 1. Januar 1304. Die Sage berichtet, daß Mönchgut vordem von der pommerschen Küste nur durch einen schmalen Strom, über den ein Mann hinüberspringen konnte, getrennt gewesen sei. Hineingeworfene Knochen und Pferdeschädel dienten als Steg. Eine andere Sage erzählt, daß durch ein gottloses Weib diese unheilvolle Flut heraufbeschworen sei. Es habe in den schmalen Wasserlauf ein Brot gelegt und dieses als Steg benutzt. – In seiner pommerschen Kirchengeschichte vom Jahr 1602 berichtet der Dr. theol. Daniel Cramer, Professor am Fürstlichen Pädagogium zu Stettin, das Folgende über den Verlauf der Flut von 1304: »Und hat vorzeiten die kleine Insel Ruden auch an dem beflossenen Lande Rugia gelegen, daß nur etwan ein klein Wässerlein, dadurch man zu Fuß leicht überspringen oder durchwaten können, dazwischen gegangen ist, also daß die Bauern aus dem nächsten Dorf das Land Rügen beackert und ihren Samen darauf gesäet haben. Es ist aber im Jahr nach Christi Geburt 1304 geschehen, daß ein großer Sturmwind gemachet hat, der allenthalben großen Schaden getan, viel Kirchen, Türme und Häuser eingeworfen. Durch denselbigen Sturm ist auch das Land Ruden von Rugia abgerissen worden, also daß eine neue Schiffahrt zwischendurch gemacht worden ist, da große Schiffe von hundert oder mehr Lasten durchlaufen können, und heutigen Tages noch stehet und das neue Tief von der Zeit an genennet wird.«

Die älteste Aufzeichnung über die Sturmflut von 1304 findet sich in einer Stralsunder Chronik. Alle diese Sagen, Überlieferungen und Berichte der Chroniken von einem noch in historischen Zeiten bis zum Beginn des 14. Jahrhunderts bestehenden Landzusammenhang zwischen Mönchgut und dem Ruden oder gar dem Festlande entbehren nach den Untersuchungen der Geologen E. Boll und P. Lehmann jeder tatsächlichen Grundlage. Die einzige historisch verbürgte Veränderung erheblicher Art, welche der unterseeische Rücken zwischen Thiessow und dem Ruden erlitten hat, besteht in der Bildung des »Neuen Tiefs« (dat nige Deep, Westtief oder Weste Deep), einer nur etwa 3 m tiefen, unregelmäßig gestalteten Rinne, welche östlich vom Landtief im Jahre 1304 von jener Sturmflut aufgerissen wurde.

Die größte Sturmflut des 19. Jahrhunderts war die vom 12./13. November 1872. Der damals in Thiessow wohnende Lotsenkommandeur Müller schätzt die Abnahme, welche die den Wellen in hohem Grade ausgesetzte Steilwand des Thiessower Höfts erfuhr, auf 5–6 m. Die Sturmflut vom 5. Dezember 1883 war nur von kurzer Dauer und erreichte den Wasserstand der 72er Flut nicht. Über den Verlauf der Sturmflut von 1904/05 berichtet Pastor Emil Steurich ausführlich in der Kirchenchronik zu Groß Zicker. Diese Schilderung sei nachstehend wiedergegeben.

»In der Neujahrsnacht 1904/05 brach eine fürchterliche Sturmflut über Mönchgut herein. Am Tage vorher war starker Südwind gewesen und hatte gegen Abend heftigen Regen gebracht; es goß wie mit Mollen. Auffallend und bedenklich war der hohe Wasserstand in der Ostsee; denn bei südlichen Winden, die das Wasser von unserer Küste wegtreiben, pflegen wir niedrigen Wasserstand zu haben. An diesem Tage aber reichte die Ostsee weit über ihre gewöhnlichen Grenzen. Alles flach gelegene Land war überschwemmt. Doch vermutete niemand eine Gefahr. Nach einer längeren Westwindperiode, in der aus der Nordsee viel Wasser in die Ostsee kommt, haben wir immer hohen Wasserstand. Er pflegt sich in der Regel wieder zu verlaufen, ohne Schaden anzurichten. Das geschieht dann, wenn der Wind abflaut oder allmählich nach Osten dreht. Gefährlich wird er jedoch, wenn er plötzlich nach Norden oder Nordosten umspringt und stark bläst. Aber kein Zeichen deutete diesmal darauf hin. Darum ging jeder ohne Sorgen zu Bett. In der Nacht aber geschah das Unerwartete: Der Wind sprang plötzlich nach Nordost um und blies mit orkanartiger Stärke. Die Temperatur, die mild gewesen war, sank schnell bis auf 5 Grad unter Null, und dichtes Schneegestöber fiel ein. Jetzt stieg das Wasser mit unheimlicher Schnelligkeit. In kurzer Zeit flutete es in Groß Zicker in der nach dem Zickersee führenden Dorfstraße. Es schlug auf unsern Kirchhof hinauf; es schlug gegen die niedrig gelegenen Häuser des Steinarbeiters Puppe und des Fischers Weidemann. Die Mitglieder des Kriegervereins waren noch von einer nachträglichen Weihnachtsfeier, die sie im benachbarten Gasthause veranstaltet hatten, zusammengeblieben. Da kam plötzlich die Tochter des Fischers Weidemann aus dem benachbarten Hause und rief bleich und aufgeregt: »Na, Ji sünd ok schön! Ji danzen hier, un wir versupen in'n Wader!« – »Ach, Anna, Du spast jo man bloß! – Niemand glaubte es. Bei dem Regen, der den ganzen Abend über geherrscht hatte, war es keinem eingefallen, einmal hinauszugehen und nach Wind und Wetter zu sehen. Aber die sichtliche Angst des Mädchens und ihre dringenden Bitten bewegten die Männer, ihr zu folgen. Wie erschraken sie, als sie auf die Straße traten! Das Wasser kam ihnen schon entgegen und spülte gegen den Festsaal. Die Feier wurde natürlich sofort abgebrochen, und die Männer eilten nach Hause, um ihre langen Fischerstiefel zu holen. Als sie zurückkehrten, ging ihnen das Wasser schon bis an den Leib und lief oben in die hohen Stiefel hinein. Es gelang kaum noch, in das bedrängte Haus zu kommen. Die Flut hatte schon die unteren Fächer aus den Wänden herausgeschlagen und trieb mit den Möbeln im Hause ein wildes Spiel. Das Haus war bis zum Dache hinauf mit einem Eispanzer bedeckt. Die Kühe in dem angebauten Stallraum standen bis an den Bauch im Wasser. Sie mußten mit Gewalt, halb schwimmend, aus dem Stall gezogen werden. Die Schweine und die Schafe wurden hinausgetragen und mit den Kühen auf dem Pfarrgehöft untergebracht. Die Sachen mußten alle im Hause gelassen werden. Inmitten der reißenden, eisigen Wogen waren die helfenden Männer selber in höchster Gefahr. Wehe dem, der etwa über den niedrigen Zaun oder die Karre oder den Schleifstein oder andere Geräte, die bei dem Hause standen und lagen, gestrauchelt wäre! – Aus dem benachbarten Hause des Steinarbeiters Puppe

Unwetter vor der Küste Arkonas

mußte die gichtkranke Frau, in warme Decken gehüllt, hinausgetragen werden. Sie fand bei einer Nachbarsfamilie, die noch im tiefsten Schlafe lag und über den späten Gast nicht wenig verwundert war, Unterkunft. Bald war das ganze Dorf munter und bei der Rettungsarbeit. Die Männer eilten zu den Booten, um sie höher aufs Land zu ziehen, doch waren die meisten Fahrzeuge schon fortgetrieben, ein großer Verlust für die armen Fischer! Nur wenige Boote, deren Ankertaue gehalten hatten, wurden gerettet. Es war eine schreckliche Nacht: Heulender, eisiger Sturm mit dichtem Schneegestöber! Brausende Wogen, die bis an unsere Berge schlugen, und das flackernde Licht düsterrot brennender Laternen, bei deren Schein die Männer arbeiteten, um zu retten, was von den Wogen bedroht war!

Als es Tag wurde, war erst das ganze Unheil zu übersehen. Überall, wohin man blickte, Wasser, nichts als Wasser, wildschäumendes brodelndes Wasser! Der Zicker Damm, der Deich bei Thiessow, die Dünen am Strand – alles war überflutet! Man konnte nicht sehen, ob sie standgehalten hatten oder fortgerissen waren. Endlich gegen neun Uhr vormittags begann das Wasser zu sinken. Nach Lobbe zu tauchte wieder eine dunkle Linie aus dem Wasser hervor. Es war unser Zicker Damm, er hatte gehalten! Ich machte mich auf den Weg, um zu sehen, ob er Schaden gelitten hätte. Ich konnte gegen den Sturm kaum vorwärts kommen. Oft mußte ich stehen bleiben, um erst wieder Atem zu schöpfen. Endlich erreichte ich den Damm. Ach wie sah er aus! An seiner ganzen nördlichen Seite war er bis zur Mitte des Fahrweges fortgewaschen, und noch immer spritzte das Wasser über ihn hin. Es war gefährlich, ihn zu betreten. Dennoch wagte ich es. Ich wollte durchaus zum Strand, denn schon von weitem sah ich, daß auch er furchtbar gelitten haben mußte. Die Oberfläche des Dammes war von dem eisigen Wasser mit einer dicken, höckerigen Eisschicht überzogen. Die Füße hatten keinen Halt. Ich fiel zu wiederholten Malen hin, jedesmal in Gefahr, von dem Sturm in das zur Seite rauschende Wasser geweht zu werden, von dem mich nur ein Fuß breiter Raum trennte. Als ich die Mitte des Dammes erreicht hatte, gab ich es auf, weiter vorzudringen. Die Lunge atmete krampfhaft, und der schwere Ölrock hinderte das Gehen. Da sah ich zwei junge Burschen hinter mir her kommen. Das gab mir Mut, meinen Weg weiter fortzusetzen. An jenen beiden hatte ich ja Hilfe, falls mir ein Unfall zustoßen sollte. Gemeinsam drangen wir zum Strand vor. Aber nein, es war kein Strand mehr! Die Dünen waren verschwunden. Da, wo sie gewesen waren, rauschte das Meer. Hoch auf türmten sich die Wogen, fielen mit furchtbarer Wucht hernieder und rissen weite, tiefe Löcher in den Strand, alles zerstörend, was seit dreißig Jahren Menschenhand zum Schutz unserer Küste getan hatte. Es war nicht möglich, am Strand entlang zu gehen. Das Wasser schlug aus der Ostsee in den Zickersee. Wir suchten Schutz gegen den Sturm hinter einem Steinhaufen, der für den Chausseebau bestimmt war. Die ganze Küste von Lobbe bis Thiessow war, soweit wir sehen konnten, unter Wasser. Nur unsere Berge ragten noch als Inseln hervor. Der Thiessower Schutzdeich war, wie wir später erfuhren, durchbrochen. An der Durchbruchstelle hatte die Flut ein 30 Fuß tiefes Loch in den Erdboden gerissen. Niemand kann sich eben eine Vorstellung von der Gewalt der Wogen machen. Ganz Thiessow war überflutet. Unsere Höfts hatten furchtbar gelitten. Ganze Abhänge waren herausgerissen. Stellenweise war ein dreißig Meter breiter Streifen Landes abgespült worden. Der starke Steinwall, der sich um das Thiessower Höft herumzieht, war vollständig zertrümmert. Die Wellen rollten mit den großen Steinen wie mit Kegelkugeln und schleuderten sie gegen das hohe Ufer. Die Yachten, die im Winterhafen im Zickersee gelegen hatten, waren auf den Strand gesetzt. Eine lag völlig um. Das zwischen Thiessow und Klein Zicker gelegene Haus des Fischers Wallmann wurde nur dadurch vor dem Fortspülen bewahrt, daß es von einer dichten Dornhecke umgeben war. An dieser hatten sich die Wogen gebrochen. Die Bewohner, die sich auf den Boden geflüchtet hatten, waren nach angstvollen Stunden von den Lotsen gerettet worden. Der Gastwirt in Klein Zicker war in sein Boot, das er am Strand befestigt hatte, hineingestiegen, um das hineingeschlagene Wasser wieder auszuschöpfen. Da merkte er plötzlich, daß das Boot, wie von unsichtbarer Hand gezogen, sich meerwärts bewegte. Schnell sprang er heraus und geriet schon gleich bis über die Brust ins Wasser. Aber es war sein Glück, daß er nicht länger gezögert hatte, denn das Boot ging verloren. Der Strick, an dem es festgemacht worden war, hatte sich durchgescheuert und war gerissen. Ein anderes Boot aus Klein Zicker, das gleichfalls in den Bodden trieb, wurde von einer rasenden Strömung erfaßt und gegen Wind und Wellen schließlich in Göhren am Südstrand an Land gesetzt.

Erschöpft von dem anstrengenden Marsch, aber auch erschüttert von den Eindrücken, die ich gehabt, kehrte ich wieder nach Hause zurück. Hatte mich zuerst das Interesse an dem großen Naturschauspiel zum Strand gezogen, so war dieses Gefühl ganz verloren gegangen und nur das des Schreckens und der Niedergeschlagenheit geblieben. Wir sind jetzt schutzlos dem Meere preisgegeben und sind nach diesen Zerstörungen aufs äußerste gefährdet. Wieviel Frist wird unserm Ländchen noch gegeben sein!«

Die Schulchronik berichtet über diese Sturmflut noch, daß in Thiessow, infolge des doppelten Deichbruchs, das Wasser über einen Fuß hoch in den meisten Häusern gestanden habe.

Dieses Naturereignis blieb nicht das letzte. Zum Schluß des Jahres 1913, wieder in der Neujahrsnacht wie 1904, kam eine neue Sturmflut über Mönchgut und richtete hier wie an der ganze Ostseeküste unsägliches Unheil an. Nachdem die große Thiessower Landungsbrücke am 26. Januar 1912 bei plötzlich auftretendem Nordost durch Eisschub gänzlich zerstört worden war, wurde die neuaufgebaute Landungsbrücke von der Sturmflut total weggespült und fortgetrieben. Die große Felsenmauer am Oststrande zerbrach fast in ihr ganzen Länge. Ungeheure Erdmassen gingen wiederum von den Inselkernen verloren. Große Spalten zeigte ein nach dem Südstrande zu gelegenes Ackerstück auf; ein Morgen davon drohte abzustürzen. Viele Einwohner hatten ihre Häuser verlassen und das Vieh in höher gelegene Ställe gebracht. Der Zicker Damm wurde auch dieses Mal völlig ruiniert. Der Thiessower Schutzdeich konnte nur dadurch vor Zerstörung bewahrt bleiben, daß die Einwohner Tag und Nacht dort Wache hielten und entstandene Löcher sofort mit Sandsäcken ausfüllten. – Im übrigen trifft die Schilderung der Sturmflut von 1904 auch für jene von 1913 zu.

»Den geehrten Herrschaften und
Touristen bestens empfohlen!«
Anzeigen aus Bergen

Große Auswahl in Luxusmöbeln –
Strandkörbe ganz von Rohr gearbeitet –
Tapeten neuester Muster –
Biskuits und feine Confituren –
Löwen-Apotheke und Drogen-Handlung –
»Frauen-Gunst« Süßrahmmargarine –
Das lustigste Buch der Gegenwart! Zum Kranklachen! –
Fleischkonserve »Fressko«

Gefunden habe ich, dass man die grösste Auswahl in allen gewünschten Möbeln, ob ganze Einrichtung von den einfachsten bis zu den elegantesten oder nur einzelne Kleinmöbel in

Rügens grösstem Möbelmagazin

findet.

=== **Sämtliche Polsterwaren,** ===
von den feinsten Garnituren bis zur einfachsten Matratze, auch Aufarbeitungen werden dort in eigener Werkstatt von Fachleuten hergestellt.

Ständiges Lager von Gardinen, Teppichen, Portieren, Tischdecken, Möbelbezug- und Läuferstoffen, Daunenköper, Bett- und Matratzendrell.

Grosse Auswahl in Luxus-Möbeln und Bildern,
Spiegel in allen Grössen und Preislagen, Metall- und Polsterbettstellen, eiserne Gartenmöbel, amer. Rollschreibpulte
☞ **liefert billigst** ☜

Wilhelm Freese
Bergen a. Rüg., Markt 36.
● Fernsprecher Nr. 12. ●
Eigenes Dekorations-Atelier.

Max Lewerentz

Fernsprecher 18.   **BERGEN auf Rügen**   Fernsprecher 18.

ఆ ఆ ఆ

Sämtliche Delikatessen.

Kompot=Früchte. ◎ Gemüse=Konserven. ◎ Fisch=Konserven.
Kaviar, Lachs, Ochsenzungen u. s. w.

ఆ ఆ

Weinhandlung.   **Kolonialwaren.**

Bergen auf Rügen.

Ludwig Röbke
Lager fertiger Schuhwaren
für Herren, Damen und Kinder

☛ *in nur besseren Fabrikaten.* ☚

Gottfried Wolle, Strandkorbfabrik, Bergen

empfiehlt die
neuesten und anerkannt besten

☛ **Strandkörbe** ☚

ganz von Rohr gearbeitet,
mit Dach-, Knie- und Sonnen-Schutzvorrichtung.

Als *ganz besondere Neuheit* empfehle meine durchaus sichere und praktische

verschließbare Lade

zum Aufbewahren von Gegenständen, wie obige nach Photographie angefertigte Abbildung zeigt. Muster stehen zur gefl. Ansicht und halte ich stets großes Lager in Strandkörben.

Haltet ihn fest!

den Gedanken, dass

Rügens grösstes Möbelmagazin

das bedeutendste Lager der Insel in

P.A.Müller. X.A. Stuttgart. Ges.Gesch.

Tapeten

neuester Muster in allen Preislagen hat und hiervon einzelne Rollen, wie auch ganze Posten an Private und Malermeister mit entsprechendem Rabatt abgibt.

Alleinverkauf für die Insel Rügen des weltberühmten

☞ Canadol ☜

Canadol ist das beste Konservierungsmittel zum staubfreien Reinigen von Holz-, Linoleum-, Stein-, Fussböden aller Arten, es erspart das Bohnern und Aufwischen, schafft staubfreie, desinfizierte Räume und saubere Fussböden, es fettet nicht ab und ist trotz seiner ganz vorzüglichen Eigenschaften einfach und billig im Gebrauch.

Grosses Lager
von Linoleum-Vorleger, Teppichen und Läufern
in verschiedenen Dessins.

Linkrusta-Paneele und Tapeten liefert in allen Preislagen und jeder gewünschten Farbe und Ausführung.

☞ Bei grösserer Abnahme gewähre dieselben Vorteile, welche jede Fabrik einräumt. ☜

Wilhelm Freese, Bergen a. Rügen, Markt 36.

===== Fernsprecher No. 12. =====

Drogerie zum Rugard. | **Hermann Fischer.**
BERGEN auf Rügen.

Fernsprecher No. 23.

Spezialität: **Geröstete Kaffees.**

Kolonialwaren, Konserven und Delikatessen.

Biskuits und feine Confituren. □ □ **Wein-Handlung.**

Photographische Bedarfsartikel.

Bergen auf Rügen.

Gustav Hellwig

Tuch-, Manufaktur- und Leinen-Handlung.

Damen-, Herren- u. Knaben-Konfektion.

Unterzeuge, Wäsche.

Böhmische Bettfedern und Daunen.

Fertige Betten.

Nähmaschinen, Strickgarne, Aussteuerartikel.

Filz- und Strohhüte, Mützen.

Bergen u. Ostseebad Binz a. Rügen

Löwen-Apotheke
und Drogen-Handlung
== **Paul Seiler.** ==

Natürliche und künstliche Mineralwässer.

Sämtliche neueren Arzneimittel und Spezialitäten sind vorrätig oder werden in kürzester Zeit besorgt.

Bergen auf Rügen.

Hermann Baethge

Versandbuchhandlung

empfiehlt sich zur bereitwilligen Besorgung von **Kautschuk- und Metallstempeln.**

Kostenanschläge stehen zu Diensten!

Vertreter für Rügen: **Hermann Baethge, Bergen a. Rügen.**

Hans Kroll, Elbing

Butter u. Käse.   Spezialität: **„Cilſiter Goldkäſe."**

Generalvertrieb der Schroeterschen Fabrikate:

Molkenbrot ◉ **Molkenkakes** ◉ **Molkenseife.**

Generalvertrieb der
☞ **Ravensburger Delikateß-Brühwürſtchen.** ☜

Generalvertrieb von Wilh. Edel, Margarinefabrik.

Vertreter für Rügen:

Hermann Baethge, Bergen a. Rügen.

═══ Bitte Preisliſten zu verlangen. ═══

Woldegker Kälberpulver.

Erprobtes Mittel gegen den Durchfall der Saugekälber.
Bequem in seiner Anwendung, bewährt in seiner Wirkung.

Bestandteile: Ac. Spir. Ac. tann. Rd. torm. Cort. Guerc. Tann alb. 1 Paket 2,50, 3 Pakete 7,00 M.

Woldegker Eutersalbe bei entzündetem und verhärtetem Euter erprobt. Bestandteile: Ol. laur. Cer. Jap. Ad. mill. Acid. spir. Camph. 1 Kruke 1,75 M. Sendungen von 10 M. an franko.

Großherzoglich privil. Apotheke in Woldegk i. M.
F. Riebel.

Das lustigste Buch der Gegenwart!

Zum Kranklachen!

Leben, Meinungen und Wirken der Witwe Wetti Himmlisch,

die ihre Laufbahn als Malermodell angefangen, geheiratet hat, langjährige Toilettefrau gewesen, und jetzt von ihren Zinsen zehrt!

Von ihr selber eigenhändig niedergeschrieben!

M. 2.—

Gegen Einsendung dieses Betrages expediere ich franko!

Bergen a. Rügen. **Hermann Baethge,**
Versandbuchhandlung.

Neue Apotheke und Drogenhandlung
Gegründet 1789. **Carl Wolff** Bergen a. Rügen.

☞ Natürliche Mineralwässer. ☜

Diverse Weine als China-, Pepsin-, Condurango-, Maltowein, Medizinal-Tokayer, Portwein.
Sämtliche Verbandstoffe.
Irrigatoren, Inhalationsapparate, Eisbeutel, Kindermehle, Kakao, Schokoladen, Tees, Fleischextrakte, Malzextrakte, Desinfektionsmittel, Kolikpulver, Restitutionsfluid, Schweinefreßpulver und sonstige Tierarzneimittel. Diverse Haushaltartikel: Gewürze, Vanille, Backpulver, Benzin, Salmiakgeist, Quillagarinde, Seifen.

Alle neueren Arzneimittel und gangbaren Spezialitäten sind vorrätig; seltener verlangte werden sofort besorgt und ohne Kostenaufschlag berechnet!

Fleischkonserve „Fressko."

Ein neues, unübertroffenes Ratten- und Mäusevertilgungsmittel, gleich gebrauchsfähig, unbegrenzt haltbar, unschädlich für Haustiere. — In Büchsen à 1,20 und 0,70 Mk. **allein** echt zu haben:
Neue Apotheke.

Carl Schurich & Sohn

Fernsprecher No. 266.   **BERGEN**   Fernsprecher No. 266.

Getreide-, Holz- und Kohlen-Geschäft.

Lager von
künstlichen Düngern, Futtermitteln, Sämereien.
Steinkohlen, Anthracit und Koks.
Engros-Vertrieb von Briketts vorzüglichster Marken.
Lohndrescherei. Lagerei.
Stroh- und Häcksel-Kommissionsgeschäft.
Lebens-, Unfall- und Feuerversicherungs-Agenturen.

Martha Müller-Grählert

Mine Heimat

Wo de Ostseewellen
Trecken an den Strand,
Wo de gele Ginster
Bleuht in'n Dünensand,
Wo de Möwen schriegen
Grell in't Stormgebrus –
Dor is mine Heimat,
Dor bün ick tau Hus.

Well un Wogen ruschen
Mir min Weigenlied,
Un de hogen Dünen
Seg'n min Kinnertied.
Seg'n uck mine Sehnsucht
Un min heit Begehr,
In de Welt tau fleigen
Öwer Land un Meer.

Woll het mi dat Leben
Dit Verlangen stillt,
Het mi allens geben,
Wat min Hart erfüllt.
Allens is verswunnen,
Wat mi quält un drew,
Hev nu Freden funnen,
Doch de Sehnsucht blew.

Sehnsucht na dat lütte,
Stille Inselland,
Wo de Wellen trecken
An den witten Strand,
Wo de Möwen schriegen
Grell in't Stormgebrus -
Denn dor is mine Heimat,
Dor bün ick tu Hus.

GEORG PARIES

Winter an der Ostsee
Stimmungsbild vom Januar 1924

Die Herrschaft des Winters ist in den letzten Tagen besonders streng und unnachsichtig geworden. Beschränkte sich die Eisdecke bisher auf die Innenwieken und auf größere Teile des Greifswalder Boddens, so erweiterte sich diese über Nacht auch auf die freien Gewässer der Ostsee. Der harte Frost hat die Treibeismassen zu einer gewaltigen Eisdecke verbunden. Vor dem Auge liegt eine endlose, weiße Fläche, Leben und Bewegung der sonst so selten ruhenden Wellen unter sich begrabend. Ihr Rauschen, das bald vom Ost-, bald vom Süd- oder Weststrande herübertönte, ist verstummt, und selbst bei auflebendem Winde liegt eine ungewohnte Stille über unserem Örtchen. Dem binnenländischen Dorfe gleichend, liegt Thiessow jetzt verträumt und verschneit da. Nicht nur der auf hoher Warte vergeblich nach ein- und ausfahrenden Schiffen auslugende Lotse, sondern auch jeder Einwohner, der das Meer und das von ihm umschlossene Inselländchen liebt, sieht diese Zeit der Erstarrung höchst ungern; bedeutet doch der Wogenschlag für die Strandbewohner Leben und Musik. Zahlreiche Windwaken, die sich durch das dunklere Aussehen des Wassers von der weißen Eisdecke abheben, bilden den Tummelplatz von zahllosen heimischen und nordischen Wasservögeln. Die um das Höft und den Endhaken herumbiegende scharfe Strömung hat hier wie dort die Eisbildung verhindert, und diese langgestreckten Waken werden um so lieber von jenen Seevögeln zum Aufenthalt gewählt, als der Küstenstrom dauernd neue Nahrung für sie mitbringt. Das Leben auf diesen, dem Strand nächst gelegenen Waken gleicht einem Ameisenhaufen oder einer belebten Straße der Großstadt: Ruhe herrscht unter den Tausenden der Schwimmvögel nie – alles ist in Bewegung! Die meisten schwimmen im flotten Tempo, andere tauchen in die Tiefe, erscheinen wieder an der Oberfläche; schließlich erhebt sich die ganze

Mit dem Spazierstock über das gefrorene Eis der Ostsee

Schar zum Fluge, um bald darauf bei hochaufspritzendem Wasser wieder zu landen und dasselbe Spiel des Schwimmens und Tauchens zu wiederholen. Einzelne Arten halten sich abseits, darunter einige größere Entenpaare mit schwarzem Kopf und leuchtend gelber Brust; sie sitzen regungslos am Eisrande und halten sich von jenem Gewimmel fern. Die Taucher, hier allgemein »Pöker« oder »Klashanik« genannt, sind in diesem Winter zahlreich erschienen. Haubentaucher, Spitzschnäbel (»Luusangel«), Eisenten und die großen Eiderenten treten vereinzelt auf, ebenso die Märzenten. Zu Tausenden sind die Haffenten hierher gekommen, denn ihre sonstigen Wohnplätze, die Binnengewässer, liegen unter Eis und liefern keine Nahrung für sie.

Die Wasserjagd wird eifrig betrieben; der Abschuß ist leicht: ein einziger Schrotschuß bringt oft fünf oder sechs Tiere zur Strecke. Märzente und Braunkopfente (auch Krick- oder Pipente genannt) sind wegen ihres schmackhaften Fleisches besonders gesucht. Selten gelingt der Abschuß von Gänsen und Schwänen, die oftmals in Scharen über unser Ländchen dahinziehen, sich aber hier nur vereinzelt aufhalten. Recht interessant gestaltet sich die Jagd auf Enten und Taucher.

Gelingt der Abschuß, so stürzen sich nicht selten sofort die Möwen auf die getroffenen Tiere, bekämpfen angeschossene und suchen die getöteten Vögel vergeblich fortzutragen, indem sie sich meterhoch mit ihnen über die Wasserfläche der Wake erheben, um bald die für sie zu schwere Beute wieder fallen zu lassen. Erlegte Tiere, die nicht sofort geborgen werden können, werden von den Möwen, solange sie sich einigermaßen sicher und ungestört glauben, alsbald an der Brust zerhackt und angefressen. Die Wasserjagd ist für viele Einwohner zur Zeit die einzige Einnahmequelle.

Für den geologisch interessierten Naturfreund bietet die Küste gerade jetzt ein dankbares Feld der Beobachtung. Die Küstenzerstörung ist infolge der Einwirkung der Atmosphärilien im Winter sehr erheblich. Die auflockernde und sprengende Wirkung des Frostes auf das immerhin lockere Gestein der Diluvialmassen kommt jetzt besonders zur Geltung und wird dann deutlich sichtbar, wenn die Steilufer nach Einsetzen der Schneeschmelze bis in die tieferen Lagen durchfeuchtet worden sind. – Die Einwirkung des Treibeises bringt Veränderungen der Flachküste mit sich, da einerseits die fortgeführten Eisschollen eingefrorene Gesteinsstücke mitnehmen und strandende Schollen Sand- und Gesteinmaterial absetzen. Von den Küstenschutzbauten unterliegen die Steinwälle und Buhnen in hohem Maße der Zerstörung seitens der geologischen Agentien. Zur Zeit sind sie mit einer dicken Eisglasur überzogen und geben ein eigenartiges und imposantes Bild der Küste. »Die Elemente hassen das Gebild von Menschenhand« und betätigen sich an den heimatlichen Ufern weit mehr zerstörend als aufbauend. Für sie ist unser Inselland nur Übergang und Untergang! Diese Tendenz tritt für den beobachtenden Strandbewohner an unserem exponiert liegenden Küstenlande besonders auffällig in Erscheinung.

Wat de Bur vertellt ...

Irren is minschlich

Ick heff keen Tied,
sä' de Bur,
as he bitahlen sull.

För wenig Äten
bün ick wohrhafdig nich,
sä' de Bur,
un drinken do ick ok giern.

Dat givt Unwäder,
sä' de Bur,
de Zägen un mien Ollsch
hebben prust.

Irren is minschlich,
sä' de Bur,
don har he in'n Düstern
de Deenstdiern küßt.

Dat geiht

Dor drapen sick twei.
»Wo geiht't?«
»Na, dat geiht!«
»Na, denn geiht't jo!«

Billige Kur

»Herr Dokter, ick mücht woll giern
'ne Kur dörchmaken,
sei sall oewer nich väl kosten.
Wotau raden Sei mi?«
»Tau 'ne Hungerkur!«

Weiser Schnack

Wenn dei Fisch' brad't sünd, helpt ehr keen Water nich mihr!

Trump up'n Disch! Denn weit de Bur, dat Sünndag is!

Horst Prignitz

Vom Badekarren zum FKK-Strand

Wilhelm Malte, Fürst zu Putbus, folgt dem Rat eines Freundes, des Grafen Hahn-Neuhaus, der später als »Theatergraf« verlacht wird, und läßt seine Residenz – nach dem Vorbild Doberans – zum Kurort ausbauen. So entsteht seit 1816 auf der Insel Rügen ein zweites fürstliches Seebad. Wie sich die Bilder gleichen: klassizistische Bauten im »Binnenland«, wenige Kilometer entfernt ein nur hoch zu Roß oder mit dem vierspännigen »Badeomnibus« zu erreichender Badeplatz am Greifswalder Bodden, schließlich in Lauterbach der Bau eines Badehauses (1817/18), das zu den schönsten Bäderbauten an der Küste zählt.

Wer am Anfang des vorigen Jahrhunderts an die See will, muß sich auf einiges gefaßt machen: Da die meisten Landwege eine einzige Katastrophe sind, gehören Achsbrüche und stundenlange Aufenthalte zum Alltag der Postkutschenzeit. Tempo ist nicht angesagt. Durchschnittlich kommt man am Tag 40 bis 50 Kilometer vorwärts, ist aber von morgens bis abends unterwegs. So stammen denn auch die meisten Badegäste aus der näheren Umgebung.

Nur schätzen läßt sich die Zahl derer, die um 1830 eine derartige Reise wagen. In Heiligendamm zählt man knapp 1500 Besucher, in Warnemünde und Putbus je 600 bis 700, und in Boltenhagen weilen jährlich gerade 50 bis 60 Fremde.

So unterschiedlich Badeplätze und Gäste auch sein mögen, eine Regel gilt überall: die strikte Trennung der Geschlechter. Hier die Damen, dort die Herren, dazwischen ein neutraler Strandabschnitt – so und nicht anders verlangen es Badeverwaltungen und gute Sitte. Zum wichtigsten Badeutensil wird der um 1750 in England erfundene Badekarren. Ein vielfach zu verwendendes Gefährt, halb Umkleidekabine, halb Badeanstalt *en miniature*; doch was am wichtigsten ist: Unter der »Anstandshaube«, einem voluminösen Fallschirm, ist man vor fremden Blicken sicher. Manche Dame verzichtet jedoch auf das Versteckspiel unterm Schirm, und für die Herren gibt es sogar (unter anderem in Heiligendamm und Lauterbach) abgelegene Stege, von denen sie splitterfasernackt ins Wasser springen.

Zwar schaut man in der Mitte des 19. Jahrhunderts schon einmal neidisch auf den Nachbarn, doch der Werbe-Kampf um den Sommergast ist noch nicht in der später üblichen Schärfe entbrannt. Es geht im deutschen Badewesen bis weit in die siebziger Jahre nur im Schneckentempo voran.

Daß der Aufschwung so gemächlich geschieht, ist nur erklärbar aus der wirtschaftlichen Situation der Küstenbewohner. Wo die Landwirtschaft stagniert und die Fangergebnisse der Fischer sinken, fehlt das nötige Geld für den Bau von Badeeinrichtungen. Dort aber, wo in der hohen Zeit der Segelschiffahrt Ausfuhrhandel und Schiffbau für Wohlstand sorgen, glaubt man, auf Badegäste verzichten zu können.

Um 1880 landen die ersten Sommergäste am Ufer der Insel Hiddensee. Fünf Jahre später, am 29. Juli 1885, trägt sich ein junger Mann in das Gästebuch eines Gastwirtes in Kloster ein: Gerhart Hauptmann.

Und immer wieder die Suche nach einem stillen Plätzchen.

Einsame Flecken, ruhige Familienbäder, große Badeorte, die sich auch schon einmal »Weltbad« nennen – mit dem in den achtziger Jahren verstärkt einsetzenden Aufschwung kommt es zu einer auffallenden Differenzierung.

Auf Rügen machen Binz, Saßnitz und Crampas (seit 1906 vereinigt), auch Göhren und Sellin von sich reden.

An der Wende zum 20. Jahrhundert ist Rügen zum größten Erholungsgebiet geworden, gefolgt von Usedom. Gegenüber 1880 hat sich die Zahl der Gäste verdreifacht; sie liegt jetzt bei 120 000 bis 125 000 jährlich. Unmittelbar vor dem ersten Weltkrieg wird eine viertel Million Erholungsuchender in den mecklenburgischen und vorpommerschen Bädern Aufnahme finden. Vier Badeorte bringen es dann auf über 20 000 Besucher: Saßnitz, Binz, Warnemünde und Ahlbeck.

Der Badeaufenthalt als gesellschaftliches Ereignis: Die Damen in überlangen Schleppenkleidern, die Herren in korrekten, dunklen Anzügen – so sitzen sie im Strandkorb, präsentieren sich auf der Landungsbrücke und flanieren auf der Promenade. Wer in den Gründerjahren zu Besitz gekommen ist, verlangt Respekt, pocht auf die erworbene Position und bemüht sich, die Aristokratie an Luxus zu übertreffen. Jeder Schritt soll ein Auftritt werden. Später wird man diese Epoche mit verklärtem Blick als die »gute, alte Zeit« bezeichnen.

Denkmäler dieser Ära sind nicht nur Villen, Pensionen und Kurhäuser, sondern auch die heute noch betriebene Kleinbahn, der »Rasender Roland« genannte Insel-Expreß auf Rügen; dieser erlebte am 23. Juli 1895 mit einer Fahrt von Putbus nach Binz seine Premiere.

Neben den Familienbädern bestehen weiterhin die Damen- und Herrenbäder. Seit der Mitte des 19. Jahrhunderts sind die Badeanstalten, die fast überall die Badekarren ersetzten, immer größer geworden. Jetzt verfügen die meisten Badeorte über mächtige, häufig auf Pfählen stehende und hufeisenförmig in die See reichende Bauten mit vielen Umkleidekabinen, zum Teil auch mit Gaststätten und Frisierstuben. Einige dieser Badeanstalten werden erst nach dem Zweiten Weltkrieg dem Brennstoffmangel zum Opfer fallen.

Aber bereits Anfang der zwanziger Jahre machen viele Urlauber einen großen Bogen um die aneinandergereihten Umkleidekabinen und die eingezäunten, um 1900 entstandenen Sonnenbäder. Vom Strand aus wollen sie baden, sich in den Sand legen und bis zum Gehtnichtmehr sonnen. Das Freibaden setzt sich durch.

Nackt gebadet aber wird auch an der See, zum Beispiel bei Prerow und Ahrenshoop, auf Hiddensee, ebenso auf Rügen bei Binz und zwischen Glowe und Breege.

Nach der Machtübernahme durch die Nationalsozialisten ziehen an den Stränden dunkle Wolken auf. Organisationen, die den Arbeiterparteien und den Gewerkschaften nahestehen, werden verboten und ihre zahlreichen Heime beschlagnahmt. Am 31. August 1935 versendet die Gauleitung der NSDAP Pommern ein Rundschreiben, das alle jüdischen Mitbürger vom Besuch der pommerschen Bäder ausschließt. Rassismus, dumpfe Ablehnung alles Fremden und ... »Kraft durch Freude« als verordnete Ferienseligkeit. Als Symbol für sie steht noch heute ein monströses, nie vollendetes Bauwerk: Prora, ein als »Seebad der 20 000« projektierter Komplex an der Ostküste Rügens.

Selbstmord im Familienbad ...

... oder doch eher Badespaß?

Erich Kästner

Selbstmord im Familienbad

Hier bist du. Und dort ist die Natur.
Leider ist Verschiedenes dazwischen.
Bis zu dir herüber wagt sich nur
ein Parfüm aus Blasentang und Fischen.

Zwischen deinen Augen und dem Meer,
das sich sehnt, von dir erblickt zu werden,
laufen dauernd Menschen hin und her.
Und ihr Anblick macht dir Herzbeschwerden.

Freigelaßne Bäuche und Popos
stehn und liegen kreuz und quer im Sande.
Dicke Tanten senken die Trikots
und sehn aus wie Quallen auf dem Lande.

Wo man hinschaut, wird den Augen schlecht,
und man schließt sie fest, um nichts zu sehen.
Doch dann sieht man dies und das erst recht.
Man beschließt, es müsse was geschehen.

Wütend stürzt man über tausend Leiber,
bis ans Meer, und dann sogar hinein –
doch auch hier sind dicke Herrn und Weiber.
Fett schwimmt oben. Muß denn das so sein?

Traurig hängt man in den grünen Wellen,
vor der Nase eine Frau in Blond.
Ach, das Meer hat nirgends freie Stellen,
und das Fett verhüllt den Horizont.

Hier bleibt keine Wahl, als zu ersaufen!
Und man macht sich schwer wie einen Stein.
Langsam läßt man sich voll Wasser laufen.
Auf dem Meeresgrund ist man allein.

KÄTE KROPP

Paradies auf Rügen

Aus einem Tierarzthaus

Es klingelt. Ja? Die Haustür – das Telefon – die Haustür. Jaa?
Es klingelt, klingelt. Wann klingelt es in einem richtigen Tierarzthaushalt eigentlich nicht?
Atemlos stürze ich vom Telefon zur Haustür. Oder umgekehrt, um zu erfahren, daß die Kuh bei Bauer Otte in Neddesitz nicht kalben kann, daß die Schweine in Jarnitz Rotlauf haben und Buckert-Campe in der Sprechstunde mit einem lahmen Pferd erscheinen wird. Gestern kam ein zärtlich besorgter Katzenbesitzer mit seinem kläglich miauenden Liebling; der versehentlich verschluckte Angelhaken käme auf dem natürlichen Weg nicht weiter. Nur ein Endchen Bindfaden sei unter dem Schwanz zu sehen. Angelhaken haben Widerhaken!
»Ick häv versöcht, ehm dat ruttotrecken, äwerst don schreech he.« (»Ich habe versucht, es rauszuziehen aber da schrie er.«)
Verständlich, wer würde da nicht schreien!
»Wat rutkeek, häw ick all awschnäden.« (»Was rausguckte, habe ich alles abgeschnitten.«)
Das verschaffte jedoch wohl kaum die erhoffte Erleichterung.
Doch dann klingelt es. »Ja doch, ich komme ja schon!« Ich sause zur Haustür und ahne nicht, daß soeben ein neuer Hausbewohner seinen Einzug bei uns hält. Seit dieser Minute aber zweifle ich nicht mehr an der Wahrheit des Wortes von der Liebe auf den ersten Blick. Und ich möchte den sehen, dessen Herz nicht übergeströmt wäre beim Anblick dieses fünf bis sechs Wochen alten Rotfuchses, der so klein ist, daß er gerade auf einer Hand Platz findet. Sein kindliches Gesicht deutet neben treuherziger Unschuld bereits Klugheit und List des Fuchses an. Scheu fragend sehen mich außerordentlich schöne goldfarbene Augen an: »Was tust du mit mir?«

Ja, was? Zuerst einmal kaufe ich ihn von dem Mann, der ihn mir anbietet. Für fünf Mark gehört mir ein wahrhaft vollkommenes Geschöpf! Aber dann? Doch ich weiß schon: Unsere Katze Müsching hat gerade mal wieder drei Katzenkinder im Wochenbett, bestimmt wird sie dieses Findelkind annehmen.

Es scheint sich schnell zu akklimatisieren, und ich hoffe, unsere Freundschaft ist damit besiegelt.

Kaum kann ich die Rückkehr meines Mannes erwarten.

»Was hast du denn da für einen lütten Slöks?« sind seine ersten Worte, und er nimmt »Slöks«, dieser Name bleibt ihm, in seine guten warmen Hände.

Alle Kinder, egal ob Mensch oder Tier, spielen gern, so auch Slöks. Klein, erwartungsvoll steht er vor uns auf seinen niedrigen vier Beinen, die immer aussehen, als hätte er vier schwarze Strümpfe übergezogen. Der weiße Tips seiner buschigen Rute berührt leicht klopfend den Teppich. Die Goldaugen betteln: »Kommt, spielt mit mir!«

Außer Slöks, einer Katze und einem Hund, außer einem schneeweißen Zicklein und einer Dohle gehören uns noch Schwärzing und Bräuning, die Pferde. Weiter laufen zwölf gefiederte Eierlegerinnen mit ihrem Gebieter bei uns rum. Dazu kommen sechs »Klockachtschreierinnen«, niedliche Perlhühner, die mir immer wie kleine Prinzessinnen vorkommen mit ihren Krönchen, die sie so zierlich über dem sauber getupften Federkleid tragen. Es reicht also, was man so um die Ohren hat. Und es ist wahrhaft weise von der Vorsehung eingerichtet, daß wir keine Kinder haben – allenfalls eine Nichte. Ich meine Schnäuzchen, die eigentlich Irmgard hieß.

Neuerdings nehmen wir sie oft mit auf Praxisfahrten. So lernt sie nach und nach die Insel kennen.

»Hallo, wollt ihr mit?« ruft wie fast jeden Morgen mein Mann. »Dann packt euch gut ein, der Schlitten hält schon vor der Tür.«

Wir gleiten über die frischverschneite Straße nach Lietzow. Wir finden am hohen Steilufer ein Wintermärchen: Gold und Silberweiß, dazwischen ein paar letzte Beeren von kostbarem Rot am Dornenstrauch. Frost und Nebel haben die windgebogenen Kiefern mit Rauhreif behängt. Blau liegt der Bodden zu unseren Füßen, ein großer Spiegel.

Nur eine Stelle, unweit von uns, ist zugefroren. Sie wird von fünf Schwänen, die unermüdlich hin und her rudern, eisfrei gehalten.

Tief ziehen wir die reine Luft ein.

Plötzlich läßt uns ein Ton aufmerken. Er elektrisiert uns. Kennen wir ihn doch gut. Es sind die sausenden Schwingen fliegender Schwäne. Ja, sieben große weiße Vögel über uns. Ihre Brüste leuchten goldrot von der noch tiefstehenden Morgensonne.

Die fünf Schwäne in der offenen Stelle werden unruhig, recken die Hälse. Erregt sehen sie den Näherkommenden entgegen. Die senken sich, die Füße weit vorstreckend, und landen, vielmehr »wassern«.

Und nun beginnt, überraschend für uns, eine regelrechte Begrüßung. Mit vielen Verneigungen und Knicksen. Dazu die lebhafteste Unterhaltung, wohl eine Viertelstunde lang, bis sie sich zu flüsterndem Erzählen beruhigt.

Weiterhin, undeutlich werdend, verliert sich die Küste im Frühnebel. Wir holen sie uns mit dem Fernglas näher und erkennen eine schneeige Brandungswelle: Hunderte von Singschwänen.

Schwäne am Ufer in Lietzow am Jasmunder Bodden

Das Kind und unsere vierbeinigen und gefiederten Tiere sind Freunde. Und Schnäuzchen war es dann auch, die uns mit ihrer Frage: »Ob Slöks wohl gern in seinem Zwinger sitzt?« nachdenklich stimmt. Zwar nehmen wir ihn täglich so oft wie möglich aus seinem Gefängnis, damit er ähnlich wie Wutz und Schwips mit seiner Freundin, der kleinen weißen Ziege, spielen kann, das zu beobachten uns immer wieder die gleiche Freude macht. Aber nun nach langem, gründlichen Nachdenken und einigem Hin und Her fassen wir den schmerzlichen Entschluß, ihm seine Freiheit zurückzugeben. Schließlich ist er ein in der Wildnis freigeborenes Tier. Soll er sich, nun über zwei Jahre alt, doch einen Bau graben und eine Familie gründen. Jetzt, Anfang April, müßte unserer Meinung nach für ihn die günstigste Zeit sein, sich selbst zu ernähren. Der bedrückende Gedanke an den Abschied wird gemildert durch die vermeintlichen Freuden, die ihn unserer Vorstellung nach erwarten werden.

Später, viel später erfahren wir zu unserer großen Trauer, daß ein gefangengehaltenes Tier sich später draußen nicht mehr zurechtfinden kann. Doch davon ahnten wir noch nichts, als wir ihn, wie so oft, nun aber zum letzten Mal, ins Auto setzen. Gerührt erinnern wir uns, wie viele Spritzen er dort durchgeknabbert hat, wie oft er sein Frühstück mit dem unsern »verwechselte«, wenn wir irgendwo im Stall waren und er, sich selbst überlassen, solange das Auto »hütete«.

Gleich werden wir ihn absetzen, auf der einsamen bewaldeten Halbinsel Thiessow. Slöks begreift zunächst überhaupt nicht, was wir mit ihm vorhaben. Er nascht Schnäuzchen ein Stück Kuchen aus der Hand. Ab und zu steht er auf, schnuppert an vorjährigem Gras, an den Bäumen, kehrt aber immer wieder zurück und schmiegt sich von neuem an meinen Mann, den er von Anfang an am meisten liebte. Wir werden unsicher, sehen uns fragend an, mit uneingestandener Hoffnung, ihn doch wieder nach Hause mitnehmen zu können. Da enthebt uns Slöks selbst einer Entscheidung. Er steht auf, reckt die Vorderpfoten, streckt die Hinterpfoten und geht dann ohne Eile, doch entschlossen und ohne sich umzusehen, waldeinwärts.

Keiner von uns spricht ein Wort. Wir warten lange.

Plötzlich schluchzt Schnäuzchen laut auf, und wir wagen es nicht, uns in die Augen zu sehen.

Der nächste Tag ist stiller bei uns als sonst. Slöks' Zwinger steht leer, natürlich soll er so bald wie möglich entfernt werden, doch was nutzt es schon, äußere Zeichen zu entfernen? Jeder Versuch, einen ehemaligen Freund, aus welchem Grund auch immer, vergessen zu wollen, ist überflüssig. Irgendwo in einem Herzenswinkel hat er sich eingenistet und herrscht dort gebieterisch, uneingeschränkt. Immer wieder beansprucht er einen Teil unserer Gedanken. Für lange, vielleicht für immer.

Und Tiere? Wie könnte man je ein Tier vergessen, das zu einem gehörte, das man liebte?

Onkel und Nichte sind schon früh über Land gefahren. Sie werden so bald nicht zurückkommen. Ich will dies nicht unerwünschte Alleinsein zu einem großen Programm nutzen: Apotheke und Instrumentenschränke aufräumen und säubern. Wenn es zeitlich noch reicht, will ich Rechnungen schreiben. Aber: »Nimm di nix vör, denn slät di nix fähl«. Zuerst kommt Vadding Nömer.

Das ist mein Freund, dem man seine achtzig Jahre höchstens ansieht, weil seine schmächtige kleine Gestalt vom Alter ein wenig krumm gezogen ist. Aber seine quietschblauen Augen geben beste Auskunft über ihren Besitzer. Ich mag ihn. »'N Dach, Fru – ick wull de Messkuhl lerrich moken.« (»Ich will die Müllkuhle leer machen«)

»Fein, Vadding Nömer, Se weten jo Bescheed.«

Ich kenne ihn: in bescheidenem Maße trinkt er gern einen Klaren, »das reine Wort Gottes«. Ich bewaffne mich nach angemessener Zeit mit Tablett, Flasche und einem nicht zu kleinen Glas. Ehe er es jedoch ergreifen kann, verzerrt sich plötzlich sein Gesicht zu einer entsetzlichen Grimasse. Er schreit auf:

»Fru, mi is ne Rott upkropen.« (»Mir ist eine Ratte raufgekrochen«)

I git! Es graust uns beiden. Aber das ändert nicht die Tatsache: Besagte Ratte nahm wirklich durch sein rechtes Hosenbein ihren ungewöhnlichen Weg. Groß und deutlich zeichnet sie sich auf der Verlängerung seines Rückens ab. »Se möten ehr fastkniepen!« befiehlt er kategorisch und drückt mir eine große Kneifzange in die Hand.

»Nein«, weigere ich mich, ebenso kategorisch.

»Se möten!« sagt er so streng, daß ich mit zusammengebissenen

Zähnen und geschlossenen Augen gehorche. Die Ratte, eine solche Behandlung nicht gewöhnt, wird rebellisch. Was den Alten veranlaßt, mit der Schnelligkeit eines Affen aus der Kuhle zu klettern.

»Nich losloaten!« knirscht er und rast durch den langen Schuppen auf die Straße. Ich – durch die Kneifzange fest mit ihm verbunden – passe mich wohl oder übel seinem Tempo an.

Verrückte Situation. Das finden auch die sich ansammelnden Zuschauer. Sie lachen: »Jo, jo, Fru Kroppen«, sagt einer gedankenvoll. Es ärgert mich. Was heißt hier »jo, jo, Fru Kroppen«? Aber Vadding Nömer läßt mir keine Zeit zu abwegigen Gedanken.

»Los, kniepen Se ehr dot!«

Totkneifen? Ich? Die Ratte? Ich? Ich spähe nach Hilfe, die zu meinem Glück auch naht. Ausgerechnet das Oberhaupt unserer Gemeinde, der Herr Bürgermeister persönlich. Unser Aufzug scheint ihn zu verwundern. Seine Augenbrauen schieben sich bis an den Rand seines Haupthaares. Als er auf Grußnähe heran ist, erscheint das erste, ich kann nur sagen – unverschämte Lächeln auf seinem Gesicht. Darauf habe ich nur gewartet, mein Lieber. Ehe er sich wehren kann, drücke ich ihm die Zange in die Hand, murmele etwas von »Telefon« und bin in drei Sätzen im Haus verschwunden. Als ich es nach einer Minute riskiere, vorsichtig durch die Gardine zu linsen, liegt die Ratte erschlagen auf der Straße ...

Daß Tiere ein gutes Gedächtnis haben, auch über lange Zeit, erlebten wir mehrfach. Was ich jetzt erzähle, würde ich selbst als »Tierarztlatein« ablehnen, wenn ich es nicht miterlebt hätte. Ich erwache eines Morgens gegen drei Uhr durch unermüdliches Pferdegetrampel auf unserem Hof. Schließlich wecke ich meinen Mann. Nach einer Viertelstunde kommt er lachend zurück. »Das war der Braune von Pfarrpächter Meier. Der Blinddarmkoliker, der vor einem dreiviertel Jahr eine Woche lang täglich in die Sprechstunde kam, um sich ein Pfund aufgelöster Hefe durch die Magenschlundsonde verabfolgen zu lassen. Hat doch der Kerl tatsächlich wieder eine schmerzhafte Kolik.«

Offensichtlich hat er sich von seinem Halfter losgerissen, die Stalltür aufgestoßen und ist auf eigene Faust zum Tierarzt gegangen: Nun, er bekam eine Pille, eine Spritze, dazu einen Schlag auf die Hinterbacke, und so trollte er sich zufrieden auf den Heimweg. Und da sagt man, Pferde hätten wenig Verstand. Sie haben durchaus die Fähigkeit, sich zu erinnern.

Manchmal schon habe ich mich gefragt, ob nicht das Paradies auf Rügen gelegen hat. Als ich es irgendwo äußerte, wurde ich belehrt, eine russische Studentin habe einwandfrei bewiesen, das Paradies läge in Rußland, und zwar auf der Krim. Danach aber, soll sie hinzugefügt haben, könne man auch an die Insel Rügen denken. An die Insel Rügen im Herbst. Wenn das Laub der Buchen die Kreidefelsen überflammt! Grün, Rot, Rost und Gold. Schon mit dem September beginnt diese Zeit. Die Luft ist süß und mild. Der Horizont scheint näher gerückt, und während sonst oft ein scharfer trockener Ostwind über die Insel fegt, ist es jetzt ungewohnt und wohltuend still. Es ist der gerechte Ausgleich für das sehnsüchtig lange Warten auf den Frühling, der so oft nur zögernd zu uns kommt. Der alte Doktor Rumboldt aus Stralsund pflegte zu sagen: »Auf Rügen muß man den Pelz bis Pfingsten tragen, und dann lohnt es nicht mehr, ihn auszuziehen.« Seine Schlußfolgerung ist falsch. Bis in den späten Herbst hinein ist der Pelz bei uns überflüssig.

Und die Sache mit dem Paradies? Ich will mich nicht mit der russischen Studentin streiten. Aber ist das kein Paradies, wenn in der Stubnitz, fast noch vor dem ersten Frühlingsgrün der Buchen, ein Teppich von Anemonen (»Öschen« genannt) sich über den Waldboden breitet, dessen Weiß erst dort endet, wo sich die nicht minder weißen Kreidefelsen vom steilen Ufer hochtürmen? Oder ist das vielleicht kein Paradies, wenn im Frühling und Herbst die herrlichen Kranichzüge über die Insel fliegen? Keilförmig geordnet, reichen ihre endlos langen Ketten oft fast von Horizont zu Horizont. Ihre Trompetenschreie treiben uns in mondhellen Nächten ans Fenster.

Ja, die Kraniche und die Graugänse. Zu Hunderten und Aberhunderten äsen die großen Vögel auf den abgeernteten Feldern, wenn sie auf ihren Reisen vom Norden in den Süden sind. Und so sammeln sie sich auf den langen Lubitz-Wiesen, die sich kilometerlang einsam am Großen Jasmunder Bodden bis Lietzow hinziehen, hügelig und von Wasserläufen durchzogen.

Dort habe ich ein einziges Mal etwas erlebt, was außer mir vielleicht keinem Menschen vergönnt war: Im Schutz einer tiefen Bodenwelle konnte ich, vorsichtig auf dem Bauch kriechend, mich an die doch überaus wachsam Scheuen heranpirschen. Sie bemerkten mich, trotz der vorsorglich ausgestellten Wachen, erst, als ich mich fast unter ihnen befand. Da gingen sie hoch: eine Riesenwolke schreiender Kraniche. Es war ohrenbetäubend, ein grandioses Schauspiel. Ich schrie ebenfalls, vor Glück. Graue Federn, hell und dunkel, sanken wie Flocken auf mich herab. Und im Grunde genommen zweifle ich keine Sekunde, das Paradies lag einmal auf Rügen. Wieso lag? Es *liegt* auf Rügen!

Otto R. Gervais

Rügen und sein Rügendamm

Schon einmal hat deutsche Ingenieurkunst bewiesen, daß es für sie kaum technische Schwierigkeiten gibt, wenn es darum geht, den Kampf mit der riesenhaften Kraft der Elemente aufzunehmen, und zwar mit der gefährlichsten Naturgewalt, den flutenden, ungezügelten Wassermassen. Das war vor wenigen Jahren, als die Insel Sylt durch den Hindenburgdamm mit dem Festland verbunden wurde. Jetzt ist ein dreifach so großes Werk im Entstehen: der Rügendamm, der Deutschlands größte Insel mit dem Vaterland bei der schönen, alten Stadt Stralsund in etwa drei Jahren verbinden wird. Ein Unternehmen, das nicht nur seinen technischen Reiz hat; es verdient auch darum Bewunderung, weil der Plan seit mehr als 200 Jahren besteht, immer wieder aber zurückgestellt wurde, bis die Reichsbahn einsah, daß der Fährbetrieb zwischen Vorpommern und Rügen ein unhaltbarer Zustand ist, der den modernen Verkehrsanforderungen in keiner Weise mehr gerecht wurde. Noch im letzten Augenblick drohte der Bau des Dammes zu scheitern. Die Reichsbahn sollte von Schweden eine Anleihe von 20 Millionen Mark bekommen; durch das Zurückgehen des Kronen-Kurses wurde die Anleihe in Frage gestellt. Man hat sich so geholfen, daß man die Bahnstrecke nicht, wie anfangs vorgesehen, zweigleisig, sondern zunächst eingleisig bauen wird, womit der gefallene Kronen-Kurs ausgeglichen wird. Staat, Reich, Provinz Pommern, Stadt Stralsund und Kreis und Gemeinden Rügens haben weitere 10 Millionen aufgebracht, um den Bau sicherzustellen. Es wird an ihm kräftig gearbeitet, so daß, falls keine unvorhergesehenen Zwischenfälle eintreten, mit der Fertigstellung zum Sommer 1935 gerechnet werden darf. Auch Rostock und überhaupt Mecklenburg wird Vorteile vom Rügendamm haben, weil der ganze Verkehr von Hamburg nach Rügen durch Mecklenburg und seine Orte führt.

Blick auf das Jagdschloß Granitz

Rügen wird Festland; Deutschlands größte Insel wird allerdings nichts vom Insel-Charakter einbüßen, denn das Eiland der alten Rugier wird nicht wie eine, sondern wie viele Inseln empfunden, weil es durch und durch zerbuchtet, zerrissen, abgeschnürt und innerlich immer wieder aufgeteilt ist. Ein Urzustand wird wiederhergestellt, denn früher hing die Insel mit dem pommerschen Festland zusammen.

Der Damm wird eine Gesamtlänge von 2500 Metern haben. Er wird eine (vorläufig eingleisige) Bahnstrecke, eine $6^{1}/_{2}$ Meter breite Autostraße und einen Fußweg von 2 Metern Breite tragen. Der Damm, der eine Kronenbreite von 18 Metern erhält, wird von fünf Brückenöffnungen zur Regulierung des Wasserspiegels im Strelasund und von zwei Durchlaßöffnungen für die Schiffahrt aus schweren Eisenkonstruktionen zu je 50 Metern und einer Klappbrücke für größere Dampfer zu 25 Meter Länge unterbrochen. 500 000 Tagewerke Erdarbeiten sind erforderlich, um dem Damm ein festes und sicheres Fundament zu geben. Es sind erhebliche Tiefen und Strömungen im Sund zu überwinden. Schiffahrt und Fischerei bleiben aber durch den Bau ungefährdet.

Stralsund, die Stadt der gepflegten und schönen Anlagen und Plätze, der gotischen Hallenkirchen und traulichen Gäßchen und gemütlichen Weinstuben bildet den einen Brückenkopf Rügens. Greifswald, die älteste preußische Hochschulstadt den andern. Greifswald bildet den Übergangsplatz zu den Mönchgut-Bädern auf Rügen, zu Thiessow und Baabe, während sich Stralsund rühmen darf, das Eingangstor zu Bädern wie Binz, Sellin, Breege-Juliusruh, Lohme und Putbus-Lauterbach zu sein.

Mehr als 100 000 Badegäste besuchen im Sommer die Insel, um teils in einem idyllischen Fischerort, in einem gemütlichen kleinen Bad, in einem familiären mittleren Kurort oder in einem Weltbadeort Erholung zu finden. Denn von Arkona herab bis Thiessow drängt sich an der Ostküste des Eilandes ein Bad am andern. Jedes verschieden in seiner Lage, seiner Eigenart, seinen Vorzügen.

Man kommt über den Sund, kommt zur Hauptstadt der Insel, Bergen mit dem Rugard, ihrem Wahrzeichen, auf dem der Ernst-Moritz-Arndt-Turm ragt. Mit der Marienkirche und dem Finanzamt dokumentiert dieses alte, liebe, hutzlige Kleinstädtchen seine Bedeutung als Metropole des Landes. An Dörfern und Gütern, an Äckern und Weiden, an Wald und Flur, ebener und welliger, geht es vorbei bis in die alte Residenz Putbus. Putbus ist ein Park aus einem Märchen. Ein weißes Renaissance-Schloß steht inmitten uralter Bäume, die noch Friedrich den Großen gekannt haben, den Großen Kurfürsten sogar; Bismarck wandelte im Schatten der Koniferen, und Hindenburg stand vor nicht allzulanger Zeit unter tausendjährigen Eichen. Alleen, Promenaden, Plätze, über die alte, pensionierte preußische Militärs spazieren, ein Wildpark, ein Theater, baumbeschattete Wege und saubere, systematisch angelegte breite Straßen, an denen weiße Häuser stehen – still, vornehm, ruhig –, das ist Putbus, in dem der Geist des kunstfreudigen Fürsten Malte noch umzugehen scheint, der den Ort 1810 gründete. Grün, duftig, verträumt, wie aus besseren Zeiten grüßt uns Rügens fürstliche Residenz.

Bad Lauterbach liegt zwanzig Minuten, durch eine schattige Kastanienallee mit Putbus verbunden, vom Park ab. Es ist ein freundliches, sonniges Hafenörtchen mit berühmten Fischräuchereien, mit kleinem, aber sauberem Strand und im Sommer mit vielen Hunderten von Yachten in seinem geschützten Bodden-Gewässer. Die ionischen Säulen des ältesten Bades auf Rügen, des Friedrich-Wilhelm-Bades, leuchten aus dem Grün der Goor, eines krummwegigen, gemischten Waldes. Drüben liegt die Maler-Insel Vilm mit besonnten Buchten und Wiesenstrand. Ein Urwaldidyll, das jedes Einsamkeitsgelüst befriedigt.

Dann kommt das Mönchgut: moosüberwachsene Fischerhäuschen mit Gärten voll Orchideen, Amaryllis, Reseda davor. Man riecht brennendes Kiefernholz aus schwarzen Kaminen, riecht schwedischen Teer, der aus langen Heringsgarnen tropft, die wetterharte Männer, Nachkommen derber Westfalen, mit faltigen, erlebnisschweren Gesichtern aufhängen.

Man steigt über einen Berg, und unten blaut plötzlich das Meer! Wie ewig ist es in dieser klaren Weite. Am Strand liegen Menschen in feinem Sand, Strandkörbe stehen herum. Es ist Thiessow, Mönchguts einsamstes und verstecktestes Bad. Durch Heide führt der Weg, durch lange, herbe Heide, bis man in Baabe landet, einem noch jungen, lebenslustigen Ort. Dichter Kiefernwald auf Heidegrund, weite Wiesen und wellige Felder, Dünen und Meer und See kreisen den Ort ein. Reizvoll der Strand, die Mischung aus Hotels und Pensionen, die zwischen strohgedeckten Fischerhäuschen stehen und Baabe ein trauliches, anheimelndes Gepräge geben.

Es wandert sich gut durch dämmerige Dünen bis gen Sellin, das hoch und fest in Wald gebettet ist und sich tief in das Land zieht, mit den Schultern am Selliner See ruht, der gleichzeitig Rügens Flughafen darstellt. Köstlich ein Spaziergang auf der hohen Uferpromenade; köstlich ein Schwelgen in süßem Nichtstun im weichen, warmen, weißen Sand.

Eingelullt in üppige Laub- und Nadel-Waldungen, umkränzt von welligen, windschützenden Höhenzügen und einem ausgedehnten, romantischen Süßwasser-See, liegt Binz, Rügens größtes Bad, am südwestlichen Ufer der Prorer Wiek, einer sanftgeschwungenen Sandnehrung, die den glücklichen Zufall des weißen, breiten Strandes schuf. Eigenartig berührt die Zwiespältigkeit des Ortes in seiner Eleganz am

Strande und im alten Fischerdorf am Schmachter See. Da ist die liebe alte Granitz, ein hügeliger Buchenwald mit vielen verschwiegenen Pfaden, dem Aussichtsturm des Jagdschlosses der Fürsten Putbus und mit Geweih- und Waffen-Sammlungen. Auf Jasmund beginnt dann die Insel-Welt der Sage, wildromantisch in den weißen, leuchtenden Kreidefelsen verankert, auf Stubbenkammer mit dem prächtigen, imposanten Königsstuhl. Ein beglückender Uferweg am Meer entlang, auf hoher Steilküste, führt nach Lohme, dem aus Wald und Wellen geborenen Bad. Auch hier weiße, malerische Villen terrassenförmig angelegt, die die Erinnerung an italienische Felsennester aufkommen lassen. Hell und duftig der Ort über'm Meer, inmitten grassaftiger Weiden und gewellter Höhen.

Einer von den vielen kleinen Küstendampfern, die die Gewässer Rügens im Sommer beleben, entführt nach Juliusruh mit seinem waldumsäumten Strand, seinem vielhundertjährigen Park, seinem Rügenlager des Deutschen Kanuverbandes. Park Juliusruh weist nach Breege, einem sauberen, netten Fischerort mit reizenden Gärten und kleinem Hafen, der über Stralsund direkt durch den Dampfer »Fritz Reuter« den Verkehr aufrechterhält.

Am andern Tage steht man auf dem nördlichsten Ufer Deutschlands: auf den Kreidefelsen von Arkona mit gigantischen Leuchttürmen und der Marine-Signal-Station. Man gräbt sich aus dem freigelegten Swantevit-Tempel ein Stück verkohltes Balkenholz, wirft noch einmal einen Blick über die See, die Schwedens und Dänemarks Küste ahnen läßt, pumpt sich die Lungen recht voll mit frischer, gesundmachender Luft und nimmt Abschied von der Insel der Wunder.

Eva Zeller

Rügen 1944

Von dieser Kreide ein Stück
und ich könnte damit
die steile Küste beschreiben
Den Feuerregenfelsen
bei untergehender Sonne
Die beiden Boote
die die Segel strichen
Die zugestöpselte Flasche
im Schwappen der Uferschwellen

Wir sprangen kopfüber
in unsern gespiegelten Berg
um nach der Botschaft zu fischen
Das Meer verschloß uns die Ohren

Was dann und wann unter Wasser
die Schirme der Quallen zuspannte
die kalkigen derben
an Klippen gehefteten
Schwämme erbeben ließ

waren die Salven
der Wunderwaffe
aus Peenemünde

Amanda Wesch

Rügen, mein Schicksal, meine Liebe

50 Jahre durfte ich die Insel meine Heimat nennen, bis wir 1953 gezwungen waren zu fliehen. Solange ich lebe, beherrschen die Buchenwälder der Granitz, die verzauberten Bodden, mein Elternhaus in Putbus, das ein von Schinkel beeinflußter Architekt erbaut hat, und vor allem meine stolze »Pension Gudrun« an der Binzer Strandpromenade, meine Tage und Träume.

Die »Gudrun« war wunderschön. Meine Freundin Elisabeth und ich waren auf Anhieb in dieses Haus verliebt. Vor dem Haus stand eine große Linde. Die gesamte Uferpromenade, gesäumt mit blühenden Sträuchern, Ulmen und Linden, unter denen kilometerweit flaniert werden konnte, reichte bis zum Granitzwald am Ende der Bucht. Stolz präsentierten sich die schönsten Häuserfassaden: sie trugen Säulen, Kapitelle und Putten, Erker, Zinnen und Türmchen, Stuckdekor oder filigrane Holzvorbauten. Auch die schmiedeeisernen Balkone und Glasveranden waren sehenswert.

Fließendes Wasser gab es in der »Gudrun« noch nicht. Wir planten es für die Zukunft. Unsere Privaträume beeindruckten durch ihre Größe, hell und freundlich luden sie uns ein. Für jede von uns gab es ein eigenes Schlafzimmer. Mutter schenkte mir ihren Mahagoni-Sekretär, einen Bücherschrank und das reizende Queen-Anne-Sofa. All das stellten wir in das gemeinsame geräumige Wohnzimmer. Auch mein Klavier: für Elisabeth die ersehnte Aussicht, an den langen Winterabenden wieder spielen zu können. Sie erwies sich als ausgezeichnete Pianistin. Teppiche, Tisch und bequeme Sessel vervollständigten das Mobiliar. Mit Silber hinterlegt, hing im Flur ein alter Barockspiegel, darunter eingelassen eine große Marmorplatte. Dort standen die Blumen der jeweiligen Jahreszeit. Dicke Kokosläufer auf den Treppen und in den Fluren dämpften die Schritte. Die Messingstangen blinkten und blitzten wie Gold. Im Erdgeschoß befand sich ein Anbau mit der Küche, dem Spülraum, einer Speisekammer und einem zu jener Zeit durchaus nicht überall selbstverständlichen Bad. Es stand auch dem Personal zur Verfügung. Streichen lassen konnten wir die »Gudrun« erst im Jahr darauf. Sie hieß von da an im Volksmund »Das weiße Haus«. Noch warteten wir auf Personal. Leopolds Tochter Edith konnte sich für drei Monate freimachen, und wir freuten uns über ein liebes und vertrautes Gesicht. Sie stand mir als große Hilfe in dieser Zeit zur Seite, bevor sie die Ernte wieder zurückrief. Eine Mamsell, zwei Zimmermädchen und eine Küchenhilfe hatten sich angekündigt. Zuerst kam Lenchen Krause aus Eibau in der Lausitz. Die Mamsell war zehn Jahre bei Hapag Lloyd zur See gefahren. Sie konnte Dinge, von denen ich nichts ahnte. Alle Finessen habe ich bei ihr abgeschaut, wollt' ich doch eines Tages die Küche selbst übernehmen. Mit ihr und den beiden Zimmermädchen hatten wir großes Glück. Beim Zimmervermietungsbüro und in vielen Geschäften legten wir Prospekte aus. 7,50 RM inklusive Vollpension pro Tag. Zwei Ehepaare aus Stettin betraten als allererste Gäste die »Gudrun«. Was für ein Tag in unserem Leben!

Unsere erste Saison schlossen wir mit 1200,- RM Gewinn ab. Dies entsprach genau dem Betrag für die vertraglich festgelegte Eintragung in das Grundbuch. Wir beglückwünschten uns gegenseitig, zeigte dieser Anfangserfolg doch, daß wir die Herausforderung richtig angepackt hatten. Nach der Grundreinigung des Hauses fuhren wir nach Berlin. Wir wollten die Wintermonate nutzen, um für unsere Pension etwas Geld zu verdienen. Ein Droschkenkutscher gab uns den Rat, bei den Nonnen im Annaheim zu übernachten. Es kostete 50 Pfennige pro Nacht. Obwohl ich nicht katholisch war, besorgten die Klosterfrauen uns schon am dritten Tag gute Privatpflegestellen. Acht Monate blieben wir in Berlin und kamen mit einem guten Verdienst zurück nach Binz. Die zweite Saison lief glänzend. Der erste, immer wie ein Zugvogel wiederkehrende Gast war ein Herr von Bismarck. Als begeisterter Ornithologe wußte er, daß er auf Rügen, diesem riesigen Garten der Natur, seiner Leidenschaft ausgiebig frönen konnte. Viele Tage lang durchstreifte er Wälder, Felder und Auen. Binz hatte als größtes Ostseebad auf Rügen seinen Gästen viele Annehmlichkeiten zu bieten, das glasklare Wasser und der schneeweiße, kilometerlange feinsandige Strand luden förmlich zum Baden ein. Von allen Dünenwegen gingen hölzerne Laufstege ab, die meisten führten bis direkt an das Wasser. So konnten besonders ältere Menschen jederzeit Zugang zur See haben. Durch den losen Sand zu stapfen, ist eine äußerst beschwerliche Angelegenheit. Mittelpunkt der Flaniermeile, an der auch die »Grudrun« lag, bildete das imposante Kurhaus, ein wunderschöner Dreiflügelbau, der sich zum Meer hin öffnete und einen prachtvollen Eingang besaß. In den turmartigen Pavillons und auf der weitläufigen Terrasse boten sich bequeme Sitzmöglichkeiten und traumhafte Ausblicke auf Strand und offenes Wasser.

Eine Attraktion besonderer Art aber war die 550 Meter lange Seebrücke, in deren Mitte ein Pavillon stand. Die Gäste liebten es, dort bei gedämpfter Musik zu sitzen und den anlandenden und vorüberfahrenden Schiffen ihre Aufmerksamkeit zu schenken. Der Pavillon wirkte wie eine aufgesetzte Krone. Großer Beachtung erfreute sich immer wieder das An- und Ablegemanöver der Dampfer, die weiter nach Dänemark oder Schweden fuhren. Ankommende Gäste wurden genau begutachtet, wenn sie über das Fallreep in die Boote stiegen.

Am 1. Januar 1940 erfaßte Rügen eine Kältewelle von nie erlebten Ausmaßen. Die Ostsee fror zu, so weit das Auge reichte, man konnte zu Fuß über das Eis von Binz nach Saßnitz gehen. Wir sahen dem Treiben der Schlittschuhläufer belustigt zu, beobachteten die Kavaliere, welche ihre warm eingepackten Damen in Sesselschlitten über das Eis schoben.

Im Herbst und Winter 1940 mußten wir nicht nach Berlin, um zu arbeiten. Wir hatten ausgezeichnet abgeschlossen und konnten alle Schulden zurückzahlen. Nun gehörte die »Gudrun« uns. Wie genossen wir die stillen Abende. Alles deutete auf Beständigkeit für den Rest unseres Lebens.

Doch vieles stand damals unter einem schlechten Stern. Auch die Seebrücke in Binz, solange sie existierte. In einer stürmischen Nacht erwachten wir von einem donnernden Getöse. Es hörte sich an, als bräche ein mächtiges Haus zusammen. Die Natur sprengte die 30 cm dicke Eisdecke der Ostsee, schob diese mit elementarer Gewalt dem

Ufer zu. Eine Scholle verkeilte sich in die andere. Wir standen am Fenster, sahen fassungslos und wie erstarrt diesen Urgewalten zu. Die Brücke und der Pavillon verschwanden spurlos vor unseren Augen. Minuten später kam das Gewitter, ebenso urgewaltig, von unzähligen Blitzen begleitet. Es goß in Strömen, der Regen nahm uns jede Sicht. Am anderen Morgen stand von Binz' einstigem Stolz nichts mehr. Fünf hohe Pfähle, das war alles. Weil sie Strudel erzeugten, mußten sie entfernt werden. Die Schollen lagen wie eine Mauer noch ganze zwei Monate übereinander, bis Regen und Wärme sie allmählich verschwinden ließen.

Nebel, Schnee und Glatteis waren auch meine Feinde. Besonders bei Schneematsch konnte Radfahren zur Tortur ausarten, an Vorwärtskommen nicht zu denken. Elisabeth und ich igelten uns ein, lasen, musizierten und hatten ab und zu auch Binzer Freunde zu Gast. Wir freuten uns auf den Sommer und die kommende Saison.

Dieses Mal übernahm ich die Küche. Die Herdplatte glühte. Ich stand vor den riesigen Töpfen, und siehe da, ich war der Lage gewachsen! Die Küche der »Gudrun« befand sich als Anbau auf der Rückseite des Haupthauses. Im Souterrain dieses Anbaus lagen drei Zimmer und die Keller. Einen der Räume belegte die Mamsell, einen weiteren, sehr geräumigen, bewohnten drei Mädchen: Küchenhilfe und Zimmermädchen. Den dritten Raum nannten wir Chauffeurstube. Einige Gäste wurden schon mit dem eigenen Wagen gebracht und wieder abgeholt, der Fahrer schlief dann jeweils eine Nacht in diesem Zimmer. Viele unserer Sommerurlauber fuhren jedoch vom Bahnhof Putbus mit dem »Rasenden Roland« nach Binz. Mehrmals täglich zuckelte er, eine dicke Rauchwolke in den Himmel stoßend und auf Schmalspurgleisen, über die Dörfchen Posewald, Seelvitz, Serams und den Ortsteil Binz-Ost ins Ostseebad Binz. Ich glaube, dies war für alle ein besonders reizvoller Urlaubsauftakt. Unser Bäderexpreß mit der hochglänzenden Lokomotive, den Waggons mit Holzbänken und einem Kanonenöfchen für kalte Tage erfreute seit 1895 jung und alt, eine zuverlässige und bequeme Verbindung zwischen Putbus und Göhren, der Endstation des »Rasenden Rolands«, wie er, solange ich denken kann, nicht nur auf Rügen liebvoll genannt wurde.

Doch ich will weiter von meiner »Gudrun« erzählen.

Die Seebrücke in Binz

Da wir am Abend kalte Küche servierten, mußte ich nur den Vormittag durchstehen. Es war – ohne Übertreibung – sehr harte Arbeit. Dennoch blieb ich frohen Mutes, diese Mühe bedeutete doch unseren Gewinn. Schwierigkeiten und Widrigkeiten schüttelte ich ab.

Am Abend führte ich die Bücher und schrieb Bestellungen. Die Gäste erholten sich tagsüber am Strand oder unternahmen lange Wanderungen. Und weil die gute Seeluft bekanntlich guten Appetit macht, kamen sie abends auch immer ausgehungert zurück. Oft hatte ich dann doch noch eine warme Suppe vorbereitet, dazu eine kleine Platte mit Brot, Butter und Wurst. Vor allem aber unsere herrlichen Räucherfische: Flunder, Bückling und Aal hatten es den Gästen angetan. Frisch und oft noch warm aus dem Rauch, dazu kräftiges Schwarzbrot und Butter. Alle exotischen Delikatessen dieser Welt hatten dagegen keine Chance. Und das für 7,50 RM!

Engländer und Schweden kamen gern nach Rügen, obwohl die politische Lage in Deutschland ab Mitte der dreißiger Jahre unseres so bewegten Jahrhunderts nicht ihre Sympathie und Zustimmung fand.

Unser Grundstück hatte eine angenehme Größe. Gäste, die oft nun auch schon mit dem Auto anreisten, konnten es auf einem kleinen Parkplatz abstellen.

Elisabeth, meiner lieben Freundin und Mitinhaberin, fiel ein anderes Betätigungsfeld zu als mir. Sie ging jeden Morgen mit den Mädchen durch alle Zimmer und Räume des Hauses. Ihre Augen übersahen kein Stäubchen, kein unordentlich gemachtes Bett, keine noch so kleine Nachlässigkeit. Ebenso unterstand ihr die Pflege der Wäsche. Im Sommer flatterte diese auf unserem Trockenplatz lustig im Winde, um am Abend wieder sauber, glatt und herrlich nach frischer Luft duftend in den Schränken zu liegen.

Viel Freizeit blieb uns nicht, aber wir waren gesund, und die Arbeit machte Spaß. Der Umgang mit den so verschiedenen Gästen, ihren unterschiedlichen Temperamenten und Erfahrungen bereicherte unser Leben.

Wenn Elisabeth Klavier spielte, drängten sich sangesfreudige Gäste in unserem Wohnzimmer, um in die alten Volkslieder einzustimmen. Tage und Monate voller Freude gingen ins Land. Unser Stolz, es geschafft zu haben, beflügelte uns sehr.

Alle meine Jahre in Binz sind für mich in der Rückerinnerung Schicksalsjahre. Wir genossen die schöne Zeit mit unseren Gästen. Zugvögeln gleich fanden sie uns Jahr für Jahr wieder und kamen zu uns in jeder Saison. Unser Fleiß und wohl auch unsere Freundlichkeit trugen wohlverdiente Früchte. Wir dachten an bauliche Veränderungen, die den Komfort steigern sollten, unter anderem die lange fälligen Leitungen für fließendes Wasser. Im Keller lagerten schon die Porzellanwaschbecken und die dazugehörigen Armaturen. Aber noch reichten unsere Mittel nicht ganz für eine so aufwendige Installation.

Doch gemessen an dem, was nun auf uns zukommen sollte, war die Installation einer Wasserleitung völlig belanglos. Obwohl wir es nicht wußten oder auch nur ahnten, heute weiß ich, daß uns damals das Glück zu verlassen begann. Das Drama eines immer schrecklicheren Krieges legte seine Schatten auch über uns. Wir schrieben das Jahr 1943. Die deutschen Truppen standen an vielen Fronten, kämpften überall in Europa und Afrika. Soldaten, Frauen und Kinder starben in einem Krieg, der immer grausamer wurde. Auch für uns sollte dieses Jahr 1943 zu einem der schwersten werden...

Eines Tages erhielten wir einen Brief, der unser Leben veränderte. Abgesandt vom »Lebensborn e.V.«. Niemals zuvor hatten wir von einem solchen Verein gehört. Viel später erfuhren wir von all den Abscheulichkeiten, die sich hinter diesem harmlosen Namen verbargen. Die SS hatte ihre schmutzigen Finger im Spiel, der berüchtigte Reichsführer der SS, Heinrich Himmler, persönlich. Ich kann das alles nicht genau erklären, weil ich zuwenig davon weiß, auch heute noch. Aber es ging darum, daß ausgewählte Männer, vor allem aus der Waffen-SS, mit ebenso ausgewählten Frauen Kinder zeugten, ohne verheiratet zu sein oder sich auch nur wenigstens etwas zu kennen oder zusammen gelebt zu haben. Ein Geschenk für Adolf Hitler, den »großen Führer Deutschlands«. Wollte man so die unermeßlich großen Verluste an Menschen »ausgleichen«, die der zweite Weltkrieg Tag für Tag kostete? Was es auch war, wahrscheinlich ist wohl, daß die nationalsozialistische Führung schon damals an die Nachzucht der sogenannten arischen Rasse gedacht haben wird. So etwas habe ich nach 1945 gelesen. Für mich stand jedenfalls damals die Welt auf dem Kopf.

Zunächst erschien in der »Pension Gudrun« eine »Braune Schwester«. 39 schwangere Frauen wurden bei uns einquartiert, wir mußten sie verpflegen, bedienen und ihnen die Wäsche waschen. Alle Ferienhäuser auf Rügen waren zu jener Zeit nur auf Sommerbetrieb eingestellt. Die Zimmer besaßen keine Öfen. Aber noch schien ja die Sonne. Man forderte von uns, jede Schwangere mit Frau anzureden und mit größter Hochachtung zu behandeln! Natürlich schloß man mit uns auch keinen Vertrag, man meinte wohl, auch wir hätten dem »Führer« ein Geschenk zu machen. Und dann, einige Tage später, kamen sie. Hochschwanger die meisten Frauen. Sie nahmen von unserem Haus Besitz, laut und lärmend. Lediglich eine der Frauen war verheiratet, und sie brachte ihren Mann mit. Er war in Holland verwundet worden und befand sich auf Genesungsurlaub. Dieser Mann und eine rothaarige Frau, die bereits neun uneheliche Kinder für den »Führer« geboren hatte, machten sich zu Sprechern und Organisatoren dieser ganz und gar seltsamen und abstoßenden Aktion. Wir, Elisabeth und ich, blieben von nun an im eigenen Haus nur noch geduldet. Tagsüber aalten sich unsere »Gäste« am Strand. Eine der Frauen trug sogar an ihrem Badeanzug das »Mutterkreuz.« Es herrschte eine gespenstische Atmosphäre im Haus. Sie spielten Karten und sangen Kampflieder. Eines klang so schrecklich und wurde so oft gesungen, daß ein Vers sich mir eingebrannt hat: »*Es zittern die morschen Knochen der Welt vor dem großen Krieg, wir haben den Schrecken gebrochen, für uns wird's ein großer Sieg. Wir werden weiter marschieren, wenn alles in Scherben fällt, denn heute gehört uns Deutschland und morgen die ganze Welt.*«

Zunächst war es unser schönes Porzellan, das in Scherben fiel. Wie ich schon erzählte, kam es aus England. All die wundervollen Waschschüsseln und Krüge gingen zu Bruch. Seifenbehälter, Kamm- und Bürstenablagen boten einen überaus traurigen Anblick. Sie wurden zu Aschenbechern umfunktioniert. Die zerbrochenen Teile ersetzten wir nun durch einfaches Steingut. Dreimal täglich servierten unsere Mädchen das Essen auf den Zimmern. Aus Vaters Obstgarten bekam ich sehr viel Obst. Wir reichten es als Kompott oder frisch. Mit Obst tauschten wir Fisch. So bekamen die Schwangeren bei uns eine bessere und abwechslungsreichere Ernährung als in jeder anderen Pension auf Rügen. Mit ihren Lebensmittelkarten allein hätten wir das nicht können. Das Obst beförderte ich mit dem Fahrrad von Putbus nach Binz. All diese Unternehmungen mußten unter größter Vorsicht vonstatten gehen, denn Lebensmittel waren knapp und die Kontrollen streng. Das und vieles andere nahmen wir auf uns, hörten aber nie ein Wort des Dankes. Im Gegenteil, Bösartigkeit und Meckereien standen auf der Tagesordnung: wir würden ihre Rationen essen und Lebensmittel vorenthalten, die ihnen zustünden! Alle 14 Tage warfen sie die Bettwäsche in die Waschküche, aber auch Waschpulver gehörte zur Mangelware. Elisabeth wusch und mangelte mit unseren beiden Mädchen. Wir alle wurden behandelt wie Dienstboten. Der genesende Offizier setzte mich unter Druck. Er wollte heimlich mehr Kohlen für seinen eigenen Bedarf, inzwischen gab es in allen Zimmern eiserne Kanonenöfen. Ich lehnte ab, auch weil ich Angst hatte, die Frauen würden, wenn sie es erführen, mir das Leben noch mehr zur Hölle machen. Eines Tages zeigten sie uns beim Binzer Bürgermeister an, sie beschuldigten uns, wir würden ihre Rationen essen. Unser Glück war, daß wir zu dem Bürgermeister in all den Jahren immer ein gutes Verhältnis hatten. Er kannte uns gut genug, um zu wissen, was er von dieser Verleumdung zu halten hatte. Er ließ die Sache auf sich beruhen.

Elisabeth allerdings konnte die Vorgänge und Zustände im Haus kaum noch ertragen: der Umgangston der Frauen, ihre Unsauberkeit, die Verkommenheit der Zimmer, die wir glücklicherweise nicht säubern mußten. Irgendwann riß ihr der Geduldsfaden. Sie versuchte – auf ihre Weise – die Frauen zur Ordnung zu ermahnen und ahnte nicht, welche Folgen dieser doch recht vorsichtige Verweis nach sich ziehen würde. Der Offizier erstattete Anzeige bei der Gestapo. Elisabeth wurde abgeholt und in das Gefängnis in Binz gesteckt. Essen und ein Oberbett durfte ich ihr bringen. Vier Tage blieb sie dort und wurde anschließend von der Gestapo nach Saßnitz ins Zuchthaus überführt. Vor Angst und Sorge schlief ich kaum. Nach sechs Wochen konnte ich nicht mehr untätig warten, meine Nerven lagen blank. Ich fuhr nach Saßnitz. Mir war alles egal, auch wenn sie mich dort behalten würden, ich mußte etwas für Elisabeth tun! Es gelang mir, nach langem beharrlichen Bitten, den Leiter des Zuchthauses zu sprechen. Er ließ die Akte von Elisabeth kommen und äußerte sich sehr erstaunt: »Ich weiß überhaupt nicht, warum Frau Suren hier ist. Sie wird morgen entlassen.« Ein irrationaler Vorgang, wie so viele in jenen Tagen. Als ein Fähnlein der Getreuen standen wir am nächsten Tag am Bahnhof und mußten mit den Tränen kämpfen. Elisabeth kam, körperlich kaum wiederzuerkennen, mit 40 Grad Fieber und einer Nierenbeckenentzündung zurück. Davon hat sie sich nie wieder völlig erholt. Sechs Wochen lag sie auf einem Steinfußboden mit nur einer Decke, die sie sich auch noch mit einer mehr als zweifelhaften Person teilen mußte. Fast bis auf die Knochen abgemagert, bot sie ein Bild des Jammers. Unsere »Gäste« triumphierten. Elisabeth erholte sich ganz langsam wieder. Eine große Erleichterung für mich, nicht nur, weil jetzt im Haus von neuem ihre tüchtige Hand zu spüren war, nein, ich war einfach glücklich, Elisabeth wieder bei mir zu haben.

Wieder ein weiteres Kriegsjahr, Winter 1944. Eines Morgens hörte ich aufgeregte Stimmen vor dem Haus. Ich sah nach und wußte vor Entsetzen kaum, was ich tun sollte. Auf dem Steinfußboden der offenen Veranda lagen drei tote Babys: zwei Siebenmonatskinder und eine

Totgeburt. In der Nacht mußten sie auf die Welt gekommen sein. Ihre Mütter hatten sie auf den Steinen abgelegt und mit Zeitungen bedeckt. Das Papier hatte der Wind inzwischen längst verweht. Eine ganze Schulklasse stand davor und starrte auf die Babys, die aussahen wie kleine erfrorene Porzellanpuppen. Es betrübte mich zutiefst, daß die Kinder dieses Bild in sich aufgenommen hatten. Ich breitete schnell eine Decke über diese kleinen Geschöpfchen und schickte zum Bürgermeister. Er ließ sie abholen; was mit ihnen geschah, erfuhren wir nie.

Die Nachrichten im Rundfunk wurden immer verwirrender und beängstigender. Anklam brannte. Die Russen standen schon in Greifswald, das glücklicherweise nicht zerstört wurde. Der Stadtkommandant Petershagen widersetzte sich mutig dem Befehl, die Stadt zu einer Festung zu machen, und übergab sie am 30. April 1945 kampflos den sowjetischen Truppen. Damit rettete er viele Menschenleben und diese schöne alte Stadt.

Als Elisabeth einer Schwangeren von diesen Meldungen erzählte, schrie diese voller Wut: »Wenn das wahr ist, gieß' ich Ihnen dafür einen Eimer kochendes Wasser über den Kopf!« Am anderen Morgen waren sie alle verschwunden. Bei Nacht und Nebel hatten sie das Haus verlassen, wie die Ratten das sinkende Schiff. Vom »Lebensborn e.V.« bekamen wir keinen Pfennig. Unsere Beschwerden beim Bürgermeister hatten nur die Drohung der Enteignung zur Folge. Die ersparten 17 000,- RM für die Installation einer Wasserleitung auf den Zimmern waren restlos fort. Eine Zeit schwerster Arbeit, seelischer Belastung und tiefster Erniedrigung hat uns diese Institution beschert, von den materiellen Verlusten ganz zu schweigen.

Wir befanden uns allein im Haus, als die Russen kamen. Nur Hilde, unser Mädchen aus Ostpreußen, war noch bei uns. Voller Angst und Spannung warteten wir. Was hatten wir nicht alles gehört über Greueltaten und Vergewaltigungen. Um es vorwegzunehmen, nicht einer Frau in Binz wurde auch nur ein Haar gekrümmt. Zu den Opfern gehörten nur die Frauen in abgelegenen Häusern und Höfen. So auch meine Schwester Ida, sie wurde mehrfach vergewaltigt.

Auch unser Haus füllte sich mit Flüchtlingen aus dem Osten. Die armen Menschen, seit Wochen unterwegs und mit ihren Kräften völlig am Ende, sackten förmlich in sich zusammen, als sie ankamen. Wir halfen, wo wir nur konnten. Eine junge Frau drohte an einer schweren Lungenentzündung zu sterben, wir pflegten sie ohne Medikamente, mit alten Hausmitteln und Rezepturen, gesund.

Ein Haus voller hungriger und frierender Menschen, eine Herausforderung an Organisationstalent und Überlebenswillen. Niemand hatte Heizmaterial für den kommenden Winter. Die Zuteilung an Lebensmitteln konnte man kaum als solche bezeichnen, sehr spärlich, garantierte sie nicht einmal eine warme Mahlzeit täglich.

Die Flüchtlingsfrauen zogen im Winter nachts in die Wälder, sägten Bäume ab, befreiten sie von den Ästen und brachten große Stücke auf Schlitten mit nach Hause. Im Hof, hinter dem Haus, stand ein großer Holzklotz. Darauf hackten sie die Stücke ofengerecht. Die Balkone und Loggien, abgedeckt gegen Sicht, boten ideale Plätze zur Lagerung des wertvollen Heizmaterials. Elisabeth und ich wurden von den Frauen oft aufgefordert, sie bei ihren nächtlichen Beutezügen zu begleiten. Ich hatte furchtbare Angst, das Haus zu verlieren, falls ich erwischt würde. Ein Jahr lang beherbergten wir die Flüchtlinge, natürlich ohne Entgelt. Mit der Zeit empfanden wir Sympathie und Freundschaft füreinander.

Als der letzte Flüchtling 1947 die »Pension Gudrun« verließ, sicherte sich die örtliche Polizei sechs der leerstehenden Räume, doch nur für ein paar Monate, wie sich bald zeigte. Denn gleich zu Beginn des Sommers beschlagnahmten die Russen das ganze Haus für Familien, die zu den Offizieren der »Roten Armee« gehörten. 48 Personen kamen. Sie verpflegten sich vom ersten Tage an selbst.

Am Ende des Sommers verließen uns die Russen. Zwar blieb die Kommandantur in Binz, aber unser Haus war frei. Trotz aller Hartnäckigkeit von Elisabeth, die ja nie nachgeben konnte, bezahlte der Kommandant uns nicht gleich, er vertröstete uns auf das nächste Jahr. Wir mußten uns fügen.

Den nächsten Winter verlebten wir in aller Stille. Die Insel lag wie erstarrt. Es gab keinen Kirchgang mehr, die Glocken blieben stumm. Trostlosigkeit überall, ohne jede Abwechslung. Zum Glück hatten wir Bücher und unsere Musik.

Wir standen wirtschaftlich mit der »Gudrun« vor dem Nichts. All unsere Ersparnisse und Rücklagen waren durch den Krieg und die Währungsreform aufgebraucht und verloren. Also galt es, Pläne zu machen, an unser Überleben zu denken. 1950 schlossen wir einen Vertrag mit dem Freien Deutschen Gewerkschaftsbund, für zwei Jahre. Mit den Familien, zumeist einfache, bescheidene und dankbare Menschen, die bei uns eingewiesen wurden, gab es keinerlei Probleme. Sie benutzten das Haus lediglich zum Wohnen und Schlafen. Bei gutem Wetter lockte der Strand, aber auch bei Wind und Regen waren sie, warm angezogen, unterwegs an der gesunden Luft. Ihre Mahlzeiten nahmen sie außerhalb in eigens eingerichteten Gebäuden ein. Die Wäsche wurde abgeholt und kam sauber und gebügelt zurück.

Im folgenden Jahr kamen Arbeiter aus den Uranbergwerken der Wismut. Damals wußte man noch nicht, wie viele gesundheitliche Gefahren diese Arbeit mit sich bringen konnte. Vor allem die Männer sahen elend und blaß aus. Aber auch Frauen gab es, die »heruntergekommen« aussahen, Wismut-Arbeiterinnen, die eine ebenso schwere Arbeit dort verrichteten. Auf unserer Insel, hier an der Ostsee, erholten sie sich meist ein wenig.

1953 fuhr die »Grüne Minna« bei uns vor. Ich war allein. Elisabeth sah im Putbusser Elternhaus nach dem Rechten. Uniformierte durchsuchten die »Gudrun« von unten bis oben, lasen jede Zeile unserer Papiere und Briefe. Eine Begründung oder Erklärung gaben sie mir nicht. Sehr viel später erfuhren wir, daß dies alles lange und sorgfältig vorbereitet gewesen war. Überall an der Ostsee, von Boltenhagen bis Ahlbeck, durchsuchte man fast alle Pensionen und Hotels, die sich in privater Hand befanden. Heute weiß ich, daß dieses Vorgehen des Staates gegen uns einen Namen hatte: »Aktion Rose.« Man suchte und fand, natürlich, kleinste Fehler. Bei irgendeiner Abrechnung, eine nicht ganz vollständige Rechnung, ein Beleg ohne Datum und anderes. Kleinste, unwichtige, bedeutungslose Vorgänge, Belanglosigkeiten, ohne jedes Gewicht. Auch bei mir war es so. In der Buchführung fand man einen lächerlich kleinen Fehler, den ich sofort aufklären konnte. Niemand hörte mir zu, niemand wollte meine Erklärung wissen. Damals, in diesen angstvollen Stunden, wußte ich nicht, daß

die »Aktion Rose« nur den Auftakt für eine der größten Enteignungen bildete, die es in der DDR je gegeben hat.
  Nach vielen Stunden verließen die Uniformierten mein Haus. Elisabeth und ich wurden aufgefordert, uns am nächsten Tag um 15 Uhr an der Strandpromenade einzufinden, mit Personalausweis und Verpflegung. Was das bedeutete, wußte jeder auf Rügen. Wir zögerten keine Minute. Mit fliegenden Händen und rasendem Pulsschlag packten Elisabeth und ich die Grundbücher, alle wichtigen Papiere und etwas Wäsche ein. Als es dunkel wurde, schlichen wir zum Bahnhof. Nach einigen Metern blieben wir stehen. Silberhell im Vollmond lag unsere »Gudrun.« Sah ich sie zum letzten Mal in meinem Leben? –

  Der Schock saß in meinen Füßen wie Blei. Im Bahnhof lösten wir aus Angst vor der Bahnpolizei Fahrkarten nach Magdeburg. Das war unauffälliger. Karten nach Berlin rochen immer nach Flucht und zogen Mißtrauen auf sich. Als wir im Zug saßen, zitterten meine Hände, bis heute kann ich sie nicht mehr gut stille halten. Eiskalt umklammerte mich meine Angst, bis ins Herz. Meine Füße und Hände schienen abgestorben. Elisabeth bewies einmal mehr einen kühlen Kopf. Sie plauderte munter, gab der Bahnpolizei unsere Ausweise und lächelte sie freundlich an. Nur ich wußte, wie ihr zumute war. In Berlin stiegen wir aus. Dr. Pedro, eine befreundete Familie, hatte uns für alle Fälle schon sehr lange Obdach angeboten. Sehr dankbar nahmen wir nun diese Zuflucht. Am nächsten Morgen machten wir uns auf die Suche nach der Sammelstelle. Etwa 2000 Menschen drängten sich dort bereits. Drei Tage ununterbrochener Lauferei lagen hinter uns, als wir endlich den russischen, französischen, amerikanischen und deutschen Ausreisestempel in den Händen hielten.
  Jetzt flogen wir von Berlin nach Wentorf bei Hamburg in ein Massenlager. Dort trafen wir halb Rügen. In unserer Nacht der Flucht hatten an die 2000 Rüganer aus ähnlichen Gründen wie wir die Insel verlassen. Alles hatte die Lagerleitung bestens organisiert. Wir blieben eine Woche dort, schliefen auf Strohsäcken, allein die Sorge im Nacken, was aus uns werden würde. Elisabeth erinnerte sich einer Cousine in Castrop-Rauxel. Sie und eine Freundin verbrachten einmal einen Sommer in Binz als unsere Gäste, natürlich kostenlos. Beide

Damen haben wir so großzügig verpflegt und verwöhnt, daß sie mit zehn Pfund Gewichtszunahme glücklich und dankbar abreisten. Damals hatte sie uns das Versprechen abgenommen, unbedingt auch einmal ihre Gäste zu sein. Jetzt sollte der Zeitpunkt gekommen sein, von dieser Einladung Gebrauch zu machen, mußten wir doch einen Entlassungsort angeben. Wir fuhren nach Castrop-Rauxel. Drei Wochen durften wir bleiben. Bei keiner der Mahlzeiten sind wir gesättigt von ihrem Tisch aufgestanden, ständig spürten wir, wie ungelegen unsere Anwesenheit kam. Wir hatten sehr schnell den Wunsch, diese Gastfreundschaft nicht länger zu strapazieren.

Mein Bruder Walter hatte mir schon damals nach Binz geschrieben und mich gebeten, zu ihm in den Westen zu kommen, er schrieb mir auch jetzt, er würde mich gern bei sich haben. Eines Tages konnte ich nicht mehr. Ich wollte endlich eine Bleibe, ich wollte seßhaft werden, diesem Herumvagabundieren ein Ende setzen.

Die Ansprüche auf meine »Pension Gudrun« habe ich nach dem Fall der Mauer angemeldet. Trotz vieler Fahrten nach Rügen dauerte es sehr lange bis zum Rückführungsbescheid.

Das Haus war immer bis unter das Dach voller Mieter. Die Einnahmen können also nicht so gering gewesen sein, trotzdem gab es keine wesentliche Werterhaltung und keine Verbesserung, nur die Loggien wurden geschlossen und mit Fenstern versehen, um weiteren Wohnraum zu schaffen. Innen ist alles verwahrlost und verwohnt. Die wunderschönen Seitenbalkone verfallen und verrosten. So werde ich die alte »Gudrun« verkaufen, um mit dem Erlös Menschen zu beglücken, die mir in Notzeiten geholfen haben. Ich lebe von 1280,- DM Rente. Allein die Miete meiner Wohnung beträgt 750,- DM.

Von meiner Heimat trennen mich über 40 endlose Jahre. In der ersten Zeit nach der Flucht kam ich mir vor wie ein Baum, der in der Mitte von einem Blitz gespalten wurde. Rügen bleibt der Mittelpunkt meines Lebens.

WOLFGANG SCHAARSCHUH

Insel der Zuflucht

Stralsunder überlebten auf Rügen

Die Insel Rügen wurde für manche Stralsunder Familie zur zweiten Heimat, als 1943 die Schulen wegen der Bombengefahr aus der Stadt evakuiert wurden. Die Ferdinand-von-Schill-Oberschule für Jungen kam zunächst nach Putbus (später nach Göhren), und ihre Schüler erhielten Unterricht in der Grundschule an der Ausfahrtstraße nach Lauterbach. Die meisten wurden im »Deutschen Haus« untergebracht, manche bekamen Privatzimmer, und in einigen Fällen zogen sogar die Mütter mit auf die Insel – die Väter waren ja im allgemeinen im Krieg. So tat es auch meine Mutter mit ihren drei Jungen von damals 13, 12 und 6 Jahren. In Putbus kamen wir nicht mehr unter, wir erhielten aber im Zollhaus II in Lauterbach zwei Zimmer in verschiedenen Wohnungen, unten bei einer einzelnen Dame und oben bei einer Mutter mit zwei Kindern; die Männer waren in beiden Fällen ebenfalls eingezogen. Wir konnten dankbar dafür sein, daß wir eine so gute Unterkunft gefunden hatten. Der Sinn der Evakuierung wurde uns erst richtig bewußt, als wir in den Mittagsstunden des 6. Oktober 1944 vom Bodenfenster aus die anglo-amerikanischen Flugzeugverbände beobachteten, die Kurs auf Stralsund nahmen, um dort ihre todbringende Last abzuwerfen.

Meine Brüder und ich verlebten in Lauterbach trotz der Not in den letzten Kriegsjahren und trotz der Ungewißheit um das Schicksal unseres Vaters noch eine verhältnismäßig unbeschwerte Zeit in einer wunderschönen Natur mit Wasser, Wald, Steilküste, Badefreuden und Vergnügen an Fahrten mit Boot oder Segelschlitten.

Wie mag aber unsere Mutter nur immer das tägliche Brot beschafft haben? Diese Frage berührte uns Kinder erst direkt nach dem Einmarsch der Sowjetarmee in den ersten Maitagen des Jahres 1945. Mit diesem Ereignis fühlten wir unsere physische Existenz unmittelbar bedroht. Wie würde die Rote Armee das neue Territorium in Besitz nehmen, und welche Greueltaten hätten wir nun zu erwarten? Wir hörten, daß sich in der Fischersiedlung Schlimmes ereignet hätte, aber unser Haus blieb verschont. Nur eines Nachts schlugen Gewehrkolben an die Haustür, sowjetische Soldaten verlangten Einlaß. Die Hausbewohner scharten sich um den einzigen Mann im Hause, der unseres Wissens U-Boot-Fahrer war und sich wohl gerade auf Urlaub befand. U-Boot-Fahrer kannte ich nur aus der »Koralle«, der Illustrierten der Kriegsmarine. Es waren Männer mit energischen, entschlossenen Gesichtern, die wohl schon oft dem Tod ins Auge gesehen hatten. Aber nun sah ich erstmals einen bleichen U-Boot-Fahrer. Nach Minuten angstvollen Zauderns wurde die Tür aufgeschlossen. Soldaten gingen durch das Haus, das vermutlich beschlagnahmt werden sollte. Aber glücklicherweise nahm die Besatzungsmacht davon Abstand, und wir atmeten auf.

In den ersten Monaten nach Kriegsende lernten viele Menschen Not und Hunger kennen, und es mögen einige Episoden zeigen, wie wir versuchten, die knappen Lebensmittelzuteilungen und das in langen Schlangen erstandene Brot zu ergänzen.

Unmittelbar nach Kriegsende nahm unsere Familie wie andere auch den Rückumzug nach Stralsund in Angriff, und das erforderte mehrere Fahrten mit der Bahn von Lauterbach nach Altefähr. An beiden Orten schärften wir unseren Blick nach etwas Eßbarem oder nach Dingen, die sich durch Tausch dazu machen ließen. So hatten wir einen Bauernhof in der Nähe des Bahnhofs Altefähr im Auge, denn dort sollten Zuckerrübenschnitzel zu haben sein. Ausgekocht lieferten diese einen Saft, mit dem man Suppen eine wunderbare Süße und ein herrliches Aroma verleihen konnte. Wir, einer meiner Brüder, ein Schulfreund und ich, näherten uns eines Tages vorsichtig dem Gehöft und hatten auch bald »Feindberührung«, denn wir trafen unvermittelt auf einen sowjetischen Soldaten. Der hatte aber, wie viele Russen, ein Herz für Kinder. Als wir ihm andeuteten, daß wir Hunger hätten, führte er uns in einen Stall, in dem eine Menge großer Fleischstücke lagen. Am Vortage hatten wir in dieser Gegend einen Schuß vernommen, und dieser hatte wohl einem armen Rindvieh gegolten, das jetzt grob zerlegt vor uns lag. »Nun nehmen!« sagte der Soldat. Vor Freude waren wir fassungslos. Dann ergriffen wir Stücke, die gerade noch zu schleppen waren, und überraschten damit unsere auf dem Bahnhofsgelände wartenden Mütter. Die Rübenschnitzel ließen wir uns aber auch nicht entgehen, wir holten sie ein paar Tage später.

In Altefähr am Bahnhof wurden wir noch einmal fündig. Im Straßengraben, unmittelbar hinter der Überführung der Bahngleise, fand mein Bruder einen breitgefahrenen Eimer. In dem war noch eine beachtliche Menge Schmalz, etwas verunreinigt und mit Emaillesplittern durchsetzt, aber für uns ein ganz toller Fund, der uns nach entsprechender Aufbereitung wieder ein ganzes Stück weiterhalf.

Ja, und in Lauterbach? Dort durchstöberten wir einmal von Russen verlassene Ställe, in denen ihre Pferde untergestellt waren. In den Futterkrippen fanden wir noch eine Menge Hafer, den wir mühsam durch eine Kaffeemühle drehten und der uns dann eine an Ballaststoffen überreiche Suppe lieferte.

Ein besonderer Anziehungspunkt war ein am Hafen gelegenes Vorratslager, das allerdings von sowjetischen Soldaten bewacht wurde. Es gelang uns, die Posten zu »umkriechen«, und wir erbeuteten vier »Panzerhosen« (lange schwarze Hosen für Panzersoldaten). Um nicht aufzufallen, zogen mein Bruder und ich jeder zwei an. Natürlich war diese Bekleidung auf dem Heimweg recht hinderlich und schweißtreibend, wobei der Angstschweiß noch dazukam. Zwei Panzerhosen behielten wir für uns, eine wurde in einen Sack Kartoffeln und eine in ein Glas Schmalz umgetauscht.

Im damaligen Hotel »Viktoria« befand sich ein Raum mit Sportgeräten. Eines Tages kamen wir hinzu, als eine große Kiste aufgebrochen wurde und einige Jungen den Inhalt herausschleuderten. Jeder griff nach Dingen, die er glaubte gebrauchen zu können. Wir hatten es auf Boxhandschuhe abgesehen. Ein Prachtexemplar aus rötlichem Leder war schon in unserem Besitz. Aber ein zweites Paar, das uns in die Hände fiel, war in weniger gutem Zustand. Gern hätten wir dafür ein anderes gehabt. Zu unserer größten Überraschung fanden wir auch sofort einen tauschbereiten Partner. Erst als wir zu Hause zur ersten Runde antreten wollten, erstarrten wir zunächst ungläubig, um dann in schallendes Gelächter auszubrechen: Wir hatten uns zwei Linke eingehandelt. Bei Boxkämpfen – auch unter Brüdern – werden die Kräfte bekanntlich auf sehr ernsthafte Weise gemessen. Wir mußten allerdings so manche Runde vorzeitig abbrechen, weil der Gedanke an einen falsch angewachsenen Daumen immer wieder zu einem Lachkrampf führte und den Betreffenden außer Gefecht setzte. So lagen Ernst und Heiterkeit auch in dieser schweren Zeit manchmal dicht beieinander, und auch das trug zum Überleben bei.

Solche und ähnliche Aktionen, die nicht immer ganz sauber, aber auch nicht gerade kriminell waren, halfen uns über manche Schwierigkeit hinweg. Schließlich gelang uns ein verlustloser, wenn auch nicht ganz einfacher Rückumzug mit »Sack und Pack« nach Stralsund, denn wir hatten einen Teil unserer Möbel mit nach Lauterbach genommen, die nun nach dem Eisenbahntransport noch über den Rügendamm geschafft werden mußten. Die Strelasundbrücke und die Ziegelgrabenbrücke waren gegen Kriegsende noch gesprengt worden, die Lücken wurden jedoch bald durch hölzerne Behelfskonstruktionen geschlossen. Wir hatten unsere Habe zusammen mit der anderer Familien auf das Fahrgestell eines Kutschwagens geladen, und es war jedesmal eine Angstpartie, wenn es galt, die abschüssigen und die steil ansteigenden Abschnitte der Behelfsbrücken mit der aufgetürmten Fracht zu bewältigen. Und dabei griff manchmal auch ein russischer Soldat mit in die Speichen.

Johannes R. Becher

Hinter allem steht das Meer

Das Meer

Durch der Wälder grüne Dämmerungen
wandern wir auf Pfaden kreuz und quer,
und ein fernes Lied ist aufgeklungen,
und es rauscht in unserm Lied das Meer.

Von gar vielen Dingen ist die Rede
abends unter Freunden, von weit her
melden sich Geschichten, aber jede
handelt hier in diesem Land vom Meer.

Denn das Meer steht hinter allen Dingen,
sie durchdringend, und das Meer ist schwer.
Welches Tagewerk wir auch vollbringen –
hinter allen Dingen steht das Meer.

Leuchtend uns umfängt des Meeres Wille,
und ein Traumlied ewiger Wiederkehr
singt das Meer in seiner Meeresstille...
Hinter allem steht das Meer, das Meer.

Der Sommer summt

Der Sommer summt. Das ist die Zeit, zu gehen
bis an das Ende dieser Welt.
An Landungsplätzen lungern, wenn die großen Schiffe
das Meer herauf gefahren kommen –

In fremde Länder einzubrechen,
die Nächte aufzubleiben, und bei Brot und Wein
mit dem, der grad am Tische sitzt, zu sprechen
und – namenlos zu sein.

Meer im Sommer

Meer im Sommer, der blau überglühte
Himmel verflüchtigt sich vor deiner Glut,
denn unendlich schimmernde Blüte
ist deine blau in sich ruhende Flut.

Meer im Sommer – in dir sind versunken
alle die Sonnen und leuchten empor
aus deiner Tiefe und täuschen uns trunken
eine Sonne am Himmel vor!

Münden müssen in dir alle Flüsse,
aber die Welle auch raunt, daß dereinst
alle die Tränen und all unsre Küsse
du in der Flut des Vergessens vereinst.

Meer im Sommer, du Wiedererscheinen
endlosen Glücks, glückseliges Meer!
Meer im Sommer, du wogendes Weinen,
fließender Himmel, tränenschwer.

Franz Fühmann

Das Ende der Fahrt

Die Kinder am Strand

Da: die Leere voll Stoff zum Bauen,
und auch zu bauen der Drang!
Strandwelt kann man dann schauen,
was den Schöpfern aus Sand gelang:
Berge mit Pässen und Brücken,
Burgen mit Türmen und Tor,
und Muscheln darauf, zu schmücken,
und die Woge des Meeres davor.

Ach den Spaß, mit dem Wasser zu spielen,
wenn es dem Sand sich mischt,
ihm Betten, Bahnen zu wühlen,
hochzuleiten die Gischt
als See in die Schluchten der Berge,
als Brunnen ins Dunkle der Burg –
so schafft sich zum Spiel seine Werke
der kindliche Demiurg,

bis dann die Wasser schießen,
die der Damm nicht hemmt,
die Burgen fortgerissen,
die Berge weggeschwemmt,
das Geformte von schwierigen Stunden
fließt mit der Flut ins Meer,
das letzte Gebilde verschwunden,
die Küste wieder leer –

Aber die Schöpfung soll dauern!
Das Wunderbare geschieht:
Nach dem Erschrecken, dem Trauern
wird wieder die Hand bemüht,
und sie zwingt die schwierigen Stunden,
daß die Burg, daß der Berg aufersteh,
und, wieder überwunden,
überwindet sie wieder die See,

und tief in der Seele innen
wird etwas schon bewußt:
Du kannst ihr nicht mehr entrinnen,
der süßen fordernden Lust,
die Berge, die Burgen zu bauen
mit Brücken und Türmen und Tor,
und nicht mehr dem Grauen, zu schauen
die Woge des Meeres davor.

Die Seefahrer

Zwischen den Wolken und Wogen
ist Raum kaum für eine Faust,
Stürme kommen geflogen,
um Stirn und Schläfe saust
Salzschaum; die Wasser, böse,
schlagen die Schiffe mit Macht,
unerhörtes Getöse
durchrollt die sternleere Nacht.

So sind sie hinausgefahren,
zu finden die neue Welt.
Von der Flotte, die sie waren,
jedes zweite Schiff ist zerschellt.
Im Mahlstrom der Masten und Planken
treibt nachbarlich nah der Tod,
aber immer gehn ihre Gedanken
nach dem Land hinterm Abendrot.

Sie haben sich mit Riemen gebunden
in die Runden an Ruder und Rad,
sie haben zu ruhn keine Stunde,
Kapitän, Matrose und Maat,
doch sie haben sich selbst verboten
zu denken, die Fahrt fänd' kein End;
sie senken ins Meer ihre Toten
und spähen zum Firmament,

ob nicht durch das furchtbare Dunkel,
das ihnen vom Haupt nicht mehr weicht,
einmal das milde Gefunkel
eines Sternes reicht,
zu klären das Ungewisse,
darin sich die Flotte verlor,
oder daß gar die Risse
der Küste träten hervor,

der Küste, der so ersehnten,
die jeder sich herrlicher malt,
mit Wäldern, von Stille durchtönten,
mit Flüssen, sonnenbestrahlt,
mit nie verfluchten Städten,
durchbraust vom weißen Wind,
mit Menschen, die ohne Ketten,
ohne Arg und Elend sind ...

Doch nichts ist als Dunkel und Tosen
des Sturms und der Menschen Geist,
der durch die gnadenlosen
Gefahren vorwärts reißt,
das sind die Hände, zerfressen,
das sind die Gesichter, zerstört,
doch die Blicke durchs Dunkel messen
das All, das ihnen gehört.

Sie trotzen den Elementen
einen Traum noch ab:
Aus den Lüften Adler senden
schmetternde Schreie herab,
es lichtet sich ferne das Finster,
ein Leuchten liegt vor Lee,
Büsche aus blühendem Ginster
treiben schräg über die See ...

GÜNTER KUNERT

Veränderung ist Schrecken und Glück

Impressionen am Meer

Gestern eine Bucht, heute der braune Rücken
einer Sandbank, morgen schon
an gleicher Stelle unkenntlicher Meeresboden
oder Weide
mit starren, schweren Kühen.
Rasch wandelt das Meer die Küste, und jeder Tag
ist ungleich dem nächsten. Jedes Rauschen
in den dürren Kiefern heißt Veränderung,
schneller als anderswo und
eiliger als gewohnt.
Veränderung: Schrecken und Glück,
Festklammern und Springen.
Letzter Schrei. Erster Ruf. Leben.

Nachts an der Küste ...

Nachts an der Küste
zur kalten, schwarzen Nacht
schreien die Schiffe. Gleich dem
Auge hinter einem Trauerschleier
blinkt das Licht vom festen Turm.
Leitet die auf See, leitet
die auf Land
zu warmer Kneipe, zum Funkeln
voller Flaschen, wo gepriesen wird
einmal von Kuntz, einmal von Hintz
die alte Zeit –

Da ungehört die Schiffe sanken,
kein Licht im Dunkeln stand,
und feindlich einander waren die Erde
und der arme Mensch.

Georg F. Kersting »Der Maler Caspar David Friedrich in seinem Atelier«

WIELAND FÖRSTER

Rügenlandschaft

Hommage à Caspar David Friedrich

Vilmnitz, 3. Dezember 1970
Im November 1969 fuhr ich nach Rügen. Es war mein erster längerer Aufenthalt auf der Insel, und da ich weder zu ihr noch zu dem Dorf, das etwa in der Mitte zwischen Putbus und dem Greifswalder Bodden liegt, eine Beziehung hatte, kann ich den Aufenthalt als zufällig bezeichnen. Zufällig, weil ich damals nichts anderes suchte als einen Ort, an dem ich in größtmöglicher Ruhe und Abgeschiedenheit mein Tunesientagebuch überarbeiten konnte. Diese Arbeit hätte ich ebenso im Harz oder irgendwo in Mecklenburg leisten können; was ich brauchte, war ein leerstehendes Häuschen, eine Art Klausur. Hier in Vilmnitz stand es, ungenutzt in der kalten Jahreszeit.

Damals waren das alte Bauernhaus, die Landschaft, der Regen, der Wind nur eine Kulisse, die mich nahezu unberührt ließ und im Kontrast stand zu meinen Gedanken, die noch gefangen waren im mittelmeerischen Rausch: Gedanken und Sehnsüchten, denen ich mit Wehmut nachhing und die so lebendig in mir waren, daß sie nur in wenigen Augenblicken von der Gegenwart zurückgedrängt werden konnten.

An einem kleinen, wurmstichigen Klapptisch saß ich Tag um Tag acht bis zehn Stunden und versuchte, Ordnung in das Manuskript zu bringen, zerfurchte es mit Streichungen und Schnitten, überklebte es mit neugeschriebenen Seiten. In nachdenklichen Pausen glitt der Blick teilnahmslos aus dem Fenster; ein Platz, wahllos bebaut mit nichtssagenden, häßlichen Häusern, von verputzter Baracke bis zur Industriebacksteingotik reichend, Gasthof und Schule und Kindergarten, in der Ferne Schuppen und Bauernhaus, ein morastiger Tümpel, vier oder fünf alte Kastanien. Über ihre schwarzglänzende Rinde troff Regen. Manchmal rumpelte ein Traktor oder ein Pferdegespann vorbei, und gegen Mittag stürmten mit Gebrüll die Kinder aus der Schule; manche rauchten, andere warfen mit Taschenmessern. Stundenlang lag die Straße verödet vor mir; lautlos schleppte sich eine gebeugte Frau mit schwerer Einkaufstasche vorbei.

Ich fror.

Der Raum, in dem ich arbeitete, sog die Novembernässe und den Wind ein, die Kälte wehte durch die hinfälligen, undichten Fenster.

Das Haus, groß genug, um darin leben und atmen zu können, übte auf mich eine merkwürdig anziehende Wirkung aus. Es war karg und ohne jeden Aufwand möbliert. Lastende schwarze Balken trugen die kaum mannshohe Decke, die in jedem Geviert eine andere Höhe, ein anderes Gefälle besaß. Die Wände, rauh und buckelig, von Strebe- und Stützbalken unterbrochen, glichen Landschaftsreliefs. Ich glaube, daß es in dem ganzen Haus nicht eine wirkliche Fläche, keine einzige Gerade und keinen rechten Winkel gab. Tür und Schwelle, Gebälk und Sims folgten dem Wuchs der Stämme, aus denen sie vor dreihundert Jahren gefügt worden waren. Vielleicht war es dieses Gewachsene, das mich anzog, das Wärme ausstrahlte, Ruhe und Geborgenheit, auch dann, wenn sich nachts der Sturm heulend in den offenen Kamin stürzte und sich dort einnistete und der Regen auf die offene Herdstelle schlug.

Meine täglichen Spaziergänge dienten ausschließlich dem Vertreiben der Müdigkeit und Nervosität, die die Arbeit am Manuskript mit sich brachte. Je länger ich daran saß, um so größer wurde die Hoffnungslosigkeit. Die Möglichkeiten, die in jedem Kapitel, in jedem Absatz und Satz, in jedem Wort steckten, spürte ich so tief, daß mir die augenblickliche Unfähigkeit, alles anders und besser zu machen, immer deutlicher wurde. Es kann sein, daß dieser Zustand mich für neue Erlebnisse öffnete, die innere Bereitschaft schuf, meine Umgebung zu entdecken.

Nur ein Tag meines ersten Aufenthaltes auf Rügen, eine Stunde, ist mir in wacher Erinnerung: der Weg durch das Dorf, über die nassen, von kleinen Regenseen spiegelnden Wiesen, der Eintritt in den dunklen, triefenden Wald der Goor.

Schlangenglatte Stämmchen, Birken, leuchtendweiß, und Tannen, deren Zweige schwer zur Erde hängen, Buchenstämme, glatt, silbrigglänzend wie die Haut von Delphinen.

Ich stehe, wenige Meter über dem Bodden, dessen Wellen schaumig, gelbockergrün, vom Sturm gepeitscht gegen das Ufer schlagen; ich stehe, gezerrt vom Sturm, über dem Gischt der Brandung. Der Regen schlägt mir ins Gesicht, und aus den tief dahinfegenden Wolken stoßen Keile schreiender Schwäne. Am Horizont schwimmen auf Wellenkämmen die Teile einer Insel, steigen auf und versinken, nebelzerteilt, vervielfacht zu einer Gruppe drohender Rücken.

In den folgenden Monaten entstehen über diese Stunde eine Zeichnung mit der Aufschrift »Vielleicht war das bei den Inseln« und ein Gedicht, das mit der Zeile endet: Tränen und Regen.

Vilmnitz, 4. Dezember 1970
Seit sechs Tagen bin ich wieder, zum zweiten Male, in Vilmnitz. Beim Betreten des Hauses empfand ich alles neu und heftig und daß mich hier nicht, wie es bei Wiederbegegnungen so oft der Fall ist, bläßliche, abgeschwächte Wiederholungen meines ersten Aufenthaltes erwarteten. Nur mit Scheu suche ich Orte auf, die in meiner Erinnerung zu einem feststehenden, nicht mehr zu korrigierenden Bild geworden sind, es sei denn mit dem Wunsche, es zu löschen.

Wieder bin ich gefangen von der eigentümlichen Atmosphäre des Hauses, dessen Schwelle, einen Grabstein, man nicht übertritt, ohne an die Vergangenheit, an Vergänglichkeit und Tod erinnert zu werden. Nicht daß diese Mahnung mich betroffen macht; ich lebe bewußt, fühle mich heiter und entspannt hier, vielleicht ein wenig mehr eingebunden in vergangene und vergehende Zeit, in Zeit als ein größeres Maß, als ich es in der Stadt, wo sie mehr die Zeit des Uhrenzeigers ist, empfinde.

Schon Mitte Mai und, im Anschluß an einen anstrengenden Arbeitssommer, noch einmal im September war ich für je zehn Tage in Göhren. Der Zufall bestimmte auch dieses Mal den Ort und das Haus; den Raum in einer Seebadvilla, gelegen dicht über dem Meer und umgeben von einem großen, buchenbestandenen Park, der ohne eigentliche Grenze in den weiträumigen Buchenwald des Nordperds übergeht.

Zu meinem Quartier ist nicht viel zu sagen. Eine große, durch hohe Fenster lichtgetränkte Veranda und ein saalähnliches Zimmer, beherrscht von einem Barockschrank, bildeten das verfügbare Ensemble. Keine dörfliche Abgeschlossenheit und Vertrautheit, sondern Abglanz einstiger Kurbadherrlichkeit, ein Milieu, dem ich wenig Geschmack abgewinnen kann. Ich lebte am Rande der Urlaubsbetriebsamkeit. In Gummistiefeln und Fahrradmantel stapfte ich durch den Ort und glich mehr einem Einheimischen, der zur Arbeit geht, als einem Badegast. Und wenn ich heute über die beiden Aufenthalte in Göhren zu schreiben versuche, dann überdecken sie sich in meiner Erinnerung, so daß ich sie, bis auf einige entscheidende Eindrücke, zeitlich nicht voneinander trennen kann.

Im Frühjahr wie im Herbst war ich durch die Belastungen der Arbeit, durch innere Unruhe ziemlich erschöpft. Dazu kam der mißglückte Versuch, meine Schlaflosigkeit zu überwinden, und so mußten meine psychischen Reaktionen einen weiten Pendelschlag, von der Euphorie bis zur Depression, haben. Auch das ist nur deshalb erwähnenswert, weil dieser Zustand durchaus nicht nur negative Seiten hat, sondern in ihm, erfahrungsgemäß, die Keime neuer Produktivität wachsen.

Neben mir liegt ein kleines Notizbuch mit Landschaftsskizzen. Da es das Zusammenhängendste ist, was ich besitze, denn ich habe selten, ausgenommen in Tunesien, vor der Natur skizziert, nehme ich an, daß sich schon damals ein Interesse an der Landschaft Rügens bemerkbar machte. Sicher ist, daß die Notizen eine Verwandtschaft zu meinen großen Eindrücken im Süden aufweisen, daß sie die nordisch-gezügelten Bilder des Wachstums darstellen: von Sträuchern, Bäumen und Wurzeln; von den in ständiger Umformung begriffenen Schluchten und Küsten, den niedergebrochenen Stämmen, die noch im Sturz nichts von ihrer Zähigkeit aufgegeben haben.

Ich müßte das Skizzenbuch nicht aufschlagen, um mich an die ersten Tage in Göhren zu erinnern. Es bleibt mir unvergessen, mit welchen Empfindungen des Glücks ich das späte Erwachen des Frühlings genoß. Zwei oder drei Vormittage lag ich auf dem Wiesenberg, geschützt vor dem Wind durch niedriges Dorngesträuch und halbhohe Bäume, und staunte in die Landschaft, betrachtete stundenlang die See, ihr Spiegeln in der Sonne, ihr Blau, das der Abdruck des Himmels war, ihr perlmuttenes Schillern zwischen den Ästen, an denen von Blick zu Blick das durchscheinende Grün der Blätter sichtbarer hervortrieb.

Die erste Skizze in meinem Heftchen zeigt den Blick auf den Bodden, trägt den Text: Göhren, sonntags in der Sonne. Und einige Seiten weiter finde ich die Skizze (von derselben Stelle gesehen, aber den Blick zur See gewendet), nach welcher eine der ersten großformatigen Rügenlandschaften in Berlin entstand, die Zeichnung »Ein ganz lichter Maitag«, aus dem Gefühl dieser Tage gewachsen, in der ich den Versuch wagte, das Licht der See, das Licht des Grüns, das Licht der Luft für mich heraufzubeschwören; den Versuch, die Einheit von Stofflichem und Unstofflichem zu zeichnen.

Für einen Außenstehenden kann mein Erlebnis bedeutungslos sein, er befragt das Ergebnis, zu Recht, aber für mich ist das eine vom anderen abhängig, weil Erlebtes für mich Gelebtes ist; wichtig, vergangen, doch nicht ohne Spur.

Nach den ersten Sonnentagen bezog sich der Himmel; dicker, milchiger Nebel senkte sich auf die Insel. Dünner Regen fiel aus den Schwaden. Die Spaziergänge wurden beschwerlich, die Lungen pumpten sich voll Feuchtigkeit, so daß jeder Atemzug zur Anstrengung wurde. An einem dieser Tage fuhr ich nach Vilmnitz.

Aus irgendeinem mir nicht mehr gegenwärtigen Grunde fuhr ich nicht bis ins Dorf, sondern parkte am Ortseingang und ging das letzte Stück über den Kirchberg zu Fuß.

Der Nebel verlor seine Dichte und hing als ein leichter, wehender Schleier vom Himmel.

Das Haus am Fuße des Kirchhügels lag vereinsamt, klein, dem Verfall preisgegeben. Die grob zusammengezimmerten Läden hingen schwer und fremd vor den niedrigen, bröckeligen Lehmwänden. Sie verwehrten den Blick in die Räume, die ich bewohnt hatte. Obwohl das Haus und die Straße und die Schule trister schienen als in meiner

Erinnerung, spürte ich den Wunsch, hierher zurückzukehren. Ich ging denselben Weg zurück, den ich gekommen war. Vorbei an der Kirche, deren spitzer Turm diesen Teil der Insel überragt. Am Friedhof, der sich bis zur Straße erstreckt, blieb ich stehen. Zwischen Tannen, zerzaustem Wacholder, Kastanien und jungem, aufsprießendem Buschholz standen Marmorkreuze, grau wie das Licht und der Nebel.

Ich versuchte zu zeichnen, aber es mißlang, ging weiter, und als ich mich nochmals umwandte, um zu sehen, ob ich nicht eine günstigere Stelle finden könne, lag der Friedhof breit vor mir; Kreuze und Steine, hinfällig, verfallen, grau und linear, und ich dachte den Namen: Caspar David Friedrich.

Es war das erste Mal, daß mir dieser Name im Zusammenhang mit der Insel auftauchte.

Erst lange nach meinem zweiten Göhrenaufenthalt erfuhr ich von den Wanderungen Friedrichs auf Rügen, sah ich einen Teil der Zeichnungen und Studien dieser Zeit, und ich muß gestehen, daß ich mich vorher nie gefragt habe, wo die Vorbilder seiner Seeblicke und Hünengräber gelegen haben mochten.

Der Bildhauer Henkel hatte vor Jahren die Feuersteinfelder am kleinen Jasmunder Bodden entdeckt und fotografiert. Die Eigenart dieser Landschaft war mir im Gedächtnis geblieben. Und als sich wenige Tage vor meiner Abreise das Wetter endlich besserte, die Sonne, wenn auch immer nur für Minuten, durch die Wolken brach, beschloß ich, dorthin zu fahren.

Noch heute, nach über einem halben Jahr, fällt es mir schwer, über diesen Tag, den ich auf den Feuersteinfeldern zubrachte, nüchtern zu schreiben. Der Gefahr der Übertreibung und Überbewertung könnte ich entgehen, indem ich sachlich feststellte, daß ich in den wenigen Stunden fünfzehn Skizzen anfertigte und es von keinem anderen Ort eine solche Anzahl gibt. Aber dann würde ich mich der Unterschlagung schuldig machen. Der Schuld des Vergessens gegenüber der Sonne, die an diesem Tag unangefochten von Wolken und Trübungen herrschte und mich sommerlich wärmte, gegenüber dem Himmel, der sich in mittelmeerischer Bläue über mir spannte und tiefe Heiterkeit in mir auslöste, gegenüber den weißgrauen, vielgestaltigen Steinen, die meinen Schritt in seltsames Klirren und Klingen verwandelten; gegenüber dem schwermütigen Grün des Wacholders, der als schmaler Finger, als Säulenbündel, als Block, als frühzeitlicher Monolith, als Dolmen aus dem Steinbett strebte und vor dessen geschlossener Dunkelheit das beinerne Weiß gestürzter und entrindeter, verknoteter, verknorpelter, mit aufstehenden Astarmen und Asthänden verschlungener Kiefern bleckte; gegenüber jenen von mir nicht bestimmbaren Bäumen, aus deren fahlen, faserigen Stämmen ein staubiggrüner Filz trieb, den Birkenstämmchen, den Wildrosenbüschen und nicht zuletzt gegenüber dem Raum, der greifbaren Weite zwischen den Gruppen, den Durchblicken, den Schatten.

Erstaunlich, daß Friedrich, dessen um den Jasmunder Bodden entstandene Zeichnungen seine Nähe belegen, dieses eigentümliche Rudiment vorzeitlicher Entstehung nicht fand.

In Göhren lag die Landschaft, die ich zeichnen wollte, direkt vor der Tür. Zu jeder Stunde, am Morgen, am Mittag, in der Dämmerung und in der Nacht, konnte ich nahezu alle Motive während eines Spazierganges erreichen. Meist ging ich durch die Schlucht, die unmittelbar am Haus begann und in einem tiefen, immer feuchten Riß das steile Ufer durchschnitt, aus deren Flanken die Wurzeln der Buchen hingen, deren Kronen die Schlucht gegen den Himmel verschlossen; ging hinunter zum Strand und wandte mich entlang der gelben, steilen Küste in Richtung Nordperd. Oft auch, vor allem im Regen, nahm ich den Weg auf dem hohen Ufer und konnte so, von den Buchen leidlich geschützt, die stürzende, bröckelnde Küste, die in ihrer Form Ähnlichkeit mit Stubbenkammer besitzt, zeichnen. Neben Schlucht und Küste und dem am Badehaus gelegenen Buchenberg zog mich vor allem die Boddenseite dieser Inselzunge an, jene sanften, weichen Grashügel über der weit geöffneten Bucht, von deren Höhe nachts die Lichter von Greifswald und das Feuer der Erdölbohrung bei Usedom zu sehen waren.

Im Mai und auch im September dehnte ich meine Spaziergänge an diesem Strand bis zum Lobber Ort aus, wo die Bucht endet. Dieser Brechpunkt, ein mäßig hohes Ufer, von Nestlöchern der Schwalben durchbohrt und überwuchert von rußigem, schieferfarbenem Dorngestrüpp, ist eingefaßt, abgeschirmt gegen die Brandung von einer Wand aus zerschossenem und vom Rost zerfressenem Stahl, hinter der Brackwasser stinkt und die Steine daliegen wie Gefangene.

Ende Oktober zeigte ich in Berlin dem Dichter Franz Fühmann Zeichnungen über Tunesien und schloß mit der Bemerkung, daß dieses Thema erschöpft sei, die Schubläden. Auf seine Frage, was ich außer Akten in Zukunft zeichnen wolle, antwortete ich – die ersten Rügenlandschaften lagen bereits im obersten Fach – voreilig und ohne Überlegung: eine Hommage à Friedrich. Seitdem halte ich halb im Scherz, halb im Ernst an dieser Formulierung fest, obwohl mir bewußt ist, daß ich diese Antwort leichtfertig gab und daß, sollten meine Zeichnungen sich als eine »Hommage« herausstellen, sie sehr begrenzt, auf Rügen bezogen, sich zu seinem Werke verhält.

Vilmnitz, 5. Dezember 1970
Regen und Sturm sind die ständigen Begleiter meiner Wanderungen. Die Umgebung, soweit sie zu Fuß erreicht werden kann, ist durchstreift. Langsam füllt sich das kleine Notizbuch mit Gedächtnisstützen, den Linien der sanften Schwingungen der Hügel, der gepflügten Äcker, die durchsetzt sind von Strauchgruppen und Bauminseln. Nicht notierbar mit dem Blei ist der Geruch nasser Wiesen, die sich vom Dorf bis hinunter zum Bodden ziehen. Das satte, schwere Braun der Felder, der lichte Ocker des Rohrs, das Schwarzgrün der Weiden. Der Glanz von frisch geschmolzenem Zinn auf Tümpeln und Gräben in den Niederungen.

Im vergangenen Jahr wurden nicht weit von Vilmnitz, bei Nadelitz, Hünenbetten ausgegraben, und sie waren das einzige Ziel, das ich aus einer Mischung von Neugier und Achtung gegenüber Caspar David Friedrich aufsuchte.

Wieder rann unaufhörlich der Regen; unter dem Schuh klitschte und platschte der Schlamm, und es gab keinen Weg, der nicht in einen Bach verwandelt, kein Feld, das nicht im Morast versunken war.

Trotz meiner Zuneigung zu Friedrich konnte ich seine Begeisterung für diese Stätten nicht nachvollziehen. Etwas mir tief Fremdes, Orthodoxes und, es ist gewiß unrecht, wenn ich das sage, Theatralisches erwartete mich: Gräber, die auf mich wie eine Bühnendekoration für büffelhornbehelmte, mit Holzschwertern und Pappschilden fuchtelnde Schausteller wirkten. Später, in Silvitz, gelang es mir, ein Hünengrab, das sich ohne hergestellte Bedeutsamkeit der Landschaft einfügte, als eine geordnete Übereinanderlagerung von Granitblöcken zu sehen, und da mich die Kraft und der Charakter von Steinen und Felsen immer fasziniert haben, so gelangen mir dort ein paar Skizzen. Der Deckstein bildete zusammen mit den Trage- oder Stützsteinen einen mächtigen Echsenkopf.

Obwohl ich beabsichtigte, die bekannten Motive Friedrichs zu meiden – denn ich wollte keinen Augenblick lang seine Vorwürfe bearbeiten oder unbedingt anders darstellen, und wenn das Wort »Hommage« gefallen ist, so einzig und allein deshalb, weil mich die Atmosphäre, die Landschaft, der Himmel, die Eigenart der Insel an ihn erinnerten –, überredete mich heute ein Himmel von seltenem, gläsernem Blau zu einer Fahrt nach Stubbenkammer.

Ohne die Aussichtsplätze aufzusuchen, stieg ich den in Serpentinen zum Ufer gleitenden Weg hinab. Wieder übten die Buchen dieser großen offenen Schlucht durch ihren bizarren und grotesken Wuchs, ihre Formanspielungen auf den menschlichen Körper einen unwiderstehlichen Reiz auf mich aus. Nur der Gedanke, daß ich vom Ufer beides, die Kreidefelsen und die Bäume, in den Blick bekäme, hielt mich davon ab, während des ganzen Tages ausschließlich die Einblicke in gestürzte Baumkronen zu zeichnen, die aufgetriebenen Stämme, gesprengten und aufreißenden Rinden, die Schwellungen und Narben und die schweren, fetten Wurzeln, die wie Schlangen über die Böschungen kriechen oder, von Erdrutschen bloßgelegt, wie Bärte über den Abgründen hängen.

Der Versuch, die Kreidefelsen zu skizzieren, erwies sich vorerst als wenig ergiebig. Vielleicht lag das daran, daß ich diese Küste nicht unvoreingenommen sehen konnte. Ich stand vor einer Absonderlichkeit, einer Postkartenattraktion.

Erst als ich mein Büchlein in die Tasche gesteckt hatte und nun frei, ohne Aufgabe, über das Geröllufer stolperte, mich nach Schwammsteinen und Donnerkeilen bückte, wurde meine Aufmerksamkeit geweckt. Die Kreidewände, die kränklich weißen, grünlich geäderten und gesprenkelten Nadeln und Zinnen traten hinter einem nach mehreren Seiten stürzenden, niederbrechenden Gehölz zurück, wurden zweitrangig, Hintergrund, als Teil unter Teilen eines Ganzen verständlich, wobei in mir das preisgegebene, zum Sterben verurteilte Wäldchen, diese klaffende Wunde aus Stämmchen und zerfallenden Wurzelballen, die wesentlich stärkeren Empfindungen wachrief.

Die Sonne, die im Dezember in einem sehr flachen Bogen aufsteigt und rasch von ihrer geringen Höhe sinkt, übergoß, als ich Stubbenkammer verließ, die Insel mit einem geradezu stofflichen, orangenen Licht. Die Hügel wölbten und spannten sich in ihrem Streiflicht, die weiten, ungeteilten Felder ruhten im satten sinnlichen Grün zwischen Meer und Bodden, zwischen Wald und umgebrochenen Äckern, denen der Pflug eine kräftige Zeichnung eingegraben hatte.

Es entstanden riesige Kammzüge und Gravuren, Strahlenperspektiven, unendlich tiefe Staffelungen feiner, schattendunkler Gräben. Linienbündel, die endlich in der Ferne in einem hochragenden Baum endeten und aufstiegen und sich im Gezweig auflösten.

Während im Westen, über dem Großen Jasmunder Bodden, die Sonne in einem violetten Wolkensaum ertrank, leuchtete über mir der Himmel im hellsten, lichttrunkenen Blau, einem entrückten, kühlen Blau, feinlasiert, wie auf den Bildern Friedrichs, der diesen Himmel, dessen Höhe und Stille von einer schmalen, brüchigen Basis Erde getragen wurde, zu seinem großen Gegenstand zu machen verstanden hatte.

Am 17. Juni 1801 zeichnete Friedrich, von Lauterbach kommend, die »Kirche von Vilmnitz mit der weiteren Umgebung« und am Tage darauf, vom Hochufer Göhren, das Südperd. Leider habe ich noch immer nicht die Reproduktion der Vilmnitzer Zeichnung – das Original liegt in Washington –, auf die ich besonders neugierig bin, zu sehen bekommen. Mein Interesse ist leicht zu verstehen; denn so zufällig ich hierher verschlagen wurde, so wenig zufällig ist, daß mir gerade in Vilmnitz die Erinnerung an ihn aufstieg. Das gleiche gilt wohl für Göhren, wo das Perd, das Steilufer, zu meinen ersten Studienobjekten gehörte.

Es bleibt ungeklärt, ob eine unbewußt aufgenommene Bildwelt, ein Wiedererkennen, den Antrieb zur eigenen Arbeit hervorbrachte oder, was mir zutreffender erscheint, daß es eine ähnliche, wenn nicht identische Grundstimmung bei mir, mag sie auch latent sein, gibt. Ihre Elemente sind: die Faszination, welche die Betrachtung (und das Zeichnen) von Felsen und Steinen, von Bäumen und Stämmen hervorruft; die Liebe zum Meer, zum Himmel, zum Mond; Begegnungen mit der Stille; Begegnungen mit dem Ich.

Vilmnitz, 6. Dezember 1970

Caspar David Friedrich schrieb: »Ich muß mich dem hingeben, was mich umgibt, mich vereinigen mit meinen Wolken und Felsen, um das zu sein, was ich bin.«

Aus diesem Bekenntnis spricht der Wunsch nach Selbstverständnis, nach Aufgabe und Überwindung der Isolierung des Menschen gegenüber der Natur, und wenn wir bereit sind, den »Kreuz- und Gruftgedanken« der Romantik nicht überzubewerten und den positiveren Teil der romantischen Welt-Anschauung zu sehen, nämlich das aufstrebende Gefühl, die Ahnung von tieferen und tiefsten Zusammenhängen von Mensch und Umgebung, Mensch und Landschaft, Mensch und Erde, Mensch und Erde und Kosmos, dann scheint mir in ihr viel progressives, sich in unserer Zeit bestätigendes Gedankengut enthalten zu sein.

Wenn man die Worte Mensch, Erde, Kosmos niederschreibt, dann assoziieren sich Leistungen von heute, die nur erbracht und in Angriff genommen werden konnten auf der Basis eines Denkens, das den Menschen in diese Ordnung und Dimension einbezieht. Und wenn es richtig ist, unsere Umwelt in Zusammenhängen zu sehen, dann ergibt

Caspar David Friedrich »Landschaft mit Regenbogen«

Caspar David Friedrich »Wiesen bei Greifswald«

sich für denjenigen, der sie versucht darzustellen, sie mit den Mitteln der Kunst in eben diesen Zusammenhängen niederzuschreiben, eine Aufgabe, die den Aufbau und die zeichnerische Struktur auch meiner Rügenlandschaften bestimmt: der Versuch, die Vereinzelung, die additive Aufzählung der Dinge und Elemente zu überwinden und alles Sichtbare in Zusammenspiel und Abhängigkeit, in einem alles verbindenden Rhythmus zu erfassen.

Es geht dabei nicht um Vereinzelung durch übertreibende Verdinglichung, sondern um Aufhebung von Isolation.

Zeichnen, das bedeutet ja nichts anderes als den Versuch, über den Zufall in der Natur, ihre Vergänglichkeit hinauszukommen, Freiheit zu erlangen im Schöpferischen, die große Einheit und Harmonie von Ding und Stoff, Licht und Ton zu finden.

Vilmnitz, 4. November 1971
Zwei Jahre sind auf den Tag genau vergangen, seitdem ich mich nebenan im kleinen Zimmer an den Tisch setzte und mit der Arbeit am Tunesientagebuch begann. Das Manuskript liegt in Verlagsstuben, mir selbst fremd schon, Vergangenheit.

Zeit, zerronnen, durch die Hände geglitten als Wachheit, Schlaf, Arbeit und Vergessen. Zeit? Ein See oder ein Meer, fließend, strömend, ruhend, aufgebrochen von Stürmen, in Veränderung, im Wechsel des Lichts, der Farben, betrachtbar. Die Festpunkte sind zu zählen: Steine in Ufernähe, dem Standort des Rückschauenden.

Die Summe: ein paar Plastiken, Zeichnungen vom Menschen, Porträts und wieder Zeichnungen – Rügenlandschaften.

Hier der Ort der ersten Begegnung, nicht en face mehr, sondern im Profil, mit anderen Einsichten und Erfahrungen. Wieder das Haus, nur unmerklich verändert in der Einrichtung, wie damals eng und zeitmorsch. Das Vorgärtchen nun eingezäunt, ein Rasenstreifen, so groß wie ein Zimmer. Das Gras ist verdorrt, begraben unter dem Laub der Kastanien. Die Schule wie einst, verlassen und dunkel, die Fassade mattrot im Straßenglühbirnenlicht, Schatten in den gotisierenden Spitzbögen. Der Hof hinter der Gaststube hell vom Schweißbogenlicht der Neonröhre: ein Spitz steht müde hinter Kisten, Flaschenbehältern, der große, gelbgetigerte Wolfshund dehnt sich in den Flanken, ein Zittern durchflattert seinen Körper.

Der Sturm verschlingt alle Geräusche, das Scheppern der Fahrradkette, das Rattern und Holpern der Wagenräder, den Schritt, den Gruß.

Ich laufe hinaus in die Nacht, gierig nach Weite, nach Wind. An allen Orten zugleich möchte ich sein, auf der Suche nach dem Unbekannten, wonach?

Mein Arbeitsplatz liegt nicht mehr im Haus, sondern draußen an den Ufern und Stränden, den Liegeplätzen der Boote, den Häfen, auf den sanften, kahlen Hügeln. –

Stoppeln, weiß vom Reif, Felder, geeggt, Wiesen und spiegelnde Wasserlachen. Dicht hinter dem Haus die Kreuzung. Die Straße nach Göhren führt geradenwegs aus dem Ort, ich biege links ab und dann nacht rechts, vorbei an kleinen Häuslerhöfen. Dampfender Kuhmist wird aus den Ställen gekarrt; der Wind treibt mir den ätzenden Geruch vom Urin der Schweine ins Gesicht.

Vor der Post begegnet mir eine alte Bäuerin. Sie zieht den Kopf zwischen die Schultern, reibt sich die Hände, wartet, bis ich vor ihr stehe, und beginnt das sich bei jedem Aufenthalt wiederholende Gespräch. Und immer liegt Unverständnis in ihren Worten, wenn sie mich fragt, warum ich denn nur käme, wenn es so kalt ist, und nie im Sommer. Einmal, ich glaube, es war im vergangenen Jahr, hatten wir eine längere Unterhaltung. Da erzählte sie, es habe wenige Jahre nach der Jahrhundertwende in dem von mir bewohnten Haus eine Handarbeitslehrerin gewohnt, und sie habe bei ihr am Fenster sitzen müssen, zur Nachhilfe, weil sie das Nähen nicht lernen konnte. Draußen wären die Kinder den Kirchberg heruntergerodelt, und sie habe immer dorthin geguckt und dabei alles falsch gemacht.

Sechzig Jahre Zeit; ich versuche, sie mir als kleines Mädchen vorzustellen. Ein Lächeln umspielt ihren Mund, Verschämtheit aus Kindertagen?

Sechzig Jahre oder zwei, verronnen – *unmerklich tanzt die Zeit* –.

Langsam gewöhnt sich das Auge ans Dunkel, der Himmel ist hoch, von seltener Klarheit und Sternenfülle.

Vilmnitz, 14. November 1971
Zehn Tage sind seit meiner Ankunft vergangen, und ich will die wenigen Stunden bis zur Abreise zu einem letzten Bericht verwenden.

Es ist verlockend, die Einmaligkeit jedes Tages durch die Beschreibung dem Vergessen zu entreißen; denn obwohl ich, ich weiß nicht zum wievielten Male, die Wege zum Bodden, nach Lauterbach oder Freez, nach Putbus oder Nadelitz gegangen bin, auf der Straße oder querfeldein über Stoppeln, immer war da etwas Besonderes, eine Nuance zu früheren Tagen.

Noch in keinem Herbst erwartete mich hier eine so auffällige Farbigkeit wie in diesem Jahr. An den Sonnentagen erreichte die Skala der Brauntönungen der Äcker, das Orange des verblichenen Laubes (das der Birke gesteigert bis zum schrillen Gelb), das Billardtuchgrün der Wintersaat eine Sattheit und Leuchtkraft, wie sie der Sommer kaum hervorbringen kann.

Das Steinbachsche Badehaus an der Goor, breitbrüstig und säulenbewehrt, überstrahlte befremdend weiß den moosgrünen Wald, laut wie ein Schrei, der dem Ruf der kleinen, kalkigen Häuserkuben von Putbus antwortete. Sooft ich dieses Städtchen sehe, treten mir die Bilder Henri Rousseaus vor Augen, seine Häuser im Unschuldsweiß, im Schwebezustand zwischen Dekoration und Baukasten, träumerisch, unbewohnt und immer ein wenig fremd, zwischen Baumkronen, am Fuße der Hügel, an Straßen und Flüssen. Nur daß Putbus von seiner dörflichen Umgebung viel stärker ins Fragwürdige und Unwirkliche gedrängt wird. Betritt man indes das Stadtdörfchen und erlebt es sozusagen von unten, von der Straße her, so ist es nicht ohne Reiz. Die Bewohner haben sich das klassizistische Architekturmuseum hergerichtet, so gut es gehen mochte; haben ihre Läden eröffnet, Namensschilder angebracht, ein wenig die Fenster verbreitert oder anders in den Streben geteilt, pflanzten sich hübsche, im tiefen Herbst noch blühende Rosenstöcke unter die Fenster, Rosenstöcke auf gepflastertem Fußsteig, die selbst im dichtesten Einkaufsgedränge umgangen werden und einer besonderen gemeinschaftlichen Fürsorge unterstellt scheinen. Sicherlich war außer mir schon manch anderer versucht, eine der Knospen zu brechen, denn wieviel schöner ist es, eine Rose zu brechen, als einen Arm voll zu kaufen.

Der »Zirkus«, wie der leicht ansteigende, kreisrunde Platz am Ortsein- oder -ausgang von den Einheimischen genannt wird, hat sich weitgehend dem Bewohnbarmachen entzogen. Klassizistische, neogotische und aus allerlei Baustilen zusammengewürfelte Häuser umstellen den vorgeschriebenen Kreis der Planung und transportieren ihn ins Vertikale, in mehr oder weniger skurrile Fassaden. Den Geschäften ist der Zugang zum Platz gebauter und erhaltener Repräsentation versperrt.
  Schwer zu sagen, wie groß der Platz eigentlich ist. Groß genug jedenfalls, um beim Betrachter Aufmerksamkeit und Achtung zu fordern, maßstäblich durch die Teilung in tortenscheibenähnliche Segmente aus beschnittenen Hecken, Reihen von Eichen, denen Säge und Schere die Äste nicht weit vom Stamm wachsen lassen: Schneiden, kupieren, in ein gedachtes Maß zwängen bis zur grotesken Verkrüppelung, das mag Diktat sein für den Ort.
  Weshalb soll ich verhehlen, daß durch dieses Maßnehmen an der Natur auch etwas Anziehendes, Neugierigmachendes, noch nicht Entdecktes entsteht. (Eine Neugier, vergleichbar der des Arztes, der an einer Krankheit die Möglichkeiten eines Organismus entdeckt.)

Man wähnt sich hier anderswo, im Süden Europas, in Italien oder Spanien, an einem Ort, den man nicht kennt, aber von dem man aus Träumen oder Bildern weiß, daß es ihn gibt. Hinter den Häusern liegen die Felder; aber hier, auf dem Platz, wandert langsam der Schatten des Obelisken, recken sich die tausend verkrüppelten Astarme der Eichen, schimmert Fassadenschnee vor einem maßlos blauen Himmel; Vasen auf Gesimsen, Mörtelspitzengeflecht, ein Streifen Ziegelrot, Kiefernwedel, Rosen, Rosen; Autos, Traktoren, Busse, Bauern, Schauspieler, Matrosen, du, ich.

Wie oft schon gebrauchte ich das Wort Insel. Hingeschrieben, gedankenlos, mehr in Beziehung zum Namen: Insel Rügen, Insel Usedom, Insel ... Insel heißt doch nichts anderes als festumgrenzter Ort, abgeschlossen, abgesondert durch Beschaffenheit und Eigenart. Insel, jetzt geographisch: Land, umschlossen vom Meer. Und die Scheide zwischen den Elementen, Strand, Ufer, Küste, Hafen.

Inseldasein zeugt den Wunsch zum Verlassen des Festumrissenen, weckt Sehnsucht nach der Ferne und zwingt zur Fahrt über das Meer, die trotz Radar und Funk einen Rest Wagnis behält.

Insel, Meer, Hafen, das bedeutet Arbeit, Kampf um die Existenz.

Was mir in Ralswiek, Vitt, Göhren oder Lauterbach zum Erlebnis wurde, die Liegeplätze der Boote, das Werkzeug der Fischer, die Boote, Netze, Reusen, Treibanker und Seemarken sind Zeichen, Embleme eines Kampfes, der sich weit draußen abspielt.

Wenn ich den Worten der Fischer der kleinen Boote glaube, dann werden wir die letzte Generation sein, welche an den Stränden, in den kleinen Buchten jenes seltsam melancholische Bild verschlungener Reusen, trocknender Netze sieht, die, zwischen bizarren Weiden gespannt, im Wind wehen wie Witwenschleier.

Auf sanften Dünen ausgebreitete Netze, die nun auf dem Land die Rümpfe der Boote, Karren und Trassenwinden gefangenhalten. Denn, so sagen die Fischer, die Zeit ist vorbei. Die Bodden und das landnahe Meer sind ausgefischt, die Fischschwärme werden weit draußen geortet und industriell gefangen, verarbeitet und in die großen Häfen mit den Fabriken, Kühlhäusern und Gleisanschlüssen gebracht.

Einen Abend lang stand ich auf der Mole des Saßnitzer Hafens und beobachtete die Einfahrt der Logger, kurzer, gedrungener Boote mit starken, selbstsicher blubbernden Motoren. Alles lief nach dem genauen Plan eines Industrieunternehmens: Ankunft der Schiffe, Anlegen, Löschen der in Kisten sortierten Fische, Übergabe der Papiere an die Angestellten, Verhandlungen über die morgige Auslaufzeit, Scheuern der Decks. Die Besatzungen verließen im Straßenanzug die Kajüte, in ihren Netzen einen Hecht, Heringe, einen Dorsch. 18 Uhr. Die jungen Seeleute schwangen sich übermütig auf ihre Mopeds.

Wellen klatschen gegen die Flanken der vertäuten Schiffe. Schreiend kreisen Seemöwenschwärme über den Antennenmasten. Gierig und unersättlich stürzen sie sich auf die Bottiche, die bis zum Rand gefüllt sind mit abgeschlagenen Fischköpfen. In den klaffenden Fischmäulern stecken halbverschlungene Heringe. Die Möwen reißen die Beute heraus, schlingen, würgen und kreischen.

Ralswiek.

Ein Foto fällt mir in die Hand. Fischerhafen. Boot an Boot, von Mast zu Mast schwingende Netze, gefangene Sonne. Ich fahre hin, um zu zeichnen.

Der Landungssteg ist verwaist, an der Brücke liegen nur Jachten. Vor einem Schuppen flickt ein alter Fischer seinen Kescher. Eine Weile schau ich ihm zu. Das Schiffchen mit der Garnrolle schlüpft in die Maschen, suchend, wie unser Gespräch. Im Hafen faulende Schiffsrümpfe und ein einziges fangtüchtiges Boot. Das letzte.

Ich zeichne die Hütte, den Karren, die Netze; den Fischer, über den Kescher gebeugt, klein, stämmig, mit weiten Hosen, die Pudelmütze im Nacken; zeichne die Weiden hinter der Hütte, die ältesten und bizarrsten, die ich hier fand. Aufgespaltene, geborstene, mit Gängen und Höhlen, Fratzen und Drachenköpfen, mit sprossenden Trieben und dem ölbaumgleichen Laub. Der Fischer bleibt fremd inmitten seiner Umwelt, es ist eine Sperre in mir, eine Hemmung.

Es gelingt mir nicht, den Menschen so voraussetzungslos zu sehen wie den Baum oder das Haus oder den Stein, ihn einzusetzen in ein Blatt als Linie unter Linien.

Die menschliche Figur, die ja den Hauptinhalt der Arbeit des Bildhauers darstellt, gewinnt in meinen Augen sofort die Bedeutung der Skulptur; die Schwierigkeit, die menschliche Figur in die Landschaft einzubinden, ist so alt wie die Kunst der Landschaftsdarstellung.

Selbst bei den großen Meistern bleibt der Mensch oft unverbindliche Staffage, erfüllt nicht selten nur die Aufgabe des Maßstabs oder nachträglicher Sinngebung. Denn solange die Landschaft das »Zeitüberdauernde« darstellt und die Figur nur gerade hineingelaufen ist ins geschlossene Bildgefüge und spurenlos wieder verschwinden kann, wie in Friedrichs »Landschaft mit Regenbogen«, bleibt das Problem ungelöst.

Ganz anders verhält es sich, wenn die Figur oder die Gruppe zum Angelpunkt des Bildes wird, wenn sie, wie im großartigen »Mondaufgang am Meer«, der Landschaft vom Maßstab her untergeordnet bleibt, zugleich aber Bildmittelpunkt ist und dem Betrachter den Zustand des Außenstehenden aufgeben hilft – eine Lösung seltener Größe.

Ralswiek, Lietzow, Sagard, Bobbin, Altenkirchen, Putgarten, Vitt und Arkona waren die Stationen meiner Fahrten nach dem Norden der Insel. Orte, auf der Karte nachlesbar als Route, Linie zwischen Punkten und Flecken, die nichts anderes aussagt als Überwindung von Entfernungen.

Die Angabe ist ohne Aussage. In Wirklichkeit verhält es sich wie in Brechts Gedicht von der vergessenen Geliebten und der unvergessenen Wolke.

Auf Arkona war sie, die unvergessene Wolke: der Sturm, der sich nach ungehemmter Jagd über die See in die Klippen, die sanften Hügel der Jaromarsburg verbiß, der alles niederzureißen suchte, was sich von der Erde erhob; die leere Hülse des roten Turms, den struppigen Holunder, die Lichtmasten und mich –

Vitt aber, eingezwängt in den Küstenspalt, unter dem Schirm verfilzter Baumkronen, war unerreichbar für den Sturm.

In Vitt herrschte die Stille.

An einem frühen Nachmittag stand die Sonne weißgelb über dem Breeger Bodden und legte Lichtstraßen über das Wasser. In weichen Linien schieben sich braungraue Schilfzungen in die gleißende Fläche, eine Seelandschaft, die von wenigen Elementen lebt, in der die Wolke, das Boot, ein Keil fliegender Schwäne zur Bedeutsamkeit wachsen. Schilf, Wasser, Hügel und Himmel sind Bausteine der Landschaft, die ihr Leben vom Licht, der Veränderung der Wolken, den Strömungen des Wassers bezieht.

Die Sonne sank, und im Untergehen verstärkte sich ihre Glut, warf lohendes Feuer über das Wasser, stieß messingne Lanzen in die Schilfbänke und Dornenbuschhügel. Auf dem Tempelberg stehend, beobachte ich das Spiel der Veränderung; begreife das Gesetz des Lichtes und der Farben, begreife Friedrich, denn immer wieder kehrt meine Erinnerung zu seinen Bildern zurück. Unendlichkeit und Größe, die Natur zeigt das Gesetz: Dort, wo die Sonne untergegangen ist, sammelt sich alle Farbe, Zeichnung und Gestalt im Himmel, die Erde wird zur sinkenden Schattenform, in Sepia laviert, ohne Binnenzeichnung und Detail. Hebe ich aber den Blick, lasse ihn gleiten zur Höhe über mir und ihn sinken zum gegenüberliegenden Horizont, dann folge ich einer Wandlung: die Farben bleichen, werden matt, lösen sich auf im Blau, in dem Maße, in dem die Erde steigt, Farbe saugt und Plastizität gewinnt. Es ist eine Gleichung sich umkehrender Gewichte, deren Gleichheitszeichen mein Standort ist. Friedrich entschied sich, entsprechend seiner Grundstimmung, in vielen seiner Bilder für die »sinkende Erde«, für den farbsatten, hohen Himmel, der ihm das Mittel zur Darstellung der Unendlichkeit gab.

Die Stunden sind beim Schreiben meines Berichtes vergangen. Ich verlasse Vilmnitz, die Insel, mit dem Gefühl einer langen Trennung.
Vielleicht werde ich erst dann zurückkehren, wenn ich Erlebtes und Gesehenes mit dem Stift niedergeschrieben habe, wenn der Zyklus der Rügenlandschaften abgeschlossen ist. Es liegt kein sachlicher Grund vor für das Gefühl, vorerst nicht wieder zurückkehren zu können. Möglich, daß es der Erfahrung entsprang, die ich am Ufer der Goor und beim zweiten Besuch der Steinfelder machte. Von beiden Orten gibt es Zeichnungen, die aus dem Eindruck und den Studien vor der Natur entstanden sind. Das Ufer erschien mir bei der jetzigen Begegnung – genau wie die Steinfelder – seltsam ausgeraubt, die See hatte die Stubben verschleppt, die Böschungen waren verwaschen, die Wurzelbärte verfault oder verschnitten, alles war schwächer, reizloser und kleiner geworden. Es gab kaum noch Identität mit den Bildern, mit der Vorstellung, die ich in mir trug.
Zurückzukehren wäre erst dann sinnvoll, wenn die Zeit die Vorstellungen gelöscht, wenn die Begegnung die Kraft der Wiederentdeckung hat.

WIELAND FÖRSTER

Vilmnitzer Elegie

Haus
sieben Generationen gezeugt
gestorben unter dem Dach
aus Stroh
rauchschwarze Balken bedrängen die Stirn
im Kamin nistet
Nacht
hinter schorfigen Mauern
erzeuge ich Schweigen
tilge Lettern aus Manuskripten
lebe von Träumen
    Weib das Säule im Mittag
    schattenlos ist
    gegenwärtig durch Nelkengeruch
    und die perlmuttenen Muscheln
    der Impfnarben
    auf Armen und Schenkel.

Schwelle
die Inschrift zeitverschliffen
ein Grabstein
    Agneta Christina P.
    verstorben am Tage der Hochzeit
    wann?

Himmel
von kreischenden Schwänen chiffriert
die Ufer Steine
Steine
    Piedestale für Statuen
    Frauen denen der Herbst
    laubfarbene Milde leiht
    Tau auf dem Antlitz
    Tränen und Regen.

Göhren

    Mein Bett
    es steht
    inselgleich
    umgeben von Meeren
    inmitten
    mondscheinrindiger Buchen
    ich ruhe
    verströmte Brandung
    glatthäutig
    neben dir
    und dir Meer.

Konrad Schmidt

Emanzipation im Land der Mönche

Das Heimatmuseum in Göhren ist für jeden, der sich über die Besonderheiten des Mönchgut in der Vergangenheit informieren möchte, eine echte Schatzkammer. Eines vermißte ich allerdings unter dem Rohrdach in der Göhrener Ortsmitte: die Darstellung des hohen Grades an Emanzipation, den die Mönchguter Frauen bereits in früheren Jahrhunderten erreicht hatten.

Die meisten älteren Rügen-Chronisten vermerken dieses Phänomen jedoch verblüfft und verhehlen dabei auch nicht ihren Respekt. So schrieb Rellstab 1797 in seiner »Ausflucht nach der Insel Rügen«: »Daß Bauerweiber fahren, sieht man in der Mark auch wohl, aber hier reiten sie. Das Weib sitzt auf dem Sattelpferde und regiert ihren Vorspann, und die Mädchen reiten mit den Buben ohne Sattel um die Wette, springen auf und ab von den Pferden, als ob sie voltigieren können ...«

Erstaunt wurde vor allem registriert, wie einfach und unkompliziert sich im Mönchgut die Beziehungen zwischen den Geschlechtern »regelten«:

»Einer der seltensten Gebräuche allhier ist die Art, wie die Freiwerberei betrieben wird.

Jedes Dorf hat seine Anzahl Gehöfte. Niemand darf heiraten, der nicht ein eignes Gehöfte hat. Nun fällt hin und wieder eines an einen weiblichen Erben. Diese Erbin kann nun so gut werben wie ein Erbe, und dies heißt hier nach der Kunstsprache: *Jagen*. Auf folgende Art bewerkstelligt sie diese Jagd. Die Heiratslustige sucht sich unter den unverheirateten Mannspersonen eine aus, die sie zum glücklichen Besitzer ihrer Person und ihrer Güter machen will, und schickt alsdann bei Nacht und Nebel Freiwerber aus.«

Johann Jacob Grümbke ergänzte 1819 den Bericht seines Vorgängers Rellstab noch in einigen Punkten: »Wird die gedachte Ansprache für das Frauenzimmer durch einen Freiwerber gemacht, so ist der eigentlich übliche und gewöhnliche Ausdruck dieser: Se stellt na N.N. ut (Sie stellt nach N.N. aus). Ein Abschlag ist indessen keineswegs beleidigend und entehrend oder von anderer nachteiliger Wirkung, nur pflegt man, wenn der Heiratsantrag von mehreren zurückgewiesen wurde, wohl spottweise zu sagen: der oder die macht auch lange Jagd, oder: sie jagt das ganze Land durch... Übrigens ist noch zu bemerken, daß junge Dirnen, als Erbinnen eines Bauerngehöfts oder eines eigentümlichen Fischerkatens, seltener Körbe davontragen als Witwer und Witwen mit mehreren Kindern. Die heiratslustigen Mädchen wählen auch mehrenteils solche jungen Burschen, die ihnen schon länger gefielen oder ihnen Beweise der Zuneigung gaben...«

Alle Chronisten, so auch der »Reisegesellschafter« von 1823 bestätigen übrigens die guten Auswirkungen solchen freizügigen Werbens: »Dieser Sitte mag es denn auch wohl zuzuschreiben sein, daß die Eheleute auf Mönchgut sehr einig und verträglich miteinander leben. Nie hat man von Ehescheidungen oder nur von Beschwerden über ungebührliche Behandlung des einen oder des andern Teils gehört. Überhaupt lebt dies Völkchen unter sich ziemlich friedfertig.«

Da sieht man, was Gleichberechtigung alles bewirken kann! Dies hatte ich schon vor über zehn Jahren festgestellt und dann gefragt, ob sich von solchen für die damaligen Verhältnisse doch recht progressiven Bräuchen nicht wenigstens Reste in der Gegenwart erhalten hätten. Die Antwort war: Leider nein. Die Mädchen auf Mönchgut saßen beim feiertäglichen Tanzvergnügen, wie in anderen Dörfern Rügens und der Republik auch, brav an ihren Tischen und warteten geduldig, bis sich irgendein junger Bursche aufraffte und sie zum Tanz holte. Allein bei den gelegentlichen, zur allgemeinen Erheiterung eingeschobenen Damenwahl-Runden wagten sie es verschämt, sich ein Recht herauszunehmen, das für ihre Urgroßmütter bereits eine jahrhundertealte Tradition war: sie suchten sich einen Partner, der ihnen gefiel.

Bei meinen erneuten Recherchen wollte ich mich diesem Problem etwas gründlicher widmen, wollte ich untersuchen, wie heute, nachdem die Gleichberechtigung immerhin schon länger als dreißig Jahre durch die Verfassung garantiert ist, die Mönchguter Frauen ihre Rechte wahrnehmen und nutzen. Dabei erfuhr ich: zwei Dörfer des Mönchgut werden von Bürgermeisterinnen regiert! Na, wenn das nichts ist, dachte ich, und begann schon an Sätzen zu basteln wie: Einst erjagten sie sich ihre Männer, heute sitzen sie ihnen im Rate vor... Oder: Einst haben sie sich einen Mann erwählt, heut werden sie ins Amt gewählt.

Einer der beiden weiblich regierten Orte ist Thiessow. Erwartungsvoll klopfe ich beim Rat der Gemeinde an. Und wurde empfangen von einer charmanten, selbstbewußt wirkenden jungen Frau: Gisela Lemke, Bürgermeisterin.

Ich erklärte mein Anliegen und erzählte von den Bräuchen des Jagens und der Freiwerberei. Als ich dann fragte, ob es heute hier vielleicht etwas Vergleichbares gäbe – lächelte Gisela Lemke spitzbübisch: Nun ja, sie fände diese Bräuche ja auch ganz amüsant. Gehört habe sie davon aber noch nichts. Das läge sicher daran, daß sie erst zwei Jahre hier sei, seit 1979...

Mir kam eine schlimme Ahnung, und – sie wurde bestätigt: Gisela Lemke ist keine Mönchguterin! Sie kommt aus Born auf dem Darß, war dort Futtermeisterin bei der LPG, hat einen Mann, der jetzt als Schlosser auf der Werft in Gager arbeitet, und zwei Kinder. »Hierher delegiert wurde ich von meiner Partei, der CDU. In fünfjährigem Fernstudium erwerbe ich gerade die Qualifikation, die für eine solche Funktion eigentlich erforderlich ist. Ganz einfach ist es nicht, allen Anforderungen immer gerecht zu werden...«

Meinen Respekt für diese Frau. Aber leider... Resignierend klappte ich mein Notizbuch zu und entschuldigte mich. Die Kollegin Bürgermeisterin möge bitte Verständnis haben. Aber als »Zugereiste« könne sie mir leider nicht als Beispiel für eine emanzipierte echte Mönchguterin dienen.

Die Frau Bürgermeister verstand – und wünschte mir für meine weiteren Bemühungen viel Glück. Ich hätte es nötig gehabt, an diesem Tag.

Nächste Station meiner Suche: das Doppeldorf Gager/Groß Zicker. Vor zehn Jahren hatte ich dort die Hechtbrutanlage der FPG besucht, das Geburtshaus vieler Tausender Hechtbabys, die später, nachdem sie in Glastuben erbrütet waren, als drei bis fünf Zentimeter »große« Hechtkinder in den Schilfgürteln der Boddengewässer ausgesetzt wurden. Auch eine »Hechthochzeit« hatte ich hier erlebt, die ganz unromantisch und freudlos in einer Plasteschüssel stattfand. Von der Braut abgestrichener Laich und vom Bräutigam abgestrichene Milch wurden mittels einer Gänsefeder von Menschenhand gut durchgerührt. Damit war die »Hochzeitsnacht« beendet, die Befruchtung erledigt.

Das Dorf Gager selbst hatte ich allerdings in weniger guter Erinnerung. Als ungepflegt und dreckig, als ein Dorf ohne Gesicht. Die einzige Kneipe war eine baufällige Baracke inmitten einer aus Kriegszeiten übriggebliebenen Barackensiedlung, die Dorf-»Straße« ein Ensemble aus Feldsteinhuckeln, Sandkuhlen und Schlammlöchern. Kein Ort also, der gereizt hätte, hier einmal seinen Urlaub zu verbringen.

Als ich diesmal durch Gager fuhr, das Gemeindebüro suchend, hätte ich vor Verblüffung fast eine Straßenlaterne gerammt: Die Dorfstraße – befestigt! Und von modernen Leuchten gesäumt! Vorm Campingplatz ein neues rohrgedecktes Verwaltungsgebäude. Die Barackensiedlung – verschwunden, ersetzt durch schmucke massive Reihenhäuser inmitten gepflegter Gärten, Grünanlagen und Rosenrabatten. Die alten Fischerhäuser – frisch geweißt, die Zäune gestrichen. Und die Kneipe? Die werden wir noch näher kennenlernen.

Bevor ich mein Auto parken konnte, hatte ich erkannt: Kein rügensches Dorf hat sich im vergangenen Jahrzehnt so zu seinem Vorteil verändert wie Gager!

Ob dies etwas mit der neuen Bürgermeisterin zu tun hatte?

Als ich auf einem geharkten Weg durch eine Anlage mit kurzgeschnittenem Rasen, Rosenbeeten und Zierbüschen zu dem – selbstverständlich neuen – Gebäude des Rates der Gemeinde hochging, war ich jedenfalls stark in der Hoffnung: hier wirst du genug Material finden für die geplante Laudatio auf eine moderne, emanzipierte Mönchguterin!

Doch schon der Tonfall, in dem die Bürgermeisterin meinen Gruß erwiderte – zerstörte diese Hoffnung. Der klang unüberhörbar nach südlicheren Landstrichen, nach einer Gegend etwa zwischen Anhalt und Sachsen.

Was nun? Weitersuchen? Eine dritte Bürgermeisterin gab's auf Mönchgut nicht! Also das Handtuch werfen? ... Da ich nun einmal hier war, könnte ich vielleicht versuchen, die Ursachen für den augenscheinlichen Wandel Gagers aufzuspüren?

Eine Viertelstunde später saß ich mit den beiden Initiatoren dieser »Wandlung« bei einer Tasse Kaffee zusammen, mit der Bürgermeisterin Genossin Gerda Jährling und ihrem Mann Horst, dem Parteisekretär und Vorsitzenden der Nationalen Front.

Wir saßen an der gleichen Stelle, wo mir vor zehn Jahren der Kaffee nicht geschmeckt hatte: Diesmal schmeckte er mir, denn aus der vergammelten »Bruchbude« war ein gemütliches, stilvoll eingerichtetes Restaurant geworden, das jedem erstklassigen Kurort Ehre machen würde; eine moderne Theke mit Kühltruhen, bunte Polstermöbel, kunstvoll gestaltete Türen, Blumenvitrinen, eine Wand als rustikale Backsteinmauer, die anderen geschmückt mit Keramikreliefs; nebenan ein großer Saal mit glänzendem Parkett.

Horst Jährling weist rundum und erklärt stolz: »Alles aus eigener Kraft geschaffen, außerplanmäßig, ... mit einem Gesamtwert von mehr als dreihundertsechzigtausend ...«

Bevor wir uns in Details verlieren, möchte ich gern wissen, wie und warum es die beiden ausgerechnet hierher verschlagen hat. Die Antwort ist kurz: Durch eine Annonce im ND!

Da vakante Bürgermeisterstellen im allgemeinen nicht im SED-Zentralorgan feilgeboten werden, muß ich mir das genau erklären lassen.

Gerda und Horst Jährling stammen aus dem Geiseltal, einer Kaderschmiede der revolutionären Arbeiterbewegung. Horsts Vater war dort ein geachteter Kommunist, organisierte den Klassenkampf und später den Widerstand gegen die Nazis. Die Konsequenz: Einkerkerung und jahrelanges Leiden im KZ. Nach 1945 trat der Sohn in des Vaters Fußstapfen, wurde Genosse, Funktionär, zum Studium delegiert und schließlich in der SED-Bezirksleitung Gera eingesetzt. Und dort traf ihn zu Beginn der siebziger Jahre die Berufskrankheit vieler rastloser, von ihren Aufgaben besessener Funktionäre: Herzinfarkt! Nach dem zweiten zogen die Ärzte hart die Notbremse. Sie schrieben Horst Jährling invalid und rieten dringend zu einer Luftveränderung: Wohnsitz so nördlich wie möglich, am besten wäre Ostseeluft.

Die Damen bitte in den Vordergrund ...

Für die Jährlings war das eine bittere Nachricht. Sie bedeutete: herausgerissen zu werden aus einer Umgebung, in der man jahrzehntelang gewirkt hatte, wo die Kinder wohnten, die Freunde und Genossen, wo man bekannt war. Doch das Wort der Ärzte war wie ein Parteibeschluß; da gab's kein Hadern und kein Feilschen. Und so begann man sich umzuschauen nach einem neuen Heim, nach neuer Arbeit für die Frau. Und da lasen die Jährlings – wirklich und wahrhaftig im »Neuen Deutschland« – diese Anzeige: »Suchen Wohnung in einer Stadt. Bieten $2^{1}/_{2}$-Zimmer-Wohnung in Gager auf Mönchgut«.

Ob das was wäre? Auf jeden Fall wurde nach Gager geschrieben. Es kam Antwort. Im zeitigen Frühjahr 1973 fuhren die Jährlings dann zum ersten Mal von Gera nach Gager. Es war ein trüber regnerischer Tag. Gager zeigte sich im schlechtesten Licht. Trotzdem ... Horst Jährling war sofort begeistert: Hier werd' ich meine Ruhe finden, hier gibts keinen Industriedreck, hier ist die Luft ein Labsal für meine Lunge ... Die Frau aber reagierte entsetzt. »Mann, wo willst Du mich denn hier hinverpflanzen, in dieses öde Nest?!« Von einem Spaziergang durch das Dorf kam sie völlig verheult zurück ... Allein die

Sorge um die Gesundheit des Mannes bewog Gerda Jährling zum Einlenken.

Nun fehlte nur noch die Genehmigung des Rates. Bürgermeister war damals Genosse Wilhelm Schult, ein alter kantiger Mönchguter. Er hörte sich knurrend Horst Jährlings Bitte an und fragte dann nach dessen Beruf. »So, Former büst? Und jetzt Parteiarbeiter? Ick bün ook Former. Dann kannst herziehen! Aber wennst herziehst, bekümmst glick een poor Posten up. Parteisekretär und Nationale Front ...« Und zu Gerda Jährling: »Und Du, Schwarze, Du würst bi mi Sekretärin! Ook klar!«

Nach diesem bürgermeisterlichen Segen konnten die Möbelwagen bestellt werden. Umzug im Herbst.

Gerdas Kaderakte jedoch war vor ihr auf Rügen eingetroffen. Und als man die in Bergen gelesen hatte, entschied man: Sie wird nicht Sekretärin des Bürgermeisters, sondern selbst Bürgermeisterin! Wilhelm Schult war immerhin schon zweiundsiebzig Jahre alt und konnte kaum mehr laufen.

Als Gerda Jährling erfuhr, daß sie Bürgermeisterin von Gager werden solle, fiel sie »wie aus allen Wolken« und protestierte.

Aber ... ab 2. Januar ließ sie sich trotz aller Bedenken beim Rat des Kreises Rügen anstellen, kiebitzte auch einen Monat beim Göhrener Bürgermeister.

Bei der Nominierung der Kandidaten für die Gemeinderatswahlen im Mai wäre dann um ein Haar eine Panne passiert; denn als nach Gerda auch Horst Jährling vorgeschlagen wurde, protestierte plötzlich der alte Schult: »Stop! Twee ut eener Familie im Gemeinderat, dat geiht nich!«

Doch da stand Gottlieb Görtz auf, ein alter Gagener Genosse: »Hol din Mul, Willem! Honecker is groter Chef und sin Olsch is Minister. Unn die sitzen ook beide inne Volkskammer. Warum soll sowat nich ook bi ins möglich sün ...?!«

Gegen dieses Argument kam der alte Schult nicht an. Die beiden Jährlings wurden aufgestellt und gewählt. So schnell gibt ein Mönchguter Dickschädel jedoch nicht auf. Als nach der Konstituierung des neuen Gemeinderats, nach ihrer einstimmigen Wahl zur Bürgermeisterin, Gerda Jährling zusammen mit den Gemeinderäten ins Büro ging, um die Amtsgeschäfte zu übernehmen – war ihr Platz besetzt! Hinterm Bürgermeisterschreibtisch thronte wie eh und je – Wilhelm Schult: »Raus hier! Wahl is Wahl ... aber ick bün hier immer noch der Bürgermeister! Mich kann nur das ZK ablösen ... Ihr annern seid alles Pfeifen!«

Kein gutes Zureden half, kein Appell an die Vernunft, weder der Hinweis, daß er sich ein paar ruhige Jahre doch redlich verdient habe, noch das Versprechen, daß er auch weiterhin an allen Sitzungen teilnehmen könne – Wilhelm Schult blieb sitzen!

Was nun? Mit Gewalt konnte man den Alten nicht »entthronen«. In ihrer Verzweiflung rief Gerda Jährling in Bergen an und forderte eine Nachwahl. Unter solchen Bedingungen könne sie unmöglich Bürgermeisterin sein ...

Die verantwortlichen Genossen des Rates des Kreises kamen sofort. Und ihnen gelang es endlich durch Autorität und mittels massiver Argumente, Wilhelm Schult zu überzeugen, »schon« mit zweiundsiebzig Rentner zu werden!

Der Bürgermeisterschreibtisch war nun frei. Aber auch vollgepackt mit Problemen.

»Wir erfuhren dann«, erzählt Horst Jährling, »aus den Akten, daß sich der alte Rat und die Kirche achtzehn Jahre gestritten hatten, wer für den Bau einer Leichenhalle zuständig sei ... Man stelle sich das mal vor, wenn hier ein Bürger gestorben war, wurde er im Klubraum aufgebahrt oder in einer Garage oder in Zimmern, in denen ein paar Tage später Urlauber wohnen sollten ... Und da hat sich meine Frau mit mir abgestimmt als Nationale Front und gesagt: Weißt was, wenn die sich achtzehn Jahre gestritten haben um eine Leichenhalle ... wir bauen einfach eine! An den Wochenenden sind wir dann über Land gefahren, von einem Friedhof zum andern, und haben Leichenhallen fotografiert ... Als es dann soweit war, mit dem ersten Spatenstich drüben in Groß Zicker am Hang, da haben auch andere Bürger, ältere vor allem, mitgeholfen, beim Schachten, haben Rohr geschnitten und das Dach gedeckt ... Fünfunddreißigtausend ist die Halle heute wert, gebraucht haben wir sieben, nur für das Material ... Wir haben dann auch der Kirche den Vortritt gelassen, sie durfte ihr Kruzifix anbringen ... Und viele Bürger haben sich bei uns bedankt. Wir müssen ja alle mal diesen Weg gehen, meinten sie, aber jetzt wissen wir wenigstens, da oben sind zwei schöne Kabinen, eine sogar mit Glas ... Jaja, wir haben Politik gemacht sozusagen mit der Leichenhalle. Sie war so was wie ein Durchbruch ... Die Leute hatten gesehen: es kommt was 'raus, wenn wir mitmachen. Und beim nächsten Projekt hat dann fast das gesamte Dorf mitgemacht!«

War das erste Projekt aus Sorge um die Toten entstanden, so galt das nächste den Durstigen und Hungrigen: das Restaurant. Und weil dabei auch ein Tanzsaal eingeplant war, packte jetzt vor allem die Jugend mit an.

Horst Jährling kennt die Daten noch genau: »Im Dezember dreiundsiebzig war der stellvertretende Ratsvorsitzende hier und hat gesagt: ›Es wird Zeit, daß Gager mal 'ne vernünftige Gaststätte kriegt ...‹ Ich hab das für bare Münze genommen und mir gesagt: Na, wenn der das sagt, dann müssen wir eben bauen ... Am zweiten Januar haben uns sowjetische Freunde, die in Klein Zicker stationiert sind, mit schweren Geräten geholfen, die alte Baracke abzureißen. Wir haben dann sofort mit den Fundamenten begonnen, denn am 1. Mai mußte eröffnet werden ...«

Ich schaue mich in der Gaststätte um und überschlage: Nur vier Monate Bauzeit für ein solches Objekt? Und die auch noch im Winter?

Horst Jährling muß die Skepsis in meinem Gesicht bemerkt haben, denn er unterbricht seinen Bericht: »Ja, so wie du jetzt, haben damals viele geguckt. Damals kam aber auch das Wort auf: Nicht verzagen – Jährling fragen .... Wir hatten aber auch Glück mit dem Wetter. Erst im März, eine Stunde nachdem wir die letzte Deckenplatte verlegt hatten, fiel der erste Schnee ...«

So ein Objekt läßt sich aber nicht allein mit freiwilligen Helfern bauen, werfe ich ein, es kostet auch Geld, man braucht Material.

»Wir haben einfach allen Betrieben, die bei uns Ferienobjekte besitzen oder ihre Wohnwagen auf unserem Campingplatz abstellen, geschrieben: Wenn ihr wollt, daß eure Urlauber gut verpflegt werden, müßt ihr mithelfen, daß bei uns eine gute Gaststätte entsteht. Vielleicht könnt ihr Zement schicken oder Wellasbest, Fensterrahmen und so ... Zugegeben, das war 'ne kleine Erpressung. Aber alle spurten ...

Außerdem haben wir beispielsweise unseren Gemeindearbeiter ins

Ziegelwerk Ketelshagen delegiert. Dort konnte er für uns täglich vierhundert Ziegel brennen! Auch Künstler, die hier Stammgäste sind, wurden angesprochen. Sie spendeten Bilder und andere Kunstgegenstände. Die Keramikreliefs dort drüben stammen zum Beispiel von der Genossin Nerlich aus Potsdam ... Probleme gab's nur mit dem Tresen. Ein einziger war in diesem Jahr für den gesamten Bezirk eingeplant. Und natürlich längst vergeben! Zufällig hab ich aber einen Cousin beim Kühlschrank- und Automatenbau Gera. Und über den haben wir den dortigen Arbeitern vorgeschlagen, uns nach Feierabend einen Tresen zu bauen ... – für Urlaubsplätze als Gegenleistung.«

Allen Skeptikern zum Trotz wurde die in keinem Plan aufgenommene Gagerer Gaststätte »plangerecht« am 1. Mai 1974 mit einer großen Feier eingeweiht. Horst Jährling als ehrenamtlicher Bauleiter wurde dabei gleichzeitig gerügt (wegen »Schwarzbauens«) und ausgezeichnet (für hervorragenden NAW-Einsatz)!

Nächstes spektakuläres Projekt war die Straßenbeleuchtung. In vierzehn Tagen haben die Gagerer und die Groß Zickerer sechs Kilometer Gräben ausgehoben. Stimulierend wirkten dabei Kästen voller Bier, die jeweils dort deponiert waren, wo eine Laterne stehen sollte, und erst getrunken werden durften, wenn bis dahin das Kabel verlegt war. An dem Abend, an dem die Beleuchtung Premiere hatte, fuhren die Autos laut hupend durch den Ort. Und unter allen neuen Leuchten wurde getanzt!

Es folgten in den nächsten Jahren: ein Gemeindemehrzweckgebäude, eine Bibliothek, eine zweite Gaststätte im Ortsteil Groß Zicker, ein Feuerwehrgerätehaus, eine Anmeldung für den Campingplatz, eine Verkaufsstelle, drei Rettungstürme am Strand, drei Parkplätze und ... und ... und ... Einundzwanzig Gesellschaftsbauten waren es in den vergangenen acht Jahren! Außerdem wurden zweitausend Quadratmeter Grünfläche angelegt, fünftausend Bäume und Sträucher und eintausend Rosenstöcke gepflanzt!

Hinter solcher öffentlicher Verschönerung wollten die Einwohner auch mit ihren privaten Häusern nicht zurückstehen: Hundertacht Anträge für An-, Um- und Ausbauten konnte Gerda Jährling seit ihrer Amtsübernahme genehmigen!

Um nun all diese Zahlen richtig werten zu können, zum Abschluß noch eine: Gager und Groß Zicker zählen zusammen »nur« vierhundertvierzig Einwohner!

Ich wollte die Ursachen für den augenscheinlichen Wandel Gagers aufspüren. Hier die Antwort: Angeregt und angespornt von zwei »Zugereisten«, hat sich ein ganzes Dorf die Ärmel hochgekrempelt und aus sich was gemacht!

Und die beiden Initiatoren? Sind sie inzwischen in ihrer Wahlheimat heimisch geworden?

Gerda Jährling zögert ein wenig mit der Antwort: »Nun ja ... Einheimische sind wir wohl noch nicht. Das braucht hier sicher Generationen ... Aber akzeptiert und geachtet sind wir. Aufgenommen. Leicht war es für uns in den ersten Jahren allerdings nicht. Da wurde beispielsweise, vor allem wenn man kritisieren wollte, grundsätzlich nur Platt gesprochen. Wir sind deshalb oft nach Putbus ins Theater gefahren, haben uns niederdeutsche Stücke angeschaut, um besser Platt verstehen zu lernen ... Heut' ist das schon ganz anders. Obwohl ... vor Gemeinderatssitzungen fragen sich die Gagerer immer noch: Was werden die Sachsen wohl wieder ausgetüftelt haben? Aber das ist nicht bös' gemeint. Heute werden wir auch ganz selbstverständlich zu Geburtstagen eingeladen, zu Familienfeiern und zu Hochzeiten ...«

Das Stichwort »Hochzeit« läßt mich an die Berichte über Mönchguter Hochzeitsbräuche denken, die ich in alten Chroniken fand. Die neue Gagerer Klubgaststätte wäre der passende Rahmen gewesen für eine solche Mammut-Hochzeit, an der meist mehr Gäste teilnahmen, als das Dorf Einwohner hatte.

Die Kondition und Trinkfestigkeit der alten Mönchguter muß wahrhaftig sagenhaft gewesen sein! Hier noch ein historischer, hundertjähriger Beleg: Für eine einzige, ganz normale Mönchguter Hochzeit wurden verbraucht: 1 Fettschwein, 2 Hammel, 1 Kuh, 108 Liter Kornbranntwein, 20 Liter Rum, 35 Liter Likör und acht Tonnen Bier. Der Wirt der neuen Gagerer Klubgaststätte sehe es sicherlich nicht ungern, würden gelegentlich wieder solche Hochzeiten bei ihm gefeiert. Seinem Umsatzplan bekäme das zweifellos gut. Ob er aber die neun Tage und Nächte durchstehen könnte?

Vielleicht schaffen es die Gagerer und Groß Zickerer 1984 anläßlich der Achthundertjahrfeier ihres Ortes, noch einmal eine solche Mönchguter Hochzeit zustande zu bringen. Sollten sie jedoch auf den Gedanken kommen, mich einzuladen und mir vielleicht den Ehrenposten eines »Außenschenkers« anzuvertrauen – ich müßte bedauernd absagen. Mit dreihundert Gästen dreihundert Begrüßungsschnäpse trinken zu müssen – das könnte meine Leber unmöglich verkraften!

Nach dieser »strapaziösen Hochzeit« wird es Zeit, das Mönchgut rasch zu verlassen. Da mir pathetische Abschiedsworte jedoch nicht so recht liegen, möchte ich unseren alten Freund Karl Nernst aus »Wanderungen durch Rügen« (1800) zu Wort kommen lassen:

»O lebet wohl! gute harmlose befreundete Menschen! Lebet wohl! Und kehre ich einmal wieder zu euch, so müsse der Rauch der großen Friedenspfeife, welche wir an eurem gastlichen Herde anzünden, emporwirbeln wie ein duftendes Brandopfer auf dem Altare der Freundschaft.

Fahre wohl, geliebtes Land! Möge in deinem mütterlichen Schoße das Immergrün der Treue und der Redlichkeit grünen und blühen. Mögen deine Söhne schlank und stark wachsen wie die Buchen deiner Vorgebirge. Wie die schroffen Wände deiner Ufer gegen das Meer anpochen, müssen sie sich dem Strome der erweichenden Überfeinerung entgegenstemmen. Deine Töchter müssen zart und züchtig bleiben wie die Federnelken auf deinen Bergen. Schön wie das bescheidene Heideröslein in deinen Gärten. Treu müssen sie sich dem geliebten Manne anschmiegen, wie der zarte Efeu deine Eichen umrankt. – Friede müsse sein inwendig in deinen Hütten und Glück auf deinen Fluren. Es gehe wohl allen denen, so dich lieben!«

Naja, ... »schön wie bescheidene Heideröslein«? Das mag noch angehen. Aber »zart und züchtig wie die Federnelken«?!

Mönchguter Mädchen! Hand aufs Herz! Wäre es nicht besser, den alten schönen Brauch des Jagens und des freien Werbens wieder ins Leben zu rufen? Und zwar nicht nur auf Mönchgut, sondern überall! Darum, liebe Mönchguter Mädchen, geht mit gutem Beispiel voran. Eifert euren Großmüttern nach! »Auf, auf zum fröhlichen Jagen«!

Vielleicht werde ich dann bei meinem nächsten Besuch auf einem Mönchguter Bürgermeistersessel ... auch eine echte Mönchguterin vorfinden.

Hanns Cibulka

Swantow

25. Juni

Swantow ist ein Ort, der überall, wohin man auch kommt, unbekannt ist, auf den Landkarten kaum auffindbar, auch nicht nachlesbar in Reisebeschreibungen und Berichten.

Gestern kamen wir an. Das Dorf liegt flach in der Landschaft, einen Flintenschuß vom Wasser entfernt, die Zufahrt ist voller Schlaglöcher und Steine. Nichts lockt den Blick von der Hauptstraße hinüber ins Dorf. Immer nur Ackerland, schwerer Boden. Hier liegt die Erde noch in ihrer ganzen Blöße da, ungeschmückt, eine Landschaft, in der man nicht so schnell ins Psalmodieren kommt.

Was wir vorfinden: ein paar Häuser, Würfel aus roten Backsteinen, alte Katen, weiß getüncht, keine steinernen Substruktionen, Gemauertes, das auf eine große Vergangenheit hinweist. Das Portal der Kirche, eine bescheiden gemeißelte Pforte aus Sandstein, die Mauern um den Friedhof sind halb schon zerfallen, die alten Gräber mit Nesseln überwuchert. Hinter den Häusern beginnt eine Weite, so flach, daß jeder Baum kilometerweit zu sehen ist. Manche Gehöfte sind dem Blick entzogen, durch Bauminseln abgeschirmt, keine anmutigen Durchblicke, nichts Spielerisches. Über dieser flachen, nach allen Windrichtungen ungeschützten Erde steht ein Himmel von einer immerwährenden Helligkeit, mit einem Licht, das blendet. Ich bin in unseren Breiten noch nie einem solchen Himmel begegnet, einem solchen magischen Lichteinfall.

Swantow, ein Ort, der nichts und zugleich alles verspricht, der noch Zeit hat, auf den Menschen zu warten, einen ganzen Sommer, wenn es sein muß.

27. Juni

Das Land ist klein, das wir in Swantow zu verwalten haben: ein Haus mit zwei Zimmern, einer Küche, einem Abstellraum. 1833 wurde es als Backhaus gebaut, fünfzig Jahre später haben es die Großeltern von Liv erworben, ließen es umbauen und haben bis an ihr Lebensende darin gewohnt. Das Gemäuer ist fest, auch die Balken an der Decke, ohne Holzwurm. Die Zimmerwände sind getüncht, pastellfarben. Das Mobiliar ist einfach: ein Bauernschrank, bunt bemalt, ein Tisch, zwei alte holländische Stühle, auf dem Fußboden geflochtene Strohmatten, an der Wand ein paar Grafiken von Rostock und Stralsund.

Nichts hat sich geändert, die Dinge sind immer noch an ihrem alten Platz, nur die Jahre sind weitergegangen.

Liv hat die alte Sanduhr mitgebracht und auf das Vertiko gestellt. Man sieht, wie sich im oberen Stundenglas der Sand der Zeit trichterförmig höhlt, um sich später im unteren wieder zu sammeln. Was der Mensch in der ersten Hälfte seines Lebens scheinbar verliert, reichert sich in der zweiten in seiner Tiefe wieder an.

30. Juni

Nach dem Frühstück legt Liv eine Landkarte auf den Tisch, eine Touristenkarte 1:20 000.

Die Insel hat keine festen Konturen, ihr Umriß ist vielgliedrig, mit einer Fülle von Buchten, kleinen und großen Bodden. Das Meer schneidet tief in das Land, Landzungen stoßen weit hinaus in die See, Inseln sind der Mutterinsel vorgelagert, die Libnitz, die Vilm. Aber auch die Ufer wechseln, flach, steil, da gibt es Sand, Kreide und Lehm. Die höchsten Erhebungen liegen in der Stubnitz, der Peikberg, der Königsstuhl mit seinen 122 Metern. Aber lassen wir das, es gibt Nachschlagewerke, Reiseführer, dort sind die Angaben präziser.

Liv wandert mit dem Zeigefinger von Swantow über Garz bis hinauf in die Stubnitz, das Land ihrer Kindheit. Manchmal hält sie an, zum Beispiel in Putbus, wo die Gräber ihrer Eltern liegen. Dann zeigt sie mir die Orte, die wir in diesem Sommer aufsuchen werden: die Hünengräber, die Schaabe, den Königsstuhl. Die Entfernungen sind nicht groß, zwei Stunden Vogelflug von Kap Arkona bis hinunter nach dem südlichen Zudar.

Es ist elf Uhr. Liv steht am Fenster, die Gartenschere in der Hand. Andreas, die Wolkendecke reißt auf, die Sonne kommt durch, wollen wir nicht doch noch hinüber an den Strand?

Ich lege das Buch aus der Hand, hole aus dem Schrank Windschutz, Sonnenbrille und Badetuch.

Es ist immer noch derselbe Strand, breit, flach, erst weiter im Osten die Steilküste, das Gelbe Ufer. Der Sand ist mit kleinen, zarten Muscheln durchsetzt, heller Sand, weiß, manchmal auch blitzend, stumpf die Farbe der Gräser, der Steine. Auf dem Wasserspiegel Windstreifen, weiße Segelpunkte ziehen vorbei, andere wieder stehen still im Grenzenlosen.

Wir werfen die Kleider in den Sand. Nur noch der Gegenwart leben, froh sein und nicht daran denken, was eines Tages auf uns noch zukommen kann, leicht sein wie ein Vogel, wie der Wind, der mit den Sandkörnern spielt, sich an niemanden erinnern, einfach dasein, wie lange haben wir das nicht mehr erlebt.

Wir laufen über die Sandinseln bis hinaus an die Fahrrinne. Draußen bleiben wir stehen. Hier hat das Wasser eine tiefe kobaltgrüne Farbe, hier strömt es kalt um die Beine. Später liegen wir hinter dem Windschutz, spüren die Sandkörner, die der Wind über die Haut peitscht. Die Sonne schießt goldene Pfeile in den Körper.

6. Juli

Die Schwalben sind wieder im Land. Keiner weiß, wann sie angekommen sind, vielleicht Anfang Mai. Sie schießen über die Dächer des Dorfes hinweg, bestreichen unablässig ihr Revier. Ich sehe ihre weiße Weste im Flug, stahlblau auf dem Kopf die Pilotenkappe. An manchen Tagen jagen sie blitzschnell über die Felder; kein anderer Vogel erreicht im Flug diese Eleganz.

Die Schwalbe gehört auch heute noch zu den großen Bildern der Natur, ein Schauspiel, das sich Jahr für Jahr in unseren Dörfern und Städten wiederholt. Dieser Vogel ist mehr als nur ein Echo auf das Leben. Sein Ruf kommt aus dem Raum, dem Unverhofften, Unberechenbaren. Ich kenne nichts Trostloseres als ein verlassenes Schwalbennest im Herbst.

Aber auch dieser Vogel nimmt langsam am Auszug der Tiere teil.

Der Himmel würde seinen Sinn verlieren, wenn es keine Schwalben mehr gäbe.

Die Landschaft auf Rügen ist ein atmosphärisches Phänomen, hier wird man sich des Lichtes wieder bewußt.

Das Licht – eine Wesenheit?

7. Juli

Ich weiß nicht, ob Liv es ahnt. Wenn sie in der Küche steht, mit der Rosenschere durch den Garten geht, selbst dann, wenn sie im Lehnstuhl an meiner Seite liegt, immer denke ich ihr nach. Merkwürdig: sie redet niemals von Dingen, die in unserem Leben noch offen sind. Wir sollten zufrieden sein mit dem, was uns Swantow gibt, sagt sie, der Himmel ist hoch, das Meer ganz nahe, was willst du mehr.

Wir gehen ganz einfach durch die Felder, ohne Ziel, es ist ein ruhiges gleichmäßiges Gehen, man braucht auch nicht mehr anzukommen, es genügt, wenn man mit einem anderen Menschen unterwegs ist, vielleicht um etwas zu finden, eine Erinnerung, die man nicht ruft, die einfach da ist, in der Landschaft, vielleicht auch unter den Füßen, etwas längst Vergessenes, aber nicht Verlorenes.

Der Feldweg ist von Zugmaschinen zerfahren, in hellen Fluchten liegt der Staub. Da wächst der Hafer, der Weizen, am Wegrain Schlehengeheck, Brombeergebüsch, von den Schlingen der Waldrebe verfilzt, Zuflucht den Vögeln. Weiter draußen ein paar Buschinseln, dahinter das offene Land, eine Rügenlandschaft, in der ich mich vom ersten Tag an wohl gefühlt habe, auch wenn die Orte wechselten. Hier schießt das Leben nicht wie ein Bergbach hinunter ins Tal, es sickert langsam in die Ebene ein, bedächtig.

Ich sehe Liv von der Seite an. Wenn wir unsere Jahre zusammenlegen, kommen wir auf hundert. Niemand weiß, wo wir uns in diesen Tagen und Wochen aufhalten, wir sind unauffindbar. Man muß von Zeit zu Zeit aus dem Alltag ausscheren, einmal auch neben dem Weg stehen, man kann nicht ein Leben lang zu den Akteuren gehören. Da ruft aus der Ferne der Kuckuck. Wieviel Jahre gibt er uns noch? Er besitzt die Allmacht, darf zuteilen, zwanzig, zweiundzwanzig, dreißig, manchmal aber sind es nur zwei oder drei, dann wird es im Herzen der Fragenden still.

Es ist dunkel, als wir in Swantow wieder ankommen. Für ein paar Augenblicke können wir die Disteln am Feldrain noch erkennen. Solange noch ein Lichtschein über der Erde liegt, wird eins vom anderen getragen.

11. Juli

In den Morgenstunden Spaziergang mir Pastor Krüger. Er hat ein längeres Krankenlager hinter sich, das Gehen fällt ihm immer noch schwer.

Sein Garten ist eine weitläufige Anlage mit Obstbäumen und Beerengesträuch, mit viel Raum für Kräuter und Gemüse, da wächst die Möhre zwischen der Petersilie und der Fiesole, Spargelbeete wurden angelegt, aber auch die zum Blühen bestimmten Kräuter haben sich eingefunden und nicht zuletzt die Blumen im eigenen Beet, mit einem Wort: ein Pfarrgarten mit dem ursprünglichen Gefühl für Häuslichkeit und Nützlichkeit.

Das Wort kommt dem Pastor nur schwer von den Lippen. Ich glaube kaum, daß die Bauern in den umliegenden Dörfern mit ihm viel anfangen können, er setzt sich nur selten zu ihnen in die Kneipe, trinkt kein Bier, keinen Schnaps, da stehen sie mit seiner Frau schon eher auf du und du. Ihre Eltern hatten unweit von Bergen einen wohlhabenden Bauernhof. Sie zieht Flugenten auf, züchtet das Perlhuhn, verkauft Kücken und Kaninchen, mir ihr kann man über die Landwirtschaft reden wie mit einem alten Brigadier.

Der Beruf hat dem Pastor nicht viel eingebracht, es ist ja auch nicht der Sinn einer solchen Berufung, Reichtümer zu horten. Er weiß, daß sein Amt in den Augen vieler Menschen als überfällig angesehen wird. In jungen Jahren soll er als Landpfarrer sehr tüchtig gewesen sein. Aber kommt das Wort tüchtig nicht aus einer anderen Welt? Zuverlässig sollte man sein, den anderen Menschen annehmen, ihm Hoffnung geben in sein eigenes Menschsein.

Was dem Pastor heute noch Freude macht, ist die Arbeit in den Gemeinden. Da sind die Alten, die Kranken, die Behinderten, um die sich kaum jemand kümmert. Die Nachbardörfer sind zu verwesen. Im Winter, wenn der Schnee kniehoch auf der Landstraße liegt, läßt er sich von einem Bauernschlitten mitnehmen. Er weiß aber auch, daß er die gute Hälfte seines Lebens hinter sich hat. Zuweilen wundert er sich, wie schnell die Jahre hier oben vergangen sind. Seine beiden Söhne sind erwachsen. Es ist seine Landschaft, in der er lebt, und in dieser Landschaft liegen auch seine Toten.

Als wir am Beerengesträuch vorbeikommen, sagt er zu mir: Haben Sie nicht auch schon gemerkt, wie in unserem Land Park- und Gartenanlagen immer mehr verwildern? Fenster und Türen kann man streichen, den Außenputz an einem Haus wieder anwerfen, die Verwahrlosung der Gärten aber geht tiefer, sie berührt die Substanz des Menschen.

Wir stehen vor einem Blumenbeet. In blauen Flammen schießt der Ehrenpreis hoch, mannshoch schaukelt neben der Glockenblume der Rittersporn, der Eisenhut.

Ich gehe von Blume zu Blume. Form und Gestalt der Blüten wechseln, Farben leuchten auf, Variationstrieb der Natur.

Ein Trauermantel fliegt den Blumenkorso ab, drei Kohlweißlinge schießen zusammen, drehen und jagen sich, ein Zitronenfalter läßt sich von einer Glockenblume schaukeln. Was treibt diese zartesten aller Geschöpfe? Wissen sie von dem anderen, das auf der Nachbarblume sitzt? Was spielt sich hier ab, was ist das für ein heiteres Spiel? –

Wer weiß, wie dieser Garten in zwanzig oder dreißig Jahren aussehen wird. Die Dörfer leeren sich, und auch meine Pfarrstelle wird nicht mehr besetzt. Was brauchen die Menschen noch einen Seelsorger, wenn sie nicht mehr an die Seele glauben. Die Spuren unserer Mühen werden zuwachsen. Wer weiß, ob unsere Enkelkinder sich der Blumen überhaupt noch bewußt werden.

Wir gehen den Weg zum Pfarrhaus zurück. Unter den Obstbäumen kommt uns Liv entgegen.

15. Juli

Es ist sieben Uhr früh. Liv sitzt auf der Terrasse und liest. Es ist ein Handbuch für den Gärtner, keine Neuerscheinung, es stammt noch aus dem Besitz der Großmutter Josefine Line Hergesell. Der Band wurde 1832 in Berlin gedruckt. Neben ihrer Kaffeetasse liegt noch ein anderes Buch, die Exkursionsflora von Rothmaler.

Nach dem Frühstück fahren wir nach Zudar. Die Holzbaracke ist verschlossen, die Fischkutter werden noch entladen, aber die Frauen aus dem Dorf stehen bereits vor der Tür und warten.

Die ersten Kisten kommen an Land. Ich sehe die japsenden Mäuler, die gesperrten Kiemen, das silberne Geflutsch der Bäuche, atme den Geruch der schleimigen Häute, der verrotteten Körbe.

Ein Zeichen wird gegeben. Die Käufer greifen zu, der Überfluß macht wählerisch. Man hält die Fische hoch in der Luft: farbige Sprenkel, Schuppen, die Farben changieren, der Bauch weiß marmoriert, die Flossen zart rosa, auf dem Rücken der dunkle Schuppenschmelz, lautlose Mitteilung der Natur. Aber auch die Möwen haben sich inzwischen eingefunden. Sie schießen über den Strand, stoßen herab, ziehen wieder hoch, schreien, hacken, bedrängen sich. Endlich wird aus dem Schuppen die Waage geholt, der Zeiger beginnt zu spielen.

Am Abend Spaziergang durch die Felder, nicht wissen, wo man herauskommt, begleitet vom uralten Schattenflug der Fledermäuse. So ein Weg durch den Abend ist immer noch gleich alt.

19. Juli

Das Land vor dem Fenster ist flach, keine Senke, keine Hügel, die Wege verlieren sich am Horizont.

Auf dieser Insel scheinen sich alle Dinge mit dem Meer zu beschäftigen, das Tag und Nacht an die Ufer rollt. Wohin man auch blickt, das Blitzen der Wellen, schwankende Bojen, das ständig wechselnde und doch gleichbleibende Panorama der Küste mit den Fischerbooten.

Das Phänomen dieser Landschaft ist der Himmel. Die Insel hat Mühe, sich gegen einen solchen Himmel zu behaupten, vor allem gegen das Licht, das sich alles unterwirft, Baum, Haus und Strauch. Ein solches Licht läßt sich nicht beschreiben, die alten Holländer haben versucht, es zu malen, auch Caspar David Friedrich. Aber auch der Wind möchte sich die Erde untertan machen, Tag und Nacht sucht er einen Zufluchtsort für seine Heimatlosigkeit. Die Gehöfte liegen da, als wollten sie sich vor ihm verbergen.

Ortsveränderungen sind oft wie ein Spiegel. Die Insel Rügen könnte Maß und Gleichnis sein, sie wächst in mir mit.

Es ist Mittag, Liv liegt hinter dem Windschutz und schläft. Die

Sonne stört mich nicht, ich fühle mich in dieser flimmernden Hitze wohl. Der Horizont löst sich auf.

Ich gehe den Küstenstreifen entlang. Die Topographie des Strandes: kein Baum, kein Strauch, nur Dünen, Gras und Wind, nirgends ein Schatten, auch keine Badegäste, nur die Meeresstimmen, die Schreie der Vögel. Das ist kein hergerichteter Strand wie in Baabe oder Binz, hier wächst noch das Schilf, Schwemmhölzer liegen im Sand, Tangbüschel. Die Fahrrinne nach Zudar ein dunkelblauer Streifen in einem hellen metallischen Spiegel. Auf dem Bodden, weit draußen, auf der Sichtlinie, ein paar Fischerboote, strichdünn. Weiße Segel kommen, stehen, sind plötzlich wieder verschwunden, untergetaucht. Die dünnen Muschelschalen bersten unter den Sohlen. Manchmal findet man ein Stück Holz, einen angeschwemmten Wurzelstock. Und plötzlich betrachtet man die kleinen, unscheinbaren Dinge der Natur mit anderen Augen. Man erschrickt vor sich selbst, vor der blinden fieberhaften Tätigkeit der letzten Jahre. Der Körper wird wieder zu einer wunderbaren Gabe der Natur, er beginnt zu sehen, zu hören, zu fühlen.

Hochsommer? Hat es für meine Generation so etwas jemals gegeben?

21. Juli

In der vergangenen Woche waren wir wiederholt mit dem Schlauchboot unterwegs. Auch heute nehmen wir das Boot mit an den Strand. Ich lege es in den Sand, pumpe es auf. Liv bleibt am Ufer zurück, sie hat Kopfschmerzen.

Ich treibe weit hinaus in die See, habe nichts anderes im Sinn als Sonne, Wasser und Wind. Der Strand mit seinem bunten Treiben ist kaum noch wahrnehmbar.

Ich muß eingeschlafen sein, als ich aufwache, ist alles wie in Licht gebadet. Die Ufer der Insel Vilm liegen hinter einem blauen dunstigen Schleier, keine Hügel, keine Steilküste. Das Licht, das in dieser Stunde über dem Bodden liegt, hat einen düsteren Glanz. Keine Möwe dippt auf das Wasser, mir ist, als wäre das Boot in einer leeren Zone angekommen, wo sich alles Sichtbare auflöst. Zeit und Raum spielen ineinander über, die Welt scheint weggesunken, weggetaucht.

27. Juli

Was wächst in unserem Garten nicht alles hoch: Sanddorn, Balsaminen und Disteln, der wilde Efeu hat sich eingefunden, Pflanzen mit laschen krautigen Blättern, aber auch an den Zäunen rankt es lang, rollt sich zusammen, franst aus. Und dann die Blumen: Rosen, Fingerhut und Löwenmaul, gesprenkelte Blüten, flammig, gelackt, andere wieder leuchten in kalten Farben, aber überall das Sich-Öffnen, das Zittern der Staubfäden, wenn die Bienen anfliegen.

Noch leben wir,
verwischen die Grenzen,
geben Beifall der Zeit,
die hinter unserem Rücken
laufend tötet.

Öllaken
treiben auf uns zu,
leere Stellen im Gespräch,
an den Herzrändern.
Schweigen.

Hinter Masken
reden wir mit Masken.

2. August

Es ist Abend. Wir sitzen vor dem Haus bei einer Flasche Gumpoldskirchner. Liv sagt: Barbara hat heute geschrieben. Sie hat sich scheiden lassen. Ihr Brief liegt auf der Kommode.

Hat sie auch gesagt, warum?

Nein, sie schreibt lediglich, daß die Ehe zum Gefängnis wird, wenn sich die Gleichgültigkeit breitmacht.

Wie alt ist deine Schwester?

Fünf Jahre jünger als ich, achtunddreißig.

Hat sie Kinder?

Eine Tochter von zwölf und einen Sohn. Er ist mein Patenkind, er müßte an die Sechzehn sein.

Kapelle bei Vitt

Ist es nicht eigenartig, wie schnell sich die Liebe zwischen zwei Menschen heute abnützt?

Vielleicht ist es die Hektik unserer Tage, sagt Liv, obwohl ich der Meinung bin, daß die Zeit, in der man lebt, niemals das Entscheidende sein darf im Zusammenleben zweier Menschen.

Manchmal denke ich, es ist das Gefühl der Enge, das die Menschen aus der Ehe treibt. Unser Alltag hat ohnehin die Tendenz, den Menschen in vieler Hinsicht einzuengen.

Wir haben im Zusammenleben aber auch die Vielfalt verloren, sagt Liv, weil sich fast alles in einem sträflichen Gleichmaß erschöpft, vom Aufstehen am Morgen bis zum Niederlegen am Abend. Die Gewohnheit hat eine furchtbar zerstörerische Kraft. Unsere Erlebniskreise werden enger, ihr Inhalt wird dürftiger.

Wenn ich mich recht erinnere, so hast du zu mir einmal gesagt: eine Frau möchte nicht nur als Mensch leben, sie möchte auch als Mensch begriffen werden. Wenn das so ist, dann fehlt uns das Wissen über uns selbst. Wir befinden uns in einem Wertvakuum, da ist ein Pendeln von einem Extrem ins andere, ein Schwanken, Suchen, ein Nicht-mehr-

Wissen, in welcher Richtung es geistig und seelisch weitergehen soll, es fehlt uns ganz einfach an Wertinstinkten. Zu einem Bild kommen, darauf kommt es an.

Liv hat die Ellbogen auf die Knie gestützt, sie hält ihr Gesicht in den Händen, das Windlicht auf dem Tisch flackert.

Warum sind uns im Leben so viele Dinge wieder fremd geworden? Weil wir innerlich weghören, auch in der Ehe. Zusammenleben heißt für mich: auf einen anderen Menschen zugehn, sich selbst von etwas lösen.

Ich glaube aber auch, daß wir uns im Zusammenleben viel zu scharf beobachten, viel zu kritisch hinsehen. Wir müssen in unserem Leben alles gleich analysieren, wir haben verlernt, den anderen Menschen als Ergänzung des eigenen Ichs anzunehmen.

Liv hat die Hände zwischen die Knie gelegt. Nach einer Weile sagt sie: Über die Einfachheit einer Liebe erstaunt sein, sich in der Liebe entdecken, wer kann das noch? Weil wir in unserem Leben viel zuviel suchen, viel zuviel wollen, können wir auch nicht mehr finden. Sieh doch einmal über den Zaun. Wir haben auch kein Verhältnis mehr zum Acker, zum Feld. Es wird noch ein weiter Weg sein, bis wir erkennen, daß die Liebe das Leben selber ist.

Ich sehe Liv von der Seite her an. Und plötzlich suche ich in ihrem Gesicht nach einem Zug, den ich in den vergangenen Jahren vielleicht übersehen habe.

Über Zudar zuckt der Widerschein eines Wetterleuchtens. Es wird heute nacht noch ein Gewitter geben, sage ich, der Tag war heiß.

Keine Antwort. Liv sitzt da und sieht in die Flamme. Durch das vorspringende Dach geschützt, merkt sie auch nicht den Regen, der ganz leicht einsetzt.

Ich werde den Tisch abräumen, sage ich.

Laß mich dir helfen.

Unter dem Regen beginnt das Laub in den Baumkronen ganz leicht zu surren.

5. August

Der Garten, ein Blütentraum, schweigsam, leidenschaftslos. Den ganzen Tag könnte ich dem Farbenspiel zusehen, dem Pariser Blau der

Kornblume, dem zarten Rosa der Balsaminen, den festlichen Rosen, deren Farben auf Purpur, Scharlach und Gelb stehen, aber auch den bläßlichen Blüten, die fahrig leuchten, dem Weiß der Lichtnelken, den silberglänzenden Mittelwänden der Mondviole.

Namen sind den Blumen im Laufe der Jahrhunderte zugewachsen: Strohrose, Monddistel, Gottesgnadenkraut, Bauernschürze, Bitterweiß, Urkräfte der Sprachbildung.

Am späten Nachmittag treffen wir an der Pumpe Frau Krüger. Sie sagt: Meine Schwester wurde gestern operiert, sie haben ihr die beiden Brüste abgenommen, vielleicht noch ein Jahr. Metastasen.

Das ist bitter, antwortet Liv. Im vergangenen Jahr waren wir noch zusammen an der Schaabe, doch am Ende, Frau Krüger, kommen wir alle an die Reihe, wer weiß, was uns nicht noch alles bevorsteht.

Immerhin, sage ich später zu Liv, wir holen an der Pumpe täglich das Wasser, fahren an den Strand. Wir registrieren die Klagen der anderen, sprechen unser Bedauern aus, aber haben wir uns jemals in die Situation eines solchen Menschen hineingedacht, hineingelebt? Was machen wir nicht alles für Ausflüchte, was bieten wir nicht alles auf, um uns freizukaufen.

6. August

Es genügt, wenn Liv neben mir hergeht, wenn sie anwesend ist. Es stört mich nicht, wenn wir eine Stunde lang durch die Felder gehen, ohne auch nur ein einziges Wort miteinander zu reden. Manchmal sagt sie: der dritte Bussard, den wir heute sehen, schon wieder ein Feldhase. Es sind Sätze, die man ganz einfach vor sich hin spricht. Ich habe es gern, dieses Vor-sich-hin-Sprechen, das keiner Antwort bedarf.

Seit einigen Tagen aber laufen unsere Wege nebeneinanderher, da möchte ich jedes Wort auf die Goldwaage legen. Es sind Tage, an denen wir uns restlos mißverstehen, den anderen überhören, wo einer dem anderen im Weg steht. Ich weiß nicht, woher das plötzlich kommt. Die kleinsten Dinge lösen Unstimmigkeiten in uns aus.

Vielleicht ist Swantow nichts anderes als der erneute Versuch, den verborgenen Wahrheiten des Lebens auf die Spur zu kommen.

12. August

Liv möchte ständig unterwegs sein, heute in Stralsund, morgen in Bergen oder in Saßnitz, und sei es auch nur für wenige Stunden. Komm, sagt sie zu mir, es wird eine andere Luft sein, frischer Seewind, Schiffe werden ein- und auslaufen. Das allzu lange Bleiben an einem Ort macht sie müde. In ihr ist eine Unruhe, die gegen das zähe gleichmäßige Leben immer wieder revoltiert. Jedem Tag einen anderen Impuls geben, das ist es, nach dem sie strebt. Ein Glück, das den Menschen stillstehen läßt, ist gefährlich. Wäre ich allein, ich würde meinen Fuß kaum über Swantow hinaussetzen.

Liv kennt nicht das Verbundensein mit einem Stück Land. Erst gestern hat sie zu mir gesagt: Ich weiß nicht, was du nur hast. Ich habe nie daran geglaubt, die Insel bringe mir etwas zurück, vielleicht das vergessene Bild der Kindheit, den Tonfall des Vaters. In dieser Beziehung ist sie anders, ganz anders als ich. Irgend etwas muß in ihr doch zurückgeblieben sein. Wenn wir abends durch die Felder gehen, ist das nicht doch ein verschüttetes Gefühl von einem Daheim?

14. August

Ich bin fertig, sagt Liv, wir könnten fahren.

Und wohin? frage ich.

Das wollen wir dem Zufall überlassen.

Vielleicht zu Merlin?

Ich hätte einen besseren Vorschlag. Wir fahren an die Schaabe, aber nicht an die offene See, ich wollte dir schon immer die Boddenlandschaft zeigen.

Fahren wir über Putbus?

Warum nicht?

Du weißt, ich liebe keine Fernverkehrsstraßen, ich bin nun einmal für die Fahrt durch die Dörfer.

Ich werde dir die F 96 nicht ersparen können, sagt Liv.

Die Straße nach Garz nimmt uns mit. Ortsnamen kommen auf uns zu, oft schon gelesen, gehört. Später die Seebäder: Lietzow, Glowe, Bobbin, Sedimente der Zeit. Woher kommen diese Namen, germanisch, slawisch? Und wieder eine neue Abzweigung, wenig Wechsel in der Landschaft, da und dort ein Durchblick auf das Meer. Wir kennen diese Ausblicke, Caspar David Friedrich hat sie wiederholt gemalt.

Nach einer guten Stunde erreichen wir die Landenge. In einem blauen weitgespannten Bogen liegt vor unseren Augen der Breeger Bodden. Das Wasser ist ruhig, kein Wellenschlag, weiß glitzert in der Morgensonne der Sand. Erde, Himmel und Luft sind von einer unbeschreiblichen Stille. Die Landschaft träumt.

Ein halb vermorschter Kahn liegt am Ufer, das Wasser ist verrottet, mürbes Fallholz, weißer Schaum. Auf der baumlosen Blöße wächst sich das Heidekraut aus, knistert unter den Sohlen. Kein Laut, die große Stille tritt in den Vordergrund, nur manchmal, vom Wasser her, das Springen eines Fisches.

Plötzlich gleitet ein Fischerboot über den metallenen Spiegel des Boddens. Bewegung kommt ins Bild. Ich sehe, wie der Fischer im hohen Bogen das Netz ins Wasser wirft. Die ganze Landschaft ist plötzlich ausgefüllt von seinem Tun.

Auf der Rückfahrt machen wir in Saßnitz Halt. Abendbrot im Hotel »Rügen«.

Das Leben in einem Interhotel ist eine Welt für sich, da muß man wieder Haltung annehmen, wenn man als Gast über die Schwelle tritt, durch das Foyer geht, an der Rezeption vorbei, da wird man beobachtet, mit den Blicken taxiert. In einem solchen Hotel atmet jeder Raum ein sozialistisches de luxe, er ist voller Exklusivität, die fast schon aufdringlich wirkt. Aber auch den Gästen sieht man es an: Aus allen Poren spricht ein Anderssein. Hier lebt man schon wieder auf Distanz. Die revolutionäre Ausgangsposition der späten vierziger Jahre, wurde sie nicht längst durch übersteigerte materielle Ansprüche überdeckt?

Der Mensch ist heute ein Fordernder geworden und nur selten ein Gebender.

Wir leben in einer glanzlosen Zeit, weil wir bei jeder Tätigkeit nach dem Lohn fragen.

16. August

Müde von der Gartenarbeit liegen wir im Gras, neben den Balsaminen, einen ganzen Nachmittag lang. Plötzlich sagt Liv: An was denkst du?

Ob es eines Tages auch bei uns so anfangen wird?
Wie meinst du das?

Man lebt mit einem anderen Menschen ein paar Jahre zusammen, und plötzlich kommt die Zeit, wo man ganz genau weiß, was in dem anderen vorgeht, man kann voraussagen, wie er denkt, wie er handeln wird, man weiß um die allgemeinen Tendenzen seiner Reaktion, man kennt seine Lebensgeschichte nach vorn und zurück.

Ich kenne das, sagt Liv, es gibt keine Geheimnisse mehr, es gibt auch nichts mehr einzulösen, man hört auf die Stimme des anderen nicht mehr so genau hin, man hat das Gehör für die feineren Töne verloren. Man ist sich wieder »fremd« geworden, weil man sich allzugenau kennt. Man wird die Ernüchterung im Zusammenleben zweier Menschen nicht ganz ausschließen können.

Das ist aber auch die Zeit, wo die Menschen wieder auseinandergehen, nach einer neuen Lebensgeschichte suchen, sage ich zu Liv.

Man muß dem Zusammenleben zweier Menschen immer wieder neue Wirklichkeiten zuführen, sonst besteht die Gefahr, daß der Brunnen versiegt.

Liebe, ein Zuwachs an Wirklichkeit?

Wenn du so willst – ja.

22. August

Auch in Swantow gibt es keine archaischen Bilder mehr, keine Schnitter, die heimkehren, die Sense geschultert. Mähdrescher wühlen sich durch den Roggen, bis tief in die Nacht hört man das Brummen der Maschinen, spielt das Licht ihrer Scheinwerfer über die Felder, und erst wenn es feucht wird, wenn der Tau fällt, wird die Nacht wieder Nacht, zieht das Schweigen in die Landschaft ein.

24. August

Bei den Wanderungen über die Insel holen uns seine Bilder immer wieder ein, seine Landschaften, seine Farben.

Friedrich hat nicht nur die Schönheit, er hat auch das Dämonische der norddeutschen Landschaft ins Bild geholt. Wollte er die Gewißheit im Ungewissen suchen? Er wußte: Der Mensch will, die Landschaft will sein. Aber auch die tiefe Kenntnis von den Lebensregungen der Erde und ihrer Atmosphäre muß in ihm lebendig gewesen sein, ein Raumerlebnis, wie es dem Suchenden nur selten in der deutschen Malerei begegnet.

Aus seinen Bildern spricht mehr als nur Wald, Fels, Himmel und Meer.

Seine Landschaften sind wie die Personifikation seiner eigenen Erfahrung. Hat er nicht alles in sie hineingelegt, was ihm das Leben gab, was er erduldet, entdeckt? Da ist ein Bild, das mich immer wieder erschreckt: ein Mensch, der fast schon verloren unter einem riesigen Himmel steht, auf einem schmalen Streifen Sand, im Hintergrund das Meer. Muß ein solches Gemälde nicht wie ein Schock auf den damaligen Betrachter gewirkt haben, glich es nicht dem revolutionären Einbruch des Geistes in ein scheinbar ruhiges Gewässer?

Selbstbildnis um 1810 war für mich schon immer eine Offenbarung. Ein Maler, der mit dieser geistigen Überlegenheit das menschliche Gesicht malt, ist nicht nur ein Landschafter. Seine Augen sehen, was das Leben in ihm noch verbrennen wird.

Das Alter: »Man sah nichts als einen hölzernen Stuhl und einen Tisch«, schreibt sein Freund Schubert, »auf welchen die Gerätschaften seiner Arbeit standen. Kam einer zu ihm, den er wollte sitzen lassen, dann wurde aus der Kammer noch ein alter hölzerner Stuhl und, wenn zwei kamen, eine hölzerne Bank von dem Vorplatz bei der Treppe hereingetragen. Denn in der Kammer fand sich außer dem alten Stuhl auch nichts als ein diesem ebenbürtiger Tisch und ein Bett, über welches eine wollene Decke gebreitet lag.«

Friedrich wußte um das Unaussprechliche, vor dem jeder Künstler eines Tages steht. Bis in die letzten Stunden seines Lebens hat er gearbeitet, ohne Aussicht auf Belohnung. Wer zu einer solchen Aufgabe berufen ist, der fragt nicht nach dem Wie. Alles, was er in seiner Jugend an Farbenpracht gelebt, das Alter hat es getilgt; geblieben war die gradlinige Lebensführung, eine bescheidene Lebenshaltung, eine merkwürdige Mischung von verhaltenem Skeptizismus und Melancholie.

Die letzten Jahre seines Lebens waren eine dauernde Annäherung an das Meer.

Über hundert Jahre hat dieser Maler in den hinteren Reihen gestanden – und dann plötzlich diese Renaissance, diese Ausstellungen in Dresden und Hamburg. Zehntausend Menschen an einem Tag, junge Menschen, wer hätte das gedacht? Heute, da wir kaum noch Landschaften haben – Stadtlandschaften, ja –, sehnt sich der Mensch nach Bergen, Tälern und Flüssen, aus denen nicht das Entsetzen spricht.

Weißt du nicht sagt Liv, daß der Mensch, wo immer er auch lebt, vom Meer umgeben ist?

27. August

Das archaische Landschaftsbild ist auch auf Rügen im Verblassen. Metallene Riesenvögel ziehen durch die Luft, Kampfhubschrauber fliegen in Kirchturmhöhe über das Land, vor der Küste liegen die Zerstörer. Die inneren Spannungen, die eine solche Umwelt auslöst, gehen an keinem Menschen spurlos vorbei, sie übertragen sich auf sein Denken, Fühlen und Handeln.

5. September

Ich bin glücklich über den Sommer mit Liv, was sollte ich auch allein mit diesem ganzen Land, den Dünen, den Feldern, dem Meer? Ich weiß, ich verdanke ihr die Insel.

Wie oft schon habe ich mich gefragt, was uns zusammengeführt hat. Man sagt sehr schnell: Zuneigung, Liebe. Wer aber weiß, was damals wirklich in uns vorgegangen ist? Man ist sich begegnet, hat Gefallen aneinander gefunden, vielleicht hat man geglaubt, der andere öffnet dir ein Zimmer, das man noch nie betreten, das Fenster auf eine Landschaft, die man noch nie gesehen hat.

Liebe – kein anderes Wort in unserem Leben hat so viele Deutungen, Auslegungen, Widersprüche erfahren. Jeder sieht in ihm etwas anderes, das ihm Mögliche, ihm Zugemessene.

Bei Sex weiß jeder, worum es sich handelt. Da gehen die Männer von Frau zu Frau und starren wie gebannt auf das Stückchen Erotik, das in ihnen wetterleuchtet. Erotik allein bringt uns nicht über die Jahre. Vielleicht hat die Liebe die Aufgabe, in uns etwas auszulösen, das unter keinen anderen Voraussetzungen sonst möglich wäre. Liebe – eine Kraft, die unser Leben bereichert, steigert, erweitert.

10. September

Auch heute hat es den ganzen Tag geregnet, die Zweige tropfen noch. Warme feuchte Luft, Treibhausluft, steigt durch das Fenster. Nun kommen sie wieder, die Stunden der inneren Unruhe ...

Warum Swantow? Ist es die glückliche Verbindung zwischen dem Abgeschlossenen, Begrenzten, dem Haus, in dem ich wohne, wo man eingewoben ist in eine feste menschliche Beziehung, und dem Unendlichen, dem Meer? Ist es das Verlangen nach der Ebene, dem weiten freien Blick, wenn man durch die Felder geht? Oder ist das alles nur Täuschung? Wäre es nicht besser, sich eine Fahrkarte zu lösen, die glückliche Verbindung aufzukündigen, zurückzukehren in die Beziehungslosigkeit?

Ein paar Kilometer von hier entfernt, wo die F 96 durchs Land geht, von Stralsund über Bergen nach Saßnitz, ist alles viel einfacher, da scheint auch das Leben noch in Ordnung zu sein, die Rechnung aufzugehen, da fühlt man sich sicher, man fährt in der Kolonne, ein Auto hinter dem anderen, da sagt man sich: Auf dieser Straße kann dir nichts passieren, da kann auch in deinem Leben nichts schiefgehen.

Auf der F 96 ist es immer lebendig, da bist du niemals allein, auch nicht in der Nacht. Wenn du an einer Kreuzung stehst, mußt du einige Wagen an dir vorbeiziehen lassen, aber dann kommt bestimmt eine Lücke, die einzig und allein für dich offengelassen wurde, du mußt dich nur rechtzeitig einordnen, wie die anderen auch. Es genügt, wenn du die staubfilzige Rückseite deines Vordermannes im Auge behältst. Die Windschutzscheibe schützt dich vor der frischen Brise des Meeres, und wenn der Regen kommt, hast du noch immer den Scheibenwischer, der dir einen begrenzten Blick offenhält. Auf dieser Straße scheint auch die Richtung zu stimmen, selbst dann, wenn irgendwo am Straßenrand die Katastrophe auf dich wartet. Vergiß nicht, auch deinen Kindern mußt du es rechtzeitig sagen: immer nur schön auf der Straße bleiben, in der Kolonne, nur nicht ausbrechen, das führt zu nichts. Irgendwo werden sie schon ankommen, außerdem gibt es eine Autokarte, auf ihr ist alles fein säuberlich eingetragen.

Was willst du eigentlich, hat Liv zu mir einmal gesagt: die F 96 ist gut, sehr gut, Bitumendecke, wenig Schlaglöcher, es ist ja eine Tran-

Fischerboote an der Küste

sitstrecke, da haben Schlaglöcher nichts zu suchen. Wer aber weiß schon, daß man sich gerade vor den breiten, vorgegebenen Straßen in acht nehmen muß?

Unsere Gedanken haben keine Flügel mehr, sie haben nur noch Räder.

11. September

Es ist ein heißer, drückender Spätsommertag Wir steigen zum Königsstuhl auf.

An der ganzen Ostseeküste gibt es keinen anderen Ort, der meine Phantasie in den letzten Jahren so stark beschäftigt hat. Diese Felsen muß der Meeresgott selbst als Zeichen seiner Macht an der Küste zurückgelassen haben. Wollte er uns damit sagen, daß er jederzeit wiederkommen kann? Der Mensch und das Meer, diese beiden metaphysischen Wesenheiten, voller Unruhe und immer in Bewegung.

Das ist nicht mehr Rügen, sage ich zu Liv, hier hat die Natur zu dichten begonnen. Einen ganzen Tag müßte man hier oben verweilen, morgens, wenn die rosenfingerige Morgenröte über das Felsplateau geht, abends, wenn die Wege wieder still werden, das Meer weindunkel daliegt.

Der Königsstuhl ist ein mächtiger weißer Klotz, anstehende Kreide, nach drei Seiten hin Abstürze, für den Geologen noch heute von starker Anziehungskraft. Die einzelnen Schichten, das Unbehauene, die Felsbänder, die Übergänge, wie mit Indigo getönt. Vor dem Plateau, senkrecht, eine grüne Schlucht mit Schattenschlägen, Lichtreflexen. Zu einem riesigen Fächer ausgebreitet das Geäst der Eichen, die Blätter, nicht zählbar. Ganze Baumgruppen krallen sich hier fest, scheinen zwischen Erde und Himmel zu schweben. Am Strand Felsbrocken, Steine. Der Königsstuhl – eine Fermate über der silbernen Weite des Meeres.

Jahrtausende liegt dieser Fels unter dem Beschuß der Sonne. Das Licht grelle, leuchtende Glückseligkeit. Mir ist, als wäre ich auf einer ganz anderen Insel angekommen. Ein ionischer Mittag? Noch nie habe ich auf Rügen die mediterrane Atmosphäre so deutlich gespürt. Geographische und mythologische Wahrheiten gehen ineinander über. Ich fühle, wie meine kleine irdische Welt in allen Nähten aufreißt, wie die Jahrtausende in mein Leben einbrechen.

12. September

In den letzten Tagen ist es noch einmal Hochsommer geworden. Wir haben uns die Liegestühle auf die Terrasse gestellt und schauen den langsam dahintreibenden Wolken nach. Noch einmal beginnen die Rosen unter der Hitze zu duften, so schwer, so süß, als hätte der Wind den Duft von einem Rosenfeld zu uns herübergeweht.

Im Garten treibt der Hochsommer noch einmal neue Blüten hervor, die Forsythien fangen zum zweiten Male an zu blühen, die Kapuzinerkresse setzt an, die Heckenrosen stehen immer noch in dunkler Pracht und die Balsaminen – ein Blütenmeer.

Die Graugänse ziehen. Gegen Abend fallen sie ein in die Felder zur Äsung. Ich höre das Rauschen ihrer Flügel beim Niedergehn in die Wintersaat bis in den Garten.

14. September
Ein Spätsommertag, satt und still, so still, wie er in Swantow nur sein kann. Wir gehen am Kirchhof vorbei, die Dorfstraße entlang. Die Gänse haben ihren Kopf ins Gefieder gesteckt, das Sonnenlicht flockt in den Baumkronen, weiter draußen ist die Straße grau, geschottert, an den Ästen flimmert das Laub.

Der Weg führt uns durch die Felder in eine von Bäumen und Sträuchern bewachsene Senke. In dieser Mulde, so erzählt Liv, sammeln sich um diese Jahreszeit die Stare.

Schon aus der Ferne höre ich das Lärmen der Vögel.

Als wir in der Senke ankommen, traue ich kaum meinen Augen. Zu Hunderten sitzen sie in den Sträuchern, auf den Bäumen, unzählbar. Und wie sie dahocken, auf jedem Ast, jedem Zweig, schräg aufwärts, schräg hinab, ein lärmendes Durcheinander, gegeneinander, und immer dieses verhaltene Schwirren, Flattern, hin, her, her, hin, eine seltsame Art zu leben.

18. September
Die Felder sind leer, abgeräumt, randlos liegt die Erde vor dem Fenster da.

Irgendwo in dieser Weite rückt jetzt der Herbst auf uns zu, ganz langsam. Es ist gleichgültig, aus welcher Richtung er vorstoßen wird, er weiß, daß seine Zeit gekommen ist. Wir sitzen vor dem Haus, in der letzten warmen Mittagssonne, sind untätig und warten. Wir wissen, daß wir in seinen Augen nicht zählen, er hat Wichtigeres zu tun, als ein paar zurückgebliebene Urlauber mit seinem Farbnetz einzufangen. Er muß sich um die Herbstzeitlosen kümmern, muß nachsehen, ob sich die Raupen verpuppt, die Maulwürfe auch tief genug gegraben haben, auch einige Vögel sind noch da, ihr Abflugtag steht immer noch aus.

Für ein paar Tage scheint alles noch einmal aufzugehen, wir sitzen da und lassen es auf uns zukommen, leben in der Gewißheit, daß vieles in unserem Leben auf das Gleichnis hinausläuft. Wir wissen aber auch, daß das Gleichnis die umfassendere Wirklichkeit ist, es läßt keine Täuschung mehr zu.

Am Abend hat Liv im Wohnzimmer Feuer gemacht. Der Rauch aus

dem Schornstein vermischt sich mit dem aufkommenden Nebel. Der Mond kommt hoch, ein unförmiger Klumpen aus rotem Lehm.

20. September
Als ich heute früh aus dem Fenster sehe, sage ich zu Liv: Es ist Zeit, die Astern stehen im Nebel.

Es ist merklich still geworden, es flattert nicht mehr in den Bäumen, die Sonnenblumen sind ausgekernt, ihre Blütenteller schwarz, eine andere Jahreszeit kündigt sich an.

In allen Aufzeichnungen, die ich in diesem Sommer geschrieben habe, wohnt etwas von dem Dank gegenüber dem Leben, den man erst im Fortschreiten der Jahre begreift.

1. Oktober
In diesen Tagen wird mir von neuem bewußt, daß ich mein Leben nicht mehr so leben kann wie früher, ich habe zu den Dingen eine eigenartige Distanz gewonnen, vieles kommt anders an, berührt mich nicht mehr so direkt, Freude und Schmerz sind verhaltener.

Je älter ich werde, um so mehr werde ich mir der inneren Intensität des Lebens bewußt. Früher lag sie in der Berührung, begann mit der Annäherung, verkörperte sich in den greifbaren Dingen, hatte Gestalt, Farbe, Form. Heute läßt man sich von der Welt nicht mehr so schnell einfangen, da ist alles etwas ruhiger geworden, die Leidenschaften haben sich verloren, die Stille macht das Leben intensiver, und plötzlich erkennt man, daß im Grunde das Denken die Intensität des Lebens ausmacht, man sieht, wie es durch den Menschen hindurchgeht, dauert, pulsiert...

Der Mensch ist nicht nur ein Geschöpf der Erde, ihr Leibeigener, er ist immer auch ein Geschöpf das Himmels, das über die Erde hinausweist.

3. Oktober
Swantow wird winterfest gemacht. Liv hat die Vorhänge abgenommen, Fußmatten und Teppiche werden geklopft, die Fensterläden von innen her verschraubt. Am Tag der Abreise ist viel zu tun, da schlep-

pen wir unseren eigenen Schatten durch ein ungemütlich gewordenes Heim.

Am späten Nachmittag setzen wir uns noch einmal auf die Terrasse. Wir haben den Pullover übergezogen, es ist kühl. Keine Graugänse mehr, der Himmel ist leer.

Wir wissen: jedes Leben hat seine Frist, es gibt keinen Aufschub, es ist Herbst, aus dem Laub der Bäume zieht sich die Kraft zurück in den Stamm. Jetzt, wo alles etwas kahler wird, fällt auch das Licht wieder in die Seele.

So vieles wurde auch in diesem Sommer noch nicht gesagt, man wird wiederkommen müssen, weil auch das Ungesagte auf den Menschen wartet.

Dieter Kraatz

Breeger Hecht & Co. – Köstlichkeiten einer Inselküche

Zur Geschichte der Gerichte

Was ist charakteristisch für die Rügener Küche?

Sie wird im wesentlichen bestimmt durch den Fischfang in der Ostsee und den Fischreichtum der Boddengewässer.

Und was wäre die Inselküche ohne ihre Fischgerichte?

Man kannte über 70 Fischarten. Hering, Goldbutt, Scholle, Steinbutt, Seezunge, Hecht, Schleie, Karpfen, Barsch, Karausche, Aal und Ostseelachs waren sehr verbreitet. Der wichtigste Fisch aber war und ist auch heute noch der Hering.

Wie wurde nun der Fisch verarbeitet beziehungsweise haltbar gemacht?

Aus dem 17. Jahrhundert ist bekannt, daß die Fischer den Hering gesalzen haben. Das geschah im »Solthuus«, dem Salzhaus, einem kleinen rohrgedeckten Schuppen in Ufernähe.

Nach Grümbke wurde der Salzhering auf Rügen auch Schellhering genannt. Die Bauern kauften grüne Heringe und salzten sie für den eigenen Bedarf ein. In den Mönchguter Dörfern kamen auch Aal und Flunder in die Salztonne, die dann als »Peekaal« und »salten Flunner« gekocht verzehrt wurden.

Das Räuchern der Fische ist mindestens schon seit dem 17. Jahrhundert bekannt, denn aus der schwedischen Landesmatrikel dieser Zeit für Rügen geht hervor, daß in einem Falle der Grundherr einen Räucherlachs als jährlichen Zins erhielt.

Zöllner notierte 1795 auf seiner Rügenreise, daß die Hiddenseer und die Einwohner von Vitt auf der Halbinsel Wittow den Hering räucherten und als Bückling verkauften.

Man nannte ihn auf Rügen »Spickhering« und räucherte ihn im

Rauchfang des Hauses. Das hat Zöllner 1795 so erlebt: »Die Küche war dergestalt voll Rauch, daß wir kein Auge darin öffnen konnten. ›Das müßte sein‹, sagte der Bauer, ›um Schinken, Fische und Netze zu räuchern.‹«

Wogende Kornfelder prägen den Charakter der Insellandschaft. Und das sah auch schon Grümbke 1815 bei seinen »Streifzügen durch das Rügenland«, als er auszeichnete: »Das Land erzeugt alle Arten des Getreides, vornehmlich Weizen, Rocken, Gerste, Hafer, Erbsen (weiße und graue), Wicken und Buchweizen, hie und da auch Linsen und Hirse.«

Und er bemerkte: »... etwas Rübensaat und Kartoffeln in unendlicher Menge«. Dieser Siegeszug der Kartoffel auch im Rügenland muß ihn sehr beschäftigt haben, denn noch in seinen die »Streifzüge« untermalenden Briefen von Rügen lesen wir:

»Und auf den Brachfeldern hat man Kartoffeln, die überhaupt in ungeheurer Menge gebauet werden, da sie eine Lieblingsspeise des geringen Mannes sind, zu pflanzen angefangen.«

Die Rügener Küche ist auch durch die schon seit Jahrhunderten bodenständige Geflügelzucht mit Gänsen, Enten, Puten und Hühnern geformt worden. Grümbke hebt 1815 besonders die Gänse hervor: »Unter den zahmen Vögeln verdienen die Gänse eine besondere Erwähnung.« Sie sollen auch wesentlich größer als im südlichen Deutschland gewesen sein.

Als Spickgänse waren sie bereits damals eine begehrte Delikatesse, sogar im Ausland. Wenig schmeichelhaft klingt allerdings, was Thomas Kantzow in seiner Chronik aus dem Jahr 1537 über Rügen behauptete: »Das Land hat sonst nichts Namhaftiges allein daß es viele und große Gänse hat.«

Von dem »eßbaren Federwild« auf Rügen erwähnte Grümbke: verschiedene Arten große und kleine Schnepfen, Krammetsvögel, Gänse, Enten, Krickenten, Rebhühner, Brachvögel und Wachteln. Amseln, Gelbdrosseln, Ammern und Stare wurden ebenfalls verzehrt.

Natürlich hat auch Rügen keine eigenständige Küche. Deutlich spürbar ist überall der Einfluß der mecklenburgischen und der ehemals pommerschen Küche. Manche Mecklenburger Gerichte haben jedoch ihren Ursprung auf der Insel Rügen. Nahrhafte und zugleich wohlschmeckende Gerichte sind entstanden. Bescheiden sind manche Speisen, weil man mit dem auskommen mußte, was die Natur lieferte und was die Lebensbedingungen zuließen. Welche traditionellen Küchenbräuche und Verzehrgewohnheiten sind überliefert beziehungsweise heute noch bekannt?

Die Mönchguter Küche

Die kulturgeschichtlich am meisten beschriebene Region von Rügen ist Mönchgut, die südöstliche Halbinsel. Hier auf Mönchgut haben sich mehr als anderswo auf der Insel bestimmte typische Sitten und Bräuche erhalten, zum Beispiel die Mönchguter Tracht, die noch im vergangenen Jahrhundert getragen wurde. Auch kulinarische Besonderheiten sind hier bewahrt.

Wie überall auf Rügen verzehrte man üblicherweise meist selbstgewonnene oder selbsterzeugte Nahrungsgüter.

Max Besch, Jahrgang 1909, geboren in Alt-Reddevitz, berichtet: »Mein Vater war Fischer und Bauer, und auf den Tisch kamen daher Fisch und Selbstgeschlachtetes.«

Wir keinen eigenen Hof besaß, bei dem waren die Gerichte bescheidener. Vier Mahlzeiten nahm der Mönchguter in der Regel am Tage ein. Das Frühstück bestand aus gesalzenem oder gedörrtem Fisch mit Kartoffeln. In der besonders harten Erntezeit – wo der Arbeitstag vom ersten Tageslicht bis zum Einbruch der Dunkelheit dauerte – bereicherte ein zweites Frühstück mit Speck und Wurst den Speisenzettel des Tages.

Zum Mittag gab es gewöhnlich feingeschnittenen Kohl mit Gersten- oder Buchweizengrütze und etwas Pökelfleisch. Anderes Gemüse außer Kohl war bis in das 19. Jahrhundert hinein nicht üblich, denn »Grönfauder ät wi nich« (Grünfutter essen wir nicht). Wer es sich leisten konnte, bei dem kam noch eine Grützsuppe mit Buttermilch oder Quark mit süßer Milch auf den Tisch, im Volksmund »Dick und dünn« genannt.

Zu dieser Hauptmahlzeit versammelten sich Bauernfamilie und Gesinde um den kleinen Tisch in der Döns (heizbare Stube im alten Bauernhaus). Die Kinder mußten beim Essen stehen. Alle aßen aus einer Schüssel oder von Holztellern mit Holzlöffeln, die nach dem Gebrauch sauber abgeleckt wieder in die Lederösen am Tisch gesteckt wurden, während die Männer die benutzten Messer im Stiefelschaft oder in der Hosentasche aufbewahrten, die Frauen im Brustlatz.

Es ist für Mönchgut überliefert, daß etwa bis zur Mitte des vergangenen Jahrhunderts das Mittagessen nur zweimal wöchentlich frisch gekocht wurde: In einem großen Kessel wurde eine so reichliche Mahlzeit zubereitet, daß sie für mehrere Tage reichte und jeweils nur wieder aufgewärmt wurde.

Das Essen war wenig abwechslungsreich, und nur der Sonntag machte eine Ausnahme. Zu Salzfleisch gab es Salzkartoffeln mit Pökel- oder Zwiebelsoße, im Frühjahr kamen auch mal Eierkuchen mit Backpflaumen auf den Tisch.

Nachmittags aß man zum Kornkaffee Brot mit Butter oder Schmalz. Der geringe Landbesitz, hohe Abgaben an die Grundherren, die Ertragsarmut der Felder und anderes mehr zwangen zu größter Sparsamkeit. Den Tag beschloß gegen 9.00 Uhr abends die »Nachtkost«: Salzhering mit Pellkartoffeln und Gerstensuppe.

Der nördliche Teil – Wittow

Wandern wir weiter auf unserer kulinarischen Reise in den Norden, zur Halbinsel Wittow.

Es versteht sich, daß der Hering auch für die Wittower ein Hauptnahrungsmittel war. Ob zu Pellkartoffeln, zur Kartoffelsuppe oder zu anderen Eintöpfen, stets gab es ein Stück Salzhering dazu.

Aber auch andere Fischarten spielten eine Rolle bei der Ernährung der Wittower, so – je nach Jahreszeit – Steinbutt, Flunder, Hecht oder Dorsch.

Steinbutt war zu Pfingsten ein Lieblingsgericht, und blühten die Erbsen, hatte die Flunder ihre große Zeit. Im Volksmund heißt es, daß die Flunder in den Monaten ohne »R« am besten schmeckt, der Dorsch dagegen in den Monaten mit »R«.

Diese Volksweisheiten gelten heute noch.

Der Hecht war schon früher zu Festlichkeiten beliebt. Im ganzen zubereitet, bildete er oft den Auftakt zu einer Hochzeit.

Auch der Aal hatte im Leben der Fischer auf Wittow eine gewisse Dominanz. Gebraten, geräuchert oder gekocht wurde er zubereitet.

Wie variabel kann man Pökelaal zubereiten? Auf Wittow war er zum Beispiel mit süßsaurer Soße besonders beliebt.

Eine große Rolle im Leben der Wittower spielte das Abendessen, besser gesagt, die Milchsuppe. Gegessen wurde sie überall auf der Insel, aber wohl kaum in so vielen Varianten wie hier.

Der südliche Teil – Zudar

Einige Meilen südlich von Hiddensee, an der alten Hansestadt Stralsund vorbei, gelangt man zum Südteil der Insel, nach Zudar. Wohl kaum eine andere Region von Rügen hat ihre Natürlichkeit so rein bewahrt. Schon Ernst Moritz Arndt, der in Schoritz am Eingang zur Halbinsel Zudar geboren wurde, hat in seinen Gedichten die einmalige Landschaft beschrieben.

Als besonderer Brauch hatte sich der Johannimarkt am 24. Juni in Garz, der in dieser Region ältesten Stadt der Insel, herausgebildet. Drei Tage lang ging es in der Stadt hoch her. Handwerker, Bauern und Fischer boten ihre Waren an. Buden, Karussells und andere Volksbelustigungen sorgten für Unterhaltung.

Ein großer Teil der Bewohner auf Zudar lebte von der Fischerei. Schon im Mittelalter schlossen sich die Zudarer Fischer zu sogenannten Kompanien (Reusenkompanien) zusammen, um die Reusen gemeinsam zu nutzen. Überhaupt ist die Reusenfischerei in den Küstengewässern von Rügen recht verbreitet.

Besondere Bedeutung kam dem Heringsfang zu, der überwiegend dem Eigenverbrauch diente. Seit dem Einsatz von Baumwollnetzen konnten ebenso Barsch und Hecht gefangen werden.

Da auch auf Zudar im Verlaufe des Jahres in der jeweiligen Fischfangsaison nur begrenzt gefischt werden konnte, betrieben die dort wohnenden Menschen nebenher Viehwirtschaft. Die Haltung von Gänsen, Schweinen und manchmal einer Kuh war ein zusätzlicher Broterwerb. Mit einem Stück Ackerland wurde für das notwendige Futter gesorgt.

Diese Lebensweise prägte auch die kulinarischen Gepflogenheiten.

Sie unterschieden sich zwar nicht wesentlich von denen in den anderen Teilen der Insel, doch sind Eigenheiten festzustellen.

Viele Nahrungsmittel wurden haltbar gemacht. Salzen, Pökeln und Räuchern waren die am meisten angewandten Methoden. Trotz des umfangreichen Heringsfangs auf Zudar holte man sich den Herbsthering für die Winterbevorratung von Mönchgut, dort war er fetter und besser haltbar zu machen. Außer sonntags fehlte der Herbsthering kaum bei der täglichen Mittagsmahlzeit, die aus Pellkartoffeln und Schusterstippe bestand.

Zu einem besonderen Höhepunkt gestaltete sich stets das Schlachten in der Regel ein bis zwei Wochen vor Weihnachten. So ein typisches Schlachtfestessen bestand aus Wellfleisch, Brot, Senf und einem Schnaps.

Auch zu bestimmten Jahreszeiten hatten sich auf der Insel traditionelle Speisen eingebürgert.

Am Karfreitag ißt man oft heute noch gekochten Hecht. Man sagt: »Wer am Karfreitag Hecht ißt, den beißen die Mücken das ganze Jahr nicht.« Es wurde allerdings auf Zudar bisher keiner gefunden, der dies bestätigt hätte.

Die Halbinsel Jasmund

Fliegt man wie die Wildgänse symbolisch weiter in Richtung Norden, so gelangt man zur Halbinsel Jasmund. Typisch für sie ist ihr Kreidereichtum.

Mittelpunkt für Jasmund ist Saßnitz, heute die größte Industriestadt von Rügen. Als einer der ältesten Badeorte Rügens gab diese Stadt der ganzen Insel ihr Gepräge und übt auch heute noch nachhaltigen Einfluß auf das Leben ihrer Bewohner aus. Die kleine Stadt entstand 1906 aus den Ortschaften Crampas und Saßnitz. Saßnitz war ursprünglich eine Fischersiedlung, seine Einwohner lebten vom Fischfang. Außerdem besaßen sie etwas Land zum Anbau von Kartoffeln und Gemüse.

Gekocht wurde am offenen Feuer. Die Wasserpumpen und Backöfen befanden sich zentral auf dem Marktplatz und wurden von jeder Familie benutzt.

Saßnitz war ein relativ kleiner Ort. Seine Einwohnerzahl wuchs nur langsam.

Im Sommer des Jahres 1824 weilten die Familienmitglieder des bekannten Berliner Theologen Schleiermacher als Badegäste längere Zeit in Saßnitz.

Damit begann die Entwicklung des Seebades Saßnitz.

Besonders anziehend wirkte auf die Gäste »die romantische Lage des Ortes in der Bergschlucht«.

Allerdings schrieb Ernst Boll noch 1858:

»Das Dorf ist so versteckt, daß man es kaum gewahrt, bevor man an den Rand der Schlucht getreten ist. Die Häuser mit ihren Ställen und Dunghöfen liegen daher sehr zusammengedrängt, wodurch die Frische der Luft sehr beeinträchtigt wird; die überdies auch noch durch den Rauch, in dem Bücklinge, Flickheringe, Spickflundern und Spickaale bereitet werden, keine angenehme Zugabe erhält.«

Zwischen 1860 und 1890 verwandelte sich das Fischerdorf in einen modernen Badeort mit Gasthäusern, Hotels, Pensionen und sogenannten Logierhäusern. Das blieb nicht ohne Einfluß auf die kulinarischen Gewohnheiten der Menschen. Wie kaum anderswo auf der Insel kamen nun auch fremdländische Speisen auf den Tisch. Aber in den kleinen Pensionen verabreichte man heimatliche Speisen, von denen einige noch heute begehrt sind.

Rezepte

Suppen

Wittower Kartoffelsuppe

1000 g geschälte Kartoffeln	125 g Butter
250 g Suppengrün	3 Bund Petersilie
(Sellerie, Möhren, Porree)	4 Lungwürste
2 Zwiebeln	

Das Suppengrün mit den Zwiebeln in Streifen oder Würfel schneiden und in Salzwasser garen. Dann die in kleine Würfel geschnittenen Kartoffeln hineingeben und ebenfalls garen. Zum Abschluß die Butter und die feingehackte Petersilie hinzufügen. Die Lungwurst in der Suppe erhitzen und sehr heiß servieren.

Rügener Aalsuppe

750 g Aal	100 g Butter
Salz	50 g Mehl
2 große Zwiebeln	$1/4$ l Milch
2 Petersilienwurzeln	

Den gut geputzten und gewaschenen Aal in größere Stücke schneiden. Die Petersilienwurzeln mit Zwiebelscheiben in Salzwasser kochen. Danach den Aal hineingeben und ebenfalls garkochen. Aus der Butter und dem Mehl eine helle Schwitze bereiten, mit der Milch und dem Fischsud aufgießen und gut durchkochen. Den Aal als Einlage in die Suppe geben.

Heringshappen

Jasmunder Pfefferhering

8 bis 10 grüne Heringe Salz, Pfeffer
½ l Essig 4 große Zwiebeln in Scheiben

Die grünen Heringe säubern, ausnehmen, Kopf und Schwanz entfernen. Nochmals gut waschen, abtropfen lassen und 4 Stunden in Essig garen lassen. Dann die Heringe herausnehmen und entgräten. Die so entstandenen Filets in einen Steintopf oder eine Steingutschüssel schichten in der Reihenfolge: Hering, Zwiebeln, reichlich Pfeffer, Hering, Zwiebeln, Pfeffer usw. Die letzte Schicht muß aus Zwiebeln bestehen. Dann das Ganze entsprechend beschweren und einige Tage stehen lassen. Frischgemahlener Pfeffer eignet sich besonders gut.

Pikante Heringsfilethappen Saßnitzer Art

10 grüne Heringe Senfkörner
Essig, Salz, Zucker ½ Glas Gewürzgurken
150 g Zwiebelscheiben

Die Heringe ausnehmen, waschen, filetieren und einige Zeit wässern. Die so behandelten Filets in einer Lösung aus ⅔ Essig und ⅓ Wasser etwa 12 Stunden garen. Die Filets müssen dann weiß sein. Danach in einem Sieb gut abtropfen lassen und in eine Schüssel schichten. Zwischen die einzelnen Schichten eine aus einem Teil Salz und drei Teilen Zucker bestehende Mischung streuen, dazu reichlich Senfkörner und Zwiebelscheiben sowie in dünne Scheiben geschnittene Gewürzgurken. Die so geschichteten Heringe mit einem Teller beschweren und mindestens 12 Stunden im eigenen Saft stehenlassen. Als Beilage Brot oder Bratkartoffeln.

Saßnitzer Räucherhering

3 Eigelb
1 ½ Tasse saure Sahne
2 Teelöffel Senf
1 Teelöffel Öl

1 Eßlöffel Essig
2 Eßlöffel Zwiebelwürfel
Pfeffer, Zucker
4 Bücklinge

In einer Schüssel die Eigelbe verrühren und alle weiteren Zutaten nach und nach unterrühren. Die Bücklinge abziehen, entgräten und in 2 Hälften filetieren. Die Filets in Streifen schneiden und in die Marinade legen. Nach 2 bis 3 Stunden ist das Gericht verzehrfertig. Landbrot oder auch Pellkartoffeln sind als Beilage geeignet.

Saßnitzer Heringsklopse

4 altbackene Brötchen, eingeweicht und ausgedrückt
300 g gekochte, kalte Kartoffeln
gewässerte, entgrätete und abgezogene Heringe
1 Ei
1 Teelöffel Kapern, gehackt
1 Bund Petersilie, gehackt
50g Öl

Zur Soße:
50 g Butter
45 g Mehl
¼ l Fleischbrühe
1 bis 2 Eßlöffel Senf
Salz, Pfeffer, Zucker

Die Brötchen, Kartoffeln und Heringe wolfen und mit dem Ei, den Kapern und der Petersilie zu einer Masse verkneten. Je nach Bedarf noch etwas Semmelmehl hinzufügen. Flache Klopse formen und beidseitig in Öl braten. Dann eine Senfsoße herstellen. Dazu aus der Butter und dem Mehl eine blonde Schwitze bereiten, mit der Brühe ablöschen, gut durchkochen, den Senf unterrühren, mit den Gewürzen abschmecken und nochmals aufkochen. Salzkartoffeln und grüner Salat eignen sich als Beilage.

Fisch- und Geflügelspezialitäten

Breeger Hecht mit brauner Butter

1 ganzer Hecht	2 Zwiebeln
250 g Suppengrün	250 g Butter
Salz	3 Teelöffel gehackte Petersilie

Den Hecht (etwa 1500 g) gut schuppen und ausnehmen, Kopf und Schwanz nicht entfernen. In einer großen Pfanne aus dem Suppengrün, den Zwiebeln, Wasser und Salz einen Fischsud bereiten und darin den Hecht im ganzen kochen. Auf einer großen Platte anrichten, mit der gehackten Petersilie bestreuen und mit der gebräunten Butter übergießen. Der Hecht soll in der Butter »schwimmen«. Dazu gibt es Salzkartoffeln.

Jasmunder Pflückhecht

1000 g küchenfertiger Hecht	50 g Mehl
150 g Suppengrün	1 Eßlöffel Kapern
3 Eßlöffel Essig	1 Eßlöffel gehackte Petersilie
1 Lorbeerblatt	1 Zitrone
4 Gewürzkörner	Salz, Pfeffer, Zucker
1/8 l saure Sahne	Muskat zum Würzen
60 g Butter	

1 1/2 l Wasser mit Salz und Essig würzen, das Suppengrün und die Gewürze hinzugeben und 10 Minuten aufkochen lassen, dann den Hecht hineinlegen und bei mäßiger Hitze etwa 20 Minuten garen. Den Hecht herausnehmen und in fingergroße Stücke zerpflücken. Am Herdrand warmhalten. Aus der Butter und dem Mehl eine blonde Schwitze herstellen, mit 1/4 l durchgesiebter Fischbrühe auffüllen und etwa 10 Minuten ausquellen lassen.

Die Soße mit saurer Sahne, dem Saft einer halben Zitrone, Salz, Pfeffer, Zucker und Muskat abschmecken. Die restliche halbe Zitrone schälen und in Scheiben schneiden. Diese zusammen mit den Kapern und der Petersilie in die Soße geben. Dann die Hechtstücke hineingeben und noch einmal gut erhitzen.

Dillkartoffeln und grüner Salat sind als Beilage zu empfehlen.

Zudarer Wildgans

1 Wildgans	50 g Butter
Salz	20 g Kartoffelmehl
Speck	

Die gut gesäuberte und ausgenommene Gans salzen und mit einem Salbeistengel füllen. In einen Schmortopf den in Scheiben geschnittenen Speck geben und erhitzen. Darauf die Gans legen und mit der zerlassenen Butter übergießen. Dann die Gans in etwa 1 1/2 Stunden garschmoren. Den entstandenen Fond mit Kartoffelmehl binden. Handelt es sich um ein älteres Tier, sollte man vor dem Schmoren die Haut abziehen. Salzkartoffeln und Rotkohl oder süßsaure Kompotte eignen sich als Beilage.

Süße Spezialitäten der Insel

Rügener Kliebensuppe (Klackerklieben)

1 l Milch	*Für die Klieben:*
etwas abgeriebene Zitronenschale	100 g Mehl
	2 Eier
	1/2 Eßlöffel Zucker
	1 Prise Salz

Die Milch mit dem Zitronenabrieb zum Kochen bringen. Währenddessen aus dem Mehl, den Eiern sowie Zucker und Salz unter Zuhilfenahme von etwas Wasser einen dicklichen Rührteig herstellen. Diesen Teig langsam in Fäden in die kochende Milch einlaufen lassen und bei mäßiger Hitze weiterkochen lassen. Sind die Klieben an die Oberfläche aufgestiegen, ist die Suppe fertig. Klackerklieben ißt man zum Frühstück und zum Abendbrot.

Rote Grütze auf Jasmunder Art

1000 g rote Früchte	100 g Zucker
(Johannisbeeren, Himbeeren,	100 g Maisan
Brombeeren, Erdbeeren, Sauerkirschen)	1/8 l Rum

Die Früchte verlesen, waschen und entstielen, Kirschen entsteinen. Abtropfen lassen und eine Tasse voll abnehmen. Die restlichen Früchte mit etwa 1 l Wasser und 80 g Zucker gar kochen, aber nicht verkochen. Maisan mit 2 Eßlöffel kaltem Wasser anrühren und damit die Grütze binden. Noch einmal kurz aufkochen, den Rum danach hinzugeben. Die vorher abgenommene Tasse Früchte (mit dem restlichen Zucker) mittels einer Gabel zerdrücken und unter die Grütze heben. Sahne oder Vanillesoße, gegebenenfalls auch Milch dazu reichen.

Heinz Knobloch

Mal kurz nach Rügen

Für Langschläfer gibt es einen schönen Zug. Er fährt 10 Uhr 45 in Stralsund ab und ist schon gegen 11 Uhr 22 in Bergen. Mal kurz in Bergen, das seinen Namen wegen der Straße hat, die immerzu bergan führt, an allerlei Geschäften vorüber zum Marktplatz mit Brunnenfigur, Fachwerks-Inschrift und Ausruhebänken. Neben der Kirche freistehend alte Grabsteine, im Halbkreis, wie zum Gespräch.

Bis Putbus braucht die Bahn dann ganze siebzehn Minuten. Fährt an Farn und hohen Brennesseln vorbei. Und an einer Nerzkaserne. Da hokken sie ausbruchsicher und luftig vergittert: Mäntel, sorgsam gefüttert.

Mittagessen in Putbus. Im »Rosencafé« gibt's Eisbein, was kein Stilbruch ist, sondern fast unser Sommer. Die Rosen stehen im Garten, der in den Park übergeht, in den berühmten und denkmalgepflegten Park von Putbus, der wie etliche seinesgleichen die Umgruppierung vom französischen zum englischen Garten bewältigt hat und es dabei bewenden lassen möchte.

Im Park ein aus roten Ziegeln gemauertes Mausoleum, eine strahlend weiße Orangerie mit Marmorlöwen als Vorstehhund. Marstall, Springbrunnen und Standbild. Alles, was ein kleines Fürstentum als Erstausstattung benötigt. Überm See eine Freitreppe mit Balkon und Pergola. Alles ist da. Nur das Schloß fehlt. An seiner Stelle entstand eine feuchte Wiese mit Maulwurfshaufen. Maulfaul werden die einen, redefroh mehrere, wenn man herumfragt, weshalb das Schloß um 1960 abgetragen wurde. Schwammbefall? Wer sagt's denn, wer schreibt's mal? Aber nicht: Schwamm drüber.

Seltsames Putbus. An der Kirche steht: »Bitte Abstand halten.« Sonst ist man an diesen Einrichtungen das Gegenteil zu lesen gewohnt. Doch es handelt sich um Materie, die aus dem Mauerwerk herabfallen könnte.

In Putbus – seit 1960 ist es Stadt – begannen die Gründerjahre 1810 und mit dem Lineal, dessen Anwendung sichtbar ist an den Eichenalleen, die sternförmig zum Mittelpunkt eines runden Platzes führen, zu einem Obelisk. An seinem Sockel berichten zwei Inschriften von damals und eine von heute. Die vierte Seite blieb für morgen frei.

Rings um diesen weiten, vormals Cirkus genannten Thälmannplatz stehen in weißer Ruhe klassizistische Gebäude. In einem von ihnen, in der Poliklinik, wirkte vor Jahren ein Arzt, den der Volksmund »Doktor Ruck« nannte, weil er den Leuten knackend die schiefe Wirbelsäule einrenkte und manches geradebog. So einen Ruck müßte es geben statt (strenger) Rügen.

Auf dem Bahnhof Putbus will ein Zweiwagenzug nun doch die restlichen 2,3 Kilometer zur Endstation fahren. Nur fünf Minuten bis Lauterbach. Das ist nicht jenes Lauterbach, in dem das Volkslied seinen Strumpf verloren hat, sondern haushohe Stapel offener Holzkisten warten auf Fischers Fritzes frischen Fang. Hier riecht es nicht wie in der Berliner S-Bahn, wenn sie aus Oranienburg kommt, sondern nach richtigem Fisch.

WOLFGANG NAGEL

Real existierendes Rügen

Es hätte auch eine Reise in die Romantik werden können. Rügen kannte ich nur von der abendlichen Fernsehwetterkarte als ausgefransten Fladen in der Ostsee, unübersehbar die größte deutsche Insel. Und als Schauplatz der Romantik. Caspar David Friedrich, der Maler aus Greifswald vom Festland gegenüber, ist hier zwischen 1801 und 1826 gewandert, durch Buchenhaine, an den Steilküsten der Ostsee entlang und über die Strände der Bodden. Einmal begleitete ihn sogar, mit dem Skizzenblock im Gepäck, Philipp Otto Runge, der andere große Romantiker aus Pommern, der das Altarbild für eine Rüganer Fischerkirche malte.

Es wäre fast eine romantische Reise geworden. Wo gibt es denn noch so was: Die Bäche sind nicht begradigt. Die Knicks nicht gerodet. Die Feldwege nicht zugepflastert. Die Schilfgebiete nicht ausgetrocknet. Die Strände nicht teerverschmiert. Die Ufer nicht übervölkert. Kilometerweit fahren wir auf dichten Alleen wie durch grüne Tunnel über Land, an zaunlosen Feldern und Weiden entlang.

Wir tuckern morgens um fünf mit den Fischern von Ummanz hinaus zum Reusenheben. Wir wandern durch Wälder, zwischen deren Buchenstämmen es blau leuchtet und man nicht weiß: Ist's der Himmel oder die See? Wir trinken Kaffee beim 97jährigen Senior der Insel, Hermann Mehls, in einem Fachwerkhaus, das mindestens doppelt so alt ist wie er. Wir fahren abends mit dem Bürgermeister von Baabe hinaus auf den Greifswalder Bodden – er hat einen alten Eisenkahn über die Jahre im Eigenbau komplettiert und die Kajüte mit dem Oberteil eines Trabant Kombi gekrönt – und beobachten einen einsamen Surfer auf weiter, spiegelnder Fläche. Wir streifen durch Fischerdörfer mit reetgedeckten, grauverputzten Häusern. Keine Glasbausteinsünde, keine Wellplastikwand, keine Panoramafenster-Verschandelung stören die Idylle. Ich kann den Steuerberater verstehen, den ich an einem Dorfrand vor seinem goldenen Mercedes mit Pforzheimer Kennzeichen treffe; er ist auf Rügen geboren und macht jedes Jahr ein paar Tage Urlaub auf der Insel. »Hier ist die Natur noch Natur«, sagt er. »Seit ich Kind war, hat sich kaum etwas verändert.«

Natürlich wandern wir auch dorthin, wo Rügen am romantischsten ist, zu den Caspar-David-Friedrich-Felsen, mit dem Maler als Reiseberater, dessen Element »die Dämmerung war«, wie sein Freund Carl Gustav Carus notierte: »Früh im ersten Morgenlicht ein Spaziergang und ebenso ein zweiter abends bei oder nach Sonnenuntergang: das waren seine einzigen Zerstreuungen.« Wir lassen uns um 3.15 Uhr vom Hoteltelefon wecken, fahren in den Stubnitz-Wald.

Kein Auto auf dem Parkplatz, keine Menschenseele in der HO-Gaststätte. Vögel zwitschern. Das erste Morgenlicht kommt wie von unten durch die Buchenstämme. Wir gehen hoch zu der Stelle, wo das Land abbricht und hundert Meter senkrecht zur See abfällt. Links verläuft der Zaun eines militärischen Sperrgebiets, dahinter ein Wachtturm ohne Wächter. Wir wenden uns nach rechts und wandern das wohl berühmteste Stück Ostseeküste ab. »Königsstuhl«, »Stubbenkammer« (= slawisch: Stufenfelsen), »Wissower Klinken«. An einem der Aussichtspunkte – »Victoria-Sicht vom Könige Wilhelm I. hier benannt am 10. Juni 1865« steht auf einem Stein – lagern zusammengekauert zwei Schlafsackwanderer, die für die Nacht kein Quartier mehr bekommen haben. Ich muß lächeln: Auf Rügen ist es verboten, »wild« zu campen, aber gerade hier, wo sich tagsüber die Touristen auf die Füße treten, merkt es keiner.

Und die Schlafenden merken nicht, welches Schauspiel unmittelbar vor ihrer Lagerstatt abläuft.

Durch Wolkenstreifen kämpft sich der Sonnenball höher, so schnell, daß man zusehen kann, illuminiert die brüchigen Kreidekanten unter uns, arbeitet bizarre Vorsprünge heraus und schrundige Spalten, ein Relief, von der Natur modelliert, in warmem Weißgelb widerleuchtend. So hat Caspar David Friedrich die Kreide gemalt, so werden die meisten Besucher sie niemals sehen, denn nur der Frühaufsteher wird mit diesem Anblick belohnt.

Das Meer ist still. Möwen und Schwäne dümpeln wie im Schlaf.

Wir gehen weiter zu den Wissower Klinken, dem zweiten imposanten Kreideküstenabschnitt. Blickt man dort steil hinunter, sieht man im Meer die weißgrüne Trübung von den herabgefallenen Kreideplacken. Wind und Wasser formen noch immer diese Küste. Jedes Jahr bricht irgendwo ein Stück ab. Manchmal stürzen Bäume mit in die Tiefe. Einige schlagen am Strand wieder aus, während oben, an der Abbruchkante, die Grasnarbe wie eine Teppichecke über die Kreidekante hängt.

Etwas weiter draußen im Meer, in gleichbleibendem Abstand zum Ufer, zieht sich eine matte, regenbogenschillernde Spur durchs Wasser: Öl. Am Horizont kommt eine der Fähren aus Schweden, die sechsmal täglich zwischen Trelleborg und Saßnitz pendeln. Sonst ist kein Boot in Sicht.

Es geht auf acht Uhr zu. Der Himmel zieht ein gleichmäßiges Blau auf, die Felsen verlieren in dem immer steileren Licht an Kontur. Noch etwas später, und sie werden im Schatten liegen. Die Wanderer an der »Victoria-Sicht« stecken noch in ihren Schlafsäcken. Als wir zum Frühstück ins Hotel zurückfahren, kommen uns die ersten Urlauber entgegen, bepackt mit Badesachen, Handtüchern und zusammengerollten Schutzplanen gegen den Wind.

Was heißt hier Romantik! Rügen ist eine Badeinsel, ein Erholungsgebiet, ein Ferienort. 85 000 Einwohner hat die Insel und für 90 000 Gäste Übernachtungsmöglichkeiten auf Zeltplätzen, in Betriebs- und Gewerkschaftsheimen, in Privatunterkünften und zwei Jugendherbergen. Hotels gibt es kaum. An den 570 Küstenkilometern verteilen sich jedes Jahr bis zu 700 000 Urlauber und dazu zweieinhalb bis drei Millionen Tages- und Wochenendausflügler.

Allen voran die Herren des Ministerrats. Sie lassen es sich auf der kleinen Insel Vilm in exklusiven Katen wohl ergehen. Um die Öffentlichkeit von dem einst beliebten Ausflugsziel fernzuhalten, wurde die Insel, auf der gelegentlich Kormorane nisten, zum Naturschutzgebiet deklariert. Die Zeitung verkündete die Nachricht unter der unfreiwillig beziehungsreichen Überschrift: »Die Vögel wollen ihre Ruhe haben.« Alteingesessene spötteln noch heute über diese Zeile. »Ganz schön gerissene Vögel sind das. Wir kriegen die jedenfalls nie zu sehen.«

Weniger privilegierte DDR-Bürger bevorzugen Binz, das traditionelle Ostseebad. Beim alten Kurhaus beginnt eine schöne, dicht mit Bäumen bestandene Uferpromenade. Links davon heruntergekommene Villen mit hölzernen Balkonen und Veranden, allesamt renovierungsbedürftig, einige baufällig. Rechts ein Dünenwall, dahinter, so weit das Auge reicht, Strand. Einer unausgesprochenen Ordnung zufolge stehen die bunten Strandkörbe – die meisten sind aus Sperrholz und nicht abschließbar – auf dem oberen Strandabschnitt, so daß zum Wasser hin ein breiter Spiel- und Liegestreifen entsteht. Die Leute aalen sich in den Körben, spielen Volleyball, werfen sich Frisbyscheiben zu, lassen Flugzeuge mit rotierenden Flügeln wie Drachen steigen. FKK-Baden ist an einem Strandabschnitt erlaubt, Burgenbauen überall verboten. Die Wochenmiete für einen Strandkorb beträgt eine Mark, mancher Urlauber zahlt auch schon mal fünf Mark, um sich einen zu sichern. Für Tagesgäste und Zufallsbesucher ist es selbst mit Aufpreisen unmöglich, einen zu ergattern. Die meisten Strandkörbe sind fest an die Gewerkschaftsheime vergeben.

Luft 28°, Wasser 21°. Rüganer Ausnahmetemperaturen. Wir braten und bräunen. Der Wind stäubt puderzuckerfeinen Sand in alle Poren. Der Wassersaum ist sehr sauber. Vor dieser Saison wurden 400 Tonnen Dreck weggekarrt – eine seltene, weil kostspielige Investition in den Massentourismus. Erholsame Ruhe. Nirgendwo dudelt ein Transistorradio mit der »Ferienwelle der DDR«, nirgendwo hupt ein Auto. Der Verkehr wird vom Strandleben ferngehalten.

Erst beim Hinausschwimmen erblicken wir den Neubaukomplex, der sechsgeschossig über die Promenadenbäume ragt. Gewiß keine Zierde für den Ort, aber Damp 2000 ist häßlicher. Die zehn Neubauten gehören dem Freien Deutschen Gewerkschaftsbund, der seinen neun Millionen Mitgliedern hier 7000 Betten anbietet – die größte FDGB-Ferienanlage der DDR. Ulrich Schmalinski, »Objektleiter des Feriendienstes Binz«, hat schlechte Erfahrungen mit westlichen Journalisten gemacht und eröffnet unser Gespräch daher mit einem strengen Statement: »Wir sind Kommunisten und stolz auf den Feriendienst und auf die Errungenschaften der Arbeiter-und-Bauern-Klasse.« Nach dieser Klarstellung führt er uns durch den »Erholungskomplex Riga«, der erst einen Monat zuvor fertiggestellt wurde.

Bäderarchitektur in Sellin

»Haus Sellin« und »Haus Lottum«

Ich kenne keine Lizenzhotels großer westlicher Reiseveranstalter, aber ich nehme an, daß sie sich vom Vorzeigehaus Riga kaum unterscheiden, sieht man von einigen Details wie dem Honecker-Farbporträt im Treppenaufgang ab. Die Zimmer sind klein, die Möbel – zwei Betten übereck, eine Schlafcouch, ein Tisch in der Mitte – funktional, jedes Zimmer hat ein eigenes Duschbad mit WC und einen Balkon mit Gartenstühlen. Familie Werner aus Henningsdorf bei Berlin urteilt denn auch über Zimmer Nummer 418: »Luxus.«

Für den Urlaub in »Riga« gilt die »Preisstufe 3«, das heißt, Eberhard Werner zahlt für 13 Tage Vollpension mit seiner Frau und der 17jährigen Tochter Katrin 570 Mark – 190 Mark pro Person. Kinder bis 16 Jahre kosten nur 30 Mark. Das ist ein Drittel der tatsächlich entstehenden Kosten, zwei Drittel trägt die Gewerkschaft. Wären die Werners nicht im eigenen Wartburg angereist, sondern mit der Eisenbahn, hätten sie auch noch ein Drittel Fahrpreisermäßigung bekommen. Ein total subventionierter Urlaub.

Auch ein reglementierter Urlaub. Um des Gästeansturms auf rationelle Weise Herr zu werden, sind die Essenszeiten in mehrere Schichten eingeteilt. Für die Werners beginnt der Ferientag mit dem Frühstück um 7.30 Uhr. Einmal richtig ausschlafen geht nicht – oder nur mit Verzicht auf Kaffee und Brötchen. Mittagessen gibt's nicht, wenn der Magen knurrt, sondern für die Frühschicht Punkt halb zwölf.

Da mit zwei Discos in Binz das Amüsierangebot für Tausende sehr begrenzt ist, kümmert sich der FDGB auch um ein lückenloses Unterhaltungsprogramm. Von der Frühgymnastik am Strand über Tageskonzerte im Musikpavillon vor dem Kurhaus und nachmittägliche Waldwanderungen bis zu abendlichen Modeschauen und nächtlichem Schwof braucht sich niemand individuell zu langweilen. Für die Abendveranstaltungen sind Karten jedoch eine Woche im voraus zu besorgen.

Problematisch wird es, wenn Urlauber den durchorganisierten FDGB-Bereich verlassen. Landkarten sind seit zwei Jahren überall vergriffen, was die Unternehmungslust bei der verzwickten Topographie Rügens erheblich reduziert. Nach Reiseführern, Touristenprospekten, Veranstaltungskalendern fragt man ebenfalls vergebens.

Gravierender jedoch sind die Versorgungslücken in diesem wirtschaftlich mit am schwächsten entwickelten Gebiet der DDR. Nicht mal Politiker reden darum herum. Mal schnell am Strand ein Eis zu essen, verkneifen wir uns – wir müßten uns in eine Schlange von 43 geduldigen Leuten einreihen. Als wir gegen 16 Uhr in eines der ganz wenigen Gartenlokale kommen, fragen wir nach Mineralwasser, Brause, Juice (DDR-Terminus für Orangensaft) und Bier – nichts davon ist mehr da. Das Weinregal an der Wand spiegelt eine reiche Auswahl vor, die Flaschen sind leer. Dennoch könnten wir Weißwein bekommen, aber nicht gekühlt. Einfaches Leitungswasser darf die Serviererin nicht ausgeben. Sie mag sich über unsere Hartnäckigkeit und Ratlosigkeit gewundert haben. DDR-Bürger begreifen die Lage schneller.

Wir fahren weiter, um in der nächsten Selbstbedienungskneipe unseren Durst zu löschen. »Mineralwasser können Sie zwar kriegen«, sagt der Wirt, »aber ich würde Faßbrause empfehlen.« Warum? Das Wasser sei flockig. »Solange ich noch genügend Faßbrause habe, weise ich die Gäste lieber darauf hin.« Und er zapft aus einem Wasserhahn in der Wand das bonbonrote Prickelzeug. Von Tischnachbarn, alten Rüganern, erfahren wir, daß es noch nie so viele Getränke gegeben hat wie in diesem Jahr.

Ansonsten ist die Versorgung schlechter als in den 50er oder 60er Jahren. Obwohl immer mehr Touristen herkamen, wurden immer mehr Gaststätten geschlossen – 20 allein in Saßnitz, der größten Stadt der Insel –, weil sie nicht ganzjährig ausgelastet waren. Vor den wenigen verbliebenen Restaurants stehen von elf Uhr an bis in den Nachmittag hinein lange Schlangen. So wie morgens vor den Lebensmittelläden. Die Regale der Bäckereien sind schon am späten Vormittag leer. Das Angebot ist überall schmal – in den Läden wie auf den Speisekarten. Die Kartoffeln, die ein Rentner frisch gekauft hat und uns am selben Tag zeigt, sind schwarz und schrumplig. »Schweinekartoffeln verkaufen die uns hier.« Verbitterung liegt in seiner Stimme.

Von den Urlaubern, zumal wenn sie in den FDGB-Heimen oder Camping-Restaurants verpflegt werden, hören wir kaum Klagen darüber. Im Gegenteil: Öfter werden wir von DDR-Touristen angesprochen, die uns ihre Begeisterung mitteilen wollen. Kein Wunder: Sie müssen sich fühlen wie Hauptgewinner in einer Tombola. Ein 14-Tage-Urlaub auf Rügen – davon können die meisten DDR-Bürger nur träumen, es sei denn, sie passieren mit Glück und Beziehungen die FDGB-Verteilungsinstanzen. Die FDGB-Ferienplätze werden etwa ein halbes Jahr im voraus den Betrieben zugeteilt und dort ausgehängt. Die Kollegen können sich dann für die Plätze bewerben. Liegen mehrere Bewerbungen für denselben Ort und Zeitraum vor, entscheiden Kriterien wie berufliche Verdienste, Kinderreichtum und frühere Absagen. Ferienroulett statt individueller Urlaubsplanung.

Ein anderer Unterschied fällt mir erst langsam, nach mehreren Tagen auf. Ich spüre ihn zunächst nur als diffuses Unbehagen. Zum Beispiel als ich in Saßnitz an den großen Hafen gehen will, den Brückenkopf nach Schweden, jedenfalls für Transitreisende. Auf der einen Seite ist der Zugang durch die Zollabfertigung versperrt. Auf der anderen Seite durch das Firmengelände des VEB Fischfang und einen hohen stacheldrahtbewehrten Zaun, der den Weg auf die fast kilometerlange Mole zum Leuchtturm versperrt – wegen Bauarbeiten. Ich spüre das Unbehagen auch, als wir zum Kap Arkona fahren, dem nördlichsten Zipfel der DDR, und dort den von Karl Friedrich Schinkel errichteten Leuchtturm besichtigen wollen – er liegt im militärischen Sperrgebiet. Gerade an touristischen Anziehungspunkten scheint militärische Präsenz unvermeidlich.

Ich spüre das Unbehagen wieder, als ich in Binz nach Booten Ausschau halte. Vor ein paar Jahren konnte man hier Ruderboote mieten, jetzt ist die Wasserfläche leer. Ab und an pflügt ein Patrouillenboot durch die Wellen. Einzelne Badende vergnügen sich mit Luftmatratzen – sie dürfen sich nicht mehr als 150 Meter vom Ufer entfernen.

Wenn man die Promenade in Binz ganz zu Ende geht, stößt man hinter dem FKK-Strand auf einen Maschendrahtzaun. Dahinter steht ein bewaffneter Soldat am Strand: Sperrgebiet. Ich entdecke noch vereinzelte Strandkörbe hinter ihm, in einiger Entfernung auch Männer in Badehosen, die einen der schönsten Strandabschnitte für sich allein haben. Was sich dort hinter dem Zaun abspielt, erfahre ich von offizieller Seite nur zögerlich und von Anwohnern gerüchteweise. Sicherlich stehen dort noch die Kasernen, die Hitler einst bauen ließ. Vermutlich sind Kriegsdienstverweigerer dort kaserniert. Und ebenfalls vermutlich Afrikaner militärisch ausgebildet. Weiter hinten, nach Saßnitz zu, entsteht ein großer neuer Fährhafen – ebenfalls geheime Kommandosache, weswegen die Verbindungsstraße Binz-Saßnitz gesperrt ist.

Ich spüre das Unbehagen auch im Seebad Sellin, wo uns der 84jährige ehemalige Strandfotograf Bilder von der alten Seebrücke zeigt, einem 650 Meter weit ins Meer hinauslaufenden Holzsteg, wie ihn auch andere Orte hatten und wo Boote anlegten und Leute promenierten. Von diesem Steg ist nichts mehr zu sehen. Eisgang hat ihn baufällig gemacht. Abriß war billiger als Restaurierung – und wohl auch willkommener. Wozu denn ein Bootssteg, wenn keine Boote mehr da sind, wozu Leute aufs Meer hinauslocken, wenn sie eigentlich, bitte schön, lieber an Land bleiben sollten.

Urlaub an der See, Inselurlaub, sei's auf Sylt oder Kreta, dazu gehören für mich auch immer Hafenromantik, Fischer am Kai, Segelschiffen hinterherträumen, wenn schon nicht selber segeln. Diese Träume, diese Sehnsüchte, dies Fernweh will auf Rügen nicht aufkommen. Nur die Strandkapelle auf der Promenade in Binz spielt zum Mitsingen: »Nimm mich mit, Kapitän...«

Ostsee-Urlaub – das fällt mir erst auf Rügen auf und nicht in Timmendorf oder Alsen –, das ist Urlaub in einem Grenzgebiet. Daß früher manche von hier in See gestochen sind und nicht wiederkamen, darüber wird nicht geredet. Aus letzter Zeit sind keine Fluchtfälle zu erfahren.

Sind sich DDR-Bürger dieser Grenz-Situation bewußt? Würde ich sie wahrnehmen, wenn ich dort leben und den Vergleich nicht kennen würde? Ältere Bürger erinnern sich noch an das bunte Badetreiben vor dem Krieg, an die Ausflugsdampfer der »Weißen Flotte«, die die Kurorte auf dem Seeweg miteinander verbanden, an starke Kavaliere, die sich für die Angebetete stöhnend in die Riemen legten.

An Inselrundflüge mit dem Wasserflugzeug, fünf Mark die Viertelstunde. An die Zeit, da der »Amtliche Führer« von 1929 schwärmen konnte: »Möwen umflattern die romantischen Felsblöcke, und wie stille Träume ziehen weiße Segel aus dem Hafen hinaus in die Ferne.« Merken die Jungen, was heute anders ist?

Statt einer Antwort ein Kurzdialog und eine Bilderfolge – im Vertrauen auf die seismographische Qualität von Kindern und Künstlern.

Wir bummeln unterhalb der Kreideküste am Kieselstrand entlang.

»Haus Ingeborg« in Sellin

Vor uns wirft ein Steppke Steine flach ins Wasser. Bevor wir die Wurflinie kreuzen, sage ich: »Feuerpause.« Er antwortet: »Sperrgebiet.«

In einer Ausstellung entdecke ich Gemälde der Malerin Gudrun Arnold. Sie zog vor 18 Jahren aus Dresden auf die Insel, wo sie nun ihre Motive findet. Eines ihrer Lieblingsthemen, vielfach variiert, sind Ausblicke auf das mal stumpfe, mal aufgewühlte Meer. Keiner dieser Ausblicke ist ungehindert. Mal verbauen Fensterpfosten die Sicht, mal durchkreuzt ein grafisches Geflecht aus Bäumen und Gestrüpp den Blick in die Ferne. Zerstörte Aussichten. Eingegrenzte Freiheiten. Welch ein Unterschied zu dem Kreidefelsen-Gemälde von Caspar David Friedrich aus dem Hochzeitsjahr 1818 mit seinem herzförmigen Durchblick auf die rotblau schimmernde See.

Auch wenn die stolzen Seebrücken verschwunden sind: Es erinnern noch genügend andere architektonische Zeugen an den Tourismus in präsozialistischer Zeit, vor allem in Saßnitz. »Denn nach Rügen reisen heißt nach Saßnitz reisen« – Theodor Fontane, der Chronist des Bürgertums im ausgehenden 19. Jahrhundert, schrieb das, und er ließ seine Effi Briest im 24. Kapitel kurz im Hotel »Fahrenheit« Station machen und ihren Ehemann brummeln: »Die Preise hoffentlich nach Réaumur.« Effi war »entzückt« von der Insel: »Das ist ja Capri, das ist ja Sorrent. Ja, hier bleiben wir.«

Es war die Zeit, da die Badeorte auf Rügen sich entwickelten und bald zu Modebädern avancieren sollten. Saßnitz hatte Sagard, im Landesinnern gelegen, die Favoritenrolle streitig gemacht und wurde selber bald abgelöst durch Binz, das mit dem schönsten Strand renommieren konnte. Die Eisenbahnfähre von 1883 und der Damm durch den Strelasund von 1936, über den der Zug- und Autoverkehr noch heute rollt, rückten die Rüganer Strände auf weniger als sechs Zugstunden an Berlin heran. Pensionen schossen allerorten aus dem Boden, überboten sich gegenseitig in der Verzierung ihrer Fassaden, Veranden und Balkone und unterboten sich in den Preisen. 1929 war ein Privatzimmer für 1,50 RM zu haben und Vollpension für 4,50 RM.

Die DDR hat ein propagandistisch gefärbtes Verhältnis zu diesen Kindertagen des Massentourismus. »Arbeiter und Bauern wurden als Erholungssuchende nicht gesehen – Badereisen waren unter kapitalistischen Verhältnissen Privileg der Besitzenden«, lese ich in einem Heimatmuseum. »Erst die Befreiung unseres Volkes vom Faschismus durch die Sowjetarmee, die antifaschistisch-demokratische Umwälzung, besonders aber der erfolgreiche Aufbau der sozialistischen Gesellschaft brach das Bäderprivileg der Besitzenden und veränderte grundlegend das Erholungswesen«, steht in einer Broschüre. »Das waren damals gar nicht alles Kapitalisten«, erinnert sich der Strandfotograf Hans Knospe, »das war, wie sagt man, guter Mittelstand.« Und zwei Wochen Ostsee-Urlaub für Arbeiter sind beileibe keine exklusive Errungenschaft des Sozialismus.

Heute suchen wir das Hotel »Fahrberg«, auf das Fontane mit dem Namen »Fahrenheit« insgeheim anspielte, vergebens. Irgendwann ist es abgebrannt, ein Krankenhaus steht jetzt an seinem Platz. Und im alten Teil von Saßnitz, zwischen dem Stubnitz-Forst und dem Stranddreieck am Hafen, welkt die Pracht alter Villen und Pensionen dahin. Seit Jahrzehnten sind sie nicht gestrichen, Lack ist ein Mangelartikel. Zu ahnen sind noch die Original-Jugendstil-Inschriften, »Villa Fernsicht«, »Villa Feodora«, »Villa Anna«, »Villa Emma« und wie sie alle heißen. Manche sind übermalt – »HO-Gaststätte«, »Marx-Engels-Kinderheim« –, ohne daß der alte Schriftzug gänzlich verschwunden wäre. Putz bröckelt, Farbe blättert, Dächer sind von Salzluft und Sonne gebleicht. Die morbide Dekadenz venezianischer Palazzi haftet diesen Häusern an. Ein weltvergessener Ort, um den Moderne und Fortschritt einen Bogen gemacht haben. Einwohner können im Garten ihr eigenes Gemüse ernten, ihren Sommerstrauß pflücken, mit ihren Kindern mitten auf der Straße Federball spielen.

Oh, wie hätte westlicher Spekulanten-Ehrgeiz seine Freude an diesem toten Winkel des Weltgeschehens, der noch so unangetastet ist, daß man meint, Spinnweben zwischen den Häuserwänden greifen zu können.

Gelobt sei der Mangel, der diese Pracht erhalten hat. Die DDR-Behörden haben kein anderes Interesse an diesen Bauten, als sie unter Denkmalschutz zu stellen. Sie dürfen nicht abgerissen werden. Allerdings: Mangel kann auch zerstören. Einige Häuser sind in Ferienheime umgewandelt, viele andere zu sehr einfachen Wohnungen umgebaut. Von Grund auf renoviert werden sie nicht.

»Es ist eine Frage der Ökonomie«, erklärt man uns. Die Wohnungsnot ist größer als die Versorgungsschwierigkeiten. Und neue Wohnungen sind billiger als renovierte alte. »In den letzten zehn Jahren«, erfahren wir im Rat des Kreises, »hat jeder vierte Inselbewohner eine neue oder modernisierte Wohnung erhalten.« Neue Wohnungen: das sind die Waben in den grauen Blöcken aus den in der ganzen DDR verbreiteten Betonfertigteilen WBS 70 (»Wohnungsbauserie 1970«). Ansammlungen dieser Einheitsblöcke stehen auf Rügen an mehreren Stellen wie Trabantenstädte in der sanfthügeligen Landschaft.

Opfer der »Ökonomie« ist auch Putbus. Die Kleinstadt, in der 5500 Einwohner leben, ist das steingewordene Hirngespinst des Fürsten Malte Wilhelm zu Putbus, der Anfang des vergangenen Jahrhunderts vor den Portalen seines Schlosses eine Residenzstadt aus dem Ackerboden wachsen lassen wollte, mit allem, was dazugehört, einem Kursalon, einem Badehaus, einem Theater, einem Park nach französischem Vorbild und zweigeschossigen klassizistischen Wohnhäusern, die sich um zwei repräsentative Plätze gruppierten, einen eckigen und einen runden, der letzte so überdimensional, als sollte am Greifswalder Bodden die Pariser Place de l'Étoile noch einmal erstehen.

Eine schmale Allee führt heute auf diesen »Circus«, der in Ernst-Thälmann-Platz umbenannt ist. In der Mitte wuchert eine verwilderte Grünanlage mit ungemähtem Gras und formlosen Hecken. Acht ausgewaschene Sandwege zerteilen das Grün wie eine Torte, im Zentrum erhebt sich, ein wenig deplaziert in dieser Wildnis, der Obelisk von 1845. Die ehemals weißen Häuser, die den Platz einfassen, verfallen unter dem Schutz der Denkmalpfleger. Die nötige Renovierung ist nicht absehbar. Kommt sie nicht bald, kommt sie zu spät.

So wie beim Schloß Putbus. Die ideologische Abrechnung mit »Junkerherrschaft« und »Leibeigenschaft« verstellt den Blick für die erhaltenswerte Bausubstanz. Also hat man sich von dem Kostenfaktor aus Feudalzeiten so radikal getrennt wie von dem imposanten Stadt-Schloß im Zentrum Berlins: durch Abriß. Heute hört man im Rat des Kreises insgeheim Bedauern über den sozialistischen Gewaltakt. Ein weniger verkrampftes Verhältnis zur Vergangenheit setzt sich allmählich durch. Tradition ist wieder gefragt.

Immerhin wurde die Orangerie im Park restauriert und für Kunstausstellungen zur Verfügung gestellt, wurde das Badehaus instandgesetzt und in ein Heim für die Werktätigen des Eisenhüttenkombinats Ost umgewandelt. Das zwölf Kilometer entfernte Jagdschloß Granitz, das Schinkel vollendete, wird als nächstes renoviert. Und auf der Halbinsel Mönchgut, auch das ein Indiz wiedererwachter Traditionspflege, erfreuen sich die Trachtengruppe und die Volkstänzer der »Likedeeler« neuer Beliebtheit auch bei jungen Leuten.

Von Dichterlorbeer und Touristen, von Literaturverehrern und Sonnenanbetern allein läßt sich nicht leben, auch auf Rügen nicht. Peter Behlke, Sekretär des Rates des Kreises, trägt uns die wirtschaftlichen Daten vor. Haupterwerbszweig ist nach wie vor die Landwirtschaft. Auf 65 000 Hektar Nutzfläche werden Getreide, Zuckerrüben, Raps und Kartoffeln geerntet, Rinder und Milchkühe auf die Weide getrieben.

Industrie hat es schwer. Ein Betonwerk, wo die WBS-70-Platten für den Wohnungsbau hergestellt werden. Ein paar Kleinwerften, wo Yachten auch für Kunden im westlichen Ausland vom Stapel laufen. Am wichtigsten ist zweifellos die Kreide. Sie wird im Tagebau gewonnen und später zu Farbe, Puder oder Zahnpasta weiterverarbeitet. Eine Besichtigung des Werkes in Klementelvitz wurde uns ohne Angabe von Gründen verwehrt.

Auch von Fischfang und Fischverarbeitung lebt die Insel. Vor 1945 haben die Nordseehäfen das Deutsche Reich versorgt, die Ostseehäfen mußte die DDR erst ausbauen. Richtung Nordwestafrika und Island und Lofoten schwärmten die Rüganer Fischkutter und Frosttrawler aus, mit Dorsch und Flunder und Sprotte und Hering kamen sie nach ein, zwei Wochen zurück. In Saßnitz landeten sie 1948 rund 2200 Tonnen Fisch an, 1983 fast das Dreißigfache, 60 000 Tonnen. Eine Produktionssteigerung, die sich sehen lassen kann. Doch die Rezession ist geplant. Wesentliche Teile der Fischerei sollen nach Rostock verlagert, 700 Mitarbeiter dorthin versetzt werden. Mit einem Jahresfang von 25 000 Tonnen will sich der VEB Fischfang in Saßnitz begnügen. Verstärken will man dann die Fischerei in den Bodden, den Binnenmeeren auf Rügen, wo Plötzen, Barsche und Forellen ins Netz und Aale in die Reusen gehen.

Die Küstenfischer hoffen, daß sie von dem rätselhaften Fischsterben verschont bleiben, das 1982 ihre Fangquoten geschmälert hat. »Haufenweise lagen die Aale am Strand, alle mit rotem Bauch – grauenhaft.« Und die Einwohner hoffen, irgendwann mal wieder einen frischen Aal im Fischgeschäft zu sehen. Ein Rentner: »Die ziehen die Aale hier nur aus dem Wasser, und dann gehen sie gleich ab in 'n Westen.«

Eine spürbare Verbesserung der Infrastruktur auf der Insel verspricht sich der Rat des Kreises von dem neuen Handelshafen, der in Mukran, zwischen Binz und Saßnitz, aus dem Strand gestampft wird. Das Baugebiet ist hermetisch abgesperrt, Auskünfte sind rar. 1980 geplant, soll der erste Bauabschnitt schon 1986, der Rest 1989 fertig sein.

Offiziell begründen Parteifunktionäre den Bau mit den hohen Transitgebühren durch Polen. In der Bevölkerung ist jedem klar, daß die politisch unsichere Situation im Nachbarland Polen den Ausschlag für den mit Hochdruck vorangetriebenen Hafenbau gab. Zu oft seien Züge auf dem Weg von oder nach Rußland schleppend abgefertigt oder gar geplündert worden.

In Zukunft sollen alle 48 Stunden Eisenbahnfähren zwischen UdSSR und DDR, den wichtigsten Wirtschaftspartnern des Ostblocks, pendeln und fast den gesamten deutsch-sowjetischen Handel bewältigen. Über Nacht entwickelt sich das mangelhaft versorgte Rügen zum wirtschaftlichen Knotenpunkt.

Hinter den Absperrungen werden in wenigen Jahren Strände zerstört, ein Landschaftsschutzgebiet angegriffen, die Bewohner zweier Dörfer umgesiedelt. Dafür gibt's bald eine Menge Arbeitsplätze und manch nützliche Folgeinvestition, eine neue Eisenbahnlinie, bessere Straßen. Die Rüganer werden von dem ungeliebten Hafen sicherlich profitieren.

Und wieder wird ein Stückchen Romantik auf Rügen verlorengegangen sein.

CLAUS-PETER LIECKFELD

Von Touristen und Kranichen

Gert Graumann vom Parkamt ist wahrscheinlich der Kranich-Kenner schlechthin in Darß, Zingst und auf Hiddensee. Seit ein paar Jahrzehnten »sockt« er den großen geheimnisvollen Vögeln zählend, messend, sorgend, hegend hinterher. Zu DDR-Zeiten mit Sondergenehmigung im Sperr-Grenzgebiet zwischen Ribnitz-Damgarten und Hiddensees Nordspitze. Seit der Wende in Sorge, daß die busweise anrückenden Scharen ihnen die Nachteinstände vergällen.

Verstehen kann Graumann jeden, der das grandiose Naturschauspiel einmal erleben will: Tausende von Schatten, keilförmig gestaffelt, jeder mehr als storchgroß, rudern durch die Dämmerung, senken sich über die kleine Insel Kirr, den Großen Werder oder die Udarser Wiek bei Schaprode auf Rügen. In der Luft über dem Flachwasser vibrieren urweltliche Trompetenklänge. Die Vögel kommen aus dem weiten Hinterland, von Maisäckern, Rübenschlägen, Wintergetreidefeldern, um in den Boddengewässern zu nächtigen: achtzig Prozent gebürtige Skandinavier und allesamt regelmäßige Spanienflieger.

Ja, sie kommen noch immer ins Flachwasser nordwestlich von Stralsund. Um die 60 000 sind es hier Jahr für Jahr. Im September sind sie da, und sie bleiben bis zum ersten Frost. Sie kommen, trotz schockfarbener Anoraks, kläffender Hunde, quengelnder Kinder und zudringlicher Fotografen. Sie kommen vielleicht auch deshalb, weil sie keine Alternative haben zwischen Skandinavien und den Eichenwäldern der zentralspanischen Extremadura.

Die Kraniche fliegen für die Boddenlandschaft praktisch Bargeld ein. Also versucht man, die Besucherströme zu lenken. Gert Graumann und andere Experten des Nationalparkamtes haben überdachte Beobachtungsmöglichkeiten für Kranich-Süchtige eingerichtet. Von hier aus kann man die Imponiergestalten sehen, ohne von ihnen selbst bemerkt zu werden. Man setzt auf Einsicht, beschäftigt Ranger – und sperrt Gebiete ganz ab, wenn es nötig erscheint. Auf kleinen Vogelinseln wie Heuwiese und Liebitz zum Beispiel darf niemand ohne Ausnahmegenehmigung an Land gehen. Zahnärzte, Lehrer, Studenten, Professoren, Jugendliche (sofern ohne Kofferradio und mit nur einer Freundin/einem Freund) verdingen sich als Vogelbeschützer. Eine Großbank sponsert die Paradieswächter.

Auf der Heuwiese geht es allerdings weniger um Kraniche als um gut tausend Brandseeschwalben-Paare. Der Neubessiner Haken, der sich an Hiddensees Nordende als oberster von zwei Landfingern südwärts krümmt, beherbergt noch 55 Brutpaare der extrem selten gewordenen Zwergseeschwalben. Es ist ein zäher Kampf um Kleinigkeiten: Segler begehren einen versandenden ehemaligen Marinehafen am Darßer Ort, dem im Nationalpark-Statut eine Nothafenfunktion für Sportboote zugeschrieben wurde, und ankern bisweilen auch ohne Not im Vogelrefugium. Die Liebe der Darßer und Westrüganer zum Nationalpark ist, vorsichtig ausgedrückt, geteilt: »Jeder, dem wir eine Würstchenbude in der Kernzone verwehren«, so Gert Graumann, »flucht auf den Nationalpark. Dabei ist hier nichts verboten, was nicht schon verboten war, als die Gegend nur Naturschutzgebiet war.«

Es wird sich herumsprechen – so hoffen jedenfalls die vielen Schirmmeisters und Graumanns, aber auch die intelligenteren Touristikplaner – ja, es muß sich einfach herumsprechen, daß die Menschen vor allem wegen der Natur hierherkommen werden. Wegen Kranich und Kormoran, wegen Sterntaucher und Seeadler. Und wegen eines Himmels, der noch den Vögeln gehört.

Kranichzug

PETER ENSIKAT

Unsere Schönste

Ostseeurlaub war zu DDR-Zeiten eine Kostbarkeit, die wenig kostete, aber nur schwer zu haben war. Bei der jährlichen Urlaubsplatz-Lotterie in den volkseigenen Betrieben jedenfalls war so ein Ostseeplatz immer ein Hauptgewinn. Gewöhnlich entschied die Betriebsgewerkschaftsleitung, wer welchen Platz bekam, manchmal auch das Los.

Der eine oder andere volkseigene Betrieb lockte die in der DDR ewig knappen Arbeitskräfte auch mit dem Hinweis, daß er über ein eigenes Ferienobjekt an der Ostsee verfüge. Das Wort Ferienobjekt gehörte zur DDR-Sprache wie Getränkestützpunkt, Komplexannahmestelle oder Sättigungsbeilage. Mochten die Arbeitszeiten im Sozialismus auch nicht immer streng eingehalten werden, die Essenszeiten in so einem Ferienobjekt mußten eingehalten werden. Arbeit gab es schließlich immer, Essen nur zu den angegebenen Zeiten. Pünktlich wie ein DDR-Urlauber erschien man also zu Frühstück, Mittagessen, Abendbrot, denn hier jagte gewöhnlich ein Essensdurchgang den anderen.

Zwischen den Mahlzeiten war auch im sozialistischen Urlaub Freizeit. In dieser Freizeit lagen, wenn denn die Sonne schien, die verschiedenen Essensdurchgänge gemischt, aber durchaus dichtgedrängt am schönen Ostseestrand.

Individual-Urlauber, die es auch an der östlichen Ostsee gab, genossen die Essenszeiten der Pauschalurlauber. Da hatten sie allen Platz am Strand allein. Zur Strafe aber fanden sie dann oft keinen Platz in den wenigen Restaurants und Cafés, die für den »Bevölkerungsbedarf« offenstanden. Die Angst ums tägliche Abendbrot war der Preis der Freiheit. Der Preis des Essens spielte fast keine Rolle, auch die Qualität war unwichtig. Gut essen konnte man ja zu Hause wieder. Im Urlaub reichte es, irgendwie satt zu werden.

Eine Privatunterkunft an der Ostsee – das war schon ein Luxus an und für sich. Da fragte man nach keinem weiteren Luxus. Man rückte gern eng zusammen und dankte dem Vermieter auch noch für den härtesten Schlafplatz. Um sich diesen Schlafplatz auch für das nächste Jahr zu sichern, trug man seinem Vermieter gern auch mal die Kohlen in den Keller oder deckte ihm – wenn man so was konnte – notfalls sogar das undichte Dach. Und wenn man morgens beim Bäcker anstand nach seinem individuellen Frühstücksbrötchen, rückte man geduldig beiseite, wenn die Einheimischen vorgingen, um ihre Bestellung abzuholen. Man war ja nur im Urlaub. Die Einheimischen hingegen standen alle im Dienste dieser Urlauber, mußten also bevorzugt behandelt werden.

Das übrigens war nicht nur im Urlaub und an der Ostsee Brauch – wer in der DDR im Dienst war, hatte automatisch auch das Vorrecht: der Kellner dem Gast gegenüber, die Verkäuferin gegenüber dem Kunden und der Antragsbearbeiter dem Antragsteller gegenüber. Das führte zu allgemeiner Vollbeschäftigung und zu der ebenso allgemeinen schlechten Laune der DDR-Bürger.

Wer als unbeschäftigter Gast ein DDR-Restaurant betrat, kam sich nicht nur so vor, als belästige er die dort Beschäftigten. Er belästigte sie wirklich. Denn Gäste gab es immer zu viele und Kellner zu wenig, besonders an der Ostsee. Was der einfache DDR-Bürger in seiner Freizeit erduldete, konnte er ja in seiner Dienstzeit wieder zurückzahlen.

Die führende Minderheit im Staate vermied es, sich dem von ihr geschaffenen System auszusetzen. Sie hatte ihre eigenen Ferienobjekte, die meist hinter sicheren Zäunen, manchmal sogar hinter Stacheldraht lagen. Die am Zaun stehenden Normalbürger vermuteten hinter diesen Zäunen und Mauern unvorstellbaren Luxus, also beispielsweise Südfrüchte auch im Sommer und Telefon sogar am Urlaubsbett. Zur Legende aber wurden besonders die kostbaren West-Armaturen in den östlichen Führungsnaßzellen.

Sagenumwoben wie die Waldsiedlung in Wandlitz bei Berlin war das Cliff-Hotel im Ostseebad Sellin auf Rügen. Dort gab und gibt es geradezu als Symbol sozialistischer Privilegien-Perversion einen Fahrstuhl, der vom Hotel direkt an den Strand führt. Ich habe ihn gesehen und mußte enttäuscht feststellen, daß es sich hierbei nur um ein altersgerechtes, ganz und gar schmuckloses Beförderungsmittel für ältere Leute handelt, von denen uns einige eben noch regierten, als sie nicht mehr gut laufen konnten. Die Steilküste hätten die Achtzigjährigen unmöglich zu Fuß bewältigen können. Der Fahrstuhl selbst sieht aus wie jeder beliebige Fahrstuhl in einem beliebigen DDR-Hochhaus. Und da er nur zu einem ganz gewöhnlichen, auch zu DDR-Zeiten öffentlichen Strand führt, dürfte er von den führenden Altersgenossen Honecker und Mielke selbst kaum benutzt worden sein.

Ich habe mich in Sellin und Umgebung umgehört – keiner der dort Ansässigen konnte sich erinnern, seiner Berliner Führung dort einmal in Badehosen begegnet zu sein. Was alle gesehen haben, waren große, schwarze Limousinen, die manchmal durch den Ort fuhren, und viele der unauffälligen, durchweg männlichen Pärchen, die in der DDR noch jeden Straßenrand säumten, wenn da ein Auto mit Prominenz aus der Politik vorbeifuhr.

Mehr – behauptet man im Ort – hätte man nicht gewußt. Geahnt hätte man natürlich, daß es hinter den Mauern Südfrüchte und West-Armaturen gäbe. Gemunkelt wurde auch, Honecker hätte einen ganzen Hotelflügel für sich allein. Überhaupt sei das »Objekt« nie ausgebucht gewesen, während im Ort jeder Hühnerstall mit Gästen belegt gewesen wäre.

All das hat die Leute damals geärgert, sagen sie heute. Aber es hätte sie doch nicht so wahnsinnig aufgeregt, wie es dann in den Zeitungen stand, als der Führungsluxus überall öffentlich angeprangert wurde.

Inzwischen planschen nun die Ortsansässigen und ihre Gäste selber in jener einst sagenumwobenen Hotel-Schwimmhalle und stellen fest, daß auch die Parteiführung nur in Wasser gebadet hat. Und der ganze Luxus – sagt man jetzt – sei geradezu lächerlich, verglichen mit dem, was sich unsere nun demokratisch Regierenden ohne alle Heimlichtuerei leisteten.

Das Cliff-Hotel war übrigens wegen Umbau geschlossen, um endlich auf West-Otto-Normalverbrauchers Standard gebracht zu werden. Das größte Geheimnis der Verschwendungssucht dieser gegangenen Parteiführung scheint in ihrer Geheimhaltung bestanden zu haben. Die Geheimhaltung, also Mauer, Stacheldraht und Wachmannschaften, dürften wesentlich mehr gekostet haben als der eher miefige Luxus selbst.

Und an diesem Luxus würde ich eher den schlechten Geschmack als den hohen Preis beklagen. Von diesem schlechten DDR-Geschmack, egal ob nun teuer oder billig, ist noch viel zu sehen in Binz, Sellin und Umgebung. Da die DDR aber ein armes Land war, hat ihr schlechter Geschmack noch nicht so viel von der guten Natur zerstören können wie an anderen Badeorten, wo westlicher Reichtum einen anderen, allerdings selten besseren Geschmack produziert hat.

In Binz und Sellin ist – wie anderswo inzwischen auch – längst nicht mehr DDR, aber auch längst noch nicht BRD. Es wird viel gebaut in den Rügener Badeorten. Manches wird sogar behutsamer restauriert, als Marktwirtschaft vermuten läßt. Restaurants, Pensionen und Hotels gibt es inzwischen viele. Man muß nicht darben, wenn man nach Rügen kommt, auch wenn man sein Auto nicht überall ausfahren kann. Je langsamer man fahren muß, desto mehr Zeit hat man, das zu sehen, was an Rügen so besonders ist – die Natur. Sie scheint noch fast intakt zu sein. Wenn sie erst zerstört ist wie anderswo auch, gibt es wohl keinen Grund mehr, nach Rügen zu fahren. Denn sie ist das Besondere, der ganze Weststandard etwas sehr Gewöhnliches, wenn man ihn erst kennt. Ich jedenfalls ziehe die besondere Natur Rügens dem gewöhnlichen Weststandard noch immer vor.

FRIEDER JELEN

Für meine Insel

Ein Bild
Sollst du betrachten
Solange
Wie der Maler brauchte
Es zu vollenden
Wie lange
Soll man einen Baum
Ansehen
Wie lange
Eine Landschaft

Am Strand

Meine älteren Brüder
Die Steine schnarchen
Im plätschernden Wasser.
Ich muß sie wecken.
Geologen mit Hämmern
Zertrümmern arglos
Gewölbte Stirnen.
Fossile springen
Aus meinem Herzen.
Sie liegen offen
Am Strand.

GOTTHARD LUDWIG THEOBUL KOSEGARTEN

Dort, wo umschäumt Arkona

Dort, wo umschäumt Arkona
Die Brust den Wogen beut,
Schaut glanzberauscht das Auge
In die Unendlichkeit.
Es späht in Ost und Westen,
In Süd und Nord der Blick,
Und späht umsonst. Nicht draußen,
Nur drinnen wohnt das Glück.

Zu den Autoren

ERNST MORITZ ARNDT (1769–1860). Der Schriftsteller und Publizist wurde in Schoritz auf Rügen geboren. Nach dem Besuch des Gymnasiums in Greifwald studierte er ebendort und in Jena Theologie. 1796 ging er als Hauslehrer nach Altenkirchen auf Rügen. 1806 wurde er in Greifswald Professor für Geschichte und Philosophie. 1806/08 lebte er als politischer Flüchtling in Schweden. 1818 erhielt er in Bonn eine Professur, wurde jedoch bereits drei Jahre später aus politischen Gründen seines Amtes enthoben und erst 1840 rehabilitiert. Zu seinen wichtigsten Werken zählt »Versuch einer Geschichte der Leibeigenschaft in Pommern und Rügen.« (1803)

ELIZABETH VON ARNIM (1866–1941) wuchs in Australien und England auf. In erster Ehe war sie mit einem preußischen Grafen, in zweiter Ehe mit einem Bruder Bertrand Russells verheiratet; sie war mit George Bernard Shaw und H. G. Wells befreundet und lebte lange Zeit auf dem pommerschen Gut Nassenheide, bis sie nach einigen Aufenthalten in England und in der Schweiz kurz nach der Veröffentlichung ihres zweiundzwanzigsten Romans in New York starb. Sie galt als eine der amüsantesten und geistreichsten Frauen ihrer Generation und veröffentlichte ihre Bücher, zu denen »Elizabeth auf Rügen« zählt, mit grandiosem Erfolg.

KARL BAEDEKER (1801–1859). Sohn des Buchhändlers und Buchdruckers Gottschalk Dietrich Baedeker. Er gründete 1827 eine eigene Buchhandlung in Koblenz, gab eine Anzahl von Reisehandbüchern heraus und begründete damit die noch heute existierende Reihe des »Baedeker«.

JOHANNES R. BECHER (1891–1958). Der Lyriker, Erzähler und Dramatiker wurde in München als Sohn eines Amtsrichters geboren. 1911–1919 Studium der Medizin und Philosophie in Berlin, München und Jena; entschiedene Kriegsgegnerschaft, die zum endgültigen Bruch mit dem Elternhaus führte; 1913–1915 Mitarbeit an expressionistischen Zeitschriften; 1928 Vorsitzender des Bundes proletarisch-revolutionärer Schriftsteller, 1933 Emigration. 1935 in die Sowjetunion, wo er bis 1945 Chefredakteur der »Internationalen Literatur/Deutsche Blätter« war. 1945 Rückkehr nach Berlin; Präsident des Kulturbundes zur demokratischen Erneuerung Deutschlands, Mitbegründer des Aufbau-Verlages und der Zeitschrift »Sinn und Form«. 1954 erster Kulturminister der DDR; Becher starb nach schwerer Krankheit in Berlin.

CARL GUSTAV CARUS (1789–1869). Arzt, Philosoph und Maler. Befreundet mit Caspar David Friedrich, an dessen Landschaftsauffassung er anknüpfte. Er reiste 1819 durch Rügen. In der Folge dieses Aufenthaltes entstanden 62 Zeichnungen sowie Ölbilder, unter anderem auch »Mondnacht auf Rügen«. In den 1865/66 erschienen »Lebenserinnerungen und Denkwürdigkeiten« berichtet Carus von seinen Erlebnissen und Eindrücken der Rügenreise.

ADELBERT VON CHAMISSO (1781–1838). Dichter und Naturforscher. Chamissos Familie floh während der Revolutionswirren aus der französischen Champagne nach Deutschland, wo sich Chamisso 1796 zunächst als Page am preußischen Hof verdingte, dann die Offizierslaufbahn einschlug. Von 1815–1818 nahm er an einer Weltumsegelung teil, die er literarisch in seinen »Bemerkungen und Ansichten auf einer Entdeckungsreise« verarbeitete. Nach seiner Rückkehr wurde er Adjutant am Botanischen Garten in Berlin, später Vorsteher des Herbariums.

HANNS CIBULKA, geboren 1920. Lyriker und Erzähler. Im Mittelpunkt seiner bildhaften, gedankenreichen Gedichte stehen die Kindheit in Böhmen und das Italienerlebnis der Kriegsgefangenschaft. 1960 erschien sein »Sizilianisches Tagebuch«, 1963 »Umbrische Tage«.

Außer »Sanddornzeit« (1971), veröffentlichte er 1982 »Swantow« sowie 1985 noch eine Tagebucherzählung über Hiddensee: »Seedorn«. Diese Bücher zeigen die tiefe Bindung des Autors zur norddeutschen Küstenlandschaft.

EDUARD DULLER (1809–1853). Nach seinem Studium der Philosophie und Rechtswissenschaften in Wien verließ er 1830 Österreich und zog zuerst nach München, 1836 nach Darmstadt. Er arbeitete an verschiedenen Zeitschriften mit und mußte Darmstadt wegen seines Engagements in der politischen Bewegung 1848/49 verlassen. Ab 1850 lebte er in Wiesbaden als Prediger. Zu seinen Schriften gehören »Erzählungen und Phantasiestücke« (1834), »Das deutsche Volk in seinen Mundarten, Sitten und Gebräuchen« (1847).

PETER ENSIKAT, geboren 1941. Er ist Autor und Regisseur beim Berliner Kabarett »Die Distel«. Buchautor von »Ab jetzt geb' ich nichts mehr zu«.

CÄSAR FLAISCHLEN (1864–1920). Redakteur der Kunstzeitschrift »Pan«; zu seiner Zeit geschätzter Dramatiker, Lyriker, Erzähler unter naturalistischem und impressionistischem Einfluß. Das Mönchguter Skizzenbuch entstand in den Jahren 1894–1897.

WIELAND FÖRSTER, geboren 1930 in Dresden. Bildhauer, Graphiker und Buchautor. Lebt freischaffend in Berlin. Leitmotiv seiner Arbeiten ist die Spannung zwischen Lebenskraft und Tod, die expressiv gesteigerte, formal konzentrierte Figuren hervorbringt. Vielseitiges Werk in Bronze und Stein, Zyklen von Landschaftszeichnungen. Mitglied der sächsischen Akademie der Künste.

JOHANNES FRIEDLÄNDER (1838–1908). Er wirkte seit 1874 als Pfarrer an St. Michael in Sagard auf Rügen, wo er auch starb. Zu seiner Kirchengemeinde gehörten auch die damals vielbesuchten Seebäder Saßnitz und Crampas.

CASPAR DAVID FRIEDRICH (1774–1840). Der in Greifswald geborene Maler ist der bedeutendste Vertreter der deutschen romantischen Malerei. Er studierte an der Kunstakademie in Kopenhagen und kam 1795 nach Dresden, wo er Professor an der Akademie der Künste wurde. Friedrich unternahm in den Jahren 1801–1826 mehrere Rügenreisen, auf denen und in deren Folge zahlreiche Zeichnungen und Gemälde entstanden sind, darunter auch die berühmten »Kreidefelsen auf Rügen«.

FRANZ FÜHMANN (1922–1984). Fühmann wuchs als Sohn eines Apothekers auf und wurde nach dem Abitur Soldat. In der sowjetischen Kriegsgefangenschaft beschäftigte er sich mit marxistischen Studien. Seit 1950 lebte er als freischaffender Schriftsteller in Berlin/DDR. Hauptthema vieler Gedichtbände ist die Abrechnung mit der von ihm als Soldat erlebten faschistischen Zeit. Auch in Fühmanns Prosaveröffentlichungen steht das Kriegserlebnis im Mittelpunkt. Die psychologisch vertieften symbolträchtigen Novellen und Erzählungen tragen überwiegend autobiographische Züge. Fühmann wurde auch als Kinder- und Jugendbuchautor bekannt, mit Nachdichtungen von Stoffen der Weltliteratur und einfühlsamen Auseinandersetzungen mit mythischen Themen. Diese Verarbeitung verlieh dem Widerspruch von Individuum und Gesellschaft aktuelle Bedeutung.

OTTO R. GERVAIS lebte in Putbus auf Rügen. Der Publizist und Schriftsteller war Mitautor der Mecklenburgischen Monatshefte, die 1925 begründet wurden. Gervais ist Verfasser des Buches »Die Frauen von Friedrich dem Großen«.

JOHANN JACOB GRÜMBKE (1771–1849). Privatlehrer, Schriftsteller und Maler. Gehört zu den wichtigsten rügenschen Heimathistorikern. Er wurde in Bergen auf Rügen geboren, wo er auch starb; sein Grab befindet sich auf dem Alten Bergener Friedhof. Unschätzbare Arbeiten zur rügenschen Geschichte. Seine Hauptwerke: »Streifzüge durch das Rügenland« (1805) und »Neue und genaue geographisch-statistisch-historische Darstellungen von der Insel und von dem Fürstenthume Rügen« (1819).

ALFRED HAAS (1860–1950). Er wurde in Bergen auf Rügen geboren und starb ebenda. Er studierte in Greifswald alte Sprachen, Geschichte und anfangs auch Theologie. 1884 promovierte Haas zum Dr. phil. und war zunächst Lehrer in Bergen, dann Oberstudienrat an der Schiller-Realschule in Stettin. 1925 wurde er pensioniert, 1945 übersiedelte er in seine Heimatstadt. Als Mitglied der Gesellschaft für pommersche Geschichte und Altertumskunde arbeitete er insbesondere über Volkskunde und Heimatgeschichte Rügens. Seine Hauptwerke sind: »Rügensche Sagen« (1891), »Die Halbinsel Mönchgut und ihre Bewohner« (1909), »Rügensche Volkskunde« (1920).

GERHART HAUPTMANN (1862–1946). Der Sohn eines Gasthofbesitzers aus Ober-Salzbrunn besuchte von 1874–78 die Realschule in Breslau und verbrachte danach ein Jahr als Landwirtschaftseleve in Lederose bei Striegau. Studien der bildenden Kunst, der Naturwissenschaften und Philosophie in Breslau, Jena, Rom und Dresden schlossen sich an. 1884 zog Hauptmann nach Berlin und heiratete die Großkaufmannstochter Marie Thienemann. Von 1885 bis 1889 lebten sie in Erkner bei Berlin. Hauptmann etablierte sich als freier Schriftsteller, der dem naturalistischen Drama zum Durchbruch verhalf. 1904 ließ er sich scheiden und heiratete im selben Jahr Margarete Marschalk. Es zog den Schriftsteller von 1885 an fast jährlich nach Hiddensee. Direkten Bezug auf Rügen und Hiddensee haben die Romane »Im Wirbel der Berufung« (1936) sowie das Drama »Gabriel Schillings Flucht« (1912). Gerhart Hauptmann starb am 6.06.1946 in Agnetendorf/Schlesien. Er ist beigesetzt auf dem Inselfriedhof in Kloster auf Hiddensee.

FRIEDER JELEN, geboren 1943, war Pfarrer in Middelhagen auf Rügen. Er arbeitet als Bürgerbeauftragter des Landes Mecklenburg-Vorpommern und ist Mitglied des Landtages.

ERICH KÄSTNER (1899–1974). Der Schriftsteller, Satiriker und Humorist kam 1927 nach seinem Studium der Germanistik nach Berlin. Dort lebte er als freier Autor, der sich mit seinen ironisch-sarkastischen, stets gegen Spießbürgertum und enge Moralvorstellungen polemisierenden Texten in die Herzen des deutschen Volkes schrieb. Von den Nationalsozialisten 1933 verboten, wurden seine Bücher nach der Machtergreifung verbrannt. Zu seinen bekanntesten Werken zählen vor allem die Jugendbücher »Emil und die Detektive« (1929), »Pünktchen und Anton« (1931), »Das fliegende Klassenzimmer« (1933) und »Das doppelte Lottchen« (1949).

Als Erich Kästner schon ein in Deutschland verbannter Autor war, erschien in der Schweiz ein weiteres seiner wundersamen Kinderbücher mit dem Titel »Emil und die drei Zwillinge«. Dies ist eine Feriengeschichte, und sie spielt an der mecklenburgischen Ostseeküste. Die Helden, Emil Tischbein, Pony Hütchen und Gustav mit der Hupe, kriegen erstmals die Ostsee zu Gesicht und sind überwältigt. Selbst die Großmutter sagt leise: »Endlich weiß ich, wozu ich so 'ne alte Schachtel geworden bin.«

Kästner selbst hingegen, für seine Person, scheint vom Strandleben weniger gehalten zu haben ...

THOMAS KANTZOW (1505–1542). Der Geschichtsschreiber wurde in Stralsund geboren, machte sich vor allem mit seiner im Geist der humanistischen Geschichtsauffassung geschriebenen »Pommerschen Chronik«, der später in der hochdeutschen Fassung sogenannten »Pomerania«, einen Namen. Kantzow begründete mit seinem Lebenswerk nicht nur die volkssprachliche Geschichtsschreibung Pommerns. Vielmehr wird in seinen Schriften auch der Übergang vom Nieder- zum Hochdeutschen exemplarisch sichtbar.

HEINZ KNOBLOCH, geboren 1926 in Dresden. Der Schriftsteller und Journalist wuchs in Berlin auf und war lange Jahre Redakteur der Ostberliner »Wochenpost«. Sein vielfältiges Werk umfaßt neben Erzählungen und Kurzgeschichten weit über eintausend literarische Feuilletons, zu denen auch die Rügen-Satire zählt. Zu seinen bekanntesten Werken gehören die einfühlsamen Biographien »Herr Moses in Berlin« sowie »Meine liebste Mathilde«.

THEODOR KÖRNER (1791–1813). Er wurde in Dresden geboren und studierte in Freiberg und Leipzig Jura, dann in Berlin Geschichte und

Philosophie. Anschließend ging er nach Wien, wo er seit 1812 für das Burgtheater dichtete. 1813 trat er den Lützowschen Jägern bei, um gegen Napoleon zu kämpfen. Gilt als bedeutender Lyriker der Befreiungskriege.

ANNEMARIE KOFFLER geboren 1898. Als Lyrikerin und Jugendbuchautorin veröffentlichte sie in verschiedenen Zeitschriften und Anthologien.

GOTTHARD LUDWIG THEOBUL KOSEGARTEN (1758–1818). Er wurde in Grevesmühlen geboren und starb in Greifswald. Nach seiner Tätigkeit als Hauslehrer an verschiedenen Orten in Mecklenburg und Pommern wurde Kosegarten 1785 Rektor der Wolgaster Schule, wechselte aber 1792 als Pfarrer nach Altenkirchen auf die Insel Rügen. Diese verließ er 1808 wieder und ließ sich in Greifswald als Professor für Geschichte nieder. 1817 trat er in die theologische Fakultät über und wurde zugleich Pastor. Bekannt wurde Kosegarten während seiner Rügener Zeit durch seine Uferpredigten in Vitt. Sein Grab liegt auf der Südseite der Kirche in Altenkirchen.

DIETER KRAATZ ist Diplom-Ökonom. Sein Kochbuch »Köstlichkeiten einer Inselküche« ist ein kulinarischer Streifzug durch Rügen und Hiddensee, es enthält über 100 Rezepte.

KÄTE KROPP, geboren 1900. Verbrachte 50 Jahre ihres Lebens auf Rügen; lebte zuletzt in Stuttgart.

GÜNTER KUNERT, geboren 1929 in Berlin, zählt zu den bekanntesten deutschen Gegenwartsautoren. Der Schriftsteller und Lyriker lebte und arbeitete in der DDR, die er 1979 verließ. 1981 wurde er als Gastdozent für Poetik an die Frankfurter Goethe-Universität berufen, 1983 war er Stadtschreiber von Bergen-Enkheim. Kunerts Werk umfaßt vorwiegend Gedichte.

HEINRICH LAUBE (1806–1884). Nach dem Studium in Halle arbeitete er als Literat und Journalist. Ab 1833 lebte er als Redakteur der »Zeitung für die elegante Welt« in Leipzig. Nach Verbüßung einer Gefängnisstrafe auf dem Schloß des Fürsten Pückler-Muskau hielt er sich in Paris und Algier auf. 1842 arbeitete er erneut für die »Zeitung für die elegante Welt«. 1850–1867 war er Direktor des Wiener Burgtheaters und anschließend Direktor des Leipziger und des Wiener Stadttheaters.

CLAUS-PETER LIECKFELD, geboren 1948, freier Journalist. Er kommt von der Küste und lebt heute in Windach, Bayern. Lieckfeld selbst bezeichnet sich als »Küstenvertriebenen«, den die »Sehnsucht nach der See« nie verlassen hat.

MARTHA MÜLLER-GRÄHLERT (1876–1939). Sie wuchs als Adoptivtochter eines Müllers auf der Halbinsel Zingst auf, übersiedelte dann nach Berlin, wo sie mit einem aus Sachsen stammenden Veterinär-Professor verheiratet war. Ein Thüringer namens Simon Krannig vertonte das Lied »Mine Heimat« in der Schweiz, und seine Uraufführung erlebte es bei der Beerdigung eines aus Flensburg stammenden Glasers in Zürich. Während das Lied um die Welt ging, lebte die Verfasserin verarmt und erblindet in einem Altersheim in Franzberg.

WOLFGANG NAGEL, geboren 1949 in Hamburg, studierte Literaturwissenschaft, 1976–1981 Redakteur beim »ZEITmagazin«, danach zwei Jahre Kulturreporter beim »Stern«. 1983 machte er sich mit einem eigenen Redaktionsbüro selbständig und arbeitete für »ZEIT magazin«, »FAZ Magazin«, »Geo«, »manager magazin«. Seit 1993 Chefredakteur von »Architektur & Wohnen« in Hamburg.

GEORG PARIES was Herausgeber des 1925 erschienenen Werkes »Rügensches Heimatbuch«, mit besonderer Berücksichtigung der Halbinsel Mönchgut. In ihm sind Heimatdichter wie Fritz Worm und Gertrud Saltzmann-Siber veröffentlicht. Georg Paries war Leiter der Badeverwaltung auf Mönchgut und gab auch Schülern Heimatunterricht.

HORST PRIGNITZ, geboren 1937 in Schwerin. Publizist von Büchern zur Kultur- und Regionalgeschichte, Feuilletons. Bekannt sind seine Bild-Taschenbände zu »Fischland-Darß-Zingst« (1991), »Mecklenburgische Schweiz« (1992). »Vom Badekarren zum Strandkorb« erschien 1977, »Paradiese der Badelust« 1993. Lebt in Rostock.

JOHANN CARL FRIEDRICH RELLSTAB (1759–1813). Geboren in Berlin, wo er von 1773 an eine musikalische Ausbildung genoß. Aufgrund der Krankheit seines Vaters Übernahme der Buchdruckerei, die er zur Verlagsbuchhandlung ausbaute und sich auf Musikalien spezialisierte. 1783 gründete er das 1. Musikalien-Lehrinstitut Berlins. Rellstab machte sich außerdem als Musikkritiker der »Vossischen Zeitung« einen Namen. 1795 reiste er für 5 Tage nach Rügen.

RENATE SCHAARSCHUH, geboren 1931. Studium der Pädagogik (Deutsch, Englisch, Musik), Lehrerin, wissenschaftliche Mitarbeiterin im Stadtarchiv Stralsund, jetzt im Ruhestand.

WOLFGANG SCHAARSCHUH, geboren 1930. Studium der Pädagogik (Mathematik, Physik), Fachschuldozent, jetzt im Ruhestand. Das Ehepaar Schaarschuh lebt heute auf Rügen.

KARL FRIEDRICH SCHINKEL (1781–1841). Baumeister und Maler. Geboren in Neuruppin, gestorben in Berlin. Hauptmeister des deutschen Klassizismus. Schinkel ging 1798 nach Berlin, um sich von David Cilly und dessen Sohn in der Baukunst ausbilden zu lassen. 1899 Besuch der Bauakademie; nach bestandenem Examen war er zunächst als privater Architekt tätig. 1803 Reise durch Süddeutschland, Österreich, Italien und Sizilien. 1810 Übernahme in den Staatsdienst, wird 1838 zum Oberlandes-Baudirektor ernannt. Entwarf unter anderem den (alten) Leuchtturm auf Arkona und den Turm des Jagdschlosses Granitz.

KONRAD SCHMIDT, geboren 1926. Der Germanist ist Verfasser von zwei Büchern: »Entdeckungen auf Rügen und Hiddensee« (1973) und »Neue Entdeckungen auf Rügen und Hiddensee« (1985). Der

Autor hat Drehbücher zu verschiedenen Fernsehspielen geschrieben und sich als Reiseschriftsteller verdient gemacht.

EMIL STEURICH (1852–1921). Er arbeitete seit 1877 als Prediger in Berlin. Nach einem Aufenthalt in Thiessow auf Rügen wurde er 1887 in Groß Zicker eingeführt, wo er 33 Jahre als Pastor lebte. Steurich hat sich insbesondere als Mitbegründer des Rügenschen Heimatkalenders 1908 um die Inselgeschichte verdient gemacht. Als Lehrer, Regionalpolitiker und Schriftsteller war er immer auch eine Person des öffentlichen Lebens.

CLARA VON SYDOW (1854–1928). Sie wurde in Altenkirchen auf Rügen geboren und starb in Stralsund. Clara von Sydow war Lehrerin und Schriftstellerin.

AMANDA WESCH, geboren 1902 auf dem Granitz-Hof bei Binz als 12. von 14 Kindern. 6 Mädchen und 8 Jungen wuchsen in dieser Familie auf dem Bauernhof auf. 1910 lief der Pachtvertrag ab und die Eltern übersiedelten mit der zahlreichen Kinderschar auf das Gut Wollin auf der Halbinsel Wittow. Amanda Wesch beendete mit 14 Jahren die Schule und übernahm die Arbeit auf dem Bauernhof, ab 1920 besuchte sie die Letteschule in Berlin. 1927 erlernte sie den Beruf der Krankenschwester in Leipzig, den sie dort als leitende Stationsschwester bis 1938 ausübte. 1938 erwarb sie die Pension »Gudrun« in Binz, die 1943 vom nazistischen Lebensborn e.V. besetzt wurde. 1953 verließ Amanda Wesch die DDR und lebt heute in Essen.

FRITZ WORM (1863–1931). Er wurde in Barth geboren, besuchte in Pölitz das Lehrerseminar und war ab 1884 Lehrer in Niepars, Carmin und Alt Reddevitz. 1899–1903 Herausgeber der Zeitschrift »De truge Husfründ«. Der bedeutende Rügener Heimatforscher starb in Alt Reddevitz.

EVA ZELLER, geboren 1923 in Eberswalde. Nach einem Studium der Germanistik und Kunstgeschichte arbeitete sie zunächst als Lehrerin, heiratete dann 1950 einen evangelischen Pastor, dem sie 1956 nach

Südwestafrika folgte. Seit 1962 lebt sie in der Bundesrepublik. Eva Zeller veröffentlichte verschiedene Romane, Gedichtbände, Hörspiele und ein Erinnerungsbuch.

KARL FRIEDRICH ZELTER (1758–1832). Komponist. 1783 Maurermeister geworden, verfolgte er in seiner Freizeit musikalische Neigungen, bis er 1800 Leiter der Singakademie zu Berlin wurde. Er erhielt bald darauf den Professorentitel und wurde vom König beauftragt, in Königsberg die Kirchenmusik zu organisieren. War mit Goethe befreundet.

Über die Autorin GERTRUD SALTZMANN-SIBER konnte der Verlag keine näheren Angaben in Erfahrung bringen.

Quellenverzeichnis

ERNST MORITZ ARNDT
Heimat und Vaterland; aus: Katechismus, Gesammelte Werke, Leipzig 1895
Europa; aus: Sinnsprüche, Gesammelte Werke, Leipzig 1895
Erinnerungen an meine Kindheit in Schoritz und Dumsewitz; aus: Erinnerungen aus dem äußeren Leben, Verlag von Karl Friedrich Pfau, Leipzig 1892
Heimweh nach Rügen; Gesammelte Werke, Band 6, Leipzig 1895
Lebenstraum; aus: Rügener Heimatkalender 1994, Bergen auf Rügen

ELIZABETH VON ARNIM
Elizabeth auf Rügen; Verlag Ullstein, Frankfurt/Main - Berlin 1989

KARL BAEDEKER
Mit dem Dampfschiff von Swinemünde nach Rügen; aus: Handbuch für Reisende in Deutschland und dem österreichischen Kaiserstaate, Coblenz 1846

JOHANNES R. BECHER
Das Meer; Der Sommer summt; Meer im Sommer; aus: Johannes R. Becher. Ausgewählte Gedichte, 6 Bände, Aufbau Verlag, Berlin und Weimar 1952

CARL GUSTAV CARUS
Mein Freund Caspar David Friedrich. Eine Rügenreise im Jahre 1819; aus: Werke, 2 Bände, Verlag Gustav Kiepenheuer, Weimar 1966

ADELBERT VON CHAMISSO
Die Jungfrau von Stubbenkammer; aus: Gesammelte Werke, 4 Bände, Berlin 1874

HANNS CIBULKA
Swantow; aus: Ostseetagebücher, © Reclam Verlag, Leipzig 1990

EDUARD DULLER
Die Rügener; aus: Das deutsche Volk in seinen Mundarten, Sitten und Gebräuchen, München 1847

PETER ENSIKAT
Unsere Schönste; aus: MERIAN Deutsche Ostseeküste, Ausgabe 05/47, Mai 1994, © Hoffmann und Campe Verlag, Hamburg

CÄSAR FLAISCHLEN
Mönchguter Skizzenbuch; aus: Gesammelte Dichtungen Band 1, Deutsche Verlagsanstalt, Stuttgart/Berlin 1921

WIELAND FÖRSTER
Rügenlandschaft. Hommage à Caspar David Friedrich; Union Verlag (VOB), Berlin 1975

JOHANNES FRIEDLÄNDER
Wie Dr. Friesen in Saßnitz Weihnachten feierte; aus: Rügener Heimatkalender 1908, Verlag von Hermann Baethge, Bergen auf Rügen

CASPAR DAVID FRIEDRICH
Sinkend küßt das stille Meer; Der Morgen; Der Abend; aus: Caspar David, Friedrich – unbekannte Dokumente seines Lebens. Herausgegeben und kommentiert von Karl-Ludwig Koch, Dresden 1985

FRANZ FÜHMANN
Die Kinder am Strand; Die Seefahrer; aus: Aber die Schöpfung soll dauern. Aufbau Verlag, Berlin und Weimar 1957

OTTO R. GERVAIS
Rügen und sein Rügendamm; aus: Mecklenburgische Monatshefte 1932, erschienen im Hinstorff Verlag, Rostock

JOHANN JACOB GRÜMBKE
Streifzüge durchs das Rügenland; F.A. Brockhaus Verlag, Leipzig 1988

ALFRED HAAS
Das älteste Rügensche Bad; aus: Rügensche Skizzen, Julius Abel Verlag, Greifswald 1898

GERHART HAUPTMANN
Auf Arkona; aus: Aus Arkonas Fremdenbüchern. Herausgegeben von Paul Meinhold, Stettin 1907

FRIEDER JELEN
Ein Bild; Am Strand; aus: Rügener Heimatkalender 1994, Bergen auf Rügen

ERICH KÄSTNER
Selbstmord im Familienbad; aus: Gesammelte Schriften für Erwachsene, Atrium Verlag, Zürich 1969, © by Erich Kästner Erben, München

THOMAS KANTZOW
Die Einwohner dieses Landes; aus: Pomerania oder Ursprung, Altheit und Geschichte der Völker und Lande Pommern, Caßuben, Wenden, Stettin und Rügen. Herausgegeben von Johann Gottfried Ludwig Kosegarten, Stettin o. J.

HEINZ KNOBLOCH
Mal kurz nach Rügen; aus: Kleine Bettlektüre für alle, die ihre Insel Rügen lieben, Scherz Verlag, München 1988

THEODOR KÖRNER
Caspar David Friedrichs Totenlandschaft; aus: Sämtliche Werke in 4 Bänden, Berlin 1938

ANNEMARIE KOFFLER
An der Ostsee; aus: Natur und Heimat, Heft 8, Berlin 1957

GOTTHARD LUDWIG THEOBUL KOSEGARTEN
Hier ist gut sein. Eine Uferpredigt; aus: Uferpredigten und hymnologische Schriften. Herausgegeben von G. Chr. Mohnike, Stralsund 1831
Briefe eines Schiffbrüchigen. Neu herausgegeben und kommentiert von Katharina Coblenz, Edition Temmen, Bremen 1994
Der Rugard im Winter; aus: Romantische Dichtungen in 6 Bänden, 1800-1806

DIETER KRAATZ
Breeger Hecht & Co.; aus: Köstlichkeiten einer Inselküche; Fachbuchverlag Leipzig/Carl Hanser Verlag, München-Wien 1990

KÄTE KROPP
Paradies auf Rügen. Geschichten aus einem Tierarzthaus; Pfälzische Verlagsanstalt, Landau 1990

GÜNTER KUNERT
Impressionen am Meer; aus: Es rauscht in unserem Lied das Meer. Herausgegeben von Horst Götsch, Verlag der Nation, Berlin 1961
Nachts an der Küste; aus: Anthologie 56. Gedichte aus Ost und West. Herausgegeben von Jens Gerlach, Verlag Neues Leben, Berlin 1956

HEINRICH LAUBE
Zum Baden in Putbus; aus: Gesammelte Werke in 50 Bänden. Herausgegeben von Heinrich Hubert Houben, Leipzig 1908/09

CLAUS-PETER LIECKFELD
Von Touristen und Kranichen; aus: MERIAN Deutsche Ostseeküste, Ausgabe 05/47, Mai 1994, © Hoffmann und Campe Verlag, Hamburg

Martha Müller-Grählert
Mine Heimat; aus: Niederdeutsches Liederbuch. Herausgegeben von Heike Müns, Hinstorff Verlag, Rostock 1981

Wolfgang Nagel
Real existierendes Rügen; aus: ZEITmagazin Nr. 19, 4. Mai 1984

Georg Paries
Von den Sturmfluten der Ostsee; Winter an der Ostsee; aus: Rügensches Heimatbuch. Herausgegeben von Georg Paries, Verlag und Druck Buchdruckerei Hermann Bode, Berlin o.J. (ca. 1925)

Horst Prignitz
Vom Badekarren zum FKK-Strand; aus: Mecklenburg-Vorpommern. Ein Porträt für die Jugend. Herausgegeben vom Interessenverein humanistischer Jugendarbeit und Jugendweihe, Konrad Reich Verlag, Rostock 1994

Carl Friedrich Rellstab
Ausflucht nach der Insel Rügen durch Mecklenburg und Pommern. Herausgegeben, erläutert und mit einem Nachwort versehen von Wolfgang Griep, Edition Temmen, Bremen 1993

Gertrud Saltzmann-Siber
Stranddistel und Seedorn; aus: Rügensches Heimatbuch. Herausgegeben von Georg Paries, Verlag und Druck Buchdruckerei Hermann Bode, Berlin o. J. (ca. 1925)

Renate Schaarschuh
Zur Christianisierung Rügens. Bericht des Saxo Grammaticus über die Eroberung Arkonas, übersetzt von Alfred Haas; aus: Rügener Heimatkalender 1994, Bergen auf Rügen
Johannes Brahms in Saßnitz; aus: Kleine Bettlektüre für alle, die ihre Insel Rügen lieben, Scherz Verlag, München 1988

WOLFGANG SCHAARSCHUH
Insel der Zuflucht. Stralsunder überlebten auf Rügen; aus: Rügener Heimatkalender 1995, Bergen auf Rügen

KARL FRIEDRICH SCHINKEL
Das anmutige Land; aus: Sammlung architektonischer Entwürfe, Berlin 1857–58

KONRAD SCHMIDT
Emanzipation im Land der Mönche; aus: Neue Entdeckungen auf Rügen und Hiddensee, F. A. Brockhaus Verlag, Leipzig 1985

EMIL STEURICH
Das Meer; aus: Sturmflut. J. F. Steinkopf, Stuttgart 1990. Eine Pfarrinstitution; aus: Rügener Heimatkalender 1908, Bergen auf Rügen

CLARA VON SYDOW
Frühlingsankunft; aus: Rügener Heimatkalender 1993, Bergen auf Rügen

AMANDA WESCH
Rügen. Mein Schicksal, meine Liebe; Konrad Reich Verlag, Rostock 1995

FRITZ WORM
Letzte Fahrt; Stranddistel; aus: Rügensches Heimatbuch. Herausgegeben von Georg Paries, Verlag und Druck Buchdruckerei Hermann Bode, Berlin o.J. (ca. 1925)
Rügen; aus: Rügen, Historie, Heimat, Humor. Herausgegeben von Uwe Gerig, 1991

EVA ZELLER
Rügen 1944; aus: Fliehkraft. Gedichte; Deutsche Verlagsanstalt, Stuttgart 1975

KARL FRIEDRICH ZELTER
Die Hünengräber; aus: Der Briefwechsel zwischen Goethe und Karl Friedrich Zelter, Leipzig 1913–1918

Namentlich nicht gekennzeichnete Beiträge:

Aussicht vom Rugard nach Jasmund; aus: Borussia. Museum für Preußische Vaterlandskunde, 3 Bände, Dresden 1838–1842

Der Rugard mit dem Arndt-Turm; Unsere Heimatinsel; aus: Rügener Heimatkalender 1908, Verlag von Hermann Baethge, Bergen auf Rügen. Die Anzeigen aus Binz, Putbus, Garz und Bergen wurden ebenfalls diesem Heimatkalender entnommen.

Nicht alle Rechteinhaber konnten ermittelt werden. Bestehende Ansprüche werden selbstverständlich abgegolten. Die historischen Texte wurden behutsam der heutigen Schreibweise angeglichen.

Bildnachweis

Altonaer Museum in Hamburg – Norddeutsches Landesmuseum: Otto Serner »Bei Göhren auf Rügen«: 172
Hamburger Kunsthalle: Caspar David Friedrich »Wiesen bei Greifswald«, nach einer Aufnahme von Elke Walford: 288
Edition Haddenhorst, Berlin: 189, 194, 198, 202, 245, 320, 329
Fotohaus Ohl, Rügen: 234, 254
Kulturhistorisches Museum Stralsund: 19, 38, 75, 145
Landesmuseum Oldenburg: Carl Gustav Carus »Meeresküste mit Mondschein«, nach einer Aufnahme von H. R. Wacker: 98
Museum für Kunst und Kulturgeschichte der Hansestadt Lübeck: Caspar David Friedrich »Küstenlandschaft im Abendlicht«: 105
Museum Oskar Reinhart am Stadtgarten, Winterthur: Caspar David Friedrich »Frau am Meer«: 104, »Kreidefelsen auf Rügen«: 106
Maria Pakulla, Dumsevitz: 50, 88, 90, 118, 371
Photohaus Knospe, Rügen: 353, 358
Staatliche Museen Preußischer Kulturbesitz Berlin: Georg F. Kersting »Der Maler Caspar David Friedrich in seinem Atelier«: 276
Stadtarchiv Stralsund: 100, 212, 227
Verschollen: Caspar David Friedrich »Landschaft mit Regenbogen«: 288
Alle anderen: Privatarchiv der Herausgeberin